Die schönsten

KATZEN

Geschichten

Tosa Verlag

Im Auftrag hergestellte Sonderausgabe

Umschlag von Hansjörg Langenfass

Printed in Austria

Rudyard Kipling

Die Katze, die für sich allein ging

Höre, lausche und vernimm, mein liebstes Kind; dies begab und ereignete sich, wurde und war, da die Haustiere noch wild waren. Der Hund war wild, und das Pferd war wild, und die Kuh war wild, und das Schaf war wild, und das Schwein war wild – das war schon ganz und gar wild –, und die gingen da im nassen, wilden Wald ihre wilden, einsamen Wege. Aber das wildeste aller wilden Tiere war die Katze. Die ging ganz allein für sich, und ein Ort war für sie wie der andere.

Der Mensch war selbstverständlich auch wild. Furchtbar wild sogar. Er fing erst an, ein bißchen zahm zu werden, als er mit der Frau zusammengetroffen war und die ihm gesagt hatte, sie habe keine Lust, in so wilder Weise zu leben wie er. Sie suchte sich eine hübsche trokkene Höhle, um darin zu schlafen, statt auf einem Haufen nassen Laubs; und dann streute sie sauberen Sand auf den Boden und zündete hinten in der Höhle aus Holz ein hübsches Feuerchen an; danach hängte sie noch die getrocknete Haut eines Wildpferdes mit dem Schwanz nach unten vor den Einlaß der Höhle und sagte: »Wische deine Füße ab, mein Lieber, bevor du eintrittst; so, und nun wollen wir mit dem Haushalt anfangen.«

Am Abend gab es dann Wildschaffleisch, das auf heißen Steinen gebraten und mit wildem Pfeffer gewürzt war; darauf mit wildem Reis, wildem Fenchel und wildem Koriander gefüllte Wildente; danach Markknochen von wilden Ochsen und schließlich wilde Kirschen und wilde Granatäpfel. Und dann legte sich der Mann glücklich und zufrieden vor dem Feuer schlafen; aber die Frau blieb auf und kämmte ihr Haar. Und sie nahm das große, flache Schulterblatt von dem Hammel und betrachtete die wundersame Zeichnung darauf, und dann warf sie frisches Holz aufs Feuer und machte einen Zauber, den ersten Sangeszauber auf der Welt. Draußen im nassen, wilden Wald liefen all die wilden Tiere zusammen an einer Stelle, wo sie von weit her den Schein des Feuers sehen konnten, und machten sich Gedanken darüber, was das bedeuten möge. Schließlich stampfte das Wildpferd mit dem wilden Huf auf und sagte: »O meine Freunde und meine Feinde, warum haben der Mann und das Weib das große Licht in der großen Höhle dort angezündet, und welchen Schaden wird uns dies bringen?« Und der Wildhund hob die wilde Nase und roch den Geruch des Hammelbratens und sagte: »Ich werde einmal hingehn und nachsehn und euch Bescheid sagen; denn mich dünkt, es ist schon recht, Katze, komm mit!«

»Nichts da!« sagte die Katze. »Ich bin die Katze, und ich gehe nur allein für mich, und jeder Ort ist für mich wie der andere. Ich gehe nicht mit.«

»Dann können wir nie wieder Freunde sein«, sagte der Wildhund und setzte sich in Trab nach der Höhle. Als er aber ein Stückchen weit fort war, sprach die Katze bei sich selbst: »Ein Ort ist für mich wie der andere. Warum soll ich nicht auch hingehn, mir alles ansehn und wieder weggehn, grade wie es mir beliebt?« Sie schlich also hinter dem Wildhund drein, sachte, ganz sachte, und versteckte sich an einer Stelle, wo sie alles hören konnte.

Als der Wildhund beim Eingang zur Höhle angelangt war, schob er die getrocknete Pferdehaut mit der Nase hoch und schnupperte den herrlichen Duft vom Hammelbraten. Die Frau aber, die immer noch das Schulterblatt betrachtete, hatte ihn gehört und sagte: »Da kommt das erste. Wildes Wesen aus dem wilden Wald, was willst du?« Der Wildhund sagte: »O meine Feindin und Weib meines Feindes, was duftet so herrlich in den wilden Wald hinaus?«

Da nahm die Frau einen angebratenen Hammelknochen, warf ihn dem Wildhund zu und sagte: »Wildes Wesen aus dem wilden Wald, da koste einmal.« Und der Wildhund nagte den Knochen ab, und er schmeckte köstlicher denn alles, was er je gekostet hatte, und er sagte: »O meine Feindin und Weib meines Feindes, gib mir noch einen.«

Und die Frau sagte: »Wildes Wesen aus dem wilden Wald, hilf meinem Mann tagsüber beim Jagen und bewache diese Höhle zur Nachtzeit, dann werde ich dir so viele gebratene Knochen geben, wie du magst.«

Da das die Katze hörte, sagte sie: »Ei, ei, das ist eine gescheite Frau, aber so gescheit wie ich ist sie doch nicht.«

Der Wildhund aber kroch in die Höhle hinein zu der Frau hin, legte seinen Kopf in ihren Schoß und sagte: »O meine Freundin und Weib

meines Freundes, ich werde deinem Mann tagsüber bei der Jagd helfen und zur Nachtzeit eure Höhle bewachen.«
»Ei, ei«, sagte die horchende Katze, »das ist ja ein ganz dummer Hund.« Und sie ging zurück durch den nassen wilden Wald und wanderte, mit dem wilden Schwanz wedelnd, für sich allein ihres wilden Weges. Aber sie erzählte niemandem je etwas davon.
Als der Mann aufwachte, sagte er: »Was tut der Wildhund hier?« Und die Frau sagte: »Er heißt nicht mehr Wildhund, sondern Erster Freund, denn er wird immer und ewig unser Freund sein. Nimm ihn mit, wenn du auf die Jagd gehst.«
Am nächsten Abend schnitt die Frau ganze Armvoll frischen, grünen Grases auf den nassen Wiesen ab und trocknete es am Feuer, so daß es duftete wie frischgemähtes Heu, und dann setzte sie sich an den Eingang zur Höhle und flocht einen Halfter aus Pferdeleder; dabei schaute sie immer auf das Hammelschulterblatt und machte einen Zauber. Das war der zweite Sangeszauber auf der Welt.
Draußen im wilden Wald wunderten sich alle wilden Tiere darüber, was dem Wildhund zugestoßen sein möge, und schließlich stampfte das Wildpferd mit dem Huf auf und sagte: »Ich werde einmal hingehen und sehen und euch Bescheid sagen, warum der Wildhund nicht zurückgekehrt ist. Komm mit, Katze!«
»Nichts da!« sagte die Katze. »Ich bin die Katze, die für sich allein geht, und ein Ort ist für mich wie der andere. Ich gehe nicht mit.« Trotzdem aber lief sie sachte, ganz sachte dem Wildpferd nach und versteckte sich an einer Stelle, wo sie alles hören konnte.
Als die Frau das Wildpferd herantrappeln und über seine lange Mähne stolpern hörte, lachte sie und sagte: »Da kommt der zweite. Wildes Wesen aus dem wilden Wald, was willst du?«
Und das Wildpferd sagte: »O meine Feindin und Weib meines Feindes, wo ist der Wildhund?«
Da lachte die Frau, hob den Schulterknochen hoch, schaute darauf und sprach zum Wildpferd: »Wildes Wesen aus dem wilden Wald, du bist nicht wegen des Wildhundes gekommen, sondern um des wunderschönen Grases willen.«
Und da trappelte das Wildpferd und verhedderte sich in seiner langen Mähne und sagte: »Wahrlich, so ist es ... laß mich davon fressen.«
Und die Frau sagte: »Wildes Wesen aus dem wilden Wald, beuge deinen wilden Kopf und trage, was ich dir zu tragen gebe, und du sollst dreimal am Tag das wunderschöne Gras zu fressen bekommen.« –

»Ei, ei«, sagte die horchende Katze, »das ist eine sehr gescheite Frau, aber sie ist nicht so gescheit wie ich.«
Das Wildpferd aber beugte den wilden Kopf, und die Frau streifte ihm den geflochtenen Lederhalfter über, und das Wildpferd schnaubte auf die Füße der Frau und sagte: »O meine Herrin und Weib meines Herrn, um des wunderschönen Grases willen will ich dein Knecht sein.«
»Ei, ei«, sagte die horchende Katze. »Das ist ja ein ganz dummes Pferd.« Und sie ging zurück durch den nassen, wilden Wald und wanderte, mit dem wilden Schwanz wedelnd, für sich allein ihres wilden Weges. Aber sie erzählte niemandem je davon. Als der Mann und der Hund von der Jagd heimkamen, sagte der Mann: »Was tut denn das Wildpferd hier?« Und die Frau sagte: »Es heißt nicht mehr Wildpferd, sondern Erster Knecht, denn es wird uns nun immer und ewig von einem Ort zum andern tragen. Reite auf ihm, wenn du auf die Jagd gehst.«
Am nächsten Tag kam, den wilden Kopf hoch haltend, damit sich ihre wilden Hörner nicht im wilden Baumgeäst verfingen, die Wildkuh zu der Höhle, und die Katze schlich ihr nach und versteckte sich wieder, wie sie vorher getan; und es begab sich auch alles genau wie vorher; und als die Wildkuh versprochen hatte, der Frau gegen das wunderschöne Gras alle Tage ihre Milch zu geben, ging die Katze wiederum davon durch den nassen, wilden Wald und wanderte, mit dem wilden Schwanz wedelnd, für sich allein ihres wilden Weges. Und erzählte niemandem je ein Wort davon.
Und als der Mann mit dem Pferd und dem Hund von der Jagd heimkam, stellte er wieder die gleiche Frage, und da sagte die Frau: »Sie heißt nicht mehr Wildkuh, sonder Spenderin trefflicher Nahrung. Immer und ewig wird sie uns ihre warme weiße Milch spenden, und ich werde für sie sorgen, während du mit dem Ersten Freund und dem Ersten Knecht auf der Jagd bist.«
Am nächsten Tag paßte die Katze auf, ob noch irgendein wildes Wesen zur Höhle ginge; aber es regte sich nichts im nassen, wilden Wald, und so ging die Katze für sich allein hin; und sie sah die Frau die Kuh melken und den Feuerschein in der Höhle und roch den Geruch der warmen weißen Milch.
Und die Katze sagte: »O meine Feindin und Weib meines Feindes, wo ist die Wildkuh hingekommen?«
Da lachte die Frau und sagte: »Wildes Wesen aus dem wilden Wald,

geh nur wieder in den Wald zurück, denn ich habe mein Haar geflochten und aufgesteckt und habe den Zauberknochen von mir getan, und wir brauchen in unserer Höhle keine weiteren Freunde noch Knechte.«

Da sagte die Katze: »Ich bin weder ein Freund noch ein Knecht. Ich bin die Katze, die für sich allein geht, und ich möchte in eure Höhle.« – Und die Frau sagte: »Warum bist du dann nicht mit dem Ersten Freund am ersten Abend gekommen?«

Da wurde die Katze erbost und fragte: »Hat der Wildhund mich verklatscht?«

Da lachte die Frau und sagte: »Du bist doch die Katze, die für sich allein geht und für die ein Ort ist wie der andere. Du bist weder ein Freund noch ein Knecht. Das hast du selbst gesagt. So geh denn auch für dich allein an alle Orte, die dir einer wie der andere sind.«

Da tat die Katze, als sei sie traurig, und sagte: »Darf ich denn nicht in die Höhle? Darf ich denn nicht am warmen Feuer sitzen? Darf ich denn nicht die warme weiße Milch trinken? Du bist sehr klug und sehr schön. Du solltest gegen eine Katze nicht grausam sein.«

Und die Frau sagte: »Ich weiß, daß ich klug bin; aber ich wußte nicht, daß ich schön bin. Drum will ich ein Abkommen mit dir machen. Wenn ich jemals ein Wort zu deinem Lobe sage, dann magst du in die Höhle kommen.«

»Und wenn du zwei Worte zu meinem Lobe sagst?« fragte die Katze.

»Das wird nicht geschehen«, sagte die Frau. »Aber wenn ich zwei Worte zu deinem Lobe sage, dann darfst du in der Höhle am Feuer sitzen.«

»Und wenn du drei Worte sagst?« fragte die Katze.

»Das wird nicht geschehen«, sagte die Frau. »Aber wenn ich drei Worte zu deinem Lobe sage, dann darfst du für immer und ewig dreimal am Tage warme weiße Milch trinken.«

Da machte die Katze einen Buckel und sagte: »So mögen der Vorhang am Einlaß der Höhle und das Feuer hinten in der Höhle und die Milchtöpfe neben dem Feuer sich dessen entsinnen, was meine Feindin und das Weib meines Feindes gesagt hat.« Und sie ging davon durch den nassen, wilden Wald und wanderte, mit dem wilden Schwanz wedelnd, ihres einsamen, wilden Weges.

Als nun am Abend der Mann mit dem Pferd und dem Hund von der Jagd heimkam, erzählte ihnen die Frau nichts von dem Abkommen, das sie mit der Katze getroffen hatte; denn sie fürchtete, das werde

ihnen nicht recht sein.
Die Katze aber ging weit, weit fort und versteckte sich in der wilden Einöde des nassen, wilden Waldes, bis die Frau gar nicht mehr an sie dachte. Nur die Fledermaus, die kleine Fledermaus, die mit dem Kopf nach unten in der Höhle hing, kannte den Ort, wo die Katze sich versteckt hielt; und jeden Abend flog die Fledermaus zur Katze hin und berichtete ihr, was es Neues gab.
Eines Abends sagte nun die Fledermaus: »In der Höhle ist ein Kleines. Ganz neu ist es und rosig und dick und winzig, und die Frau hat es sehr gern.«
»Ei, ei«, sagte die Katze aufhorchend, »aber was hat das Kleine gern?«
»Das hat Sachen gern, die weich sind und kitzeln«, sagte die Fledermaus. »Warme Sachen hat es gern, die es in den Armen halten kann, wenn es einschläft. Es hat gern, wenn man mit ihm spielt. All das hat es gern.«
»Ei, ei«, sagte die Katze, »dann ist meine Zeit gekommen.«
In der nächsten Nacht wanderte die Katze durch den nassen, wilden Wald und versteckte sich in der Nähe der Höhle, bis der Morgen anbrach und der Mann mit dem Hund und dem Pferd auf die Jagd ging. Die Frau hatte an dem Morgen viel Arbeit mit Kochen; das Kind aber schrie immerzu und störte sie. Darum trug sie es vor die Höhle und gab ihm eine Handvoll Steinchen zum Spielen. Allein das Kind schrie immer weiter.
Da streckte die Katze ihre Samtpfote aus und streichelte damit dem Kind über die Wange, und das Kind gurrte vor Vergnügen; und da rieb sich die Katze an seinen dicken Knien und kitzelte es mit ihrem Schwanz unter seinem dicklichen Kinn. Da lachte das Kind, und die Frau hörte das und lächelte auch.
Da sagte die Fledermaus, die kleine Fledermaus, die mit dem Kopf nach unten am Eingang der Höhle hing: »O meine Hauswirtin und Weib meines Hauswirts und Mutter von meines Hauswirts Sohn, ein wildes Wesen aus dem wilden Wald spielt ganz wunderschön mit deinem Kind.«
»So sei das wilde Wesen gesegnet dafür, wer es auch sein mag«, sagte die Frau, sich von der Arbeit aufrichtend, »denn ich hatte heute früh viel zu tun, und es hat mir einen Dienst erwiesen.«
Aber im gleichen Augenblick, auf die Sekunde genau, fiel – bums! – die trockene Pferdehaut, die mit dem Schwanz nach unten als Vor-

hang am Einlaß der Höhle hing, herunter, denn sie entsann sich des Abkommens, das die Frau mit der Katze geschlossen hatte; und als die Frau hinging, um den Vorhang aufzuheben – siehe da! –, da saß die Katze ganz gemütlich am Eingang der Höhle.

»O meine Feindin und Weib meines Feindes und Mutter meines Feindes«, sagte die Katze, »ich bin es. Hast du doch ein Wort zu meinem Lobe gesagt, und so darf ich nun immer und ewig in der Höhle sitzen. Doch ich bin und bleibe die Katze, die für sich allein geht, und ein Ort ist für mich wie der andere.«

Die Frau ärgerte sich sehr; sie biß die Lippen zusammen, nahm ihr Spinnrad und machte sich ans Spinnen.

Doch das Kind schrie wieder, weil die Katze von ihm fortgegangen war, und die Frau konnte es nicht zum Schweigen bringen; es fuchtelte und strampelte, daß es blau im Gesicht wurde.

Da sagte die Katze: »O meine Feindin und Weib meines Feindes und Mutter meines Feindes, nimm einen Faden von dem Garn, das du da spinnst, binde den Wirtel daran und ziehe ihn über den Boden, dann werde ich dir einen Zauber zeigen, der bewirkt, daß dein Kind so laut lacht, wie es jetzt weint.«

»Das will ich tun«, sagte die Frau, »weil ich mir keinen andern Rat mehr weiß, aber danken werde ich dir dafür nicht.«

Sie knüpfte also den kleinen tönernen Wirtel an den Faden und zog ihn über den Boden, und die Katze lief ihm nach und schlug mit der Pfote danach, überkugelte sich und schleuderte ihn über die Schulter weg und zwischen den Hinterbeinen herum und stellte sich, als ob sie ihn nicht mehr fände, dann sprang sie wieder drauf zu, bis das Kind so laut lachte, wie es vorher geweint hatte, und hinter der Katze herkrabbelte und jauchzte, bis es müde wurde und sich, die Katze im Arm, zum Schlafen hinlegte. »Nun«, sagte die Katze, »werde ich dem Kind ein Liedchen singen, damit es eine Stunde lang schläft.« Und sie schnurrte, erst laut, dann leise, laut, leise, bis das Kind fest eingeschlafen war.

Und da sie auf die beiden heruntersah, mußte die Frau lächeln und sagte: »Das hast du wunderschön gemacht. Keine Frage, du bist sehr gescheit, Katze.«

Aber im gleichen Augenblick, auf die Sekunde genau, schlug – pfff! – der Rauch des Feuers hinten in der Höhe in Qualmwolken von der Decke herunter, denn das Feuer entsann sich des Abkommens, das die Frau mit der Katze gemacht hatte; und als sich der Rauch verzogen hatte – siehe da! –, da saß die Katze gemütlich dicht am Feuer. »O meine Feindin und Weib meines Feindes und Mutter meines Feindes«, sagte sie, »ich bin es: hast du doch jetzt zum zweitenmal ein Wort zu meinem Lobe gesagt, und nun darf ich für immer und ewig hinten in der Höhle am warmen Feuer sitzen. Aber ich bin und bleibe die Katze, die ganz für sich allein geht, und ein Ort ist für mich wie der andere.«

Da wurde die Frau sehr, sehr ärgerlich, ließ ihre Haare über die Schulter fallen, legte frisches Holz aufs Feuer, holte das breite Hammelschulterblatt und machte einen Zauber, der sie davor bewahren sollte, zum drittenmal ein gutes Wort über die Katze zu sagen. Es war kein Sangeszauber, sondern ein stummer Zauber, und nach und nach wurde es in der Höhle so still, daß ein winzig kleines Mäuslein aus einer Ecke hervorkroch und über den Fußboden huschte.

»O meine Feindin und Weib meines Feindes und Mutter meines Feindes«, sagte die Katze, »gehört das Mäuslein da zu deinem Zauber!«

»Huhu! Huhu! Wahrlich nicht!« rief die Frau aus, ließ den Hammelknochen fallen, sprang auf den Schemel vor dem Feuer und knotete rasch, rasch ihr Haar zusammen, vor Angst, das Mäuslein könne daran hinauflaufen.

»Soso«, sagte die Katze und schaute scharf aus, »dann kann es mir nicht schaden, wenn ich die Maus fresse?«

»Nein«, sagte die Frau, ihr Haar hochsteckend, »friß sie nur rasch; ich werde dir das ewig danken.«

Die Katze machte einen Satz und hatte schon das Mäuslein gepackt. Die Frau aber sagte: »Tausend Dank, selbst unser Erster Freund vermag nicht so schnell kleine Mäuse zu fangen, wie du das eben getan hast. Du mußt sehr klug sein.«

Da, im gleichen Augenblick, genau auf die Sekunde, zersprang – krrr! – der Milchtopf, der am Feuer stand, in zwei Stücke, denn er entsann sich des Abkommens, das die Frau mit der Katze gemacht hatte; und als die Frau vom Schemel herabsprang – siehe da! –, da leckte die Katze die warme weiße Milch aus einer der beiden Scherben. »O meine Feindin und Weib meines Feindes und Mutter meines Feindes«, sagte die Katze, »jetzt hast du zum drittenmal ein Wort zu meinem Lobe gesagt, und nun darf ich für immer und ewig dreimal am Tag die warme weiße Milch trinken. Aber deshalb bin und bleibe ich doch die Katze, die für sich allein geht, und ein Ort ist für mich wie der andere.«.

Da lachte die Frau und setzte der Katze einen Napf voll warmer weißer Milch vor und sagte: »O Katze, du bist so gescheit wie ein Mensch, du mußt jedoch bedenken, daß du das Abkommen nicht mit dem Mann und dem Hund gemacht hast, und wie die sich verhalten werden, wenn sie heimkommen, das weiß ich nicht.«
»Was kümmert das mich?« sagte die Katze. »Wenn ich meinen Platz am Feuer und dreimal täglich meine warme weiße Milch habe, dann ist es mir gleich, wie der Mann und der Hund sich verhalten.« Als dann am Abend der Mann und der Hund in die Höhle kamen, erzählte ihnen die Frau die ganze Geschichte von dem Abkommen, derweil die Katze am Feuer saß und lächelte. Darauf sagte der Mann: »Jaja, aber mit mir hat sie kein Abkommen geschlossen noch mit allen richtigen Männern, die nach mir kommen.« Dann zog er seine zwei Lederstiefel aus und nahm sein kleines Steinbeil – das macht drei – und holte ein Scheit Holz und eine Axt – das macht zusammen fünf –, stellte alles nebeneinander in eine Reihe und sagte: »So, jetzt werden wir zwei unser Abkommen machen. Wenn du nicht, solange du immer und ewig in der Höhle bist, Mäuse fängst, dann schmeiße ich diese fünf Sachen nach dir, wann immer ich dich zu Gesicht kriege, und so sollen alle richtigen Männer tun, die nach mir kommen.«
»Ei, ei«, sagte die Frau, die zuhörte, »die Katze ist sehr klug, aber so klug wie mein Mann ist sie doch nicht.« Die Katze besah sich die fünf Sachen, eine nach der andern – und sie sahen alle recht grobkantig aus –, und sagte: »Ich werde in der Höhle immer und ewig Mäuse fangen; aber trotz alledem bin und bleibe ich die Katze, die für sich allein geht, und ein Ort ist für mich wie der andere.«
»Nicht, wenn ich um die Wege bin«, sagte der Mann. »Hättest du das, was du zuletzt gesagt hast, nicht gesagt, dann würde ich all die Sachen da für immer und ewig beiseite getan haben; nun aber werde ich meine beiden Stiefel und mein kleines Steinbeil – das macht drei – nach dir werfen, wann immer ich dich sehe. Und so werden alle richtigen Männer tun, die nach mir kommen.«
Und da sagte der Hund: »Einen Augenblick! Die Katze hat auch kein Abkommen mit mir geschlossen, noch eines mit allen richtigen Hunden, die nach mir kommen.« Und dann fletschte er die Zähne und fuhr fort: »Wenn du nicht lieb und artig zu dem Kind bist, solange ich für immer und ewig in der Höhle wohne, dann werde ich auf dich Jagd machen, bis ich dich packe, und wenn ich dich gepackt habe,

dann werde ich dich beißen. Und so sollen alle richtigen Hunde tun, die nach mir kommen.« – »Ei, ei«, sagte die Frau, die zuhörte, »die Katze ist sehr gescheit, aber sie ist doch nicht so gescheit wie der Hund.«

Die Katze beschaute die Zähne des Hundes einen nach dem andern – und sie schienen alle sehr scharf – und sagte: »Ich werde lieb sein zu dem Kind, solange ich in der Höhle wohne, wenn es mich nicht zu fest am Schwanz zieht, für immer und ewig. Aber deshalb bin und bleibe ich doch die Katze, die für sich allein geht, und für mich ist ein Ort wie der andere.«

»Nicht, wenn ich um die Wege bin«, sagte der Hund. »Hättest du das letzte, was du gesagt hast, nicht gesagt, dann hätte ich meine Kiefer für immer und ewig geschlossen gehalten; nun aber werde ich dich auf den nächsten Baum jagen, wo immer ich dich treffe. Und so sollen alle richtigen Hunde nach mir tun.«

Und da warf der Mann seine Stiefel und das kleine Steinbeil – das macht drei – nach der Katze, und die Katze rannte aus der Höhle hinaus, und der Hund lief ihr nach und jagte sie auf einen Baum hinauf; und von jenem Tag an bis zum heutigen werfen von fünf richtigen Männern drei immer Sachen nach einer Katze, sobald sie eine zu Gesicht kriegen, und alle richtigen Hunde jagen die Katze einen Baum hinauf.

Doch auch die Katze hält das Abkommen ein. Sie vertilgt Mäuse und ist lieb zu Kindern, wenn sie im Hause ist, solange die sie nicht zu fest am Schwanz ziehen. Aber danach und auch zwischenhinein und wenn der Mond aufgeht und die Nacht anbricht, dann geht die Katze ganz allein für sich spazieren, und ein Ort ist für sie wie der andere. Dann wandert sie hinaus in den nassen, wilden Wald oder hinauf in die nassen, wilden Bäume oder über die nassen, wilden Dächer, wedelt mit dem wilden Schwanz und geht ihres einsamen, wilden Weges.

PAUL GALLICO

Übernahme

Als ich ein sehr junges Kätzchen war, hatte ich das Unglück, meine Mutter zu verlieren und mich im Alter von sechs Wochen allein in der

Welt zu finden. Aber darüber war ich nicht unmäßig betrübt, denn ich war intelligent, nicht unschön, nie um einen Ausweg verlegen und voll Vertrauen zu mir selbst. Auch war mir das Glück einer mehrwöchigen Belehrung durch meine Mutter zuteil geworden, ehe sie den unglücklichen nächtlichen Zusammenstoß mit einem Auto hatte.
Nach etwa einer Woche des Hundelebens auf dem Lande, mit einem höchst empörenden Speisezettel aus Raupen und Insekten, beschloß ich, eine Familie zu übernehmen und eine Hauskatze zu werden. Ich machte mich sofort daran, mein Ziel zu erreichen.
Mit Freundinnen besprach ich öfters den Weg, der mich zum Erfolg geführt hat: und da ich mit Eitelkeit nicht geschlagen bin, war ich in der Lage, auf die außerordentliche Auffassungsgabe, die jedem meiner Schritte zugrunde lag, und die überragende Klugheit auf meiner Seite hinzuweisen.
Sie waren so bewegt von meiner Geschichte, daß sie mich baten, alles niederzuschreiben und überdies meine Erfahrungen und Ideen, unsere Beziehungen zu den menschlichen Wesen betreffend, zu einem Buch von Regeln und Vorschriften zusammenzustellen, zum Besten unserer Kleinen, die eine ähnliche Laufbahn einschlagen wollen.
Das habe ich getan. Zunächst aber einen kurzen Bericht, wie ich meine eigene Familie »übernommen« habe. Ihr Name soll unerwähnt bleiben, denn ich will sie nicht in Verlegenheit bringen.
Das Wort »Übernahme« der menschlichen Sprache ist noch nicht alt und sollte vielleicht am besten erklärt werden. Es ist jetzt vor allem bei Geschäften im Schwung. Eine Anzahl Leute besitzt eine Fabrik oder Aktien eines Konzerns, der ein gewisses Produkt unter einem gewissen Namen in einer gewissen Gegend herstellt. Eines Morgens wachen diese Leute auf, nehmen die Zeitung und erfahren, daß sie die Gesellschaft nicht mehr besitzen, auch die Erzeugnisse und den Namen nicht mehr, sondern daß sie jetzt zu jemandem anderen gehören, der ein völlig anderes Erzeugnis in einer völlig anderen Gegend fabriziert. Mit einem Wort: sie sind »übernommen« worden.
Ich weiß kein besseres Wort für den Vorgang, mit dem wir uns der menschlichen Wesen annehmen. Über Nacht ändert sich das Leben für sie. Ihre Wohnungen sowohl, wie mit der Zeit auch ihre Gewohnheiten und Sitten, gehören nicht mehr ihnen. Von nun an gehören sie uns, die Leute, meine ich. Ihr braucht gar keine Angst zu haben, euch auf eine solche Unternehmung einzulassen. Nur die Umstände, die Methoden und die Leute wechseln. Der Übernahmeinstinkt lebt in

uns allen und hat uns ermöglicht, unverändert und beherrschend tausende Jahre in einer ständig sich wandelnden Welt zu überleben. Wir haben immer verstanden, auf unseren Vorteil bedacht zu sein, und es ist unbegrenzt, was wir erreichen können. Blickt einmal zurück auf unsere Geschichte, und ihr werdet sehen, wie wahr das ist! In Ägypten, vor weniger als fünftausend Jahren, haben wir uns zu Göttern gemacht. Hunde durften von Pontius zu Pilatus geschickt werden – aber jedem, der uns beleidigte oder uns etwas tat, wurde der Kopf abgeschnitten.

Nun, also, ich kam aus den Wäldern, hungrig, abgestoßen von der rohen Natur, und entdeckte auf einer Lichtung ein kleines, freundlich weißes Haus mit grünbemalten Läden, einem Schuppen nahebei, Blumengarten, Gemüsegarten, Fischteich usw. Haus und Grundstück waren sauber gehalten und gehörten offensichtlich Leuten von einiger Wohlhabenheit. Ein teurer Wagen in der Garage bestätigte mir das. Ihr kennt den Spruch: »Schöne Gefühle öffnen keine Hummerdose.« Wenn ihr eine arme Familie übernehmen wollt, bitte sehr, das ist eure Sache. Meine sollte es nicht sein.

Ich schritt zur Hintertür des Hauses und erkundete. Ein Mann und seine Frau saßen drinnen beim Frühstück. Es gab keinen Hinweis auf Kinder, auch nicht auf Personal, und das war alles nur sehr gut. Kinder sind gelegentlich in Ordnung, man wird ihrer auch Herr, aber es ist besser, wenn möglich, eine Familie zu übernehmen, bevor die Kinder kommen. Dienstpersonal macht eine Menge Verdruß.

Das Paar sah genau aus wie die Familie, die ich brauchte, also sprang ich zum Fliegengitter der Tür und wimmerte mitleiderregend.

Sie schauten vom Frühstück auf und zu mir her. Ich wußte genau, wie ich denen an der anderen Seite des Gitters erschien: unwiderstehlich! Ich tat, als verlöre ich den Griff auf dem Gitter, ließ mich fallen und krabbelte wieder hinauf, die ganze Zeit weinend.

Die Frau sagte: »Schau! Das arme kleine Ding! Es möchte herein. Vielleicht ist sie hungrig. Ich werde ihr Milch geben.«

Genau was ich erwartete! Ich hatte schon Eindruck gemacht. Alles was noch fehlte, war, eine Pfote durch die Tür zu bekommen, und – aber so einfach war das nicht. Da gab es noch den Mann! Er begann zu knurren, zu schimpfen, auf dem Stuhl zu rutschen, Fäuste auf den Tisch zu hämmern und zu schreien, daß er Katzen hasse und keine im Haus wünsche. Dann begann er mit all diesen langweiligen Klischees: was für ein Ärgernis wir seien, daß wir unsere Pfoten in alles steckten, die Möbel zerkratzten und das Haus verstänkerten. Er schrie weiter: »Nix! Nix da! Wenn du sie füttern mußt, gib ihr im Schuppen Milch und schau, daß du sie los wirst. Herein kommt sie mir nicht!«

»Oho«, sagte ich zu mir, »du willst mit mir anhängen, mein Freund, ich, *ich* bin es, die weiß, wie das geht!« Vielleicht glaubt ihr mir das nicht, aber ich war fast froh über seine Gegnerschaft. Es war eine Herausforderung. Wenn es etwas gibt, was vergnüglich zu überwältigen ist, dann ein Mann, der sich als Katzenfeind aufspielt. Inzwischen, während diese Gedanken mir durch den Kopf gingen, fuhr ich fort, vom Fliegengitter zu fallen und wieder hinaufzuspringen, immer noch zum Herzbrechen wimmernd.

Die Frau öffnete, nahm mich auf und sagte zum Mann: »Ich bitte dich, mach doch keinen solchen Radau, Liebling. Ich geb' ihr nur einen Tropfen Milch. Wir setzen sie nachher an die Luft.«

Der Witz ist, das werdet ihr begriffen haben, daß man den Männern, je mehr sie sich aufregen, herumfuchteln, knirschen und zetern, um desto weniger Gehör schenkt. Denn während er immer noch randalierte und protestierte – wo war ich? Drinnen! Und schlabberte Milch aus einem Teller.

Einmal im Haus, wußte ich genau, was zu tun war, denn meine Mutter, die selber mit einer schwierigen Mannsperson umgehen mußte, hatte mir viel von den Männern erzählt, und wie man sie zu behandeln hatte. Ich ignorierte ihn einfach und spielte mit der Frau, die alle möglichen sanften Laute herausließ, schmeichelnde Töne, und mich »Liebes«, »Liebling«, »Süßes« und »Kleiner Engel« nannte.

Und natürlich, je mehr Umstände sie mit mir machte, desto ärgerlicher wurde er und schrie schließlich: »Schluß jetzt, genug. Los, hinaus mit ihr!«

Die Frau zum Mann: »Gewiß, Liebling, alles, was du sagst, wird geschehen.« Sie hob mich auf, setzte mich vor die Tür und flüsterte. »So, lauf jetzt, Kleines.« Aber natürlich wußte ich, daß es nicht ihr Ernst war, also sprang ich noch einmal auf das Gitter und weinte um Einlaß, bis der Mann kreischte: »Na also. Da siehst du, was du angestellt hast! Geh und bring sie hinüber in den Wald!«

Sie gehorchte, aber sowie sie sich umwandte, folgte ich ihr zurück zum Haus. Das geschah dreimal, während der Mann aus dem Haus kam, Hut auf dem Kopf, in sein Auto kroch und uns beobachtete. Beim viertenmal setzte ich mich einfach vor den Bäumen hin und

schaute miserabel drein. Der Mann küßte seine Frau, aber das letzte, was er vor dem Abfahren tat, war, sich umzudrehen und mich da sitzen zu sehen, ganz allein, verlassen. Ich war zufrieden, denn ich wußte, ich hatte ihm seinen Tag verdorben, und alles, woran er noch denken konnte, war ich.
Natürlich, sowie der Wagen um die Kurve der Straße verschwunden war, kam die Frau aus dem Haus, hob mich auf und trug mich hinein. Wie vorausgesehen. Ich hatte sie, wo ich sie wollte. Wir verbrachten einen wunderbaren Tag zusammen.
Knapp vor Abend nahm sie mich in die Arme, küßte mich und sagte: »Nun, Liebling, mußt du leider weg. Er wird gleich zurückkommen.« Sie setzte mich an die Luft und bald schwang das Licht des Wagens um die Kurve. Der Mann kam nach Hause.
Ich wartete, bis es ziemlich dunkel war, und dann, als ich mich soweit hatte, daß ich mir selber leid tat (denn ich war einsam und hungrig), setzte ich mich wieder vor die Tür und weinte, weinte, weinte einfach.
Im Eßzimmer brannte das Licht. Durch das Fenster sah ich sie ihr Nachtmahl essen. Ich ging unter das Fenster und weinte lauter.
Plötzlich warf der Mann Messer und Gabel hin und rief: »Ich kann diesen Lärm nicht ertragen!«
»Welchen Lärm denn?« fragte die Frau.
Der Mann bellte: »Dieses verdammte Katzenvieh. Ich hab' dir doch in der Früh gesagt, wie das ausgehen wird.«
Verdammtes Katzenvieh – ja, so redete er von mir. Na, bevor wir miteinander fertig waren, sollte er noch auf den Knien rutschen!
Ich legte alle meine Kraft in meine Miaus. Das mußte ein Herz von Stein erweichen.
Die Frau: »Das arme kleine Ding! Sie muß wieder hungrig sein.«
»Zum Teufel«, rief er, »warum läßt du sie nicht herein und fütterst sie?«
Die Frau begann: »Weil du gesagt hast ...«
Der Mann antwortete: »Was hab' ich denn schon gesagt? Du kannst sie ja nachher wieder hinauslassen. Ich höre mich ja selbst nicht essen bei diesem dauernden verdammten Gewinsel.«
Die Frau kam also heraus, fing mich, und ich bekam wieder eine gute Mahlzeit. Nach dem Essen nahm mich die Frau, anstatt mich an die Luft zu setzen, auf ihren Schoß, spielte mit mir, liebkoste mich, und ich begann sofort zu schnurren und ihr den Hof zu machen. Der

Mann las seine Zeitung, immer wieder aber senkte er sie und warf uns finstere Blicke zu.
Nach einer Weile legte die Frau mich auf ihren Stuhl, ging hinaus und kehrte nicht zurück. Ich tat, als ob ich schliefe, beobachtete aber den Mann, der immer zu mir herüberschaute. Ich wußte genau, was er dachte: er hätte mich gern auf seinem Schoß gehabt. Das konnte er aber nicht zugeben.
Nach einiger Zeit rief die Frau von oben: »Liebling, ich gehe gleich zu Bett. Willst du die Katze hinauslassen?«
Der Mann knurrte laut und warf die Zeitung fort: »Ich? Warum läßt du sie nicht hinaus? Du hast sie doch hereingelassen!«
»Liebling, ich hab' dir doch gesagt, ich bin schon ausgezogen. Bring du sie hinaus in den Wald.«
Der Mann rief hinauf: »Verdammt noch mal! Also los!« – hob mich hoch, nahm eine Taschenlampe und trug mich hinaus. Er hielt mich sehr ungeschickt, und als ich meinen Kopf unter sein Kinn praktizierte, murmelte er »Laß das schon, Kleine«, und ich wußte, daß ich ihn jetzt gleich soweit haben würde, wenn ich ihn bloß mit dem Bart ein wenig gestreichelt und dabei geschnurrt hätte. Aber keine Eile! Ich wußte jetzt, daß ich ihn kriegen konnte, wann immer ich wollte. Ich beschloß, ihn derart weich zu reiten, daß er zur gegebenen Zeit mein bedingungsloser Sklave würde. Je elender ich ihn machen konnte, desto besser. Also bohrte ich meine Krallen in sein Hemd und schrie, als er sich bei den Bäumen meiner entledigen wollte.
Er machte mich los und setzte mich ab. Ich schrie weiter, als er ging, und natürlich drehte er sich wie erwartet um und leuchtete mit seiner Lampe, um zu sehen, ob ich ihm folge. Was ich natürlich tat. Er hob mich auf, knurrte »Verdammt noch einmal, Kleine, bleib da!«, aber ich verankerte mich wieder in seinem Hemd. Wir wiederholten alles mehrmals. Gelegentlich bohrte ich meinen Kopf unter sein Kinn und er fing an mit »Na, was dann!« . . . und da begann ich zu schnurren! Er sagte aber: »Daß du dich nur nicht täuschst, mein Kätzchen!« und marschierte mit mir davon. Diesmal aber brachte er mich in den Schuppen, wo er herumrumorte, bis er eine alte Pappschachtel gefunden hatte, in die er mich steckte. »So«, sagte er, »hier kannst du bleiben, aber sei um Himmels willen still!« Dann ging er, aber er konnte sich wieder nicht enthalten, sich umzuwenden und das Licht auf mich zu richten, weil er sehen wollte, ob ich ihm wieder folgte. Diesmal tat ich's nicht. Ich saß nur da, schaute ihn an, den Kopf aus der

Schachtel gestreckt, und er stand da und schaute mich an. Und so verabreichte ich ihm das stumme Miau.
Ein wenig später werdet ihr in diesem Buch, und zwar im Kapitel »Sprache«, etwas über das stumme Miau finden: wie man es macht, wann man es am wirkungsvollsten anwendet; und ihr werdet sehen, wie klug es von mir war, es diesmal zu gebrauchen, besonders, da ich schon so laut und viel geschrien und geweint hatte.
Der Erfolg war wie erwartet. Der Mann wurde ganz weich. Er stand völlig hilflos da und fragte: »Um Himmels willen, Kleine, was willst du denn jetzt noch?«
Ich gab ihm das stumme Miau nochmals.
Er kehrte in den Schuppen zurück und sah verwirrt drein, holte mich aus der Schachtel und sagte: »Was möchtest du eigentlich, Kleine, zum Teufel?« Ich schob meinen Kopf in seinen Nacken und schnurrte wie verrückt. »Nichts da«, sagte er, »zurück ins Haus kannst du nicht.« Und dann: »Aha, ich glaube, die Schachtel ist dir nicht gut genug, wie? Na, schauen wir einmal, was wir für dich tun können.«
Er legte mich nieder und kramte herum, bis er ein altes Stück Tuch gefunden hatte, das er ausschüttelte und zu einem kleinen Nest für mich zusammenfaltete. »So also, besser jetzt, Kleine?« fragte er.
Ich beschloß, daß es an der Zeit war, es ihm zu zeigen: also kehrte ich in die leere Schachtel zurück. Er nahm mich heraus und legte mich auf das Tuch. Ich ging wieder in die Schachtel zurück. Er verlor die Haltung und schrie: »Verdammt noch einmal, jetzt bleibst du aber in der Schachtel!« und wollte hinausgehen. Aber ich wußte, er würde noch einmal zurückschauen, und als es geschah, war ich auf dem Posten. Ich bediente ihn diesmal mit einem lauten Miau.
Er stammelte: »Um Himmels willen, Kleine, ich kann doch nicht die ganze Nacht hier herumstehen. Was willst du denn?«
Ich gab es ihm noch einmal. Er kehrte zurück, nahm mich heraus, hob das Tuch auf, legte es in die Schachtel und senkte mich wieder hinein. Das war es, was ich wollte, und ich ließ es ihn wissen, indem ich ein paarmal in der Schachtel herumkreiste, mein Bett machte, mich einrollte und schnurrte. Er sah einen Augenblick auf mich herab und sagte: »In Ordnung, Kleine, jetzt hab' ich verstanden«, und dann ging er zurück ins Haus. Seine Frau mußte an der Tür auf ihn gewartet haben, denn ich hörte sie sagen: »Liebling, was hast du denn getrieben? Du warst ja endlos weg!« und dann seine Antwort: »Ich dachte, es könnte regnen. Ich hab' die Katze in den Schuppen getan.

Dort kann sie bleiben!«
Ich und dort bleiben! Was für ein schlechter Witz! Ich lachte mich in den Schlaf. Nach alledem dauerte es natürlich nicht mehr lang, und schon am nächsten Abend hielt ich die Zeit für gekommen, ihn ganz zu erledigen.
Es war ein heißer, schwüler Sommerabend. Ich saß auf dem Schoß der Frau und störte sie beim Nähen. (Darüber Näheres in einem späteren Kapitel.) Der Mann las wie gewöhnlich in seiner Zeitung. Ich sprang vom Schoß der Frau, machte einen schönen runden Buckel, wanderte hinüber, setzte mich und schaute den Mann an. Zuerst tat er, als sehe er mich nicht. Endlich aber legte er die Zeitung nieder und seufzte: »Na, was willst du, Kleine?«
Ich gab ihm die volle Kur – das große – »Hallo« mit dem Anreiben um die Fesseln. Wie ich erwartete, ging der Mann ganz aus dem Leim und sagte: »Na, du Süße, möchtest du auf meinen Schoß?« Womit er mich aufhob, dort absetzte und begann, mich unter dem Kinn zu streicheln. Ich drehte das Schnurren an, entwickelte Anmut und bediente ihn mit Rollen im Schoß und Anschmiegen, leckte seine Hand ein paarmal. Kurzum, ich trug mächtig dick auf.
Natürlich schmolz er total hin und begann idiotische Sachen zu murmeln, wie »Na, was haben wir denn jetzt vor, Kleine?«, was er fortwährend wiederholte, triumphierende Blicke auf seine Frau werfend, die nur dortsaß, nähte und nichts sagte.
In diesem Augenblick begann es zu blitzen, schmetternd zu donnern, und der Regen rauschte herunter. Sie gingen durchs Haus, alle Türen zu schließen, der Mann trug mich dabei herum und sagte: »Keine Angst, kleines Mädchen. Nur ein dummes Gewitter, das ist alles.« Später verzog sich das Unwetter, aber es regnete weiter, und die Frau sagte: »Ich glaube, wir gehen zu Bett. Wirst du die Katze hinausbringen?«
Der Mann warf ihr einen Blick zu, als sei sie wahnsinnig geworden, und rief: »Was? Sie in einer Nacht wie dieser hinausbringen? Bist du verrückt?«
»Warum? Sie hat's doch gut im Schuppen, oder nicht? Ich glaube, du willst keine Katze im Haus . . .?«
Der Mann wurde wild. »Nun ja, ich will keine Katze im Haus«, rief er, »aber das heißt doch nicht, daß ich sie in den Regen hinausjage. Sie zittert wie Espenlaub. Hast du denn gar kein Herz?«
»Espenlaub« war gut. Ich hatte Mühe, nicht laut aufzulachen.

Die Frau hob die Schultern: »Gut, wie du willst. Aber ich habe nur gesagt, was du gesagt hast, als wir ...«
»Ganz bestimmt werde ich tun, was ich will! Wir können in der Küche für sie ein Polster auf den Boden legen.«
Sie gingen hinauf in ihr Schlafzimmer und ich hörte sie herumgehen. Nach einer Weile verlöschten sie das Licht und die Frau sagte: »Du hast die Schlafzimmertür nicht geschlossen.«
»Na, und wenn das Gewitter zurückkommt?« antwortete er. »Und die Kleine kriegt's mit der Angst, und wir würden sie nicht hören, was dann?«
So ging ich also während der Nacht natürlich hinauf und aufs Bett, schlief auf der Decke, darunter seine Füße waren, und da war es gemütlich und warm.
Am Morgen weckte ich ihn, indem ich auf sein Gesicht spazierte und meinen Fuß in seinen Mund steckte. Er setzte sich auf, nahm mich und flötete: »Na, kleine Süße, wer hat dich denn eingeladen? So, und jetzt laß dich einmal anschauen.« Und er begann mit mir zu spielen. Ich steckte meinen Kopf wieder unter sein Kinn und schnurrte.
Seine Frau sagte: »Lieber, meinst du wirklich, daß wir sie auf dem Bett haben sollten ...«
Er warf ihr einen bösen Blick zu. »Warum nicht? Was ist falsch dran? Schau her, sie ist verrückt nach mir. Katzen sind doch, sagt man, sauber?«
»Ja schon, aber ...«
»Aber was? Sie ist doch auf meiner Seite im Bett. Ich weiß nicht, warum du dich aufregst?«
Wir nahmen alle das Frühstück in der Küche unten, und ich saß auf seiner Schulter oder lag auf der Lehne des Stuhls hinter seinem Hals.
Der Mann sah höchst selbstzufrieden drein und sagte: »Schau dir den kleinen Bastard an. Was ist in ihn gefahren?«
Seine Frau sagte: »Kein Bastard. Sie ist eine sie. Ich glaube, sie ist in dich verliebt.«
Diese Behauptung hatte einen höchst kuriosen Effekt auf den Mann. Er begann lauter zu lachen als nötig war, fummelte nach Zigaretten und wußte nicht, was er mit seinen Händen beginnen sollte. Er errötete wahrhaftig und stotterte: »Unsinn, ich habe nur gewußt, wie ich sie beim Gewitter behandeln soll. Sie ist einfach dankbar.«
Ich rutschte auf meinem Sitz hin und her, rieb mich an seinem Nak-

ken und schnurrte. Als er an diesem Morgen zur Arbeit fuhr, küßte er seine Frau zum Abschied, sagte »Wiedersehen, Kleine« zu mir und dann noch, ehe er hinausging, zur Frau: »Kümmere dich um meine Kleine.«

An diesem Abend sprang ich nach dem Abendessen auf seine Schulter, als er die Zeitung las, und blieb dort.

Plötzlich legte er das Blatt hin, gähnte, streckte sich und bemerkte »Schlafenszeit, nicht wahr? Komm, Kleine.«

Vom Schuppen war keine Rede mehr. Auch von der Küche nicht. Wir gingen alle nach oben. So kam ich in mein Haus.

Cécile Lauber

Nala

Im Januar 1934 bezogen wir unser eben erst erstelltes Haus am Felsberg in Luzern. Zu jener Zeit besaß ich keine meiner vielen Katzen mehr.

In den jungen Garten hatte ich einen großen Teil meiner Blumen, Beeren und Büsche und selbst die sorgfältig gelöste, hochgestiegene Glyzine aus dem alten Häuschen am Rosenberg herübertragen lassen. Sie gehörten zu der Hand, die sie aufgezogen hatte. Jetzt ruhte alles unter einer Decke von Schnee.

Aber das glitzernde Weiß trug geheime Schriftzeichen. Quer über die niedrigen Wellenhügel, geformt durch schlummernde Pflanzen, liefen Hasenpfoten; über die Hecke hatte in der Morgendämmerung des Tages, an dem wir einzogen, ein Reh gesetzt.

Damals gab es außer unserm Haus nur noch zwei weitere am Hügel. Keine Straße trennte wie heute den Garten vom nahen Wäldchen. Die Spuren im Schnee waren die schönste Begrüßung, die uns zuteil werden konnte.

Der Frühling setzte ein und brachte jeden Tag eine neue Überraschung. Alles hatte sich angewachsen mit Ausnahme eines einzigen Lorbeerbusches, der erfroren war. Und die Glyzinentrauben schaukelten blau und weiß vor den Fenstern.

Aus dem Wäldchen rief nachts der Kauz; in der Dämmerung konnte man ihn schwer und grau von Zweig zu Zweig huschen sehen.

Schreie kämpfender Igel wurden laut in mondhellen Nächten. Spatz und Meise wählten den Garten zum Bau ihrer Nester.
In den Lücken des unregelmäßig aufgeführten Mäuerchens warf ein bronzefarbenes Eidechschen und zog eine große Zahl Junge auf. Es verhielt sich dabei so zahm, daß mein Finger liebkosend das schöne Arabeskenmuster seines Rückens streicheln durfte. Aber eine Katze fehlte.
Im Herbst überraschte ich ein Feldmäuschen dabei, daß es, aufrecht sitzend, Brot vom Frühstückstisch stahl, und im Winter schlüpften ihrer mehrere durchs Kellerfenster, benagten Kartoffeln und Dahlienwurzeln.
Und dennoch zögerte ich, in diese kleine, harmlose Welt Ungestüm und List eines großen Tieres hineinzutragen.
Jedoch im Herbst 1935 erlag ich der Versuchung, eine Katzenausstellung in Zürich zu besuchen. Kaufen wollte ich zwar nicht, bloß den Anblick der Tiere genießen. Mit leeren Händen fuhr ich hinüber, um am Abend mit einem geborgten Körbchen und einer Katze zurückzukehren.
Das war so zugegangen:

In heißen und dumpfen Räumen standen die Käfige hochgebeigt über- und nebeneinander, in denen herrliche Tiere schleifengeschmückt saßen oder schliefen oder zierliche Spiele aufführten, einige erregt und neugierig, gelassen die andern, aber unendlich gefaßter alle, als es Hunde in einer Ausstellung zu sein pflegen.
Da kauerte die große Birmakatze, ein starkes Tier, mit unergründlichen Augen und der langhaarigen Mähne eines Löwen, das in Tempeln gehalten wird; zierlich spielte die schmale Chinchilla, elfenbeinweiß, mit zarter Silberschnur längs des Rückengrates. Die Siamesin bewegte sich mit funkelndem Muskelspiel und türkisblassen Augen im Moorengesichtchen; der Perser in Weiß, Beige und Schwarz, mit großen, ruhevollen Sternenaugen, saß unbeweglich hinter seinen Stäben; und unsere kleine, behende Landkatze mit klugem Tigerantlitz ließ ihre hochempfindlichen Ohren spielen.
Sie leckten sich und ihre Jungen, trieben stumme Kurzweil; kaum eine Stimme wurde laut.

Es ging dem Abend zu, und ich hatte mich müde auf eine Bank gesetzt. Ich mußte an all die Tiere denken, die mir gehört und mein Leben reich gemacht hatten. Ich dachte an Alteli und Flämmchen, an Mutz und Spiegelchen und daran, wie weh es jedesmal tat, wenn ich wieder eines von ihnen verlor, besonders das letzte Kätzchen: Mutz. Jetzt noch, alle paar Wochen einmal, durchstreife ich die Gegend am Rosenberg, in der Hoffnung, auf Mutz, den Auswanderer, zu stoßen, und ich war überzeugt, daß ich nie wieder den Mut aufbringen würde, ein neues Tier zu erstehen.

Da, während ich so mutlos und traurig ausruhte, fühlte ich plötzlich mein Gesicht wie mit sanfter Gewalt nach oben gezogen. Ein Veterinär in weißer Schürze eilte vorüber. Seine Arme füllten ein halbes Dutzend winziger silbergrauer Perserkätzchen. Ein blaßblaues Löwenschnäuzchen schaute mich an aus schimmernden Bernsteinaugen. Unwillkürlich war ich aufgesprungen und ihm nachgeeilt.

Er trug die Tiere vor den Oberarzt, der jedes einzelne auf einen Tisch hob und prüfte. Viele Leute, vor allem Frauen, umstanden ihn und machten Angebote. Mein Herz klopfte beim Anblick der entzückenden Tiere. Es handelte sich, wie ich vernahm, um einen Wurf blauer Perser aus der Zucht der Gräfin Thurn-Valsassina in Wien; Junikätzchen, drei Monate alt, silberfarben, mit tiefblauer Haut, langem, seidenglänzendem Haar, kurzen, flaumgefütterten Ohren an breitem Kopf. Ich hatte das hellste unter ihnen im Auge behalten.

Der Arzt faßte es an.

»Männliches Tier, gut geformt, weitaus der schönste Kopf unter allen.«

»Ich erstehe es«, hörte ich mich selbst zu meiner Überraschung sagen.

»Was bieten Sie?«

»Ich bezahle den Preis, den Sie verlangen«, sagte ich so gleichgültig, als ginge diese Seite der Angelegenheit mich nichts an. Dabei hatte ich noch nie im Leben eine Katze gekauft und wußte sie gar nicht einzuschätzen. Sie waren mir alle geschenkt oder zugetragen worden; aber darum konnte ich mich jetzt nicht kümmern; denn nicht ich – das Tier hatte mich gewählt; ich fühlte mich wie in einem Rausch. So muß es Spielern zumute sein.

Man nannte einen hohen Preis; ich schluckte ihn hinunter und nickte.

Die Katze glitt in andere Hand und ich bekam sie vorläufig nicht mehr zu sehen. Ich wurde vor ein Tischchen gebeten und bekam eine Anweisung in die Hand gedrückt.

»Nehmen Sie das Tier gleich mit?« wurde ich gefragt.
»Freilich«, sagte ich verwirrt und platzte heraus: »Ich habe aber weder Geld noch einen Korb bei mir.«
Nun, das wurde »gefügt«. Ich mußte meinen Namen einschreiben; einen Korb bekam ich geborgt auf ehrenwörtliches Versprechen, ihn zurückerstatten zu wollen. Nach einiger Zeit wurde er mir verschlossen überreicht.

Behutsam und nachträglich mit nicht ganz gutem Gewissen trug ich ihn zur Bahn, behielt ihn aber auf meinen Knien. Sonderbarerweise konnte ich mir nun das Tier durchaus nicht mehr vorstellen. Ich mußte wohl sehr aufgeregt gewesen sein.
Zuweilen erlitt das Körbchen eine leichte Erschütterung von innen heraus. Es rührte sich etwas; es gab sanfte Stöße nach oben. Aber keine Stimme wurde laut.
Immer wieder mußte ich denken, daß mir da jemand etwas ganz anderes hätte einpacken können, etwa ein Kaninchen oder ein Huhn; denn ich war ja nicht zugegen gewesen, als das Körbchen gefüllt worden war. Ja, es konnte auch ein schwarzes Kätzchen sein, eines aus der Abteilung: »Herrenlose Katzen, kostenlos abzugeben.« Es wurde mir richtig bange zumute bei diesem Gedanken.
Unsicher entstieg ich dem Bahnhof in Luzern, wagte mich kaum mit meinem Körbchen sehen zu lassen. Auf dem Bahnsteig stand mein Gatte und lachte vergnügt.
»Eines wußte ich ganz gewiß«, sagte er immerzu lachend, »nämlich, daß du mit einer Katze nach Hause kommen würdest.«
»Es ist ein Juwel«, beeilte ich mich zu versichern, und konnte mir nun schon gar nichts mehr vorstellen; die Katzen der ganzen Ausstellung liefen mir kreuz und quer durch den Kopf. Im Körbchen blieb es totenstill; am Ende war das Tier erstickt und gestorben.

Zu Hause kam die ganze Familie angestürzt. Das Körbchen wurde unters Licht getragen und auf einen Stuhl gestellt. Ich öffnete mit klopfendem Herzen.
Aus langhaariger, seidenweicher Silberrolle hob sich verwundert und unschuldsvoll ein sanftes Löwenantlitz, blaßblau mit großen, strahlenden Bernsteinaugen, aus deren Mitte im Lichtschein eine sammetschwarze Pupille sich langsam großwuchs, bis von der Iris nichts mehr übrigblieb als ein schmaler Goldreifen. Antlitz von unwidersteh-

lichem Liebreiz, das uns fragend anstaunte, ohne Falsch und ohne Furcht, mit verhaltener Neugier, wie es edlem Geblüt ansteht.
Ein Ausruf des Entzückens entfuhr jedermann.
Die Rolle im Körbchen wurde locker; sie wendete und bäumte sich, kleine blaue Zehen traten heraus. Mit größter Vorsicht wurde ein silbernes Pfötchen auf den Rand des Korbes gestellt. Ein Schütteln, ein Zuck, mit gewichtslosem Schwung stand der Körper des Tieres auf dem Tisch. Ein riesiger Schwanzbusch kam dabei zum Vorschein.
Ich sah vergnügt, es dachte keiner auch nur im entferntesten daran, meinen raschen Kauf zu mißbilligen; vielmehr beeilte sich jeder, etwas Angenehmes für den neuen Hausbewohner herbeizutragen: Brot, kleine Fleischstücke, Milch und Spielzeug.
Das Tier betrachtete seine Umgebung, die Menschen, die Gegenstände mit großem Ernst. Es tauchte zögernd seine Rosazunge in die Milch, schleuderte flüchtig und zerstreut einige weiße Perlen an die Schnauzhaare empor, wo sie bebend hangenblieben, schaute ringsum im Kreis.
Und auf einmal setzte es hinunter vom Tisch und begann in diese neue Welt weinend hineinzulaufen; es rief mit ängstlicher, hoher Stimme nach seiner Mutter und den vielen, lustig blauen Geschwistern.
Nun war mein Augenblick gekommen. Der Augenblick, in dem ich gutzumachen hatte, daß ich zum Räuber und Entführer geworden war. Ich hob das Kätzchen am Nacken auf, wie es die Mutter tut, sprach dazu mit leiser, schmeichelnder Stimme, seine Furcht einzuschläfern. Ich ließ eilig ein weiches Bettchen richten, im Schrankraum neben meinem Arbeitszimmer, legte das Kätzchen sanft darin zurecht. Ich strich mit angefeuchtetem Finger in kurzen Zügen über Hals, Rücken und Schenkelchen, um ihm das Gelecktwerden vorzutäuschen, und das Weinen hörte augenblicklich auf. Das Tierchen wurde ganz still; es schaute mich aufmerksam an; es gähnte; die angespannten Glieder lösten und streckten sich, und plötzlich brach aus seiner Kehle ein lautes, freudiges Schnurren.
Rasch wurde das Licht ausgedreht und weiter gestreichelt mit liebkosender Stimme. Das Schnurren verebbte, an den zuckenden Muskelschaudern erkannte ich, daß das sanfte und zutrauliche Tier eingeschlafen war.

George Freedley

Herr Katz

Herr Katz kommt an

Katzenlos und allein war mein Status im Sommer 1943. Deborah, meine entzückende Malteserkatze, die bei meinen Eltern in Westchester lebte, war von einem Auto überfahren und getötet worden. Keine Katzenhaare zierten meine Wohnung in Manhattan, kein Kratzer, keine Schramme war an meinen Polstermöbeln. Weder morgens noch abends ertönten gebieterische Rufe nach Aufmerksamkeit und Futter. Es war keine Katze in meinem Leben – ausgenommen die Erinnerungen an die vielen, die ich seit früher Kindheit gekannt und gehegt hatte. Kurz: ich sehnte mich nach der sanften Zuneigung, dem munteren Sinn, der Schönheit und Heimeligkeit einer Katze im Haus. Unter diesem Aspekt rief ich eine Bekannte an, die gerade die Tierhandlungen der East Side durchstreifte, da ihr Mann plötzlich eine Leidenschaft für kleine Fische entwickelt hatte. Ich sagte, sie könne vielleicht auch gleich nach einem Perserkätzchen Ausschau halten, das mein Leben zu bereichern und es wieder schmackhaft zu machen vermöge.

Etliche Tage später hörte Ruth beim Betreten eines Ladens in der Second Avenue vage Geräusche von unverkennbar kätzischer Herkunft. Nachdem Ruth sich gewissenhaft den Angelegenheiten ihres Gatten gewidmet hatte, stellte sie diskrete Nachforschungen an und wurde sogleich vom Inhaber hinter den Laden geführt, wo er vier winzige Fellbällchen zutage förderte.

»Ich hatte sofort das Gefühl«, erzählte sie mir am gleichen Abend, »daß meine Suche vorbei war.« Ich dankte ihr höflich, doch behutsam und sagte, ich werde morgen hingehen und sie mir mal ansehen.

Was für ein eingebildeter und ahnungsloser Narr war ich! Wenn das Bedürfnis nach Katzengesellschaft so groß war, wie meins es war, geht man nicht einfach hin und sieht sich ein paar Kätzchen »mal an«. Am nächsten Nachmittag, jenem schicksalhaften 2. August 1943, betrat ich den Laden und fragte, ob auch ich die hier wohnhaften Kätzchen sehen dürfe. Auch ich wurde nach hinten geführt; man zeigte mir einen kleinen Hühnerkorb und ließ mich listigerweise allein.

Vier kleine Persianer strömten heraus und erforschten mit glänzenden Augen die Welt. Vier kleine Persianer, doch nur einer blickte in meine Richtung. Ich streckte versuchsweise einen Finger aus, und

zwei weiche Pfötchen klammerten sich an ihm fest. Zufriedenes Schnurren erklang – auf beiden Seiten, vermute ich.
War da eine Entscheidung zu treffen? Außerdem: war dies nicht das hübscheste und ohne Zweifel intelligenteste und freundlichste? Außerdem: hatte es denn nicht mich erwählt? Wirklich, die Suche war vorbei.
Meines Kätzchens Vater, dem ich dann vorgestellt wurde, war ein hübscher kastanienbrauner Kater. Papa verhielt sich der ganzen Transaktion gegenüber äußerst gleichgültig und machte sich wenig aus der Frucht seiner Schäkerei und offensichtlich noch weniger aus mir. Mama lernte ich nicht kennen, dieweil sie im Haus gehalten wurde und wegen eines einsamen Kätzchens unabkömmlich war.
Ich trug meine Erwerbung in einem Pappkarton, den wir sorgsam mit Luftlöchern versehen hatten. Als der Inhaber sich verabschiedete, vermeinte ich, in seinem Auge einen Ausdruck stiller Genugtuung erspähen zu können, so, als habe er am Scharm seines Kätzchens niemals Zweifel gehegt.
Auf der Heimfahrt im Taxi gab der Karton ein paar gedämpfte Schreie von sich. Der Wagen hielt an, und mein Fahrer drehte sich mit einem anklagenden Blick um, den ich schnellstens entkräftete.
»Eine Katze!« sagte er verwundert. »Sie haben eine Katze in dem Karton! Geräusche! Ich hör' dauernd Geräusche, und ich guck' überall hin, und ich kann nix sehn. Eine Katze! Ich dacht' schon, ich wär' übergeschnappt.«
Nachdem sich beide beruhigt hatten, setzte das Taxi seinen Weg fort, und ein paar Minuten später bogen wir von der Madison Avenue westlich in die 55. Straße ein und hielten vor unserer Tür. (Ich dachte bereits in der Mehrzahl.) Unser Haus also war ein umgebautes fünfstöckiges Gebäude, dessen Eingang zwischen zwei Ladenfenstern versteckt lag. Jedes Stockwerk des Hauses hatte nur zwei Wohnungen, und unsere war ganz oben.
In dem Augenblick, da ich, vorsichtig meinen Karton balancierend, den Fahrstuhl betrat, kam meine Nachbarin hinzu, mit der ich den fünften Stock teilte. Als sie das sanfte Kätzchenmiauen hörte, legte sie in rasendem Französisch los (vielleicht können sie's nicht anders). Dem wenigen, was ich aufschnappte, entnahm ich, daß sie Katzen und Kätzchen *liebe* und meins gern kennenlernen würde. Ob sie hereinkommen dürfe?
»Natürlich.«

Gemeinsam betraten wir meine Wohnung, und als ich die Verschnürung löste, wurde der Deckel des Kartons von einem kleinen Köpfchen hochgehoben. Ich stellte den Karton auf den Boden und neigte ihn ein wenig, so daß alsbald ein sehr keckes Kätzchen zum Vorschein kam.

»Darf ich's aufnehmen?«

Sie durfte.

»*Un chat. Un chat persien! Mademoiselle ou Monsieur?*«

Diese Frage klärte sie, indem sie trotz unwilligen Jaulens am anderen Ende den Schwanz hob.

Sie nickte: »*Monsieur Chat.*«

Und so kam Herr Katz zu seinem Namen.

Herr Katz war sechs Wochen alt, als ich ihn bekam, also ist sein offizieller Geburtstag der sechzehnte Juni. Dies schreibe ich jetzt über sechzehn Jahre später, und er ist immer noch derselbe – alert, munter, gesellig und schön. Er ist größer, natürlich, und älter, aber nicht fettleibig, wie es manche Männer in zunehmendem Alter werden. An jenem Augustnachmittag, als ich eine »Toilette« und eine Schüssel Milch holte, war es Herr Katz und nicht ich, der den Weg ins Badezimmer wies. Dieser Marsch, mit erhobenem Schwanz, war die erste von etlichen Tausend »Pussi-Paraden«. Mögen sie niemals enden!

Herr Katz erkundet

Von Toilette zu Toilette wuchs Herr Katz heran, und eines Tages beschloß er – ohne daß ich den mindesten Verdacht hegte –, die sanitäre Frage auf seine Art zu lösen. Er entdeckte die Feuerleiter, die an der hinteren Hauswand heraufkam, und da ich die Fenster der beiden Schlafzimmer stets einen Spaltbreit offenließ, nutzte Herr Katz meine häufige Abwesenheit am Abend (Besuch oder Theater) aus, um auf eigene Faust die Gegend zu erkunden. Wenn ich zurückkam, war er immer wohlbehalten in der Wohnung, so daß es eine Weile dauerte, ehe ich diese Expeditionen entdeckte.

Ein Ausflugsziel war das Gartenhäuschen unseres Hausmeisters. Dieser ehrwürdige Herr war in längstvergangenen Jahren Laufbursche für Mr. Rupert d'Oyley Carte gewesen und hatte häufig Sir W. S. Gilbert und Sir Arthur Sullivan persönlich getroffen und konnte uns viele Anekdoten von den berühmten Partnern erzählen. Seine Frau war die Garderobiere der amerikanischen Schauspielerin und Gesell-

schaftsgröße Clara Bloodgood gewesen.
Beide hießen Herrn Katz bei seinen Besuchen willkommen, vorausgesetzt, daß er die Heiligkeit ihrer Blumenkästen respektierte. Ich fürchte, dies war nicht immer der Fall, doch dauerte es Wochen, ehe ich dahinterkam.
Herr Katz wagte sich auch zu den Hinterfenstern der Nachbarschaft oder in einen der vielen Läden der Madison und Fifth Avenue. So kletterte er also nach Belieben an Feuertreppen herauf und hinunter und war bald ein gewohnter Anblick. Ich hätte mir über dieses Kommen und Gehen keine Sorge zu machen brauchen, denn Fremden gegenüber war er allgemein vorsichtig. Einmal zum Beispiel hatte ich ihn zum Fotografieren auf die Straße gebracht, und er hatte vor Angst geschrien und sich an meiner Schulter festgekrallt. Eilends transportierte ich ihn wieder in die Wohnung und entschied, daß künftig nur noch Innenaufnahmen in Frage kämen.
Nachbarn hatten ihn in meine Fenster schlüpfen oder ein Sonnenbad auf meiner Feuertreppe nehmen sehen, so daß sie wußten, wo er hingehörte. Er trug kein Halsband oder eine Erkennungsmarke, da ich in meiner Selbstzufriedenheit der Meinung war, daß er solcherlei Dinge nicht brauche. Aber das ist eine andere Geschichte.
Zwei Damen in einem der unteren Stockwerke unseres Gebäudes gehörten zu seinen Lieblingsgastgeberinnen. Sie zogen sich früh zurück, doch dies kümmerte Herrn Katz wenig. Er landete mit einem Dröhnen auf ihrem Bett und weckte sie und erzählte drauflos. Sogar ausgesprochenen Katzenliebhabern kann das einmal zuviel werden.
»Wir freuen uns immer über seinen Besuch«, versicherten sie mir später, »aber wir beschlossen, daß es wirklich besser wäre, wenn wir uns Fenstergitter zulegten.«
Ich machte mir häufig Gedanken darüber, wie Herr Katz reagiert haben mochte, als er zum erstenmal vor den Gittern stand. Vielleicht war er beleidigt; aber das muß sich gelegt haben, denn er machte weiterhin seine Besuche, sooft das Gitter einladend geöffnet wurde.
Herr Katz unternahm auch gefährliche Spaziergänge auf den Fensterleisten an der Vorderseite des Gebäudes und besuchte dort seine Freunde. Oftmals machte ich mir Sorge, daß er seinen Appetit verloren hatte, dabei kam das nur daher, daß er an mehr als einer Stelle gut gefüttert worden war.
In dieser Zeit ungefähr begann er – eher nach Hunde- denn nach Katzenart –, unterwegs »Geschenke« zu finden und sie mir nach

Hause mitzubringen. Zuerst waren es nur Stücke der gestrigen Zeitung etwa oder eine alte Zigarettenpackung, so daß ich mich nicht allzusehr aufregte, doch später entwickelte sich Herr Katz zu einem veritablen Klemmer.

Er hatte die Werkstätten entdeckt, die man überall auf der Madison Avenue über den Läden finden kann. Dort wirken eine halbes Dutzend oder so geschäftige junge Frauen an den Hüten oder Kleidern, die später in den Geschäften erscheinen und schließlich an unseren modischen Damen. Natürlich waren die Fenster dieser Werkstätten vergittert, aber das richtete sich gegen menschliche Eindringlinge (vielleicht einen Spion von einem anderen Laden!) und nicht gegen eine kleine Katze. Es muß das Paradies auf Erden gewesen sein, als Herr Katz diese Räumlichkeiten entdeckte, und bald waren Bänder, Fäden und Stücke Filz unter den Gaben, die er heimbrachte und mir stolz zu Füßen legte. Einige wurden beseitigt, die bedeutendsten »Funde« jedoch wurden ihm zum Spielen überlassen und als Herrn Katz' Beute bezeichnet.

Eines Tages brachte er einen Strohhut an, komplett mit Band, nur ohne Etikett. Welcher Aufruhr muß am nächsten Morgen in einer Werkstatt stattgefunden haben! Ein andermal zerrte er einen ausgewachsenen grauen Rock die Feuerleiter herauf.

Ich glaube, Herr Katz hatte eine besondere Vorliebe für Stumpen, denn er brachte mir mehrere. Einen tiefbraunen eignete sich eine Dame meiner Bekanntschaft mit einem Schrei des Entzückens an. Wir haben nie erfahren, woher er stammte, doch meine Bekannte traute sich zu, ihn selber herzurichten. Sie rief in einigen Läden der Nachbarschaft an und stellte unverfängliche Fragen, um sich über die neueste Mode zu informieren, und als sie fertig war, machte sie den Fehler, mich eines Nachmittages in ihrem neuen Hut abzuholen. Herr Katz sah sie mit traurigem Erstaunen an, und ich drängte schnell zum Aufbruch.

Besonders erinnere ich mich der Zeit, da er anfing, sich für Bandmaße zu interessieren, denn im Laufe von drei Wochen erschien er mit vierzehn Stück. Danach fand er keins mehr, also vermute ich, daß die Mädchen beschlossen haben müssen, ihre Metermaße abends mit nach Hause zu nehmen. Zu gern möchte ich wissen, ob sie jemals dahintergekommen sind, wer der Bandmaß-Fetischist war.

Natürlich erhebt sich die Frage, ob er mir mal etwas mitgebracht habe. Nun, eines Winterabends kehrte er vor dem Zubettgehen mit einem grauen linken Wildlederhandschuh zurück. Er stieß seinen üblichen Trompetenruf aus und ließ ihn mir zu Füßen fallen.

»Du ungezogener kleiner Dieb«, wies ich ihn streng zurecht. »Was nützt mir ein Handschuh?«

Etliche Abende darauf warf ich Herrn Katz dies in Anwesenheit der Schauspielerin Kay Strozzi wieder vor. Ich probierte ihn an, um Kay zu zeigen, daß er haargenau passe, und legte ihn dann auf die Mahagoni-Kommode in meinem Schlafzimmer, während er in stummer Hauteur aus dem Raum stolzierte. Eine halbe Stunde später unterhielten wir uns noch, da kehrte Herr Katz mit einem Handschuh im Maul zurück. War er auf meine Kommode geklettert? Kay hob ihn auf und stieß einen Schrei aus.

»Georgie! Es ist ein rechter Handschuh!«

Und so war's. Es war das Pendant. Ich probierte sie beide an. Da sie paßten, ließ ich sie reinigen und trug sie mehrere Jahre. Aber ich fürchte, dies war das einzige praktische Geschenk, das er mir jemals machte, obwohl ich ihn auf zerknitterte Fünf-Dollar-Scheine abzurichten versuchte.

Durch diese Erkundungen und (wie ich hoffe) harmlosen Diebereien wurde Herr Katz berühmt. An einem Winterabend kam Lillian Gish nach einer Premiere mit mir in die Wohnung und plauderte mit Herrn Katz, während ich meine Rezension tippte. »Ich möchte seine Trophäen sehen.«

Ich ging zum Schrank und holte den Korb mit all jenen Beutestücken, die mir nicht von Freunden zurückentwendet worden waren. Ich warf sie zu Lillians Füßen auf den Boden. Herr Katz schnurrte und sah mit offensichtlichem Wohlgefallen zu.

Schließlich beugte sich Lillian vor, sah ihn direkt an und sagte: »Herr Katz, ich habe deinen Herrn und Meister stets für einen aufrichtigen Mann gehalten, aber dies ist zuviel. Er muß dir diese Dinge geschenkt haben.«

Herr Katz erwiderte ihren Blick und verließ stumm den Raum. Während wir uns weiter über das Stück unterhielten, kam er zurück, ignorierte mich vollkommen und ging schnurstracks zu Lillians Füßen, wo er etwas fallen ließ. Sie hob es auf: es war eine kleine schwarze Samtschleife.

Sollten Sie Lillian Gish begegnen und sie trägt eine schwarze Samtschleife, dann fragen Sie sie, ob Herr Katz sie ihr gegeben habe.

Trotz meiner Bemühungen, dem Wachstum von Herrn Katz mit immer größeren Toiletten gerecht zu werden, zog er für seine Bedürfnisse weiterhin das große »Draußen« vor. Intensiv erforschte er den quadratischen Block, in dem wir wohnen, und ich berichtete bereits von seinen Abenteuern, die ihn durch die Fenster unserer Nachbarn und in die Werkstätten führten.

Eines Abends kehrte er mit einem sich windenden Mausebaby im Maul heim und legte es mir zu Füßen. Die Maus versuchte natürlich alsbald, das Weite zu suchen, doch Herr Katz verfolgte sie, fing sie und brachte sie mir zurück. Warum hebst du sie nicht auf, schien er zu sagen.

Dieses Spielchen wurde eine Weile fortgesetzt und machte ihm offensichtlich noch mehr Spaß als sein Zellophanbausch, dessen Knistern ihn immer noch aus einem tiefen Verdauungsschläfchen zu wecken vermag. Die Maus war ein Spielzeug, das von selber lief! Zum Leidwesen von Herrn Katz sah ich hierin nichts Spaßiges, und ich holte ein Glas und fing die rasende Maus ein. Zimperlich trug ich sie in die Toilette. Herr Katz sah äußerst mißbilligend zu.

Ich kehrte zu meinem Sofa und meinem Buch zurück. Innerhalb von zwanzig Minuten kam Herr Katz mit einem zweiten sich sträubenden Mäuschen wieder, bereit, das Spiel von neuem zu beginnen. Ich war ihm gewachsen.

Dann kam die dritte Maus und endlich die vierte. Es war ein Uhr nachts durch, als Herr Katz mit seiner fünften Maus auftauchte (wo, oh, wo war die wandernde Mutter dieser Brut?). Ich hatte genug. Ich packte Herrn Katz und marschierte mit ihm ins Bad.

»Dieses Mal wirst du sehn, wie das ist«, drohte ich, aber natürlich ließ ich mich erweichen, ehe ich ihn seinen verflossenen Spielkameraden nachsandte.

Ein paar Monate später machte Herr Katz seinen denkwürdigsten Fang. Er kam am frühen Abend herein, während im Wohnzimmer noch die Lichter brannten, damit ich seine Geschicklichkeit um so besser bewundern könne. In seinem Maul ruhte ein kleines dunkles Objekt, etwas größer als eine Maus. Als er es auf den Rücken legte, entpuppte es sich als eine kleine ungeziefrige und giftige Fledermaus mit flatternden Flügeln. (Ein Fledermausliebhaber meiner Bekanntschaft hat mich informiert, daß Fledermäuse kein Ungeziefer sind, doch damals kamen sie mir gewiß so vor.) Sie quiekte, und ich quiekte ebenfalls und eilte in die Küche, um mich zu bewaffnen. Ich packte das Biest mit einem Papierhandtuch und trat meinen mittlerweile schon gewohnten Marsch ins Badezimmer an. Herr Katz folgte mir entrüstet nach.

In die Toilette, mit Papier und allem, wanderte die Fledermaus, und ich spülte mit einem Gebet. Würde sie 'runtergehn oder nicht. Ich hielt den Atem an. Ich konnte schon den Hauswirt anrufen hören:

»Verzeihung, aber ich muß Ihnen mitteilen, daß der Abfluß verstopft ist. Ich hab' grad' eine Fledermaus gespült.«

»Was haben Sie gespielt?«

»Ich, Sir, spiele nicht. Eine Fledermaus ist soeben in meine Wohnung gekommen.«

Natürlich durfte kein Hinweis darauf fallen, daß Herr Katz es war, der sie dort hingebracht hatte.

Am nächsten Morgen war die Fledermaus zum Glück weg, und die Beschwerde von der Hausverwaltung blieb aus.

Herr Katz verschwindet

Eines Junimorgens war Herr Katz zum erstenmal nicht am Fuß meines Bettes, als ich erwachte, noch irgendwo in Rufweite. Nie zuvor hatte er sich diese ersten fünf Minuten des Streichelns oder Balgens entgehen lassen, die mein Aufstehen begleiteten.

Ich lehnte mich zum Fenster hinaus und rief die Feuerleiter hinab, aber es kam kein antwortendes Trompeten. Ich ließ einen Zellophanball knistern, bis meine Hand lahm wurde. Dieses Geräusch hatte er noch immer gehört, einerlei, wo er sich auch verstecken mochte. Keine Antwort, kein Herr Katz.

Ich zog mich an und richtete mein Frühstück und seins und lehnte mich aus den Erkerfenstern des Wohnzimmers und ließ Zellophan knistern. Umsonst. Schließlich ging ich schweren Herzens zur Arbeit. Mittags kam ich auf einen Sprung nach Hause, aber die Wohnung war immer noch katzenlos und das Frühstück unberührt. Auch am Abend kehrte er nicht heim. Und ein Tag folgte elend dem andern, ohne sein vertrautes Schnurren und seinen lieben Anblick.

Am dritten Tag gab ich eine Anzeige in zwei Morgenzeitungen auf und rief die verschiedenen Tierheime an, doch war keine Katze eingeliefert worden, auf die seine Beschreibung zutraf. Er hatte weder Halsband noch Geschirr, noch Erkennungsmarke, weil ich so sicher gewesen war, daß er nicht allein auf die Straße gelangen könne. An diesem Abend schlief ich nur schwer ein. Etliche Male träumte mir, ich hätte ihn gehört. Der nächste Tag verging ohne seine Rückkehr; viele Tage vergingen ...

Da ich tagsüber wenig unternehmen konnte, erbot sich eine alte Bekannte von mir und ehemalige Kollegin an der New York Public Library, eine intensive Suchaktion in die Wege zu leiten. Sie interviewte Polizisten, Portiers, Fensterputzer und Hausmeister und blieb mit dem Tierheim in Verbindung. Schließlich stückelten wir so etwas wie eine fortlaufende Geschichte zusammen: ein Polizist erinnerte sich, am Morgen von Herrn Katz' Verschwinden auf den Stufen eines Wohnhauses zwei Gebäude westlich des unsrigen eine Katze gesehen zu haben.

Damit konnte man nun nicht allzuviel anfangen, doch war der Polizist zum Glück selber ein Katzenliebhaber und hatte beobachtet, daß diese Katze zur Fifth Avenue eilte und sich dort gen Norden wandte. Mit weiterer Tierheim-Unterstützung und mit Hilfe von freundlichen Polizeidetektiven wurde zwei Wochen nach Herrn Katz' Abgang die ganze traurige und teilweise selbstsüchtige Geschichte rekonstruiert. Wenn wir vielleicht auch kein vollständiges Bild zusammenbrachten, so hatten wir doch genügend Einzelheiten, um uns vorzustellen, was wahrscheinlich geschehen war.

Nachdem Herr Katz sich auf der Fifth Avenue nach Norden gewandt hatte, suchte er Zuflucht unter dem Schaukasten eines berühmten Handschuhgeschäfts. Als der Laden am Morgen geöffnet wurde, entdeckte der Geschäftsführer eine an die Tür geschmiegte verängstigte Katze. Sie versteckte sich sogleich im Innern des Ladens, konnte jedoch nach einiger Zeit zum Hervorkommen überredet werden und betrat langsam die freundliche Atmosphäre.

Als Herrn Katz' Angst sich gelegt hatte, wurde ihm klar, daß er in eine wahre Goldgrube von Spielsachen gestolpert war: die Handschuhe und Handtaschen waren unwiderstehlich. Nachdem aber die Verkäuferinnen ihre Waren etliche Male zurückerobert hatten, erlahmte ihre Begeisterung. Sie hatten immer noch keinen Anhaltspunkt für seine Identität und waren nicht willens, ihn in das Tohuwabohu der Fifth Avenue zu entlassen. Während man schließlich auf einen Abgesandten des Tierheimes wartete, trug der Geschäftsführer

einem Fahrstuhlstarter-Assistenten auf, Herrn Katz zu bewachen. Doch als der Wagen ankam – keine Katze!
»Ich weiß nich'«, sagte der Starter. »Er is' weggelaufen, schätz' ich.« Und jedermann kehrte zu seinen Pflichten zurück.
Meine Ex-Bibliotheks-Sonderuntersuchungsbeamtin war mit dieser Geschichte ebensowenig zufrieden wie ich, aber ich wurde dringend geschäftlich nach Philadelphia gerufen. Nachdem sie den Hergang so weit rekonstruiert hatte, erregte etwas ihren Verdacht. Sie untersuchte die Kammer, aus der die Katze dem Vernehmen nach entkommen war. Sie nahm den Starter mit der Geschicklichkeit eines Staatsanwalts ins Kreuzverhör, bis er zusammenbrach: nein, Herr Katz war nicht entkommen. Einer der Fahrstuhlführer hatte eine Tochter, die Tochter hatte keine Katze, die Katze hatte keinen Besitzer, der Starter hatte kein Gewissen.

Als ich, erhitzt und niedergeschlagen, aus Philadelphia zurückkam, hatte ich noch keinen Schimmer, daß die Affäre auf ihrem Höhepunkt angelangt war. Müde stieg ich unter die Brause, da hörte ich, wie die Wohnungstür aufgemacht wurde. Ich rief eine Warnung, aber in diesem Augenblick knarrte ein Korb. Fröhlich miauend kam der Herr ins Bad gelaufen und legte seine Pfoten und sein strahlendes Gesicht auf den Rand der Wanne – ungeachtet des abscheulichen Wassers. Er war wieder daheim!

Herr Katz gibt einen Ball

Obwohl Herr Katz sich im Alter von sechs Monaten einen Eingriff gefallen lassen mußte, hat er nie seinen maskulinen Appeal verloren wie Spivys berühmter Kater mit Nachtklubruhm, dessen Profil darunter litt. Sowohl auf seinen nächtlichen Wanderungen wie auch während verschiedener Weekends und Ferien fand Herr Katz viele Freundinnen. Seine größte Eroberung war unzweifelhaft eine kurzhaarige bunte Tabby-Queen, die ihm überallhin folgte.
Diese Dame spielte mit Herrn Katz auf dem flachen Nachbardach bis zum dritten Sommer seines Lebens, als ein neues Element eingeführt wurde. Eine geflüchtete französische Baronin zog in unser Haus – mit fünf weißen langhaarigen Siamesen. (Jawohl, ich sagte langhaarige, denn Madames Streben ging dahin, eine neue Rasse einzuführen.)

An späten Nachmittagen und warmen Abenden brachte sie ihre Familie von fünf aufs Dach, damit sie sich auslaufen und Luft schnappen sollten. Herr Katz saß regungslos auf seinem Fenstersims und beobachtete diesen Vorgang ohne Kommentar, doch seine Tabby-Freundin bekam's mit der Angst und nahm Reißaus, sooft die Gesellschaft auftauchte.
Die Siamesen hießen Bubu und Basil (die Mama und der Papa), während die drei halbstarken Kätzchen auf die Namen Bebé, Bijou und Baronne hörten. Sie vergnügten sich, wobei Herr Katz gedankenvoll zusah; er machte keine Anstalten, sich ihnen beizugesellen, obwohl es nur eines kurzen Sprunges bedurft hätte. Zwei der Siamesen, Bebé und Bijou, hatten es deutlich und zärtlich auf Herrn Katz abgesehen, und schließlich fragte die Baronin, ob sie in Herrn Katz' Haus herüberkommen und mit ihm spielen dürften.
Dies war nun wirklich ein Experiment, aber ich beschloß, das Risiko einzugehen. Sie reichte sie einzeln herüber, wozu der Herr beifällig schnurrte. Ganz plötzlich schlug er Bijou einen Ball zu, und sie überkugelten sich bei dem Versuch, ihn zu fangen. Der Startschuß war gefallen, das Spiel lief!
Bijou fing den Ball, und Bebé jagte ihn unermüdlich. Ungefähr eine halbe Stunde währte das Vergnügen, dann wurden sie seiner überdrüssig, und die Baronin versammelte ihre Mannschaft. Dies war das erste vieler solcher Spiele in unserm Wohnzimmer oder draußen auf dem Dach.
Für eine Weile beaufsichtigte die Baronin das Unternehmen äußerst besorgt; sie war so vorsichtig wie eine Königinwitwe, die über ihr Geschlecht wacht. Dann aber kam es zu einer ausgedehnten, hysterischen Konversation über das Thema »Sex« – hier, leider, nicht wiederzugeben –, und hinfort hatte sie keine Befürchtungen mehr, daß persisches Blut in die reinen siamesischen Adern eindringen könnte. Schließlich fand die ganze Familie den Weg in unser Haus, und Herr Katz sah diesen Zusammenkünften erwartungsvoll entgegen. Das bedeutet das zeitweilige Ende seiner Freundschaft mit der Bunten, aber so ist's nun mal mit der Wankelmütigkeit der Katzen. Durchaus menschlich.

Eines Sonntagabends, als ich vom Strand heimkam, läutete beharrlich mein Telefon. Herr Katz hatte zu mir aufgeschaut, als ich hereinkam, machte indes keine Anstalten, mich wie gewöhnlich zu begrüßen oder

mir zum Telefon zu folgen, wie er's ansonsten liebend gern tat. Statt dessen schien er meinen mit einem Überzug versehenen Sessel fest im Auge zu behalten.
Die Baronin war am Telefon. – »Ist Bijou da? Sie ist verschwunden.«
Ich antwortete verneinend, doch plötzlich schoß mir ein Gedanke durch den Kopf, und ich bat sie, am Apparat zu bleiben. Tatsächlich: als ich den herabhängenden Überzug hob, entdeckte ich eine niedergekauerte Bijou, die sich nicht herauszukommen traute. Herrn Katz war offensichtlich an ihrem Bleiben gelegen gewesen, und er hatte seine Wünsche unmißverständlich zum Ausdruck gebracht.
Wohl wissend, welche Ängste ein Katzenbesitzer ausstehen kann, verlor ich keine Zeit, zum Telefon zurückzukehren. Die beruhigte Baronin begab sich sogleich aufs Dach, um ihr katzenentführtes Kätzchen in Empfang zu nehmen. Herr Katz sah mich äußerst tadelnd an, als ich die zarte Bijou durchs Fenster reichte und in die wartenden Arme ihrer Herrin legte.
»Mon Dieu«, rief die erleichterte Dame aus, »ich bin froh, daß *Monsieu Chat* sein eine Neutrum.«
Als ich die langen Haare meiner Katze zauste, mußte ich daran denken, daß eine schöne Französin es gewesen war, die ihn zum erstenmal bei seinem Namen genannt hatte.

Hiernach wurden die Siamesen sorgfältiger im Auge behalten, und Herrn Katz' Freundin, die Bunte, trat wieder in seinen Gesichtskreis. Sie folgte ihrem Idol so getreulich wie immer, bis eines Tages »etwas« geschah und sie eine neue Art von Liebe entdeckte, die Herr Katz ihr nicht geben konnte. Auch sie entschwand dann größtenteils aus seinem Leben.
Ehe dies jedoch geschah, gab Herr Katz einen Ball.
Eines Nachts lag ich im Bett und las, da hörte ich das unverkennbare Dröhnen einer Katze, die vom Fensterbrett herabspringt. Ich blickte auf und sah den Herrn ins Wohnzimmer spazieren. Da hierbei nichts Ungewöhnliches war, widmete ich meine Aufmerksamkeit wieder meinem Buch. Einen Augenblick später aber hörte ich einen zweiten Plumps und blickte erstaunt auf. Es war die hübsche Bijou persönlich, die mit gerecktem Schwanz majestätisch hereingesegelt kam.
Dann ertönte ein drittes Plumpsen, und als ich diesmal aufschaute, war es Herrn Katz' alte Flamme Tabby, die den Gang hinunterschlidderte, um die andern einzuholen. Meine Neugier war geweckt, doch

ich beschloß abzuwarten, ehe ich den Dingen nachging.
Da brach auch schon die Hölle los! Ich hörte Geräusche von schlagenden und laufenden und stolpernden Körpern. Ganz leise stand ich auf und ging zur Tür, ohne daß sie mich sahen. Jede Katze hatte ein anderes Spielzeug aus Herrn Katz' Korb. Bälle wurden über den Fußboden geschoben (es war Sommer, und der Boden war teppichlos und herrlich glatt), und die drei schienen bei ihrer Jagd einem meisterhaften Choreographen zu gehorchen. Herr Katz ging zu seinem Korb zurück und wählte seinen ganz speziellen Lieblings-Cellophanball und quetschte ihn, um ihm seinen Wohlklang zu entlocken. Wie ein zufriedener und erfolgreicher Gastgeber beobachtete er seine Gäste. Fast war es, als könnte ich ihn sagen hören: »Hab' ich's euch denn nicht gesagt? *Er* schläft, und wir können mal 'n ordentlichen Zauber veranstalten.«

Leise schlich ich mich ins Bett zurück und machte das Licht aus. Eine halbe Stunde später etwa stahlen sich drei müde Katzen an meinem Bett vorüber. Zwei sprangen aufs Fensterbrett und auf die Feuerleiter, die dritte war mit einem Satz am Fußende meines Bettes und rollte sich zusammen und schlief prompt ein.

Herr Katz fährt mit der Vorortbahn – oder bleibt zu Hause

Im ersten Sommer, der auf seine Ankunft in der 55. Straße folgte, überlegte ich, daß es interessant sein müsse zu erfahren, ob Herr Katz sich nicht über ein bißchen frische Luft und grünes Gras freuen würde – in einer Gegend, die die New Yorker »auf dem Lande« nennen. Ich besaß damals im oberen Westchester, nicht weit von der Putnam County Linie, ein weitläufiges weißes Fachwerkhaus mit zwei Morgen Wiese und einem kleinen Gehölz.
Der erste Schritt war, einen Tragekorb für Herrn Katz zu kaufen. Ich hatte ihn einmal ohne Korb transportiert, als ich ihn mit sechs Monaten zum Tierarzt brachte, und diese Erfahrung werden wir beide nicht so bald vergessen. Er kreischte wie ein Affe und krallte sich in seiner Angst an mich. Der Gedanke, diese Tortur noch einmal durchstehen zu müssen (und auf der New York Central!), hatte nichts Verlockendes. Jedesmal, wenn ich eine Katze sehe, die gesittet an der Leine geht oder in stummer Würde neben ihrem Besitzer hockt, packt mich der Neid. Herr Katz hatte eine Abneigung gegen Leinen. Er

schaltete den Rückwärtsgang ein und sträubte sich nach Kräften, so daß jeder Zuschauer mich für den grausamsten Herrn auf Erden halten mußte. Ich ließ jeden Gedanken an eine Leine fahren und hielt sie nur für den Notfall parat.

Anfangs fügte Herr Katz sich sanft und ohne Protest in sein Tragekorb-Schicksal. Im Taxi jaulte er leise. Auf dem Weg durch Grand Central Station zum unteren Bahnsteig und zu unserem Zug erhob er seine Stimme ein wenig. Zuerst lächelten die Zuhörer mitfühlend, mit zunehmend lauter werdenden Protesten jedoch erhoben sich langsam die Augenbrauen, während ich die ganze Zeit versuchte, Würde zu bewahren.
Ich dachte, er werde sich vielleicht besser benehmen, wenn er sich umschauen könne, also hob ich den Deckel, und er streckte seinen Kopf heraus, um seine Umgebung zu mustern. Er vergewisserte sich sorgfältig, wo er war, inspizierte seine Mitreisenden, wobei er die Fingerschnalzer seiner Gewohnheit nach ignorierte, und dann: Mord und Totschlag! Ein gellender Schrei fuhr durch den Bahnhof. Eine Sekunde später tauchte er in den Tiefen seines Tragkorbs unter, und von da an protestierte er nur noch leise murmelnd vor sich hin.
Als wir in Westchester ankamen, erkundete Herr Katz eingehend das Haus, ehe er sich zur Gazetür vorwagte und um größere Ausblicke bat. Aus Sicherheitsgründen legte ich ihm an diesem Punkt seine Leine um, da ich auf dieser vielbefahrenen Straße seine Vorgängerin verloren hatte, deren Wagemut zu weit gegangen war. Dann spürte Herr Katz zum erstenmal richtigen Rasen unter sich. Es gefiel ihm nicht. Es gefiel ihm ganz und gar nicht. Er hob seine Pfoten, als würde er gezwungen, eine Pfütze zu durchwaten. Wo das Gras ein bißchen höher war, kitzelte es sein Bäuchlein, so daß er sich duckte und auf Känguruhart fortbewegte. Ich folgte diesem linkischen Gehopse, so gut ich konnte, bis wir die Terrasse erreichten, wo auf mich, gottlob, Cocktails warteten und auf ihn eine Portion Fisch.

Zur Essenszeit wurde die Rückkehr zum Haus in ziemlich der gleichen Weise bewältigt. Als er sich wieder sicher auf einem zivilisierten Hartholzfußboden befand, sank er dankbar nieder, und bis zur Rückfahrt in die Stadt weigerte er sich, auch nur einen Schritt aus dem Haus zu tun. Nein, das Land war entschieden nichts für ihn. Hoffnungsvoll wiederholte ich diesen Versuch noch ein- oder zweimal, aber das Ergebnis blieb das gleiche. Er wünschte entschlossen, eine Stadtkatze zu bleiben.

Da es nun klar war, daß Weekends auf dem Lande für Herrn Katz kein Vergnügen bedeuteten, blieb mir nur die Wahl, entweder selber darauf zu verzichten oder aber einen Weg zu finden, der es mir ermöglichte, ihn in guter Obhut in der Stadt zu lassen. Ihn in eine Katzenpension zu geben, kam, was mich betraf, einer Zuchthausstrafe gleich. Die Freunde, die am ehesten Katzen verstanden, besaßen unglücklicherweise selber eine, so daß es unmöglich war, ihn zu »verleihen«.

Ich hielt nach jemandem Umschau, der zweimal täglich kommen könnte, um ihn zu füttern, um sich mit ihm zu unterhalten und mit ihm zu spielen. Die meisten meiner Freunde jedoch waren während des Sommers selber Weekenders. Gäbe es doch nur noch eine Katze wie Herrn Katz, dachte ich, die das Land genauso haßt wie er, dann könnte ich mich mit deren Herrn abwechseln.

Als ich mich ungefähr damit gefunden hatte, einen langen Urlaub in der Stadt verbringen zu müssen, rief plötzlich eine Freundin von Herrn Katz aus seinen Kätzchentagen an und stellte sich freudig als Katzensitter zur Verfügung. Ich war entzückt, und so wurde diese Dame, ein ehemaliges Mitglied meines Bibliotheks-Stabs, Anstandsdame Nummer eins.

Miß Hill verwöhnte Herrn Katz natürlich erbarmungslos. Als ich zurückkam und versuchte, ihn wieder auf normale Kost zu setzen, brachte er unmißverständlich zum Ausdruck, daß er mein spartanisches Regiment ganz und gar nicht schätze. Ich verstünde wohl nicht, sagte er, daß er so oft gefüttert zu werden habe, wie er es wünsche, und bitte: nicht diese Leberwurst-Sandwiches! (Es war Krieg, und für sie brauchte ich keine Fleischmarken.) Wo waren, wollte er wissen, die köstlichen Nieren- und Lebermahlzeiten, die es bei Miß Hill gegeben hatte?

Als ich in den Ferien nach Westchester fuhr, um meine Eltern zu besuchen, schickte Herr Katz sich darein, mich zu begleiten. Wir gingen zu Fuß zum Laden und zur Post, um kostbares Benzin zu sparen, und schließlich fand Herr Katz sich einigermaßen mit dem Gras ab, das ihn wie eine Schlange kitzelte. Das Innere des Hauses aber zog er entschieden vor, und am allerliebsten war er daheim in der Stadt, wo er nach Lust und Laune über Dächer wandern und an Feuerleitern klettern konnte.

Als er vier Jahre alt war, mußte ich für längere Zeit verreisen, und seine Katzensitterin übernahm das Regiment. Zuerst kam die Eröffnung von Margo Jones' *Theatre 47* in Dallas, wo Bill Inges erstes Stück, *Farther Off From Heaven*, aufgeführt wurde. Dann sollte Hollywood kommen, und endlich die American Library Association Conference in San Franzisko.
Während ich unterwegs war, mußte mir eine dringende Nachricht übermittelt werden, also drahtete Miß Hill an die Davis' in Beverly Hills. Da sie der Meinung war, daß sie vielleicht nicht wüßten, wer sie sei, wenn sie nur mit ihrem Namen unterschriebe, fügte sie hinzu: »Anstandsdame von Mr. Cat«. Bis heute ist das Rätsel ungelöst geblieben, wieso die Telegrafenbeamten in Hollywood hellseherisch entschieden, daß dies nur heißen könne: G. P. Hill, Anstandsdame von Mr. Katz.

Herr Katz auf Fire Island

Gegen Ende des Sommers 1946, als Herr Katz drei Jahre alt war, erkor ich zum erstenmal als Ferienziel jenen mit Tannen, Stechapfel und Wildkirschbäumen gesprenkelten, windumtosten Streifen von Düne und Strand, der allgemein (und ungenau) unter dem Namen Fire Island bekannt ist. Das Haus, in dem ich zuerst wohnte, war winzig und einstöckig und hatte offene Sparren und ein großes, abgeschirmtes Deck.
Ich dachte mir, daß Herr Katz eine Chance haben solle, die Möglichkeiten von Fire Island zu erforschen, und ich drückte beide Daumen, daß er dem Strand mehr abgewinnen möge als Westchester und dem »Land«. Wegen Autos brauchte ich mir hier keine Sorgen zu machen, dieweil es keine gab, wenn auch die vier Fuß breiten hölzernen Gehsteige, die sich kreuz und quer über die Insel ziehen, offiziell als New York State Highways bezeichnet werden. Die Hauptsorge, so stellte ich mir vor, liege in der großen Hundebevölkerung, die alle Arten und Größen und Temperamente umfaßte, von sanft bis streitsüchtig, wie beim Menschen.
Meine Sorgen wurden bald zerstreut, denn Herr Katz akzeptierte Fire Island wie ein Beet frischer Katzenminze. Ich denke natürlich an jene besonders köstliche Katzenminze, die Freunde einst frisch von Connecticut zu schicken pflegten.
Am Tage konnte Herr Katz umherstreunen, soviel er wollte, doch

zum Abendessen, also etwa ab acht Uhr, trat Ausgangssperre in Kraft. Seine Siesta hielt er größtenteils auf dem luftigen Deck. Beliebt war auch der feuchte Sand unter dem Cottage, wo das Brennholz lagerte, das im Herbst und Frühling in den Kamin wanderte, und wo alle möglichen unbrauchbaren Gegenstände aus dem Hause auf den jährlichen Großreinemachtag warteten.

Herrn Katz' erstes Auftreten als Mit-Gastgeber bei einer der traditionellen Fire-Island-Cocktailpartys fand am Labor Day Weekend statt. Doch, o weh, die Party wurde zu groß, und Herr Katz kletterte auf den höchsten Schrank und von dort auf die Sparren, wo er für die Dauer der Veranstaltung blieb. Unter den Gästen war eine sehr schöne Frau, die schreckliche Angst vor Katzen hatte – besonders, wenn sie über ihrem Kopf hockten. Herr Katz hatte nicht die Absicht, herunterzuspringen (des bin ich sicher), aber es machte ihm Spaß, ihr auf seiner günstig gelegenen höheren Ebene nachzupirschen, wenn sie sich unten im Raum hierhin und dorthin bewegte.
Alle Katzentiere riechen Angst, und sie haben eine natürliche Tendenz, jene armen Menschenwesen zu quälen, die mit einer Antipathie gegen Katzen behaftet sind. Diese Dame entfloh schließlich Herrn Katz' Reichweite, indem sie sich auf die Veranda zurückzog. Als er merkte, daß das Spiel aus war, reagierte er mit einem geringschätzigen Blick und einer Zuckung des Schwanzes. Nun war niemand mehr zum Necken da, also blieb er, trotz vielere Bitten, herabzukommen und die Festlichkeiten mitzumachen, beharrlich in hochmütiger Herrlichkeit dort oben hocken. Die erste Zeichnung, die je von Herrn Katz angefertigt wurde, zeigt ihn auf einen Sparren geduckt mit dem Aussehen eines räuberischen Biestes, das gar nicht zu seinem hübschen Gesicht paßte.
Ein Jahr später erfolgte der Umzug ins erste »St. Georg und der Drache«, ein altes (1880) holländisches Kolonialhaus, das vom Long-Island-Festland mittels Schiff zur Buchtseite von Fire Island geschleppt worden war, wo es seinen Besitzern als Sommer-Cottage diente. Später wurde es von einem Arzt und seiner Frau erworben (er war Chefarzt in einem Hospital bei Islip), die ihr Segelschiff an der Haustür festmachen konnten. Nach dem Tode seiner Frau kehrte der Doktor aufs Festland zurück, und das Cottage war zu vermieten.
Ums Haus herum war Wald und Sand und wuchsen Riesenbinsen, und für Herrn Katz konnte es kein idealeres Erkundungsgelände ge-

ben. Der einzige Zugang war ein langer gewundener Gehweg zwichen den Bäumen durch zur Küchentür an der Rückseite, da die Vordertür unmittelbar an der Bucht lag. Herr Katz fand diesen Weg aufregend, und er ging zwischen den Bäumen auf die Pirsch, als befinde er sich in einem ausgedehnten Wald. Er hatte sich noch nie etwas daraus gemacht, Bäume zu erklettern, wenn ich ihn auch bisweilen auf einem sehr kleinen entdeckte. Telefonmasten ignorierte er natürlich. Abgesehen davon gab's in St. Georg keine.
Entschlossen verteidigte Herr Katz sein Anwesen gegen marodierende Katzen und Hunde, ungeachtet ihrer Größe. Streng ging er gegen alle Mäuse vor, und einmal ließ er sich sogar erfolgreich mit einer Ratte und einem kleinen Kaninchen ein. Bei einem weisen alten Hasen jedoch scheiterte er, und er ließ es klugerweise bei einer Politik der friedlichen Koexistenz bewenden. Gelegentlich sah ich, wie die beiden am selben Tuff harten Seegrases nagten, einer auf jeder Seite, wobei sie sich standhaft ignorierten.
Vögel tolerierte er, außer Tauben natürlich, und viele Jahre lang besuchte uns eine orange-schwarze Schildkröte. Sie ist nun verschwunden, aber nicht vergessen.
Einmal kam ein Boxer zu Besuch, deren es viele auf der Insel gibt, und stieß seine Schnauze sanft gegen die Drahttür der Küche. Herr Katz machte einen fliegenden Satz von drinnen und landete mit allen vieren am Draht und spuckte Verwünschungen. Der verdutzte Boxer retirierte schleunigst zum Weg, von wo aus er vorwurfsvoll auf das unfreundliche Katzenwesen zurückblickte, das er als Spielgefährte hatte besuchen wollen und nicht als Beute. Herr Katz kannte einfach den Unterschied nicht, da er nicht mit Hunden zusammen groß geworden war und sie als seine natürlichen Feinde betrachtete.
Bei einer anderen Gelegenheit, etliche Jahre später, bat mich unsere Reinemachefrau um die Erlaubnis, einen kleinen Jungen aufs Vorderdeck mitbringen zu dürfen, um ein hübsches Privatwasserflugzeug abzuschauen, das in der Bucht nahebei vor Anker lag. »Natürlich«, sagte ich, aber wie groß war meine Bestürzung, als ich den kleinen Jungen in Begleitung eines riesigen Labrador-Apportierhundes sah! Herr Katz war nicht da, also hoffte ich nur, daß sie gingen, ehe er zurückkam.
Plötzlich fiel mir eine Bewegung auf. Er war's höchstpersönlich; er sah über doppelt so groß aus wie sonst und stieg die Außenstufen hinan. Ich schrie dem Hund zu, er solle verschwinden, doch Herr

Katz blockierte die Treppe und rückte unerbittlich näher. Der Labrador winselte und zog sich in eine Ecke des offnen Decks zurück. Es war nur drei Fuß zur Erde, also gestikulierte ich und schrie:
»Spring doch, du Narr, spring!«
Und das tat er – Herr Katz hinterdrein. Der Apportierhund kam nie wieder.

Und jetzt, zwölf Jahre später, sind wir in ein neues »St. Georg und der Drache« gezogen. Herr Katz ist Miteigentümer. Er hat ein neues lohnendes Terrain zum Erforschen gefunden, und ich bin sicher, daß er mit seinen vorzüglichen imaginativen Kräften das Beste daraus machen wird. Noch immer verachtet er die Katzenvögel, die ihn mit ihren Miau-Rufen nicht einen Augenblick foppen können, was ihnen bei mir bisweilen gelingt.

Herrn Katz' menschliche Freunde

Herr Katz hat viele Freunde und Bekannte, darunter Bibliothekarinnen, Schaupielerinnen, Reinemachefrauen, Thaterkritiker, Verleger, Dramatiker und einen Hauswirt, der ihn toleriert und respektiert, es sei denn, er dringt in den Balkonkastengarten ein. Wie er Lillian Gish kennenlernte, ist schon berichtet worden. Sie ist noch immer eine Bewunderin und ergebene Freundin. Ebenso ihre Schwester Dorothy. Herr Katz hat sie häufig unterhalten, besonders dann, wenn sein Herr davon in Anspruch genommen war, sich auf eine Party vorzubereiten. Ich denke an den schneewirbelnden Nachmittag, da fast eine Stunde vor Beginn einer Party die Türglocke ertönte. In aufgelöster Verfassung ging ich zur Tür, und da standen die Schwestern Gish in Samt und Seide.
Herr Katz wartete hinter mir, um auch seinem Beifall Ausdruck zu verleihen.
»Ist's der falsche Tag? Die falsche Zeit?«
Die Bestürzung auf meinem Gesicht gab die Antwort.
»Ich habe dir ja gesagt, daß wir zu früh kommen, Lillian. Wir werden einen Spaziergang um den Block machen.«
Die Gish-Schwestern wieder in den Schneesturm hinauszuschicken, kam natürlich gar nicht in Frage, also sagte ich, ob es ihnen etwas ausmache, sich eine Weile mit Herrn Katz zu unterhalten. Sie waren gern bereit, und Herr Katz tat, was ihm sonst kaum jemals einfiel: Er

nahm zwischen ihnen auf dem Sofa Platz, so, als sei er sich seiner sozialen Position bewußt, und ließ sich ihre Aufmerksamkeiten und Zuneigungsbeweise mit großem Ernst gefallen.

Bei einer anderen Gelegenheit geriet er mit der unermüdlichen Theaterkritikerin und internationalen Ein-Mann-Theater-Schauspielerin Rosamond Gilder in Verwicklung. Während sie zwischen Mary Stewart French vom State Department und Wilva Breen, der Gattin des damaligen ANTA-Exekutiv-Sekretärs, auf dem Sofa saß, stolzierte Herr Katz über die Rückenlehne und bandelte mit dem kleinen Schleier auf Rosamonds Hut an.

Als ihr Kopf in schwungvolle Bewegung kam (sie erklärte gerade einen wichtigen Punkt in der internationalen Theaterpolitik), knabberte Herr Katz versuchsweise an dem Schleier. Dann noch einmal. Die übrigen Gäste sahen stumm und fasziniert zu. Erst als der Hut nahezu entblößt war, entdeckte ich den Schaden von der anderen Seite des Raumes. Rosamond blickte überrascht auf, als ich ihr zu Hilfe eilte, doch Herr Katz blieb gelassen.

Offensichtlich vergab sie ihm, denn aus allen Teilen der Welt kommen Postkarten mit Bildern fremder Katzen, adressiert an Mr. Cat, c/o G. Freedley, Esq. und unterschrieben mit R. G.

James und Pamela Mason mieden alle Partys, nachdem ihr allzu formloses Bild-Interview in der Zeitschrift Life erschienen war, aber sie willigten ein, Herrn Katz und ein paar seiner Freunde zu besuchen. Während Clarence Derwent, die wie ein gütiger doch gebieterischer Papst aussah, und Vinton Freedley, damals würdevoller Präsident des ANTA – American National Theatre and Academy –, ernsthaft mit ihm plauderten, stahl sich Masons Hand hinunter, um Herrn Katz' Kopf und andere verständnisvolle Stellen zu streicheln. Mit gebogenem Hals saß mein verzärtelter Kater zufrieden unter James' agilen und katzenerfahrenen Fingern.

Eines Sonntagnachmittags, als Maurice Evans seine brillante Produktion von *Man and Superman* vorbereitete, kam er mit George Schaeffer, seinem Regisseur, und anderen zu einem einleitenden Gespräch über Nachforschungen zu mir. Maurice ist befangen, was Katzen anbelangt, aber er war im voraus gewarnt worden und bereit, der Tatsache ins Auge zu blicken. Er wählte einen Sessel am Fenster zur Bucht, und Herr Katz saß weit weg an der gegenüberliegenden Wand des Raumes.

Plötzlich sah ich Maurices blaue Augen größer und größer werden,

und sein Mund formte ein kleines »o«. Die Gestalt der französischen Baronin lehnte an dem Gitter zwischen ihrem Dach und meinem Fenster, und in ihrer Hand hielt sie eine langhaarige Siamesin, während sie hereinrief:
»Darf Bijou zum Spielen kommen.«
Die Konferenz wurde vertagt.
Herr Katz hat viele Freunde – manche berühmt, viele unbekannt – aber besonders erinnere ich mich des Abends, da er mit seiner größten Besetzung auftrat. Bei einer Party zu Ehren von Flora Robson, die gerade in dem Stück *Black Chiffon* spielte, kam Miß Gertrude Lawrence mit ihrem Gatten Richard Aldrich ziemlich früh. Nachdem sie ihre Freunde begrüßt hatte, ließ sie sich in einem antiken Louis-Quinze-Sessel nieder und streichelte Herrn Katz, der sich sogleich unter eine Lampe setzte und seinen Kopf der wohltuenden Wärme entgegenreckte. (Diese Haltung wurde als »brät sein Gehirn« bekannt.)
Von aufmerksamen Anbetern umgeben, hielt Peggy Wood in einem hohen Lehnstuhl hof. Judith Evelyn glitt mit Bedacht in einen Washington Irving Sleepy Hollow Chair, woraufhin ihre Bewunderer sich ihr zu Füßen auf dem Boden niederließen.
Als Flora Robson kam, erinnerte Herr Katz sich ihrer und sprang zur Erde, um sie zu begrüßen. Flora sah sich mit ihren schönen grauen Augen um, erkannte die Situation und entschied sich, der besten Wirkung halber stehenzubleiben. Schließlich wurde die Party für sie gegeben. Sie hatte Erfolg, möchte ich sagen, bis auf jene Augenblicke, da Herr Katz zur Lampe zurückkehrte und alle Augen »Mrs. A.« folgten, die ihren selbstzufriedenen Co-Star mit Leckereien versorgte.

Herr Katz liebäugelt mit der Bühne

Punkt neun eines Morgens klingelt das Telefon auf meinem Schreibtisch in der Bibliothek. Am Apparat war John van Druten. »George, wo kann ich eine Katze herbekommen, die Onkel Elizabeth in *I Remember Mama* spielt?«
»Wie wär's mit Herrn Katz?« schlug ich vor.
»Wird er zum Vorsprechen kommen?«
»Komm du Sonntag um fünf«, antwortete ich streng. »Herr Katz kommt nicht – Herr Katz empfängt. Sollen R. und H. (Rogers & Hammerstein) dabeisein?«

»Ich bin sowohl der Regisseur«, entgegnete John, »als auch der Autor, und ich glaube, Dick und Oskar werden's mir überlassen.« Vorsichtig fügte er hinzu: »Mit Ausnahme der Gage. Ich sei zu großzügig, behaupten sie. Ich bin um sechs da, fünf schaff' ich nicht.«
Herr Katz war natürlich nicht nach seiner Meinung gefragt worden, aber ich wußte aus Erfahrung, daß er Schauspielerinnen gern hatte, ja sogar einige Schauspieler. Ich hatte die Geschichten nicht gelesen, auf denen das Stück basierte, daher wußte ich nichts von Onkel Elizabeth, ausgenommen, daß er/sie eine Katze war. Ich kannte den als öffentliches Vorsprechen bezeichneten modernen Sklavenblock so gut, daß ich entschlossen war, Herrn Katz hintenherum ein privates zu verschaffen.
Trotzdem glaubte ich, daß eine moralische Stütze nicht verkehrt sein könne, also lud ich ein paar seiner Freunde zum Drink, um das Ereignis unformell und festlich zu gestalten.
John van Druten kam um sieben und nahm einen Drink an. Die Unterhaltung wendete sich Katzen zu und einer bestimmten Katze im besonderen. Diese Katze saß mitten auf dem Fußboden und putzte sich und genoß die Konversation ausgiebig. Als jedoch das Thema gewechselt wurde, fing sie an, unruhig zu werden und im Zimmer umherzustreifen.
Nun sitzt Herr Katz selten auf jemandes Schoß und niemals auf dem eines verhältnismäßig Fremden. Was also mochte ihm wohl dazu veranlassen, ausgerechnet den Schoß von John van Druten zu wählen?
»Ich weiß, daß Schauspielerinnen versuchen sollen, auf diese Weise zu Rollen zu kommen«, sagte er erstaunt, »aber dich nicht Katzen!«
Dies muß John besonders behutsam gemacht haben: »Ich weiß, wir wollten nicht von Gagen reden«, gab er zu, »aber ich hätte ganz gern eine gewisse Vorstellung ...«
»Ich verlange nur das Tier-Billigkeits-Minimum«, sagte ich, »da er keine Bühnenerfahrung hat.«
»Fünfundsiebzig die Woche«, keuchte John. »Ich glaube nicht, daß R. und H. da mitmachen. Außerdem«, so konstatierte er mit Bestimmtheit abschließend, »ist er nicht der Typ.«
»Glaubst du an Typenbesetzung?« fragte ich erhaben.
»Wenn es sich um Katzen dreht, ja!«
So kam Herr Katz schließlich doch nicht zu einem Bühnendebüt in *I Remember Mama.* Ich verzieh John genügend, um ihm den Namen

einer Dame in Greenwich Village zu geben, die vierzehn Katzen besaß und willens war, dem Auftreten von einer zuzustimmen – ohne Gage, jedoch gegen Erstattung des Fahrgeldes. John interviewte sie und wählte eine schwarz-weiße Kurzhaar als den Typ aus.

»Sie wünschen Gwendolyn?« fragte die Dame.

»Ja, bitte.« – Einen Augenblick überlegte sie, dann bereute sie offenbar das Ganze.

»Ich glaube nicht«, sagte sie, nahm ihre Brieftasche und schob dem verdutzten Stückeschreiber zwei Dollar hin. »Gehen Sie zum Leonora Speyer Home«, riet sie ihm, »und kaufen Sie sich eine Katze.«

John nahm ihren Rat an, wenn auch nicht die zwei Dollar, und kaufte sich eine Katze, die bei der Premiere in New Haven und Boston überschwengliche Kritiken einheimste. Bei der ersten Matinee-Vorstellung in Boston jedoch war Onkel Elizabeth nirgends zu finden, und der Beginn wurde um angstvolle fünf Minuten verzögert, während ein Assistent zu Filene's Basement raste und eine ausgestopfte Katze holte.

Am Abend tauchte der legitime Onkel Elizabeth wieder auf: Er hatte sich im Keller hinter einem Stapel alter Dekorationen auf seinen Lorbeeren ausgeruht. Hastig wurde eine Konferenz einberufen, und er bekam die Genehmigung, weiterhin aufzutreten, doch ermächtigte man Oscar Hammersteins kleine Tochter, eine Straßenkatze aufzutreiben, die im Bedarfsfall als Rollenvertreterin fungieren könnte. Schließlich wurde eine gefunden, und ihre offizielle Bezeichnung lautete »Ist Gut« (von Mamas wiederkehrender Zeile im Stück), während die ausgestopfte Katze den Namen »Ist Schlecht« bekam.

I Remember Mama lief und lief, und schließlich wurde Onkel Elizabeth launisch und vornehm tuend. Wie es so häufig mit schwierigen Schauspielerinnen geschieht, die sich krank melden, wurde Onkel Elizabeth gewaltsam in den Kulissen festgehalten, während Ist Gut seinen Text ablieferte. Es war das letztemal, daß sie mit ihrem reuigen Star Schwierigkeiten hatten, obgleich er und Ist Gut sich später in der ersten und zweiten Besetzung abwechselten, ohne daß das Publikum dahinterkam.

Ist Schlecht bekam nach jener einzigen Matinee in Boston keine Chance mehr.

Eine Saison später brauchte der Produzent für das Stück *Trio* eine Perserkatze für seine Produktion und hatte von Herrn Katz gehört, aber das Thema des Stücks war ungezogen, also lehnte ich das Angebot ab. Ich wollte nicht, daß Herr Katz mit der grünen Minna ins Gefängnis fuhr, wie weiland Helen Menken und Basil Rathbone an dem Abend, als die Polizei in *The Captive* erschien, oder Mae West, als *Sex* geschlossen wurde. Schließlich war ich ganz und gar nicht sicher, daß sie auf Welfare Island über die angemessenen Einrichtungen für Katzen verfügten.

Etliche Jahre später schrieb John van Druten *Bell, Book And Candle*, aber als Katze habe er mit voller Absicht eine Siamesin gewählt, erzählte er mir, um zu vermeiden, daß er sich noch einmal mit Herrn Katz in die Haare gerate. Eine kurzhaarige Siamesin, fügte er schnell hinzu, als ich ein gutes Wort für die Baronin einlegen wollte.

Herrn Katz' Opfer

In diesem Augenblick scheint es wie Jahrzehnte, aber es war erst vor gut fünf Jahren, als Herr Katz zum zweitenmal verschwand. An einem Junimorgen erwachte ich früh, und er lag nicht neben meinem Bett. Als ich mich anzog und das Haus verließ, war ich mehr verärgert denn besorgt.

»Er wird auf dem Dach eingeschlafen sein«, murmelte ich vor mich hin. »Oder er hat sich mal wieder in jemandes Wohnung einschließen lassen.« Das war tatsächlich einmal passiert, und er hatte zwei Tage warten müssen, ehe sie von ihrem Weekend zurückkamen.

In den letzten Nächten war er so oft über die Feuerleiter hinausgegangen und hereingekommen, daß ich sicher war, noch vor dem Verlassen des Gebäudes seinen Trompetenruf zu hören. Und natürlich trug er jetzt ein Geschirr mit einer Erkennungsmarke, so daß er nicht verlorengehen konnte.

Mittags rief ich den Hauswart an. Er sah in der Wohnung nach und berichtete, sie sei leer. Als er abends noch nicht heimgekehrt und sein Fressen noch unangetastet war, wuchs meine Besorgnis, aber ich machte mir klar, daß ich nichts andres tun konnte als warten und hoffen. Kurz nach dem Essen ging ich zu Bett, doch jedes Geräusch in dem alten Haus weckte mich in der eitlen Hoffnung, daß der verlorene Sohn zurückgekehrt sei. Endlich mußte ich dem Unvermeidlichen ins Auge schauen. Ich rief das Tierheim an und gab wieder Anzeigen in den Zeitungen auf. Keine Perserkatze war abgegeben worden, und keine Antwort kam auf die Annoncen – abgesehen von Freunden und Nachbarn, die sich erkundigten.

Eine Dame rief an und sagte, sie sei überzeugt, eine Perserkatze unter einem Auto in Beekman Place gesehen zu haben, fast eine Meile von seinem Zuhause. Sie habe versucht, sie hervorzulocken, als sie merkte, daß sie jemandem gehörte, aber sie sei weggelaufen. Ich dankte ihr, obwohl ich bezweifelte, daß es Herr Katz war.

Mit Hilfe eines Freundes verteilte ich eine hektographierte Beschreibung des Verlorenen, komplett mit Abgangszeit und -datum, Adresse und Privat- und Büro-Telefonnummer. Wir steckten sie in alle Briefkästen der Nachbarschaft und des Beekman-Place-Gebiets. Wir gaben sie sogar in den Geschäften und Bürohäusern der Fifth Avenue und Madison Avenue ab – eingedenk seiner letzten Erfahrung.

Die örtliche Polizei wurde alarmiert, bis sie meiner Stimme überdrüssig gewesen sein müssen. Unser Hauswart setzte seine sämtlichen confrères auf Herrn Katz' Fährte an. Sie trafen sich in ihrem »Klub«, einer Bar auf der Lexington Avenue. (Wie sich herausstellte, gehörte ein Hauswart unglücklicherweise nicht ihrem Klub an.) Sie gingen jedem Gerücht nach, ob es sich nun um einen Perser oder einen Malteser handelte, um grau oder weiß oder was sonst.

Und aus Tagen wurden Wochen, bis ein Punkt erreicht war, wo jede freundliche Nachfrage Pein verursachte. Wenn ich jetzt angerufen wurde, war es bestimmt irgendein Freund, der sich erkundigte, ob es etwas Neues gebe. Meine Antworten wurden weniger höflich, allerdings auch resignierter. Wo war Herr Katz?

Als es in die fünfte Woche ging, konnte ich nicht mehr glauben, daß ich ihn jemals wiedersehen werde. Ich konnte nicht glauben, daß er je einwilligen würde, ein neues Zuhause zu akzeptieren. Ich hielt mich an die Hoffnung, daß er wieder gekidnappt worden war und eines Tages freikommen werde und seinen Weg zu mir zurück fand.

Gegen Ende der fünften Woche klingelte das Telefon. Eine fremde Stimme fragte: »Sind Sie Mr. Freedley? Haben Sie eine Katze verloren?«

Meine Stimme zitterte, als ich beides bejahte. »Haben Sie – haben Sie ihn gefunden?«

»Ich hab' seinen Gurt gefunden«, entgegnete die Stimme, »mit seinem Namen und Ihrem, da hab' ich Sie angerufen. Ich bin der Hauswart hier, 16 East 56th, das Fiberglass-Haus. Wir legen air-conditioning rein, und das Loch im Boden im Zimmer der Sekretärin war mit einem Brett abgedeckt. Morgen legen wir neuen Fußboden, da hab'

ich das Brett weggenommen und in das Loch reingeguckt, und da hab' ich den Gurt gefunden.«
»Glauben Sie ...?« fragte ich.
»Machen Sie sich keine Hoffnung«, sagte der Hauswirt. »Ich hab' in das Loch reingerufen, und ich hab' nichts gehört. Sie sagen, es ist beinahe sechs Wochen her, und dann diese Backofenhitze. Vielleicht war er da und ist abgehauen. Vielleicht ist er da, aber ...«
Ich verstand nicht, wieso er die hektographierte Anzeige nicht bekommen hatte, die wir in jedem Gebäude, seines inbegriffen, abgegeben hatten, aber dafür war jetzt keine Zeit. Das Büro schloß um fünf, und ich wollte dann hinfahren.
Nie ist mir ein Nachmittag länger geworden. Ich versuchte, vernünftig zu sein. Sechs Wochen! Und der heißeste Juli seit Jahren. Der gesunde Menschenverstand sagte mir, daß er nach sechs Wochen ohne Nahrung und Wasser nicht mehr am Leben sein konnte. Wenn er da war – würden seine fragenden Augen noch immer leuchten und bereit sein, mich zu begrüßen?
Ich zog mir meine ältesten Sachen an, um unter Fußböden herumkriechen zu können, und holte seinen alten Tragekorb hervor und einige seiner Spielsachen. Ihr Anblick ließ meine Augen feucht werden. Kalte Vernunft gab mir ein, auch ein Tuch zum Bändigen mitzunehmen. Man weiß von Katzen, die toll geworden sind ...
Eine einsame Sekretärin saß an ihrem Schreibtisch, als ich mit dem Hauswart dort ankam. Zuerst riefen wir das Tierheim an. »Stimmt es«, fragte ich, »daß Sie Katzen zwischen Gebäuden retten und unter Fußböden hervorholen?«
Sie versicherten mir, so nur die geringste Hoffnung vorhanden sei, würden sie kommen und den ganzen Boden aufreißen.
Ich nahm das Brett ab und rief seinen Namen.
»Herr Katz«, rief ich, »Herr Katz.«
Schweigen. Dann, von ganz weit her, ein schwaches Miauen.
Sechs Wochen!
Ich zitterte vor Erregung, als ich weiter in das Loch hineinrief und mit ihm sprach. Das Gesicht des Hauswarts war ein Bild, als er mir seine Taschenlampe gab. Die Sekretärin riß den Mund auf.
Ich kniete nieder und steckte meine Hand ins Loch. Eine kleine Pfote klapste an meine Hand.
Mehr wollte ich nicht tun, damit er sich in seiner Angst nicht ganz zurückzog. Ich schlenkerte sein Lieblingsspielzeug, den Cellophanball,

und sah ihn langsam erscheinen. Langsam zog ich den Ball zu mir, und langsam kam er ihm nach. Welche Erinnerungen mögen ihm durch den Kopf gegangen sein, als er diesen schlichten Cellophanbausch sah und hörte, der einst einem lieblichen Kätzchen solche Quelle unschuldigen Vergnügens gewesen war? Er zitterte, und sein ganzer Körper wurde sichtbar. Ich ließ die Schnur fallen und packte ihn, sanft aber fest, und zog ihn herauf.

Und vor Verblüffung hätte ich ihn beinah fallen lassen! Er hatte fast fünfzehn Pfund gewogen, als ich ihn verlor; jetzt wog er nur noch etwas über ein Pfund. Sein langes Fell hatte diese Abzehrung verhüllt, bis ich ihn in meine Arme nahm. Nur seine Augen schienen größer und glänzender, aber das war natürlich im Vergleich zum übrigen.

Dann sprach er ganz deutlich mit mir. »Na, das war ja wohl Zeit, daß du herkamst«, schien er zu sagen. »Wo, um Himmels willen, hast du denn bloß gesteckt?«

»Sechs Wochen«, sagte der Hauswart verwundert.

Wir riefen das Tierheim an und machten unser Hilfegesuch rückgängig, aber der Wagen war schon unterwegs; also bat ich einen Freund, herüberzukommen und ihnen zu erklären, was geschehen war.

Behutsam legte ich Herrn Katz in den Tragekorb, wobei ich das Tuch zum Bändigen als Kissen benutzte. Dem Himmel sei Dank, ich hatte es nicht gebraucht!

Was die Vorübergehenden auf der Madison Avenue in jener frühen Augustdämmerung dachten, als sie einen Mann mit einem Tierkorb und einer Handvoll Spielzeug und tränenüberströmtem Gesicht vorübereilen sahen, werde ich nie erfahren. Noch soll's mich kümmern. Herr Katz war wieder da.

Als ich ihn zu Hause hatte, hob ich ihn aus dem Tragekorb und stellte ihn auf die Beine. Er versuchte, mir in die Küche zu folgen, aber er sackte vor Schwäche zusammen. Ich hielt ihn in den Armen, während ich ein bißchen Milch warm machte, und setzte ihn neben die Untertasse. Er roch an der Milch, ging aber nicht dran. Er hatte vergessen, wie man trank.

Endlich tauchte ich meinen Finger in die Milch und hielt ihn an seine Lippen. Er leckte ihn wie ein frisch entwöhntes Kätzchen. Ich wiederholte das, bis er sich allmählich daran gewöhnte, selber die Milch aufzulecken. Auf diese Weise fütterte ich ihn zwei Stunden lang alle zehn Minuten, bis wir beide vor Müdigkeit umfielen.

Der Freund, der den Wagen vom Tierheim abgewartet hatte, kam am nächsten Morgen vorbei. Er erzählte mir, der Mann habe sich die bewegende Geschichte ungerührten Gesichts angehört und habe in sein Buch die lakonische Notiz eingetragen: »Hat Katze selber rausgeholt.«

Herr Katz heute

Da ich diese Zeilen schreibe, hat Herr Katz, am 16. Juni 1959 sechzehn Jahre alt, das Manuskript mehrfach zerrissen, weil er unbedingt darauf liegen will. Wir sind an meinem Schreibtisch im neuen »St. Georg und der Drache« auf Fire Island, und ich habe ihn mit Gewalt vertreiben müssen. Jetzt sitzt er mürrisch auf der Couch am Ende des Zimmers. Systematisch beseitigt er sein Fell, wie er's jedes Jahr im August und Anfang September tut, um sich auf das neue vorzubereiten, das im November voll ausgewachsen sein wird.

Herr Katz ist ein wenig langsamer geworden, aber an Sonntagnachmittagen merkt man davon nicht das geringste. Wird eine Außentür geöffnet, ist er wie der Blitz draußen, denn irgendwie weiß er, daß heute der Tag ist, an dem wir packen und für die Woche nach Hause zurückkehren.

Er hat ein genaues Gefühl für den Fahrplan der Fähre, und wenn er sich draußen verstecken kann, bis das letzte Schiff abgefahren ist, besteht die Möglichkeit, daß wir noch einen Tag bleiben, vielleicht eine Woche.

Aber er hat noch nicht gefrühstückt, also muß er zu diesem Zweck drinnen bleiben. Und jetzt hat er gefrühstückt, also bekommt er für den Rest des Tages Hausarrest.

Ist er einmal in seinem Tragekorb, findet er sich mit dem Unvermeidbaren ab und läßt zu, daß man ihn zum Pier trägt und in die Stadt zurückbefördert. Einmal brach auf dem Weg zum Dock der Boden des Korbes auf, und er fiel schimpflich heraus. Trotzdem machte er keine Anstalten wegzulaufen, sondern saß da, verlegen ob dieses würdelosen Auftritts, bis schnell ein Kofferriemen gefunden wurde, der den Tragekorb notdürftig instand setzte.

Eben hat er sein Frühstück beendet und wendet mir seine Aufmerksamkeit zu. Jetzt heißt es wachsam sein, denn es ist Rückkehrtag für uns beide.

Fire Island, August 1959

Epilog

Am Montag, dem 25. Januar 1960, war Herr Katz sechzehn Jahre und sieben Monate alt. In den letzten Wochen ist er lustlos gewesen und mußte gefüttert werden. Zum Glück schien er keine Schmerzen zu leiden, doch sei Kongestion vorhanden, sagte der Arzt, und unvermeidlich . . .

Wir hatten gehofft, daß dieses kleine Büchlein noch zu seinen Lebzeiten erscheinen könnte. Es hat nicht sollen sein, und Sentiment und stiller Kummer haben ihre Zeit gehabt. Jetzt kommen die Erinnerungen und bringen nicht Schmerz, sondern das Bild eines entzückenden Gefährten.
Die »Pussi-Paraden« sind zu Ende, aber Herr Katz wird weiterleben, so hoffe ich, in diesem kleinen Tribut.

New York 1960

Louis J. Camuti & Lloyd Alexander

Die nächste Katze, bitte!

Auf dem Mond gibt es keine Katzen. Und darüber bin ich ganz froh. Denn wenn es dort welche gäbe, bekäme ich sicher einen Anruf: »Doktor Camuti, meine Katze ist krank! Können Sie nicht die nächste Rakete nehmen?«
So wie ich mich kenne, würde ich zweifellos antworten: »O. K., ich komme gleich rüber.« Denn ein Tierarzt kann, glaube ich, eine kranke Katze am besten in ihrer eigenen Umgebung kurieren, und soweit menschenmöglich weise ich keine dringende Bitte um Hilfe ab, woher sie auch kommen mag. Manchmal ging es auch schon über das Menschenmögliche hinaus, eine solche Bitte zu erfüllen. Ich habe es trotzdem getan. In den vierzig Jahren, die ich praktiziere, habe ich mich mit Katzen abgemüht, bei ihnen gewacht, ihretwegen Mahlzeiten versäumt und fast eine Million Meilen zurückgelegt. Ich behandelte Katzen in Theatergarderoben, in Sprechzimmern von Psychiatern, in Düsenflugzeugen, die im Begriff waren zu starten – und die Vorstellung eines kleinen Ausflugs auf den Mond erscheint mir nicht so aufregend wie eine Fahrt mitten durch Manhattan.
Da Hausbesuche etwa achtundneunzig Prozent meiner Praxis ausma-

chen, bin ich zum Spezialisten für Verkehrsstauungen geworden, und mein Auto findet Parkplätze wie eine Wünschelrute Wasser.
Mein Tag beginnt morgens um acht Uhr, wann er endet, bleibt völlig offen. Und was zwischen meinem ersten morgendlichen Anruf und meinem mitternächtlichen Abendbrot geschieht – auch dies bleibt völlig offen. So etwas wie einen typischen Tagesablauf gibt es nicht, es sei denn, man betrachtet eine nicht abreißende Folge von Überraschungen als typisch. Ich habe jedoch gelernt, damit zu rechnen, daß gewisse Dinge wahrscheinlich geschehen werden.
Zuvörderst, daß die zu behandelnde Katze unauffindbar ist. Manchmal bin ich überzeugt, Katzen können Gedanken lesen. Eine große Zahl meiner Patienten weiß, wann ich erwartet werde. Sie verschwinden, noch ehe sie meine Klingelzeichen an der Tür hören. Es gibt Tage, an denen ich das Gefühl habe, mein größtes Problem sei nicht, wie ich den Patienten behandeln, sondern wie ich ihn finden solle.
Neulich etwa kam ich zu den Browns. Mr. Brown öffnete mir.
»Er ist wieder weg«, sagte er schuldbewußt.
»Natürlich«, seufzte ich. Nun kam ich schon zum dritten Mal innerhalb einer Woche und mußte erfahren, daß der junge braungefleckte Kater nicht zu Hause war. Jedenfalls nicht für mich.
Wie die beiden vorigen Male durchsuchten die Browns und ich jeden Raum. Wir öffneten Wandschränke, spähten hinter Heizkörper, krochen auf allen Vieren, um unter die Möbel zu äugen, und durchstöberten Wäschestapel und Gemüsebehälter.
Für einen Augenblick setzte ich mich nieder, um wieder zu Atem zu kommen. Wenn ich eine Katze wäre, dachte ich, wo würde ich mich verstecken? Ich wüßte ein Dutzend Plätze, alle gleichermaßen geeignet, auch den hartnäckigsten Tierarzt zu nasführen. Schließlich stand ich auf und ging ins Schlafzimmer. Ich weiß nicht, woher mir der Einfall kam, aber ich bat Mrs. Brown, mir beim Wegnehmen der Matratzen zu helfen. Das war der einzige Fleck, den wir noch nicht untersucht hatten. In der Matratze lag keine Katze. Aber im Federrost befand sich ein Hohlraum, und aus der Tiefe dieses Verstecks blinzelte mich der kleine Kater an.
Jetzt mußte ich nur noch das widerstrebende Katzentier behutsam aus dem Gewirr der Sprungfedern herauslösen. Ich habe schon kompliziertere Manöver ausgeführt; bei einigen waren Kanalisationsanlagen und Leitungsröhren im Spiel. Im Vergleich dazu sind Sprungfedern eine kinderleichte Sache.

Ich wollte nicht, daß mein Patient wieder verschwand, bevor ich ihm seine Spritze verabreicht hatte. So setzte ich meine Streitkräfte in breiter Schlachtordnung ein: Mrs. Brown bekam den Auftrag, die Katze auf dem Tisch festzuhalten. Mr. Brown stellte ich ein paar Schritte entfernt auf, wo er geduckt wie ein Torwart bereitstand, das Tier abzufangen, falls es Mrs. Browns Griff entschlüpfen sollte. Die eigentliche Prozedur dauerte fünf Sekunden. Ich bin sicher, die Katze spürte nicht den leisesten Schmerz. Als es vorbei war, sprang sie vom Tisch, spazierte ins Wohnzimmer und setzte sich mitten auf den Teppich, leckte ihre Pfoten und schaute uns an, als wunderte sie sich, was das ganze Getue bedeuten solle. Ich wischte mir die Stirn und machte mich auf den Weg zu meinem nächsten Patienten.

Tagtäglich kann ich damit rechnen, daß ich an den seltsamsten Orten arbeiten muß. Bestimmt haben sehr wenige Tierärzte je Katzen auf der Couch eines Psychiaters behandelt. Ich tat es. Nicht weil die fraglichen Katzen analysiert werden sollten, sondern weil es im Augenblick der einzige verfügbare Platz war.

Die Besitzer der Katzen wohnten im obersten Stockwerk eines hübschen, altmodischen Gebäudes ohne Aufzug. Im Erdgeschoß hatten drei Psychiater ihre Praxisräume. Da mir seit einiger Zeit Treppensteigen verboten ist, ergab sich das Problem: wie kommt Camuti zu den Katzen, oder wie kommen die Katzen zu Camuti?

Ein Psychiater, der eben seinen Urlaub antrat, bot uns freundlicherweise seine Räume an. Die Katzenbesitzer brachten ihre Tiere herunter, und alles klappte wunderschön. Die Behandlung mußte jedoch über längere Zeit fortgesetzt werden, so kam der Psychiater zurück und brauchte sein Sprechzimmer, bevor die Kur abgeschlossen war.

Im Flur, direkt vor den Praxisräumen, bemerkte ich ein breites Fenstersims, das noch über den Heizkörper reichte und als Operationstisch geeignet war. »Benützen wir eben das hier«, sagte ich zu meinen Klienten. »Dann bringen Sie mir eine Katze herunter, ich behandle sie und Sie nehmen sie wieder hinauf.«

Diese Regelung bewährte sich gut – bis auf eine Kleinigkeit. Unser Psychiater versäumte es, seinen Kollegen zu sagen, daß im Flur ein Tierarzt seinen Laden aufgeschlagen habe. Auch ihre Patienten wußten nichts davon. Da passierte es nun, daß ich oft, wenn einer von ihnen bei mir vorbeikam, allein an meinem Fenstersims stand, meine Instrumente kontrollierte und auf die nächste Katze wartete.

Ein Patient muß drinnen gemeldet haben, daß sich im Flur eine selt-

same Type aufhalte, die mit einer Injektionsnadel herumfuchtle; denn einer der Psychiater kam heraus, um zu sehen, ob es mich wirklich gebe oder ob sein Patient unter Halluzinationen leide.
Er schenkte mir ein freundliches Freudianerlächeln. »Sie scheinen beschäftigt«, sagte er.
»Ich behandle gerade ein paar Katzen«, informierte ich ihn. Unglücklicherweise war aber keine Katze zu sehen.
Er nickte. »Katzen, sagen Sie? Sehr interessant.«
»Ja«, sagte ich, »im Augenblick sind sie oben.«
»Aber Sie behandeln sie hier?«
»Sie werden gleich da sein«, erklärte ich, »das heißt, immer eine nach der andern.«
»Ich verstehe«, nickte der Psychiater wieder. »Und was geschieht nachher mit ihnen?«
»Dann gehen sie wieder hinauf«, sagte ich
Der Psychiater strich sich das Kinn. »Sehr interessant«, murmelte er noch einmal. Dann wandte er sich um und ging in sein Sprechzimmer zurück. Aber der Blick, mit dem er mich bedachte, war unmißverständlich. Er bedeutete, daß wir uns nächstens sehr eingehend miteinander befassen müßten.
Ich habe auch im Krankenhaus Katzen behandelt. Einmal passierte es mir, daß ich als Patient dorthin kam. Als ich wieder sitzen und das Telephon benützen konnte, verbrachte ich fast einen ganzen Tag damit, daß ich Katzenbesitzern erklärte, ich sei außer Dienst, daß ich, soweit ich konnte, Ratschläge erteilte und bis weit in die Zukunft hinein Hausbesuche festlegte. Als ich die dringendsten Fälle erledigt hatte, legte ich mich zurück und entspannte mich. Dies war mein erster Urlaub seit vierzig Jahren, und da ich ihn nun einmal bekommen hatte, entschloß ich mich, ihn auch zu genießen.
Eines Tages erschien die Stationsschwester in meinem Zimmer. »Sie sind der Katzendoktor, nicht wahr?« fragte sie. »Wenn Sie schon hier sind, möchte ich Sie etwas fragen wegen meiner Katze . . .«
Ein wenig später tauchte eine weitere Schwester auf. Sie sei nur eben vorbeigekommen und wolle sich vergewissern, ob ich mich auch behaglich fühle. Ja, tatsächlich, sie besitze eine Katze . . .
Einer der leitenden Ärzte schaute herein, dann ein junger Assistenzarzt. Auch sie hielten Katzen.
Kurz danach bekam die Katze, die der Wirtschafterin gehörte, Junge, und ich wurde per Telephon zu Rate gezogen. Im Verlauf meines

Aufenthalts hielt man mich, glaube ich, über das Tun und Treiben jeder Katze auf dem laufenden, die irgend jemand vom Krankenhauspersonal besaß. Ich kannte ihre Namen, ihre Rasse, ihre persönlichen Eigenarten und Gewohnheiten.

Bis dahin hatte ich die Dinge leichtnehmen können; meine dringendsten Fälle betreute ein anderer Tierarzt. Da klingelte eines Tages das Telephon besonders ungestüm. Ich nahm den Hörer ab, und mir tönte entgegen:

»Camuti, wo sind Sie denn? Sie sollen sich um meine Katze kümmern, verdammt noch mal, und nicht im Bett herumlungern!«

Die Stimme gehörte dem General, einem zähen, dürren, grauhaarigen Mann, der aussah, als hätte er in jedem Gefecht seit Gettysburg mitgekämpft. Nach vielen großen Waffentaten im Zweiten Weltkrieg war aus dem aktiven Dienst ausgeschieden, aber er sprach immer noch so, wie wenn jedermann, mit dem er umging, ein schwachköpfiger Leutnant wäre. In den letzten Jahren hatte sich dieser berühmte Haudegen, der Schrecken bescheidener Majore und Obersten, eine Katze zugelegt, ein schönes, zutrauliches Tier mit schwarzweißem Fell. Kurz bevor ich ins Krankenhaus mußte, hatte ich es operiert; nun sollten noch die Fäden entfernt und die üblichen Abschlußuntersuchung gemacht werden.

»Ich lungere nicht herum«, antwortete ich, »ich bin damit beschäftigt, gesund zu werden. Leider kann ich nichts für Sie tun. Man läßt mich hier nicht heraus.«

»Zum Teufel damit«, sagte der General. »Ich bin gleich bei Ihnen.«

»Sie selbst läßt man vielleicht hier herein«, erwiderte ich, »aber Katzen sind nicht erlaubt. Die Fäden kann jeder beliebige Tierarzt herausnehmen. Gehen Sie zu meinem Vertreter. Ich werde nach Ihrer Katze sehen, sobald ich wieder zu Hause bin.«

»Jeder beliebige Tierarzt kann Fäden herausnehmen«, sagte der General, »aber verdammt noch mal, das hier ist keine beliebige Katze. Es ist *meine* Katze.«

»Aber . . .« fing ich an.

»Sagen Sie mir Ihre Zimmernummer«, befahl der General. »Ach lassen Sie's, ich werd' sie schon selber herausfinden.«

Eine Stunde später sprang die Tür auf. Vor mir stand der General in voller Uniform mit Sternen und Ordensbändern. In der Hand hielt er einen kleinen Tragkorb für Katzen, dürftig verhüllt mit einem weißen Tuch.

Der General stellte den Korb auf mein Bett und holte die Katze heraus. Der rauhe alte Krieger bettete das Tier in seine Arme und kraulte es am Kinn.

»Gute Mieze-Mieze-Katze«, brummte er zärtlich, »hübsche kleine Mieze-Katze. Hab keine Angst. Wir tun dir nicht weh.« Die Katze schnurrte und rieb ihren Kopf an seiner Hand.

Eine der Schwestern besorgte mir Schere, Pinzette und Alkohol, und im Nu waren die Fäden heraus. Der General beförderte seine Katze mit beruhigendem Tätscheln und vielen Koseworten wieder in den Korb und zog sich nach allen Regeln der Strategie zurück.

Es mußte sich herumgesprochen haben, daß ich wieder imstande war, Patienten zu behandeln. Innerhalb weniger Tage häuften sich die Anrufe von anderen Katzenbesitzern, die ihre Tiere ebenfalls zu mir ins Krankenhaus bringen wollten. Dr. Prutting, der beim Besuch des Generals ein Auge zugedrückt hatte, schritt schließlich energisch ein.

»Camuti«, sagte er zu mir, »bringen Sie mir hier keine Katzen mehr herein.«

»Warum nicht?« fragte ich. »Es läßt sich gut machen. Das Zimmer ist gemütlich, ich habe eine hübsche Schwester zum Assistieren. Wie wäre es, wenn Sie mir den Raum vermieten würden? Wir beide kurieren doch Kranke, nicht wahr?«

»Ja«, antwortete er, »aber Sie tun es auf Ihre Weise, und ich will es auf die meine tun.«

Am nächsten Tag schickte er mich heim.

Genau wie ich mit ausgefallenen Arbeitsbedingungen rechnen muß, so auch mit weiten Reisen. Nach Vermont oder Massachusetts zu fahren, dort eine Katze zu behandeln und anschließend wieder nach New York zurückzubrausen gehört für mich zu den Alltäglichkeiten. Vor kurzem zog einer meiner Klienten in einen unzugänglichen Winkel von New England, ans hintere Ende eines großen Sees.

»Ich brauche einen halben Tag, bis ich um den See herumgefahren bin«, protestierte ich.

»Machen Sie sich keine Sorgen«, sagte er. »Wir haben ein Wasserflugzeug. Wir können Sie am Hafen aufnehmen und in Nullkommanichts hinüberfliegen.«

»Schön«, antwortete ich. »Aber denken Sie daran, ich bin Tierarzt und kein Fallschirmspringer.«

Kurz nach meiner Entlassung aus dem Krankenhaus ergab sich die

Aussicht auf einen noch etwas längeren Flug. Die Geschichte begann mit einem Kabel von Joseph Kesselring, dem Autor von »Arsen und Spitzenhäubchen«; er benachrichtigte mich, daß Fiddle, seine braun-grauweiß gefleckte Langhaarkatze, sehr schwer erkrankt sei. Ob ich gleich kommen und nach ihr sehen könne?
Unter normalen Umständen wäre ich in meinen Wagen gesprungen und zu Kesselring gefahren. Aber das Kabel kam aus Neapel.
Der Schriftsteller bat mich in seinem Telegramm dringend, das nächste Flugzeug nach Italien zu nehmen; er werde mich auf dem Flughafen erwarten. Ich traf eilig einige Vorbereitungen, dann rief ich Dr. Prutting an, um ihn mitzuteilen, was ich vorhatte.
Sowie er von meinen Plänen hörte, bekam er fast selber einen Herzanfall. Fliegen war das letzte, was er mir erlauben wollte.
»Camuti«, sagte er, »warum geben Sie mir solche Probleme auf? Sie wissen ganz genau, was eine Flugreise für eine so heruntergewirtschaftete Pumpe wie die Ihre bedeuten kann.«
»Wollen Sie damit sagen, daß ich nicht fliegen darf?«
»Ich denke nicht im Traum daran, Ihnen etwas Derartiges zu sagen«, erwiderte Dr. Prutting. »Erstens würden Sie doch nicht auf mich hören, und zweitens will ich Sie nicht auf dem Gewissen haben.« Er legte mir nahe, den Herzspezialisten Dr. Kwit anzurufen. »Wenn er nichts dagegen hat, kann ich wohl auch nichts dagegen haben.«
Dr. Kwit nahm einen toleranteren Standpunkt ein. »Sie sind weniger gefährdet, wenn Sie nach Neapel fliegen«, sagte er, »denn wenn ich Sie hier festhalte, zappeln Sie sich in drei Herzattacken hinein. Fahren Sie also auf alle Fälle. Und telegraphieren Sie mir, wann Sie zurückkommen. Ich werde Sie mit einer Tragbahre am Flughafen abholen lassen. Bis dahin gute Reise.«
Nach dieser Aufmunterung bat ich Sandra, meine Frau, mir mein Köfferchen zu packen. Mein Paß war noch gültig, ein Visum bekam ich sofort, und so stand ich denn bereit zur Abreise. Sandra gab mir noch eine Handvoll Notizzettel, die mich daran erinnern sollten, daß nicht nur Fiddle, sondern auch ich selbst Arznei brauchte.
Gerade als ich meinen Koffer ergriff, klingelte das Telephon. Ein Anruf aus Neapel. Ich ließ alles fallen und schnappte mir den Hörer. Es war Kesselring, diesmal voll jubelnder Freude. Fiddle habe die Krisis aus eigener Kraft überstanden. Sie erhole sich zusehends. Natürlich, wenn ich eben mal rasch herüberfliegen und einen Blick auf sie werfen könnte . .

»Nein, danke«, sagte ich. »Ich habe Neapel gesehen und bin noch am Leben. Ich möchte mein Schicksal nicht beschleunigen.«
Nun aber war Sandra – voll Widerspruch wie alle Frauen – enttäuscht, daß meine Reise ausfallen sollte. Wenigstens hätte ich unterwegs eine Ruhepause gehabt, sagte sie. Mir machte es nichts aus. Ich freute mich zu sehr über Fiddles Genesung, als daß ich es bedauert hätte, Italien nicht wiederzusehen. Es war die erfreulichste Reise, die ich nicht gemacht habe.

Späte Anrufe sind das allergewöhnlichste, was mir ein Durchschnittstag – oder eine Durchschnittsnacht – bringt. Wenn der Fall drängt, suche ich den Patienten selbstverständlich auf. Erst letzte Woche klingelte mein Telephon um ein Uhr nachts. Es war Mrs. Green, die mich aus Connecticut anrief, ihre Siamkatze habe sich eben entschlossen, Junge zu werfen. Gewöhnlich kommen Katzen dabei erstaunlich gut allein zu recht. Aber Mrs. Green fügte etwas hinzu, das auf eine Störung hindeutete.
»Es ist nur ein Junges«, bemerkte sie, »und keinerlei Anzeichen für weitere.«
Ich hatte die Katze untersucht und mehrere der kleinen Kügelchen ertastet, die sich in den frühen Stadien der Trächtigkeit an den Eileitern entwickeln, pro Jungtier eines. Es mußten also mehr als eines da sein.
»Warten Sie eine halbe Stunde«, sagte ich zu ihr, »dann rufen Sie mich wieder an.«
Es hatte keinen Sinn, wenn ich wieder zu schlafen versuchte. Sandra machte Kaffee, und wir saßen wartend in der Küche. Eine halbe Stunde später meldete Mrs. Green immer noch kein weiteres Kätzchen. Die Mutterkatze hatte sich abgemüht, nun lag sie erschöpft da.
Ich sah, daß Sandra unwillkürlich meinen Mantel und Hut aus dem Schrank genommen hatte.
»Gut«, sagte ich zu Mrs. Green, »ich komme.«
Fast eine Stunde brauchte ich, bis ich das Haus der Greens erreichte. Die Katze hatte sich nicht gerührt, die Gebärmutter schien ohne Leben.
Während der nächsten anderthalb Stunden versuchte ich alles, was ich wußte; ohne Erfolg. Gegen Morgen brachte die Katze den übrigen Wurf zur Welt. Die Jungen waren tot.

Ich fuhr nach New York zurück in dem Bewußtsein, daß ich nicht mehr hatte tun können, aber ich fühlte mich dennoch unglücklich und mutlos. Ich zerbrach mir auch den Kopf darüber, daß Sandra mich so bereitwillig hatte gehen lassen. In den letzten Jahren hat sie sich manchmal zu meiner verlängerten Arbeitszeit recht kritisch geäußert.

»Ich dachte, wenn du hingehst, könntest du noch zu einem bißchen Schlaf kommen«, sagte sie, als ich sie über ihre Reaktion befragte. Ich erzählte ihr, daß mein nächster Krankenbesuch in einer Stunde fällig sei.

»Nun«, antwortete sie, »wenn ich dich gebeten hätte, daheim zu bleiben, hättest du nicht auf mich gehört. Und wenn du auf mich gehört hättest, wärs du die ganze Nacht unruhig wach gelegen. Du hättest höchstens zehn Minuten geschlafen. So kommst du wenigstens zu einer halben Stunde Schlaf, das macht zwanzig Minuten mehr!«

Ich zog mich zu einem Schnellnickerchen ins Bett zurück. Und ich fragte mich, was bringt einen Tierarzt dazu, sich aus der gesamten Zoologie gerade die Katzen als Spezialität auszuwählen?

Wie kommt ein Mensch überhaupt zu dem Wunsch, Tierarzt zu werden? In meinem Fall war es unvermeidlich, daß ich mir diesen Beruf erwählte Die Männer der Familie Camuti sind während der letzten zweihundert Jahre Ärzte gewesen. In Parma, wo ich geboren bin, lehrte mein Urgroßvater Giuseppe Camuti von 1759 bis 1792 als einer der ersten Anatomie an der Universität und schrieb Abhandlungen über dieses Fachgebiet. Der Herzog von Parma ernannte ihn zum Leibarzt und verlieh ihm den Titel eines Grafen von Belvedere-Parmigianino. Mein Großvater Luigi wurde ebenfalls Arzt und Anatom an der Universität, wo er bis 1803 Vorlesungen hielt. Von da an studierte fast jeder Camuti Medizin.

Wenn meine Lust am Kurieren von väterlicher Seite stammt, so wurde meine Zuneigung für Tiere durch meine Mutter geweckt und gefördert. Tiere zu lieben und für sie zu sorgen war für sie die natürlichste Sache der Welt, und Größe oder Art spielten dabei keine Rolle. Ob es flog oder schwamm oder auf vier Beinen ging – ihm wurde die gleiche Freundlichkeit und Achtung zuteil wie jedem menschlichen Wesen. Wir alle in unserer Familie betrachteten Tiere als eine der erfreulichsten Lebenserscheinungen.

So, mit der Medizinertradition von der einen und der Tierliebe von

der anderen Seite, nehme ich an, daß ich zum Tierarzt vorbestimmt war, ehe ich überhaupt wußte, was das Wort bedeutete.
Mein Vater war einer der wenigen Camutis, die nicht Arzt geworden waren, obwohl er als junger Mann in Parma Medizin studierte. Aber er hatte einen abenteuerlustigen, ruhelosen Charakter. Außerdem war er überzeugt, daß seine Kinder – gleichgültig, was sie werden wollten, ob sie der Familientradition folgen oder sie ganz aufgeben würden – in Amerika eine bessere Zukunft hätten. 1902 packte er seine Habseligkeiten zusammen und fuhr mit Weib und Kind nach New York.
Eine Zeitlang lebten wir in Greenwich Village, in der Nähe der Macdougal Street. Mein Vater verlegte sich auf den Lebensmittelgroßhandel. Aber ich glaube, Musik interessierte ihn mehr als Gemüse. In Italien war er eng befreundet gewesen mit Toscanini. Als alte Schulkameraden standen die beiden ununterbrochen in Briefwechsel, und wenn Toscanini später in den Vereinigten Staaten war, versäumten sie nie, sich zu treffen. Mein Vater redete gern; er war ein Geschichtenerzähler, der noch aus dem einfachen Überqueren einer Straße ein regelrechtes Abenteuer machen konnte. Als einziger Mensch in New York, der Toscanini zum Lachen bringen konnte, erlangte er eine gewisse Berühmtheit. Ich begleitete meine Vater oft, wenn er den Maestro im alten Ansonia-Hotel besuchte, und manchmal bat mich Toscanini, ihm bei seinen Einkaufsexpeditionen als Dolmetscher behilflich zu sein.
Meine Mutter hatte ihre eigenen Nöte, außer der Aufgabe, den Haushalt zu führen und auf meinen Bruder und mich aufzupassen. Ihr Hauptproblem waren Pferde. Zu jenen Zeiten gab es in Greenwich Village ausschließlich Arbeitspferde, sie zogen Gemüsekarren, Lieferwagen und so weiter. Die Männer, die die Zügel führten, schienen allesamt eine ausgesprochene Geringschätzung für Pferde zu hegen, und oft schlugen sie grausam auf die Tiere ein. Wenn meine Mutter das bemerkte, stürzte sie hinaus. »Bestia! Brutto!« schrie sie dann. »Ein armes Tier so zu mißhandeln!«
Meine Mutter war klein. Aber sie hatte Kraft. Ich sah mit eigenen Augen, wie sie einen stämmigen Fuhrmann am Arm packte, herumwirbelte und ihm die Peitsche aus der Hand riß. In Greenwich Village gab es wohl kaum einen Rollkutscher, der ihr länger als eine Minute standgehalten hätte. Was anderswo geschah, weiß ich nicht, aber in Hörweite der Casa Camuti wurden Pferde anständig behandelt.
»Glaubt nur ja nicht«, sagte meine Mutter, »daß Tiere weniger leiden

als Menschen. Schmerz ist für sie das gleiche wie für uns. Sogar noch schlimmer, denn sie können sich nicht selber helfen.«

Im Alter von neun Jahren betätigte ich mich selbst als Retter. Mein jüngerer Bruder und ich trafen auf eine Horde Kinder, die ein winziges Kätzchen herumwarfen. Da wir zu klein waren, um die Methode meiner Mutter anzuwenden, konnten wir nur mit ihnen verhandeln und bitten, sie sollten uns das Tier geben. Sie waren so verblüfft, daß sie uns die herrenlose Katze stillschweigend überließen.

Manche Eltern würden sich vielleicht darüber aufhalten, wenn ihre Kinder das kleinste, magerste, schmutzigste Kätzchen von ganz New York heimbrächten. Mein Vater und meine Mutter waren hocherfreut und wunderten sich nur, daß wir so lange gebraucht hatten, ein Haustier zu finden. Wir nannten die Katze Ci-Nin. Innerhalb von wenigen Wochen verlor sie ihr klapperdürres Aussehen und reckte und rundete sich. Nachdem der Schmutz verschwunden war, stellte sich heraus, daß sie ein reinweißes Fell hatte, dazu ernste, orangefarbene Augen. Das erste Tier, das ein Kind besitzt, hat immer etwas Magisches, Geheimnisvolles und unglaublich Erregendes. Ci-Nin war keine Ausnahme. Ich konnte sie stundenlang beobachten, wie sie spielte, sich putzte oder ruhig auf dem Fensterbrett saß.

Und was das schönste war: sie faßte eine besondere Zuneigung zu mir. Während ich meine Hausaufgaben machte, lag Ci-Nin zusammengerollt in meinem Schoß; wenn ich zu Bett mußte, folgte sie mir in mein Zimmer, kuschelte sich auf meine Füße und schnurrte uns beide in den Schlaf. Sie zeigte ihre Liebe zu mir mit den hunderterlei feinen Nuancen, die einer Katze zu Gebote stehen, und einmal auf geradezu dramatische Weise.

Im Frühling, nachdem Ci-Nin zu uns gekommen war, erkrankte ich an einem typhusartigen Fieber. Die damals übliche Behandlung bestand in neunzigtägiger Bettruhe und einer Diät, die genau so berechnet schien, daß der Patient gerade noch durchgebracht werden konnte, ohne zu verhungern. Trotz täglicher Waschungen, Massagen, Öleinreibungen und reichlichen Puderns lag ich mich wund. Meine Beine wurden zu dünnen Stecken, ich konnte kaum noch den Kopf heben, und ich träumte fortwährend von saftigen Steaks. Das Heilverfahren war, soweit ich es überblicken konnte, schlimmer als die Krankheit. Meine Freude und mein Trost war Ci-Nin, die standhaft bei mir blieb und mich mit einem Programm von Katzenspielen, aufgeführt zwischen Kissen und Decken, aufzuheitern versuchte.

Eines Tages ließ uns meine Mutter allein, während sie in der Nachbarschaft einen Besuch machte. Als sie fortging, hatte sie vergessen, daß ein Topf Fleischbrühe auf dem Herd kochte. Die Flüssigkeit verdampfte und das Fleisch begann anzubrennen. Nach kurzer Zeit war unsere ganze Wohnung von Rauch erfüllt. Was in den nächsten Minuten geschah, weiß ich nur noch verschwommen. Ich kann nicht mehr sicher sagen, ob ich versuchte, aus dem Bett zu kommen, und dabei ohnmächtig wurde oder ob es der Rauch war, der mir so zusetzte, daß ich mich nicht mehr rühren konnte. Jedenfalls, als ich die Augen wieder öffnete, sah ich Ci-Nin, die auf meiner Brust kauerte.
Sie stupste mir mit der Nase ins Gesicht, erst auf der einen Seite, dann auf der anderen. Sie legte eine Pfote auf meine Lippen. Als ich nicht reagierte, drückte sie ihre Schnauze gegen meinen Mund. Ich schob sie weg. Es war mir gleichgültig, ob die Wohnung niederbrannte, ich wollte nur noch schlafen. Ci-Nin gab nicht auf, ihre Bewegungen wurden heftiger. Schließlich schlug sie mich kräftig auf die Wange. Da wachte ich richtig auf und merkte, daß ich am Ersticken war. Als ich um Hilfe rufen konnte, war meine Mutter gerade zurückgekommen und hatte die Sache in die Hand genommen.
Ci-Nin, davon bin ich überzeugt, hat mir das Leben gerettet. Sie hielt mich mit Absicht wach; einmal konnte es sogar scheinen, als versuchte sie mir in den Mund zu atmen. Vielleicht suchte sie nur selber Schutz – ich habe nie davon gehört, daß eine Katze an jemandem künstliche Atmung ausgeführt hätte. Sehr wahrscheinlich wollte sie mich zum Aufstehen bewegen, damit ich sie aus dem Raum herausbrächte. Aber sicher hätte sie für sich ein Fleckchen finden können, wo der Rauch nicht hindrang – im Badezimmer etwa oder sonst in einem abgelegenen Winkel. Oder handelte sie, mindestens zum Teil, aus Sorge um mich? Es macht mich glücklich, das zu glauben.
Ci-Nin lebte danach noch sechzehn Jahre. Die wechselseitige Zuneigung zwischen uns war für mich ein weiterer Grund, Tierarzt zu werden. Nicht daß ich dessen noch bedurft hätte, denn wie ich schon sagte: meine Berufswahl war längst entschieden. Was sonst hätte mir eine solche Verbindung der beiden Dinge, die mich am meisten interessierten, geboten?

Während der Jahrtausende, in denen Katzen und Menschen zusammenlebten, haben die Katzen sich immer geweigert, in menschliche

Angelegenheiten verwickelt zu werden. Sie ließen sich niemals in eine Armee einreihen, nie in Polizisten, Türhüter, Hofnarren oder bezahlte Artisten verwandeln. Arbeit – anderer Leute Arbeit – ist eine unterträgliche Vorstellung für eine Katze. Kann man sich Katzen denken, die Schafe hüten oder einwilligen, Karren zu ziehen? Sie laden sich nicht die geringste Unbequemlichkeit auf. Hartnäckig bestehen sie darauf, genau so zu bleiben, wie sie sind: weder zur Reue noch zur Scham, noch zur Schmeichelei bereit – außer wenn sie tiefere Beweggründe dafür haben – und vor allem stets ganz in sich selber ruhend. Das beleidigt manche Leute und macht sie zu erbitterten Katzenfeinden. Aber mit schöner Geringschätzung für Dale Carnegie gewannen sie dennoch Freunde und beeinflußten Menschen. Andere Tiere haben Verehrer, aber keines erweckt solch leidenschaftliche Begeisterung. Es ist schwierig, Katzen gegenüber ruhig zu bleiben. Man haßt oder liebt sie. Und Katzenliebhaber sind anscheinend in ihren Gefühlen besonders laut und bestimmt.

Sie beweisen ihre hingebende Liebe auch durch Taten. Hunde genießen den Ruf, sie seien treu bis zur Selbstaufopferung in ihrer Beziehung zum Menschen. Bei Katzen ist es umgekehrt. Meist bringt am Ende der Mensch das Opfer.

Ich kenne ein Ehepaar, das viele Jahre lang lieber in einem primitiven Mietshaus lebte, als in eine behaglichere, modernere Wohnung umzuziehen: sie konnten keinen Hausbesitzer finden, der ihre zahlreichen Katzen akzeptierte. Im Lauf der Zeit legten sie sich außerdem einen Hund, einen Affen und ein Aquarium voller Fische zu. In der Einzimmerwohnung beherrschten natürlich die Katzen das Feld; sie wählten sich die gemütlichsten Schlaf- und Ruheplätze aus. Der Hund rollte sich zusammen, wo es ihm die Katzen erlaubten. Der Affe bewohnte aus Gründen der Raumersparnis einen Käfig, der an der Decke aufgehängt war. Eine Zugeinrichtung ermöglichte es, den Käfig herabzulassen, wenn der Affe auszusteigen wünschte, und ihn für die übrige Zeit in luftiger Höhe wegzuräumen.

Die Anlage bewährte sich so gut, daß das Ehepaar schließlich eine ganze Reihe ähnlicher Vorrichtungen auch für die Katzen anbrachte: Hängebühnen mit komplizierten Seilwinden zum Heben und Senken, Schaukelbretter und verstellbare Trapeze. Das Zimmer sah halb wie die Takelage eines Schoners, halb wie der Schnürboden der Met aus. Sogar als das Ehepaar endlich in ein Landhaus umzog, nahm es die ganze Einrichtung mit. Das Haus wirkte bald ebenso vollgestopft wie die Einzimmerwohung, aber den Katzen gefiel es so; sie kletterten nach oben, um den Affen zu untersuchen, sie kauerten auf den Hängebühnen und lauerten sich gegenseitig auf, sie machten ihr Schläfchen hoch über dem Fußboden.

Eine andere glückliche Katze gehörte Mr. und Mrs. James. Mr. James war Industrieller. Wenn er auch kein Ölmagnat war, so hielt er doch viel von einer großzügigen Regelung der Dinge. Einmal, als er und seine Frau in Palm Springs Urlaub machten, spazierte ein herumstreunendes Kätzchen auf die beiden zu und rieb sich an Mr. James' Bein.

»Das Kerlchen gefällt mir«, sagte Mr. James. »Es sieht jetzt nicht nach viel aus, aber es hat's in sich. Das ist die Art Katze, die mir zusagt.«

Gewohnt, rasche Entscheidungen zu treffen, adoptierte Mr. James das Kätzchen auf der Stelle. Die einzige Frage war, was man mit dem Tierchen tun solle, bis Mr. James und seine Frau wieder nach Florida heimfahren würden. Mr. James, nie um einen Ausweg verlegen, ließ sein Privatflugzeug kommen und befahl dem Piloten, mit dem Kätzchen nach New York zu fliegen.

Dann rief er mich von Kalifornien aus an und scheuchte mich in ein New Yorker Hotel, wo ich Katze und Pilot antreffen würde und das Tier untersuchen und wegen ein paar Kleinigkeiten behandeln könne. Während ich im Hotel war, rief Mr. James wieder an und arrangierte ein Dreiertelephongespräch zwischen Palm Springs, mir und dem Mädchen der Familie James in Florida.

»Nun hören Sie bitte genau zu«, sagte Mr. James zu dem Mädchen. »Schreiben Sie sich jedes Wort auf, das Doktor Camuti Ihnen gleich durchgeben wird. O. K., Camuti, jetzt sind Sie an der Reihe.«

Ich diktierte meine Anweisungen für die Arznei und die Behandlung des Kätzchens.

»Haben Sie's?« frage Mr. James das Mädchen, als ich geendet hatte. »Gut. Noch irgendwelche Fragen? Denken Sie daran – ich will, daß die Katze so gut wie neu ist, wenn ich heimkomme. Wiederhören.«

Als ich später wieder einmal mit Mr. James sprach, fragte ich ihn, ob er jemals ausgerechnet habe, wie teuer ihn die Adoption des Kätzchens gekommen war.

»Das ist mir egal«, sagte Mr. James. »Wenn ich eine Katze adoptiere, dann wird sie wirklich adoptiert!«

Einem anderen Ehepaar wurden die Katzen zum Problem beim Ver-

kauf ihres Besitztums in Connecticut. Unter gewöhnlichen Umständen wäre das für die Rolands eine einfache Sache gewesen, denn das Haus war hübsch und behaglich, zwischen Wiesen und Wäldern gelegen.
An einem Spätnachmittag – so schilderten mir die Rolands die Szene – kam der Grundstücksmakler, um sich alles anzusehen und die Verkaufsbedingungen zu erörtern. Als ihm die Rolands den Garten zeigten, trottete eine Katze aus dem Wald und steuerte die Rückseite des Hauses an.
»Ach«, sagte der Makler, »ich sehe, Ihre Katze kommt zum Abendessen.«
»Nun ja«, erwiderte Mr. Roland, »eigentlich ist es nicht unsere Katze.« Er erklärte dem Makler, daß einige Monate zuvor ein paar herrenlose Katzen im angrenzenden Wald Quartier bezogen hätten. Er sah auf seine Uhr. »Die übrigen sollten jeden Augenblick eintreffen. Sie kommen immer etwa um diese Zeit.«
Während der Makler noch zum Waldrand hinüberschaute, erschienen sechs weitere Katzen und spazierten im Gänsemarsch zur Hintertür des Hauses. »Sie sprachen von ein paar?« sagte er.
Mrs. Roland gab ihm einen raschen Überblick über die näheren Umstände eines Katzenlebens. »Aber«, fügte sie hinzu, »wir versuchen sie irgendwo unterzubringen.«
Immer wenn jemand kam, um sich Haus und Garten anzusehen, tauchten die Katzen auf und beobachteten, was vor sich ging; sie saßen im Halbkreis am Waldrand und starrten die Kaufinteressenten an. Die Rolands stellten mehrere Neuzugänge fest.
Mögliche Käufer fühlten sich unbehaglich bei dem Gedanken, in ein Haus mit so vielen dazugehörigen Katzen einzuziehen. Einer schlug vor, alle abzuschießen. Die Rolands jagten ihn davon.
Ich half mit, für verschiedene der Herumstreuner ein Heim zu finden, aber die Katzenbevölkerung wuchs schneller als die Zahl der Adoptivstellen. Die Rolands waren bereit, auch einige mitzunehmen, doch sie brachten es nicht über sich, einfach auszuziehen und die übrigen ihrem Schicksal zu überlassen, und sie konnten niemand finden, der versprochen hätte, für die Zurückbleibenden zu sorgen.
Das dauerte fast zwei Jahre; während dieser Zeit lehnten die Rolands verschiedene ausgezeichnete Angebote ab, der Makler stand Höllenqualen aus, und die Zahl der Katzen wuchs auf ungefähr zwanzig an. Sie lebten noch immer im Wald und kamen zweimal am Tag zu ihren

Mahlzeiten. Es war ein eindrucksvolles Schauspiel, so erzählte mir Mrs. Roland, wenn man sah, wie sie sich en masse versammelten und zum Haus herabbewegten. Katzen sprangen von den Bäumen, stürzten aus dem Gebüsch oder schienen einfach aus dem Boden zu wachsen. Schließlich formierten sie sich und strömten zur Hintertür, wo Mrs. Roland große Konservenbüchsen mit Futter hinstellte. Sie waren wie ein Schwarm vierbeiniger Heuschrecken oder ein Nomadenstamm, der sein Lager abbricht. Alle Altersklassen und Größen waren vertreten: große Kater mit narbigen Köpfen und ausladenden Bakken, spindeldürre Kätzchen, die versuchten, einander zuvorzukommen, und von den älteren Hordenangehörigen geohrfeigt wurden. Wenn Mrs. Roland zufällig einmal die Büchsen etwas später hinstellte, jaulten die Katzen mit höchster Lautstärke und wurden so zornig, daß sie fürchtete, sie könnten das Fütterungsgeschäft auf eigene Faust regeln.

Die Rolands hatten gerade den Plan, das Haus zu verkaufen, aufgegeben. Nachdem sie beinahe zwei Jahre mit den Katzen gelebt hatten, waren sie langsam an sie gewöhnt und mochten sie sogar allesamt von Herzen gern. Mr. Roland hörte auf, auszurechnen, wieviel ihn die Sache kostete – wenn man das Futter für die Katzen berücksichtigte und den Betrag dazuzählte, den er hätte erzielen können, wäre das Haus gleich zu Anfang verkauft worden.

Dann, innerhalb von zwei Wochen, begannen die Katzen zu verschwinden. Immer mehr Konservenbüchsen blieben unberührt stehen. Statt des üblichen Hexensabbats erfüllte zur Essenszeit eine ungemütliche Stille das Haus. Zu ihrer eigenen Überraschung ertappten sich die Rolands dabei, daß sie durch den Wald stapften und vergeblich nach den Herumstreunern riefen.

Keiner kam zurück. Mit Bedauern verkauften die Rolands ihr Haus und zogen weg. Sie legten sich ein paar eigene Katzen zu, aber es war eine armselige Zahl im Vergleich zu »ihrem« ganzen Stamm. Den Rolands kommt es nie genug vor, gleichgültig, wieviel Katzen sie jetzt im Haus haben

Ich kann mir nicht genau vorstellen, was geschah. Meiner Vermutung nach breitete sich eine Epidemie in der Katzenkolonie aus, und die sterbenden Tiere verkrochen sich in den Wäldern. Die andere Moglichkeit – die ich nicht ernsthaft in Betracht ziehe, obwohl sie faszinierend ist – wäre die, daß die Katzen beschlossen, wegzugehen und sich mit einer größeren Organisation zu vereinigen. Wenn das stimmt, dann gäbe es irgendwo in Connecticut ein riesiges Rudel von Wanderkatzen. So pflegen sich Sagen zu bilden.

Während des Zweiten Weltkriegs geriet eine meiner Klientinnen, Mrs. Williams, in Schwierigkeiten, als sie versuchte, die Forderung ihres Siamkaters zu erfüllen. Bunker, so hieß er, hatte eine besondere Vorliebe für Krabbenfleisch entwickelt. Aber nicht etwa von inländischen Krabben. Nur die japanischen wurden akzeptiert.
»Ich kann keinen Unterschied feststellen«, sagte Mrs. Williams zu mir, »aber er kann es. Wenn ich ihm einen Teller amerikanisches Krabbenfleisch hinstelle, versucht er es zu vergraben. Das japanische schlingt er auf einen Sitz hinunter und schreit nach mehr.«
In der ersten Zeit des Krieges fand Mrs. Williams ein paar Lebensmittelgeschäfte, die ihre Vorräte noch nicht erschöpft hatten. Doch als der Krieg länger dauerte, wurde es beinahe unmöglich, japanisches Krabbenfleisch aufzuspüren. Bunker trat in den Hungerstreik.
»Jetzt frißt er gar nichts anderes mehr als japanisches Krabbenfleisch«, erzählte mir Mrs. Williams.
»Lassen sie ihn lange genug hungrig herumlaufen«, riet ich ihr, »dann wird er froh sein, wenn er überhaupt etwas bekommt.«
Mrs. Williams hatte entweder ein zu gutes Herz oder zu wenig Energie, um Bunker standzuhalten. Ein hungriger Siamkater versteht es, seinen Besitzer zu Taten anzutreiben.
»Er läßt mich nicht einmal schlafen«, klagte Mrs. Williams. »Nachts kommt er und setzt sich an mein Bett und heult ununterbrochen. Neulich fand ich in einem Laden eine Dose von dem Zeug und gab ihm die Hälfte. Ich dachte, ich könnte den Rest für die nächste Mahlzeit aufsparen. Aber er wußte, daß ich noch etwas im Kühlschrank hatte. Er rannte unaufhörlich in die Küche und jaulte dabei, so laut er konnte. Es klang wie eine Luftschutzsirene. Ich mußte ihm auch das übrige geben.«
Auf ihrer Suche nach japanischem Krabbenfleisch machte Mrs. Williams immer weitere Wege. Sie war nicht mehr jung, und es muß für sie sehr anstrengend gewesen sein. Sie fand auch ein Geschäft, in dem noch eine ganze Kiste vorrätig war.
Mrs. Williams wollte sie sofort kaufen.
»Wofür das, für den schwarzen Markt?« fragte der Inhaber und überlegte, ob japanisches Krabbenfleisch vielleicht wertvoller sei, als er dachte. Mrs. Williams konnte es geradezu spüren, wie der Preis an-

stieg.
»Nein, nein«, erwiderte Mrs. Williams, »ich verkaufe es an niemand anderen.«
Der Ladeninhaber lehnte immer noch ab. »Ich gebe Ihnen jetzt ein paar Dosen«, sagte er, »aber das ist alles. Hamstern gibt es nicht. Wenn Sie mehr wollen, kommen Sie wieder.«
Zweimal wöchentlich pilgerte Mrs. Williams hin, um ihre Krabbenration zu holen.
»Sie müssen das Zeug ja sehr mögen«, bemerkte der Kaufmann.
»Oh, es ist nicht für mich, es ist für meinen Siamesen.«
Der Ladeninhaber warf ihr einen eigentümlichen Blick zu. »Was Sie nicht sagen.«
Bei ihrem nächsten Einkauf bemerkte Mrs. Williams einen Polizisten, der mit gezwungener Ungezwungenheit herumstand. Als sie ihre Krabben in Empfang nehmen wollte, drehte der Kaufmann eine der Dosen beiläufig in den Händen.
»Nun«, begann er etwas lauter als sonst, »erzählen Sie mir mal ein bißchen mehr von dem Japsen, der auf dieses Krabbenfleisch versessen ist. Wo lebt er denn?«
Der Polizist trat etwas näher an den Ladentisch.
»Bei mir«, sagte Mrs. Williams, »und es ist kein Japaner, sondern ein Siamese.«
»Ja? Sehr interessant. Wie kam er denn überhaupt hierher?«
»Er kam nicht hierher, er ist hier geboren.«
»Naturalisiert also?«
»Aber ich spreche doch von einem Siamkater, nicht von einem Menschen.«
»So ist das?« Der Kaufmann warf dem Polizisten, der auf den Fersen wippte und aufmerksam zuhörte, einen wissenden Blick zu. »Sie wollen sagen, daß Sie all das Geld für eine Katze ausgeben?«
»Genau das«, erwiderte Mrs. Williams.
»Sehr interessant«, sagte der Kaufmann noch einmal. Er schien nicht überzeugt.
Mrs. Williams bezahlte ihre Krabben und ging. Aber, so erzählte sie mir, sie war sicher, daß ihr nach dem nächsten Einkaufsgang zwei Männer bis zu ihrer Wohnung folgten.
Bald gingen die Krabben in diesem Laden aus, und Mrs. Williams mußte andere, entferntere Quellen ausfindig machen. Sie konnte sich des Eindrucks nicht erwehren, daß sie beschattet wurde. Infolgedes-

sen war sie immer verlegen, wenn sie nach japanischem Krabbenfleisch fragte, und bekam unwillkürlich eine verstohlene, verdachterregende Art, die jeden davon überzeugen mußte, daß sie in dauerndem Kontakt mit Kaiser Hirohito stehe.
Irgendwie überlebte Bunker die Krabbenknappheit. Mrs. Williams verlor vor lauter Aufregung mehrere Pfund an Gewicht, obwohl das F. B. I. sie nie aufsuchte. Endlich kam japanisches Krabbenfleisch wieder auf den Markt.
Zu spät. Bunker hatte eine Neigung für pâté de foie gras entwickelt. Die französische Art, mit Trüffeln.
»Was Sie auch anfangen«, sagte ich zu Mrs. Williams, »lassen Sie ihn nie frischen Kaviar versuchen.«

Schwiegermuttersorgen gehören bei vielen Leuten zu den Alltäglichkeiten. Bei Katzen nicht; aber ich kenne einen Fall, wo eine Katze und eine Schwiegermutter einander ins Gehege kamen.
Vor nicht langer Zeit erschienen die Johnsons in meiner Praxis. Mrs. Johnson, nicht mehr ganz jung, erwartete ihr erstes Kind.
»Bevor das Baby kommt«, sagte Mrs. Johnson, »müssen wir unsere Katze loswerden.«
»Meine Schwiegermutter hat uns gewarnt«, setzte Mr. Johnson hinzu. »Das Risiko ist zu groß.«
»Wir lieben Timmy«, sagte Mrs. Johnson traurig, »aber wir können es nicht darauf ankommen lassen.«
»Machen Sie sich keine Sorgen«, lachte ich, »Ihr Baby wird Timmy nichts tun.«
»Nein, Sie verstehen uns nicht richtig. Es ist umgekehrt«, sagte Mrs. Johnson. »Meine Mutter meint, Katzen seien imstande, einem Baby den Atem auszusaugen und es zu ersticken. Ich kann mir nicht vorstellen, daß Timmy so etwas tut. Aber man weiß nie.«
»Sie wollen mich zum besten halten«, antwortete ich.
Mr. Johnson schüttelte den Kopf. »Das hat meine Schwiegermutter uns erzählt.«
»Hören Sie«, sagte ich, »wir leben in der Mitte des zwanzigsten Jahrhunderts. Und Sie glauben einen solchen Unsinn?«
»Aber meine Mutter . . .« begann Mrs. Johnson.
»Ihre Mutter ist zweifellos eine reizende Dame«, sagte ich. »Doch von Katzen hat sie nicht die geringste Ahnung.«
Ich erklärte den Johnsons, daß eine Katze möglicherweise aus Neu-

gier in einen Kinderwagen springt. Eine Katze kann auch mit ihren Pfoten auf der Bettdecke herumwühlen oder sich neben dem Baby schlafen legen. Mit angestrengter Phantasie mag man sich sogar noch vorstellen, daß eine Katze so weit ginge, sich auf ein Baby zu setzen, obwohl ich bei einem normalen Baby und einer normalen Katze sehr daran zweifle, daß das lange dauern würde. Eine Katze kann auch ein Baby lecken oder küssen. Aber ihm den Atem aussaugen? Niemals.

»Ich hatte immer das Gefühl, daß meine Schwiegermutter nicht wußte, worüber sie redete«, sagte Mr. Johnson. Das Ehepaar ging, aber ein paar Tage später waren sie wieder in meiner Praxis. Mrs. Johnsons Mutter hatte ihr letztes Wort gesprochen. Die Katze werde eine Bedrohung sein, sie müßten sie loswerden, bevor das Kind komme.

»Wem wollen Sie glauben?« fragte ich. »Ihrer Schwiegermutter oder mir?«

»Ich glaube Ihnen«, sagte Mr. Johnson. »Aber Sie haben nicht mit meiner Schwiegermutter fertig zu werden.«

Um des lieben Familienfriedens willen entschlossen sich die Johnsons widerstrebend, die Katze wegzugeben. Sie fragten mich, ob ich dabei helfen könne, ein gutes Zuhause für das Tier zu finden. Einer meiner Klienten, ein Zeitungskommentator, hatte vor kurzem seine Katze verloren und wollte brennend gern wieder eine; so hatte ich keine Schwierigkeiten, Timmys Adoption zu arrangieren.

Erst ein paar Monate später hörte ich wieder von den Johnsons, als Mr. Johnson mich anrief. Es klang, als wäre er am Rande eines Herzanfalls.

»Wir wollen Timmy zurückhaben«, sagte er. »Es ist mir egal, ob es meiner Schwiegermutter paßt oder nicht. Das Haus ist nicht mehr das gleiche ohne ihn.«

Ich erwiderte, ich wolle sehen, was ich tun könne. Inzwischen waren aber der Zeitungsmann und Timmy dicke Freunde geworden, und er sträubte sich, das Tier wieder herzugeben.

»Hören Sie«, sagte ich zu Mr. Johnson, »ich mag nicht ein halber Geber sein. Als Sie vor der Wahl standen zwischen Ihrer Schwiegermutter und Ihrer Katze, haben Sie sich für Ihre Schwiegermutter entschieden.«

»Glauben Sie mir«, antwortete Mr. Johnson, »ich habe es die ganze Zeit bereut. Je mehr ich von meiner Schwiegermutter sehe, desto

deutlicher wird mir, was für ein Juwel Timmy war.«
»Weiß Ihre Schwiegermutter, daß Sie versuchen, die Katze zurückzubekommen?« fragte ich.
»Nein«, sagte er. »Aber meine Frau weiß es. Sie möchte Timmy ebenso gern wiederhaben wie ich. Mag es nun ausgehen, wie es will!«
Mr. Johnson wirkte so erbarmungswürdig, daß ich ihm die Telephonnummer des Zeitungsmannes gab und sagte, sie sollten die Sache unter sich ausmachen.
Die Geschichte der Johnsons muß sogar das Herz eines Leitartiklers gerührt haben, denn als nächstes hörte ich, Timmy sei in sein altes Heim zurückgekehrt.
»Als wir ihn besuchten«, erzählte Mr. Johnson, »erkannte er uns sofort. Man könnte sagen, er freute sich, daß er uns sah, aber ich hatte auch das Gefühl, er sei verflixt ärgerlich auf uns. Es ging ihm sehr gut dort. Doch er hat uns verziehen, und ich glaube, er ist recht froh, wieder zurückzusein. Als er den Kinderwagen zum erstenmal sah, richtete er sich auf und legte die Pfoten auf den Rand, doch danach zeigte er sich nicht mehr sehr interessiert. Er liegt auf seinem alten Platz auf meinem Stuhl, und ich fühle mich wieder wie ein Mensch.«
»Und was ist mit Ihrer Schwiegermutter?« fragte ich.
»Mit ihr? Sie hat kein Wort mehr mit mir gesprochen. Es ist wunderbar. Und Timmy ist so ein reizendes Tier.«

Nicht alle Opfer, die wir Katzen bringen, sind selbstlos. Manchmal gehören sie unter die Rubrik »Selbstverteidigung«. Ich denke dabei an Mrs. Hoskins und ihre blaue Perserkatze Flower.
Flower war eine Katze, die sich nie entscheiden konnte. Wäre sie ein Mensch gewesen, hätten sie ihre männlichen Freunde mit einem bestimmten, wenig schmeichelhaften Wort gekennzeichnet. Das große Problem ihres Lebens war die Wahl eines Partners. Allerdings entstand es eigentlich dadurch, daß sie keinen wählte.
Auf Grund gewisser physischer Voraussetzungen, wahrscheinlich einer Eierstockzyste, hatte Flower ständig Hochsaison. Jeden Abend bettelte sie bei Mrs. Hoskins so lange, bis sie in den Garten gelassen wurde. Im Frühling und Sommer kletterte sie dort zierlich an einem Spaliergitter empor. Auf einer Querlatte balancierend, halb versteckt hinter Ranken und Blattwerk, den seidigen Schwanz elegant um sich herum gelegt, sandte Flower ihre Einladung aus an jeden Bewerber, der sich in Hörweite befand. Sie girrte und trillerte in der besonderen

Stimmlage einer katerbereiten Katze.
Einer nach dem andern tauchten ihre Anbeter aus der Dämmerung auf, mit gebogenen Hälsen und glitzernden Augen. Da fast alle männlichen Hauskatzen in der Nachbarschaft kastriert waren, bestand Flowers Besucherschar aus herrenlosen Herumstreunern, robusten, lärmenden Raufbolden mit schiefen Ohren und narbenbedecktem Körper, schwerlich von der Art, der man Anziehungskraft auf eine so unschuldig aussehende Katze wie Flower zutrauen würde.
Und dennoch entzückte sie das Interesse dieser Verehrer. Sie zirpte noch ein paar deutlichere Aufforderungen in die Luft und warf dabei frech den Kopf zurück. Mit einigem Aufwand an Geheul und Gefauche und mit gereiztem Drängeln machten sich die Kater daran, das Spalier zu erklimmen.
Wie eine Prinzessin, die aus ihrem Zauberturm befreit werden möchte, spornte Flower ihre Ritter an. Ein paar Sprossen unter ihrem Platz hielten die Troubadoure mit Klettern inne und begannen ihre Serenade. Ein A-capella-Chor von Katern bringt faszinierende Klänge hervor. Musiker – und ebenso Katzenfreunde – haben darin ganze Systeme von Tonleitern, Harmonien und Dissonanzen entdeckt, eine wahre Wonne für manche sehr fortschrittlichen Komponisten. Man braucht nur sorgfältig hinzuhören und wird Halbtöne, ja sogar Vierteltöne unterscheiden. Ich bin nicht musikalisch genug, um alles zu schildern, was in einer voll instrumentierten Katzenmusik vor sich geht, aber ich zweifle, ob sie jemals populär wird. Unter Umständen kann sie auch den Katzensüchtigsten so weit bringen, daß er aus der Haut fahren möchte.
Flower fuhr fort, ihre Anbeter zu locken. Je lauter die Kater schrien, desto stärker rief sie ihnen Mut zu. Feuerwehrschläuche hätten sie nicht mehr vertreiben können, jetzt, da ihr Ziel offensichtlich zum Greifen nahe war.
Doch sowie sich der kühnste Kater vorwagte und in glücklichem Vorgenuß höher kletterte, begann Flower heftig hin und her zu schaukeln. Das Spalier wackelte von oben bis unten. Schließlich stieß sie mit einer raschen, unberechenbaren Bewegung ihres Hinterteils den Freier flink in die Tiefe. Der nächste Kater versuchte sein Glück – mit gleichem Erfolg.
Jeden Abend wickelte Flower dieses Loreley-Programm ab. Und jeden Abend erlitten ihre Anbeter im wahrsten Sinn des Wortes eine Abfuhr. Ein Dutzend betrogene Kater stürzten krachend durch Laub

und Weinranken zur Erde, laut aufheulend in ihrem Fall.
Flower bewahrte ihre Tugend. Aber schlaflose Nachbarn wünschten bald, sie würde sie verlieren und dann die Schnauze halten. Mrs. Hoskins weigerte sich, Flower sterilisieren zu lassen. Die Kater kletterten weiterhin am Spalier empor und hofften auf mehr Glück – und bessere Balance.
Die Nachbarn entschieden sich für indirektes Vorgehen und Zermürbungskrieg. Eine ganze Anzahl der Kater strolchte auch morgens in der Gegend herum; durch Bestechung mit Fleisch verleitete eine Frau sie, in ihr Auto zu springen. Dann fuhr sie mit ihnen, so schnell sie konnte, in meine Praxis und bat mich, die Tiere um der schlaflosen Nachbarschaft willen zu kastrieren.
Zuerst wußte ich nicht, ob ich diese Art von Guerillataktik gutheißen sollte. Aber ich mußte mir sagen, daß, auf die Dauer gesehen, die herrenlosen Katzen nur weitere herrenlose Katzen in die Welt setzen würden, Tiere, die ihr Leben lang hungern und Krankheit und Elend aushalten müßten. Die Kastration einer Katze ist übrigens nicht die Gefühlstragödie, für die katzenfremde Leute sie erklären. Die Sexualpsychologie der Tiere ist glücklicherweise sehr verschieden von der unseren. Ein operierter Kater ist genausosehr Kater wie sein unbehandelter Vetter, nur wird er wahrscheinlich länger leben und dem gewaltsamen Tod vieler seiner aggressiven Geschlechtsgenossen entgehen.
Auf jeden Fall erklärte ich mich mit dem Plan der Nachbarn einverstanden. Ich weiß nicht mehr, wie viele Operationen ich in den nächsten Wochen ausführte.
Flower besaß offensichtlich mehr Verehrer, als man vermutet hatte. Ihre Zahl schien kein Ende zu nehmen, und die Nachbarn gaben eine Menge Geld aus, um damit Schritt zu halten.
Am Ende jedoch zeitigte ihr Plan, wenn er auch kostspielig war, Ergebnisse. Von Tag zu Tag nahm der Andrang an Freiern für Flower ab. Die Nachbarschaft konnte wieder schlafen.
Flower machte nach wie vor ihre nächtlichen Klettertouren auf das Spalier und nahm ihr volles Programm durch. Aber nun war kein Publikum mehr da. Sie zeigte die ganze Enttäuschung, den Unglauben und die Wut einer beliebten Schauspielerin, die plötzlich vor einem leeren Haus auftreten muß. Mit der Zeit stellte sie ihre Aufführungen ein und zog sich mit Anstand ins Privatleben zurück. Immerhin, auch platonische Beziehungen bieten ihre Annehmlichkeiten, und Flower

blieben viele vertraute Freunde.

Wenn Mrs. Hoskins' Nachbarn beträchtliche Ausgaben auf sich genommen hatten, so wußten sie wenigstens, warum. Ein anderer Klient, ein Japaner mit Namen Asaki, hatte keine Ahnung, worauf er sich einließ. In einer Hinsicht kostete ihn die Sache sogar viel mehr als Geld.

Als ich Asaki zum erstenmal traf, arbeitete er als Hausboy bei einem Eheberater. Asakis Dienstherr hielt eine Siamkatze. Ich konnte nie begreifen, warum er eine so empfindsame, anspruchsvolle Rasse wählte, denn er hatte selten Zeit, sich selbst um die Katze zu kümmern. Asaki übernahm es neben seinen Aufgaben als Hausboy, der Katze Gesellschaft zu leisten; den Eheberater sah ich sehr unregelmäßig. Die wenigen Male, da es doch geschah, boten einige Überraschungen.

In seinen Mußestunden malte der Eheberater. Während meiner ersten Besuche war er mitten in der Verwirklichung eines großen Projekts, eines Selbstportraits. Er fand es leichter, ohne Kleider zu arbeiten.

Als wir Bekanntschaft miteinander machten, begrüßte er mich, Palette und Pinsel in der Hand, und führte mich ins Wohnzimmer. Er war splitternackt. Am meisten aber verwirrte mich das Portrait. Obwohl er selbst so viel anhatte wie ein Frosch, malte er sich in voller Kleidung. Und obwohl er einen Vollbart trug, malte er sich glattrasiert.

Er wanderte im Zimmer herum, dann und wann auf die Leinwand tupfend, während Asaki mir bei der Siamkatze half. Der Hausboy murmelte ihr beruhigend zu, streichelte sie und kraulte ihr Kinn, damit ich sie untersuchen konnte.

Danach kam ich regelmäßig in die Wohnung. Die Katze war von einer langen Krankheit geschwächt, und die Hauptbehandlung bestand darin, sie wieder zu Kräften zu bringen.

Der Eheberater, stets nackt, arbeitete schwer an seinem Portrait, wenn Asaki und ich uns mit der Katze befaßten. Als Teil der weiteren Behandlung empfahl ich, ihr ein wenig Brandy zu geben.

»Brandy?« fragte der Eheberater. »Habe ich keinen Tropfen.«

Asaki hatte eine Flasche und brachte sie bereitwillig herbei; er freute sich, daß er noch mehr helfen konnte.

Ich sah weiterhin in Abständen nach der Katze. Sie kam gut voran, doch Asaki schien bekümmert und unruhig. Seinen Brotgeber kriegte

ich nicht zu Gesicht.
»Er ist sehr beschäftigt mit Denken, im anderen Zimmer«, sagte Asaki. Dann runzelte er die Stirn. »Wieviel Brandy trinkt Katze?« fragte er.
»Ein paar Tropfen«, antwortete ich. Er blickte noch verwirrter drein.
»Ganze Flasche ist weg«, erklärte er. »Mein Boß sagt, sie hat ausgetrunken.«
Die Katze sah mir stocknüchtern aus. Asaki zuckte die Achseln und sagte nichts mehr.
Das nächstemal war er noch besorgter. »Ich kaufte andere Flasche«, erzählte er, »aber sie ist auch weg.«
»Wieviel Brandy haben Sie der Katze gegeben?« fragte ich.
»Boß kümmert sich um den Brandy«, erwiderte Asaki.
Da die Katze wieder ganz gesund schien, sagte ich Asaki, dies sei mein letzter Besuch. Aber ich warnte davor, den Brandy ganz wegzulassen, und riet ihm, mich im Fall weiterer Beschwerden anzurufen.
Etwa einen Monat lang hörte ich nichts von Asaki, dann telephonierte er mir und berichtete, die Katze kränkle wieder. Ob ich sofort kommen könne. Aber, so sagte Asaki, nicht in die Wohnung. Er gab mir eine andere Adresse an.
Ich fand ihn in einem bescheidenen Haus in Greenwich Village. Die Siamkatze, der es wirklich schlecht ging, lag zusammengerollt in einer großen, mit Kissen gepolsterten Schachtel. Ich überlegte mir, was Asakis Dienstherrn zugestoßen sei, daß er nun in solch beschränkten Verhältnissen lebte.
Als ich Asaki danach fragte, schüttelte er den Kopf. »Boß wohnt nicht hier«, sagte er, »nur ich.«
Dann erzählte er mir den Rest der Geschichte. Sein Brotgeber, der sich zuvor nie viel um die Katze gekümmert hatte, war plötzlich sehr an ihrem Wohlergehen interessiert, besonders was die Brandybehandlung betraf. Das Eingeben dieser Arznei übernahm er selbst, wobei er sich in seinem Zimmer einriegelte, und mehrmals am Tag rief er laut nach Asaki: »Mieze will noch einen Drink!«
Zuerst freute sich Asaki sehr, daß er gefällig sein konnte. Er liebte die Siamkatze, und der Gedanke, zu ihrer Genesung beizutragen, machte ihn froh. Sowie eine Flasche leer war, kaufte er aus eigener Tasche die nächste.
»Aber Sie sagten, nur wenige Tropfen«, erzählte mir Asaki. Seinem Herrn zufolge soff das Tier etwa eine halbe Flasche pro Tag. Schließ-

lich dämmerte es Asaki, daß nicht die Katze, sondern der Eheberater das Trinken besorgte.
Er teilte seinem Dienstherrn mit, daß die Brandykur zu Ende sei. Der Hausboy konnte eine Therapie dieser Art finanziell einfach nicht verkraften.
Während dieser Unterredung wurde der Eheberater so böse, daß er begann, seine Kleider anzuziehen, so wie andere Leute in der Hitze der Diskussion ihre Krawatte lockern. Er warf Asaki auf der Stelle hinaus.
»Er hielt keine Kündigungsfrist, nichts«, sagte Asaki. »Behauptet, ich sei ein Dieb, ich trinke all ›seinen‹ Brandy.« Asaki grinste. »Nun, ich habe ihm wirklich etwas gestohlen. Ich habe die Katze mitgenommen.«
Die Siamkatze blinzelte Asaki zu, und er lächelte zurück. »Wir sind sehr glücklich miteinander«, sagte er.
Da er kein Geld mehr besaß, hatte er von einem befreundeten Kellner Speisereste gebettelt, um sich und die Katze zu ernähren.
»Wir essen gut«, sagte er, »Menü ist immer verschieden, immer Überraschung.«
Um die Kosten meines Besuchs zu decken, hatte er Geld geliehen, aber ich sagte ihm, er werde keine Rechnung bekommen.
Asaki blieb nicht lange ohne Arbeit. Zu viele Leute in New York suchten dringend einen tüchtigen Hausboy. Ein paar wünschten allerdings nicht, daß die Katze in ihre Abmachungen eingeschlossen würde; sie wies Asaki kühl ab, gleichgültig, welches Gehalt sie boten. Bald fand er eine Stellung bei einer Familie, die beide, Asaki und die Siamkatze, willkommen hieß.
In der Wohnung des Eheberaters war die Katze »Mickey« gerufen worden. Asaki gab ihr den neuen Namen »Himmlische Pfoten«.

Bereitwillig und glücklich verschenken wir unser Herz an unsere Haustiere; aber je mehr wir sie lieben, desto mehr leiden wir, wenn wir sie verlieren. Auch wenn ich weiß, daß es früher oder später unvermeidlich ist, auch wenn ich wirklich alles in meiner Macht und meinem Wissen Stehende getan habe, kann ich beim Tod eines Tieres nie ein Gefühl des Versagens abschütteln. Aber irgendwie müssen wir den Verlust eines Tiergefährten hinnehmen als Teil des Vertrages, den wir mit der Besitznahme eingingen: wir empfangen eine bestimmte Zeit voll Freude in der sicheren Gewißheit, daß sie mit Betrübnis endet. Für die meisten von uns wiegt die Freude die Betrübnis auf, obwohl der traurige Teil des Vertrags nie leicht durchzustehen ist.

Diese Niedergeschlagenheit und Hilflosigkeit empfand ich besonders schwer in der Nacht, als einer meiner Patienten plötzlich starb, nachdem er sich scheinbar auf dem Weg der Besserung befunden hatte.

Es war spät, als ich heimkam, und ich hatte die Tür kaum hinter mir geschlossen, als das Telephon klingelte.

»Die Katze lebt«, sagte Mrs. Harris.

Ich zog meinen Mantel wieder an und fuhr mit höchster Geschwindigkeit zurück. Mrs. Harris, eine grauhaarige Frau in den Sechzigern, hatte offensichtlich geweint. Doch nun lächelte sie.

»Sein Schwanz hat sich bewegt«, sage sie, »und er öffnete auch kurz die Augen.«

Rasch untersuchte ich die Katze noch einmal. Der Körper lag regungslos; kein Herzschlag war festzustellen. Ich sah sofort, daß Mrs. Harris sich irrte.

»Es tut mir leid«, sagte ich. »Quälen Sie sich nicht selbst. Hier kann niemand mehr etwas tun.«

Ich fuhr wieder nach Hause. In der nächsten Nacht passierte das gleiche wieder.

»Ich habe gesehen, wie er sich bewegte«, sagte Mrs. Harris. »Ich weiß es sicher. Wenn Sie sich nur persönlich überzeugen könnten . . .«

Ein Teil meines Ich wußte mit unbedingter Sicherheit, daß die Katze nicht mehr lebte. Ein anderer Teil ließ mich aufstehen, mich ankleiden und zu Mrs. Harris fahren. Auf dem ganzen Weg sagte ich mir, daß ich ein Narr sei. Und doch fuhr ich weiter.

Diesmal wartete ich, weil Mrs. Harris darauf bestand, über eine Stunde lang.

»Er wird sich bewegen«, beteuerte sie. »Bevor Sie kamen, setzte er sich beinahe auf.«

Langsam verging die Zeit. Zuletzt konnte ich nicht länger bleiben. Denn in dem düsteren Zimmer sitzend, war mir bewußt geworden, daß ich mich wie ein Kind verhalten, daß ich an eine Art Wunder geglaubt hatte und nicht hinnehmen wollte, was ich als Wahrheit erkannt hatte. Ich ging, nachdem ich Mrs. Harris so schonend wie möglich gesagt hatte, daß ich nicht wiederkommen würde.

Ich wünschte so inständig wie Mrs. Harris die Katze ins Leben zurück; aber keinem von uns beiden wurde dieser Wunsch erfüllt.

Und doch lebt keiner von uns ohne Hoffnung. Das ist ein abgedroschener Gedanke, aber er gewinnt erstaunliche Kraft, wenn man ihn in die Tat umgesetzt sieht.
Die Burtons waren Zeitungsleute. Mr. Burton hatte viele Jahre lang als Mitherausgeber einer New Yorker Zeitung gezeichnet; auch seine Frau hatte als Journalistin gearbeitet. Sie hielten einen Kater, Howard mit Namen.
Howard war eine reine Hauskatze, aber er fand auch in der Wohnung genug Gelegenheit, Unfug anzustellen. Eines Tages durchbiß er eine elektrische Zuleitungsschnur.
Ich habe nie eine Katze mit so üblen Brandwunden gesehen. Das arme Tier war bewußtlos, sein halbes Gesicht verkohlt. Ich nahm an, daß es am Sterben sei, und sagte das auch mit großem Bedauern den Burtons.
»Nein«, erwiderte Mrs. Burton, »er wird nicht sterben. Er lebt noch und wird weiter leben.«
Am nächsten Tag kam ich wieder, in der sicheren Annahme, die Katze sei tot. Mrs. Burton empfing mich an der Tür. »Er lebt noch«, sagte sie.
Das stimmte, Howard war am Leben, doch nur um Haaresbreite vom Tod getrennt. Seit meinem letzten Besuch hatte er sich kaum bewegt, seine Atmung war beinahe eingestellt, sein Herzschlag fast nicht mehr zu hören.
»Sagen Sie uns, was wir tun sollen«, bat Mrs. Burton. »Wir werden alles ausführen.«
Ich stellte einen Pflegeplan auf. Wenn Howard überhaupt gerettet werden konnte, mußten ihm die Burtons die gewissenhafteste, keinen Augenblick aussetzende Fürsorge zuteil werden lassen. Es würde eine selbst für einen Berufspfleger in einer gut ausgestatteten Klinik höchst anstrengende, nervenaufreibende Aufgabe sein. Die Burtons nickten und sagten, sie verstünden.
Für den Rest der Woche machte ich täglich meinen Krankenbesuch in der Wohnung. Jedesmal war ich auf die Nachricht gefaßt, Howard sei gestorben. Er schwebte weiter zwischen Leben und Tod, ohne Zeichen einer Besserung. Aber ich konnte feststellen, daß die Burtons meine Pflegeanweisungen bis aufs i-Tüpfelchen befolgten. Nachts wechselten sie sich ab, am Ende lief es jedoch gewöhnlich darauf hinaus, daß beide aufblieben.
Eine weitere Woche verging. Howard lebte immer noch. Doch sein

Zustand hatte sich verschlimmert. Wir mühten uns um ihn, die Burtons halfen mir mit Instrumenten und Verbänden. Einmal war ich soweit, daß ich aufgeben wollte, überzeugt davon, Howard sei verloren. Mrs. Burtons Gesichtsausdruck veränderte sich nicht.
»Er lebt«, sagte sie, »er wird es schaffen.«
In den zurückliegenden paar Tagen war mir etwas Seltsames widerfahren. Ich fühlte mich mitgerissen von der Zwangsvorstellung, daß Howard gerettet werden mußte, daß er gerettet werden würde, selbst wenn ich ihn vor meinen Augen sterben sah. Die kraftvolle Entschlossenheit der Burtons wirkte so stark auf mich, daß ich an wenig anderes mehr dachte. Bis tief in die Nacht studierte ich noch verschiedene Behandlungsmethoden, und ich glaube, ich verlor fast ebensoviel Schlaf wie die Burtons. Ich kümmerte mich nicht darum; Howard war für mich das Wichtigste geworden.
Ich büßte jedes Zeitgefühl ein, und fassungslos stellte ich plötzlich fest, daß nahezu ein Monat vergangen war.
Zwei Monate später pflegten die Burtons Howard noch immer, und ich war während dieser Zeit tagtäglich in die Wohnung gekommen. In gewissem Sinn begann jetzt erst das Schlimmste, denn Howard, dem es etwas besser ging, verlangte noch größere Fürsorge und Aufmerksamkeit. Die Burtons fragten nur, was sie außerdem tun könnten.
Am Ende des dritten Monats befand sich Howard außer Gefahr. Es war der längste, schwierigste Fall, den ich je behandelt hatte. Ich fühlte mich zwanzig Jahre älter und so, als könnte ich nie genug Schlaf aufholen, und wenn ich die nächsten zwanzig Jahre verschliefe.
Nie werde ich vergessen, wie Howard zum erstenmal den Kopf hob und schnurrte. Wir sahen uns an, die Burtons und ich. Wir waren zu müde zum Lächeln.
»Ich wußte es«, sagte Mrs. Burton, »daß Sie ihn durchbringen werden.«
Ich schüttelte den Kopf. »Ich war's nicht, Sie haben es getan.«
Das war nicht Bescheidenheit. Welchen Wert auch meine Behandlungsmethoden gehabt haben mochten, wirklich zum Ziel brachte uns die sorgsame Pflege der Burtons. Ich war noch immer erstaunt, daß sie durchgehalten hatten.
»Das war nicht schwer«, sagte Mrs. Burton. »Wir lieben ihn doch.«

Karel Čapek

Meine Katzen

Die Katze

Sie schleppt sich mit schwerem Bauch und durchgedrücktem Ziegenrücken durch die Wohnung. Sie sucht, sie sucht ohne Unterlaß. Kein Winkel ist ihr versteckt genug und so weich gepolstert, daß sie dort ihre fünf blinden, pfeifenden Jungen zur Welt bringen wollte. Sie versucht mit dem Pfötchen den Wäscheschrank zu öffnen. Ich bitte dich, Katze, ausgerechnet in dieser Fülle schwanenweißer Wäsche möchtest du niederkommen?

Sie blickt mich mit ihren goldfarbenen Augen an: »Mensch, öffne das für mich, willst du?« Es geht nicht, Katze. Sieh doch, da habe ich dir einen ausgepolsterten Korb hergestellt, was möchtest du Besseres? Jetzt versucht sie mit dem Pfötchen den Bücherschrank zu öffnen. Du willst doch deine Jungen nicht inmitten der schönen Literatur zur Welt bringen? Und weiter sucht sie in mütterlicher Ungeduld.

Na ja, sie hat jetzt schon ihre Erfahrungen. Mindestens zweimal im Jahr beschenkt sie mich mit der Regelmäßigkeit und Pünktlichkeit eines Naturfahrplanes mit vier oder fünf mehr oder minder schwärzlichen Kätzchen und überläßt es mir, diesen eine anständige Existenz zu sichern. Alle meine Freunde und Bekannten müssen bereits für diese üppige Fruchtbarkeit meiner Miez einstehen. Sie kennt sich wie gesagt, jetzt schon aus.

Doch als das erste Mal ihre Stunde herankam – damals war sie noch ein verwundertes, halberwachsenes Katzenfräulein –, suchte sie ihren Winkel, ebenso kennerisch und wählerisch, als wüßte sie bis ins Detail, was ihrer harre. Ihr Benehmen wäre ganz plausibel, würde sie in der Katzensprache zu sich sagen: »Mir scheint, daß ich Junge bekomme. Ich muß mir also einen versteckten Winkel suchen, wo meine Babies Ruhe und Sicherheit finden.« Doch die Katze weiß nichts von alledem. Könnte sie wirklich sprechen, hieße es so: »Komisch ist das! Fortwährend sagt mir etwas: ›Such, such! Finde einen gewissen besonderen Platz! Nein, dieser Lehnstuhl ist es nicht! Das Kissen, auf dem du zu schlafen pflegst, auch nicht.‹ Was soll ich eigentlich suchen und warum? Etwas sagt mir, daß ich in diesen Wäschekorb gelangen sollte. Oder ins Bett kriechen und mich unter der Zudecke verstecken – mein Gott, welche Unruhe! Was geht nur mit mir vor?«

Tatsächlich sieht sie in manchen Augenblicken so unendlich ernst und

konzentriert drein, als lausche sie angestrengt, was ihr das herrische Etwas zu sagen habe. Sie führt es dann mit großer Sicherheit aus und wir Menschen sagen »Trieb« dazu, damit das Etwas nicht ohne Namen bleibe.
Nun gut. Eines Morgens – die Bescherung stellt sich nämlich zumeist während der Nacht ein – findet sich in irgendeinem Winkel ein halbes Dutzend pfeifender Katzenjungen. Die Katze antwortet ihnen mit einem süßen Gurren, das in ihrem Tonregister nur für diesen Zweck aufscheint. Es ist keine Stimme, es ist ein ganzer Akkord in harmonischer Terz und Quint, sehr ähnlich einem Akkord auf der Mundharmonika.
Die Katze geht über vor ostentativer Mutterschaft. Jede ihrer Bewegungen ist schützend und weich. Ihr zerzauster Bauch, der geduldig gekrümmte Rücken und die besorgten Pfötchen umhegen die zwitschernden Jungen wie ein mütterlicher Ranzen. Nur für einen Sprung verläßt sie das Nest, um im Trab zurückzukehren und schon vom weiten zu rufen und zu gurren. In ihr ist ein kompletter Mutterschaftsfanatismus ausgebrochen.
Aber nach etwa sechs Wochen entspringt sie leise und elegant dem Katzennest und verschwindet in der Frühlingsnacht, während in der Ferne der rauhe Katerbariton lockt. Am Morgen kehrt sie mit großen grünen Augen wieder und leckt sich das zerzauste Fell. Kommt dann ein Kätzchen, um sich vollzusaugen oder mit Mutters Schweifchen zu spielen, erhält es ein Kopfstück, das es umwirft, worauf es sich rollend, grollend und enttäuscht verzieht.
Komm zu mir, Kätzchen, und höre: Das ist der Lauf der Welt. Das ist das Ende deiner Kindheit, es wird Zeit, dir ein Plätzchen zu verschaffen.
Mit dem Rücken zu ihren Jungen, glatt geleckt, blickt die Katze zum Fenster hinaus. Sie lauscht offenbar der Stimme des Etwas, die spricht: »Du mußt hinaus, du mußt diese Nacht hinaus, denn er kommt!«
Brächte ich ihr nach vierzehn Tagen eines ihrer Jungen, würde sie es feindselig wie eine Schlange anzischen.

Die unsterbliche Katze

Am Anfang dieser Geschichte von einer Katze steht – mit der Inkonsequenz, die für die Wirklichkeit bezeichnend ist –, ein Kater und

zwar ein geschenkter.
Jedes Geschenk hat etwas Übernatürliches. Jedes ist gleichsam aus einer anderen Welt, fällt vom Himmel, dringt ohne Rücksicht mit dem Elan eines Meteoriten auf uns und in unser Leben ein. Besonders dann, wenn es sich um einen geschenkten Kater mit blauem Bändchen handelt.
So wurde er denn auf den Namen Philipp getauft. Infolge seiner unterschiedlichen moralischen Qualitäten nannten wir ihn dann auch Kujon oder Lumpi. Er war ein Angorakater, aber zausig und rostfarben wie irgendeine Miez aus unseren Landen.
Eines Tages fiel Philipp – im Zuge einer Expedition – vom Balkon einer Frauensperson auf den Kopf. Diese fühlte sich dadurch teils gekratzt, teils tief beleidigt und erhob gegen meinen Kater Anklage. Er sei ein gefährliches Tier, das vom Balkon ahnungslosen Passanten auf den Kopf springt. Ich konnte zwar die Unschuld meines seraphischen Tierchens beweisen, doch drei Tage später tat es seinen letzten Atemzug. Arsen und menschliche Bosheit hatten es dahingerafft.
Als ich eben mit seltsam verschleierten Augen beobachtete, wie seine Glieder sich in letzten Zuckungen streckten, vernahm ich von der Eingangstüre her ein klägliches Miauen. Dort stand zitternd ein verirrtes, schmutziges Kätzchen, das abgemagert war wie ein Fakir und dreinsah wie ein verlorenes Kind. Nun, komm her, Miez! Vielleicht ist es ein Fingerzeig Gottes, der Wille des Geschickes, ein geheimnisvoller Wink oder wie man es sonst nennen mag, wenn man guten Willens und traurig ist. Am ehesten meine ich, daß mein Katerchen Philipp in der Sekunde seines Hinscheidens Ersatz geschickt hat.
Das war also das Entrée der Katze, die wegen ihrer Bescheidenheit den Namen »Daisy« – Gänseblümchen – erhielt. Wie Sie merken, kam sie aus dem Unbekannten, aber ich lege Zeugnis dafür ab, daß sie sich auf ihren geheimnisvollen oder gar übernatürlichen Ursprung nichts zugute tat. Im Gegenteil! Sie benahm sich wie jede sterbliche Katze. Sie trank Milch, stahl Fleisch, schlief auf meinem Schoß und trieb sich nächtens herum.
Als ihre Zeit kam, warf sie fünf Junge. Eines war rotbraun, eines schwarz, das dritte dreifärbig, das vierte dunkelgrau und das letzte gar ein Angora.
Aha, da haben wir es!
Ich begann, alle Bekannten zu stellen: »Hören Sie«, sagte ich großartig, »ich habe für Sie ein phantastisches Kätzchen!« Einige von ihnen

wanden sich heraus – wahrscheinlich aus übermäßiger Bescheidenheit–, sie möchten wohl, können aber leider nicht und was dergleichen Ausreden mehr sind. Andere wieder waren so verblüfft, daß sie kein Wort herausbrachten, worauf ich ihnen schnell die Hand drückte und erklärte, die Sache sei demnach abgemacht. Das Katzenjunge würde ich ihnen beizeiten zustellen lassen. Und schon jagte ich dem nächsten zukünftigen Katzenbesitzer nach.

Es gibt wohl nichts Schöneres als so eine Katzenmutterschaft. Man sollte sich eine Katze schon wegen ihrer Jungen anschaffen. Sechs Wochen später allerdings ließ Daisy ihre Kätzchen Katzen sein und wollte den heiseren Bariton des Katers von Nachbars Villa aus nächster Nähe genießen.

Nach dreiundfünfzig Tagen entledigte sie sich junger Katzen, sechs an der Zahl. Nach Jahr und Tag waren es insgesamt siebzehn. Ich glaube, daß der Mann, der den Ausdruck »fruchtbar wie ein Kaninchen« prägte, meine Daisy nicht gekannt haben kann.

Immer hatte ich gedacht, der Teufel hol's, ich hätte weiß Gott wieviele Bekannte. Doch seit der Zeit, da sich Daisy mit der Katzenfabrikation befaßt, erkenne ich, daß ich im Leben allein stehe. Daß ich zum Beispiel niemanden habe, dem ich das sechsundzwanzigste Junge anbieten könnte.

Wenn ich mich jemandem vorstelle, murmle ich meinen Namen und dann: »Möchten Sie vielleicht ein Kätzchen?« »Was für ein Kätzchen?«, fragen die Leute erstaunt. »Das weiß ich noch nicht«, antworte ich, »ich weiß nur, daß ich demnächst wieder welche bekomme.«

Bald hatte ich den Eindruck, daß mich die Leute meiden. Vielleicht war der Neid die Ursache, weil ich so viel Glück mit Katzenjungen hatte.

Nach Brehm haben Katzen zweimal im Jahr Junge. Daisy kam hohnlächelnd drei- bis viermal jährlich nieder und das ohne Rücksicht auf die Jahreszeit. Sie war eben eine übernatürliche Katze. Offenbar war ihr die Bestimmung auferlegt, den vergifteten Kater zu rächen und hundertfach zu ersetzen.

Nach drei Jahren fruchtbarer Tätigkeit ging Daisy plötzlich ein. Dies war die Folge eines schweren Hiebes, den ihr irgendein Hausmeister unter dem unwürdigen Vorwand versetzt hatte, sie wäre in seine Speisekammer eingedrungen und hätte dort eine Gans gefressen.

An dem Tag, da Daisy dahinschwand, kehrte ihre jüngste Tochter zurück, die ich meinem Nachbarn angehängt hatte. Sie blieb unter dem Namen Daisy II, dies in gerader Nachfolge ihrer verblichenen Mutter. Sie folgte geradezu vorbildlich nach. Als sie noch ein Katzenjüngferlein sein sollte, ging sie auf wie Kuchenteig und schenkte der Welt alsbald vier Junge. Eines schwarz, eines ziegelrot, eines gesprenkelt wie eine Pferdebohne und das vierte mit dem Schimmer durch Waschblau gezogener Bettücher.

Daisy II warf dreimal jährlich mit der Präzision eines Naturgesetzes. Innerhalb von dreißig Monaten bereicherte sie die Fauna unserer Stadt durch einundzwanzig Katzen aller Farben und Rassen, die von der Insel Man ausgenommen, denn dort kommen die Katzen schwanzlos zur Welt.

Das einundzwanzigste Junge brachte mich in größte Verlegenheit: Ich konnte keinen Abnehmer dafür finden. Eben hatte ich mich entschlossen, die Aufnahme in eine Freimaurerloge anzustreben, die mir einen neuen Bekanntenkreis erschließen sollte, als Nachbars Rolf Daisy II zu Tode biß. Wir trugen sie ins Haus und legten sie auf ein Bett. Ihre Kinnladen zuckten noch. Dann hörte das Zucken auf und schon entsprangen ihrem dichten Fell Brigaden von Flöhen. Das ist das untrügliche Zeichen des eingetretenen Katzentodes.

Das hinterbliebene Kätzchen wurde mit dem Namen »Daisy III« begabt und warf vier Monate später fünf Junge. Seit dieser Zeit erfüllt sie ihre Mission gewissenhaft in Intervallen von fünfzehn Wochen. Sie versäumte nur einen Termin: Während der heurigen Sommerfröste. Ich verzeihe ihr.

Man würde gar nicht glauben, daß sie eine so große, unsterbliche Aufgabe hat. Sie sieht aus wie eine gewöhnliche dreifarbige Hausmiez, die den ganzen Tag auf dem Schoß des Familienpatriarchen schläft – oder auf dessen Bett –, einen ausgeprägten Sinn für persönliche Bequemlichkeit hat, gegen Mensch und Tier gesundes Mißtrauen hegt und wenn es darauf ankommt, ihre Interessen und ihre angestammten Rechte mit Zahn und Kralle zu verteidigen weiß.

Doch wenn die fünfzehn Wochen um sind, beginnt sie zitternde Unruhe zu zeigen, sitzt nervös vor der Tür und täuscht vor: »Mensch, ich muß schnell hinaus, ich vergehe vor Bauchgrimmen!« Dann fliegt sie wie eine Hexe ins nächtliche Dunkel und kehrt erst morgens wieder. Verfallen im Gesicht und mit Ringen unter den Augen.

In dieser Zeit kommt vom Norden her, wo der große Friedhof sich breitet, ein riesiger schwarzer Kater. Vom Süden, wo es von Fabriken wimmelt, schleicht ein rotbrauner, einäugiger Raufbold daher. Der Westen, in dem die Zivilisation siedelt, entsendet einen Angorakater, der einen Schwanz wie Straußenfedern hat, und der Osten, wo gar nichts ist, liefert ein geheimnisvolles weißes Tier mit getigertem Schweif.

Inmitten der Vier sitzt dreifarben und schlicht Daisy III und lauscht bezaubert ihrem Geheul, ihren abgehackten Schreien, dem Gewimmer gemordeter Säuglinge, dem Grölen betrunkener Matrosen, den Saxophonen, dem Dröhnen der Trommel und den übrigen Instrumenten der Großen Katersymphonie.

Damit alles klar ist: Zum Katersein gehört nicht nur Kraft und Tapferkeit, es gehört auch Ausdauer dazu. Manchmal belagern die vier apokalyptischen Kater Daisys Heim eine volle Woche hindurch. Sie blockieren das Tor, dringen durch die Fenster ins Haus ein und entweichen wieder unter Zurücklassung höllischen Gestanks.

Endlich kommt die Nacht, da Daisy III nicht auszugehen fordert. »Laßt mich schlafen«, sagt sie, »schlafen, in alle Ewigkeit schlafen. Schlafen, träumen – ach, ich bin ja so unglücklich!«

Worauf sie in angemessener Frist fünf Junge wirft. Ich habe diesbezüglich schon meine Erfahrungen: Es werden fünf sein. Ich sehe sie schon vor mir, die teuren, süßen Dingerchen, wie sie wieder durch die Wohnung hüpfen und schleichen, vom Tisch die Stehlampe reißen, Schuhe von innen naß machen, mir die Beine entlang auf den Schoß kriechen, wie ich ein Junges im Ärmel finde, wenn ich den Rock anziehen will, die Krawatte unterm Bett, die ich umbinden wollte. Ja, mit Kindern hat man Sorgen, das wird jeder bestätigen. Es genügt nicht, sie zu erziehen, man muß auch ihre Zukunft sicherstellen.

In meiner Redaktion haben schon alle Kollegen Kätzchen. Ich bin bereit, jeder Organisation, jedem Verein beizutreten, wenn mir die Abnahme von einundzwanzig Katzenjungen garantiert wird.

Inzwischen werde ich mich in dieser unerfreulichen Welt nach Plätzchen für weitere Generationen umsehen und Daisy III oder IV werden – die Pfötchen eingezogen – das Garn ihres Katzenlebens spinnen. Sie werden von einer Katzenwelt träumen, von Katzenarmeen und davon, daß die Katzen, sobald ihrer genug sind, das Weltall erobern wollen. Denn das ist die große Aufgabe, die ihnen der unschuldig hingemordete Kater Philipp auferlegt hat.

Aber ernstlich: Möchten Sie nicht ein Kätzchen?

ist eigentlich schon vorbei, während wir frierenden und hustenden Menschen auf unseren Frühling warten, auf den Frühling der Pensionisten, Verliebten und Dichter.
Unsere Katzen aber haben ihr großes Frühlingsabenteuer bereits hinter sich und kehren nach vierzehntägiger oder dreiwöchiger Liebeseskapade heim. Mager wie Strohhalme, schmutzig wie Kehricht. Sie laufen zuerst zu ihrem Tellerchen und gleich darauf in die Arme eines Menschen. Denn dort fühlen sie sich wohl und sicher wie ein sündiger Mensch in Gottes Hut. Dann blinzeln sie mit ihren goldfarbenen Augen und schnurren leise: »Nie wieder, großer Mensch, will ich so etwas tun! Wenn du wüßtest, was ich mitgemacht habe. Ich will an diesen gestreiften Rohling mit dem abgebissenen Schweif gar nicht mehr denken, an diesen gestreiften Nichtsnutz, an diesen Wildling. Ach, daß ich nur wieder daheim bin ...«
Ich meine also, daß in diesem Frühling, in diesem Katzenspätfrühling, schon tausende Katzen – Ihre Katzen! – für Nachwuchs gesorgt haben und in Ihren Stuben mit gequollenen Bäuchlein umherstreichen, wobei sie sich eine neue Würdigkeit zugelegt haben. Sie sollten auf der Hut sein, damit sie Ihnen in ihrer schweren Stunde nicht ins Bett kriechen! Und wenn sie dann zwei oder drei blinde, pfeifende Mäuschen zur Welt bringen, beginnt das ewige Spiel der Mutterliebe.
Ihre Katze wird zärtlich und ist rührend im Übermaß ihrer Gefühle. Sie liegt so, daß sie ihre zitternden Jungen mit dem Körper und mit allen Vieren schützen kann. Sie bildet mit ihrem Leib eine Höhle, ein Heim. Sie gurrt als Antwort auf jedes Pfeifen mit einem Laut, der ihr nur für diesen Zweck gegeben ist und bietet den Jungen ihren Körper so klug und aufopfernd an, daß der Mensch staunt über die Vernunft und die erfinderische Routine dieser Katzenmutterschaft.
Und eben beobachte ich eine Katze, die sich – offenbar aus jugendlicher Unkenntnis, denn es war ihr erstes Abenteuer und ihre erste Mutterschaft – mit ihrem Katzenfrühling sehr beeilt hatte. Sie brachte drei piepsende Zitterlinge zur Welt und bevor sie sich noch von ihrem Erstaunen erholt hatte, waren die Kätzchen dahin. Ihr Herr hatte sie wegschaffen lassen.
Schön, nun könnte ich die Unruhe und den Schmerz der Katzenmutter schildern, und daran Erwägungen über das Mysterium der Mutterliebe knüpfen. Doch das Mysterium, das ich sehe, ist ganz anderer

Art. Die Katze ist zwar unruhig, doch von Schmerz könnte ich nicht sprechen. Dafür benimmt sie sich haargenau so, als hätte sie ihre Jungen. Sie gurrt als Antwort auf jeden Laut mit einer Stimme, die ihr nie zu Gebote stand. Sie liegt in einer Pose, die sie nie kannte, mit weichen, eingezogenen Pfötchen. Nach einem Weilchen zeigt sie Unruhe und dreht sich auf die andere Seite. Dies wohl darum, damit die Jungen die zweite Reihe der ziemlich schlaffen Zitzen in Anspruch nehmen können. Sie tut genau das, was ein Katze täte, die von pfeifenden und saugenden Jungen umgeben wäre. Die Abwesenheit der Kätzchen beunruhigt, verwirrt sie aber nicht.

Sie bricht in leidenschaftliche Zärtlichkeit aus. Sie belagert den Menschen mit Werben um Streicheln, Wiegen und Kraulen. Ihr Körper sehnt sich nach Berührung. Sie gurrt und schnurrt vor Glück, wenn ein Mensch sie im Arm hält und sie die Pose der stillenden Katzenmutter einnehmen kann.

Ich würde sagen, daß sie das tut, was ihr nach dem Naturgesetz zusteht. Sie verhält sich der Situation nach falsch, der festgelegten Ordnung nach jedoch richtig. Der Mensch meint, sie gurre im Gespräch mit ihren Kindern. Tatsächlich aber gurrt die Katze, weil es ihr von altersher vorgeschrieben ist, was sie nach dem Wurf zu tun hat. Es ist so, wie wenn ein aufgezogener Kreisel seine Zeit abschnurren muß. Dieses zärtlich gurrende Weibchen, diese törichte getigerte graue Katze ist keine sorgende Mutter, sie ist die Natur selbst, eine millionenmal ältere Mutter als dieses wirre Geschöpf.

Nie erkennt man die blinde und vollkommene Funktion des Triebes besser als dann, wenn ihm der Zweck genommen wurde. Dann zeigte sich plötzlich sein präziser Mechanismus. Die Natur hat zu dem Einzelwesen kein Zutrauen. Darum schreibt sie ihm bis in die subtilsten Details vor, was es zu tun hat. Nichts ist seiner Initiative überlassen. Das Reich des Instinkts ist mit definitiver, unabänderlicher Gültigkeit organisiert.

Und wir seltsamen und oft verwirrten Menschen wissen gar nicht, wie wir dieser vollkommenen Ordnung der Triebe entronnen sind. Das Weib muß die Bewegung, mit der es sein Kind an sich drückt, erst lernen, ja, erfinden. Der Mensch muß alles auf seine Gefahr erwerben und meistern, die Mutterschaft und auch das Leben. Wäre der Mensch von Trieben regiert, könnte er nichts ersinnen, nichts Neues schaffen. Das Schöpferische im Menschen ist nicht triebhaft. Der Trieb ist konservativ, unpersönlich und wiederholt sich ewig. Wenn

es im Menschen wirklich persönliche Initiative, wirkliches Suchen und wirklichen Fortschritt gibt, ist dies das Werk des Intellekts.
Geh, du dumme Katze! Wir verstehen einander nicht mehr.

So denkt die Katze

Das ist mein Mensch. Ich fürchte ihn nicht. Er ist sehr mächtig, denn er ißt unheimlich viel. Er ist ein Allesfresser. Was frißt du? Gib mir davon!
Er ist nicht schön, weil er kein Fell hat. Da er nicht genug Speichel aufbringt, muß er sich mit Wasser waschen. Er miaut rauh und viel zu viel. Manchmal schnurrt er im Schlaf. Mach mir die Türe auf!
Ich weiß nicht, wieso er Herr wurde. Vielleicht hat er etwas Vornehmes gefressen.
In meinen Räumen hält er Sauberkeit.
Er nimmt eine scharfe Kralle in die Hand und bekratzt dann weiße Blätter. Andere Spiele kennt er nicht.
Er schläft nachts statt bei Tage, sieht im Finstern nicht, kennt keine Wollust. Er denkt nie an Blut, träumt nicht von Jagd, singt nicht von Jagd, singt nicht, wenn er liebt.
In der Nacht, wenn ich geheimnisvolle Stimmen höre, wenn ich gewahr werde, wie das Dunkel sich belebt, sitzt er oft beim Tisch und kratzt gebeugten Hauptes mit seiner schwarzen Kralle auf weißen Blättern. Glaub ja nicht, daß ich mich um dich schere. Ich höre nur auf das leise Knistern deiner Kralle. Zuweilen verstummt es, der arme, dumpfe Kopf weiß schon nicht mehr, wie er spielen soll und da überkommt mich Mitleid; ich geruhe, mich dir zu nähern und greine leise in süßer und doch trüber Stimmung. Da hebt mich dann wohl mein Mensch zu sich herauf und taucht sein warmes Angesicht in mein Fell.
In solchen Augenblicken blitzt eine Art höheren Lebens in ihm auf, er seufzt vor Glück und schnurrt etwas, das man beinahe versteht.
Glaub aber nicht, daß du mich kümmerst. Du hast mich gewärmt, und jetzt gehe ich wieder, um den schwarzen Stimmen zu lauschen.

Noch einmal die Katze

Kann mir jemand erklären, warum es die Katze in seltsamer Weise erregt, wenn man sehr hoch und dünn pfeift? Ich habe das Phänomen

an englischen, italienischen und deutschen Katzen erprobt. Es gibt keinen geographischen oder nationalen Unterschied. Besonders wirksam ist die hoch und dünn gepfiffene Barcarole aus »Hoffmanns Erzählungen«. Da beginnt Miez sich fasziniert an Ihnen zu reiben, springt Ihnen auf den Schoß, beschnuppert erstaunt Ihre Lippen und beginnt zuletzt in einer Art gereizter Liebe an Ihrem Mund oder an Ihrer Nase zu nagen, wobei sie verderbt wollüstig dreinschaut. Worauf Sie das Pfeifen natürlich einstellen und Miez heiser und emsig wie ein kleiner Motor zu schnurren anhebt.
Ich habe oft und lange darüber nachgedacht, doch weiß ich bis heute nicht, welch uralter Trieb die Katze zwingt, Pfeifen zu vergöttern. Ich glaube nicht, daß es irgendwann in der Urzeit so war, daß Kater dünn pfiffen, statt mit ehernem und rauhen Bariton zu rufen, wie sie es jetzt tun. Vielleicht gab es in alten, wilden Zeiten irgendwelche Katzengötter, die zu den gläubigen Katzen durch magisches Pfeifen sprachen. Doch das ist nur eine Hypothese und die erwähnte musikalische Verzauberung bleibt eines der Geheimnisse der Katzenseele.
Katzen lernt man so kennen wie Menschen. Glaubt man. Die Katze ist eine Sache, die eingeringelt auf dem Lehnstuhl liegt, manchmal ihren Katzeninteressen nachstrolcht, einen Aschenbecher herunterwirft und die meiste Zeit in leidenschaftlichem Genuß von Wärme zubringt.
Doch das Geheimnis des Katzenwesens lernte ich erst in Rom kennen und zwar darum, weil ich dort nicht eine Katze beobachtete, sondern fünfzig, eine ganze Katzenherde. Es war im großen Katzenbassin am Trajan-Forum, wo zwischen gestürzten Sockeln und Statuen das unabhängige Katzenvolk lebt. Sie nähren sich von Fischköpfen, die ihnen gutmütige Italiener zuwerfen und tun sonst offensichtlich nichts.
Nun, dort wurde mir klar, daß die Katze nicht einfach eine Katze ist, sondern etwas Rätselhaftes und Undurchdringliches. Daß die Katze ein wildes Tier ist. Wenn man zwei Dutzend Katzen schreiten sieht, überrascht einen plötzlich die Erkenntnis, daß sie nicht schreiten, sondern schleichen. Die Katze ist unter Menschen nur Katze. Die Katze unter Katzen ist ein schleichender Schatten im Dunkel des Dschungels. Die Katze hat zum Menschen offenbar Vertrauen. Der Katze aber mißtraut sie, weil sie sie besser kennt als wir. Man sagt »Hund und Katze« und meint damit einen Typ gesellschaftlichen Mißtrauens. Nun, ich habe oft intime Freundschaft zwischen Hund und Katze, niemals aber Gleiches unter Katzen beobachtet, von der Liebe

der Geschlechter natürlich abgesehen.
Die Katzen auf dem Trajan-Forum ignorieren einander ganz augenfällig. Wenn sie auf einer Säule sitzen, tun sie dies mit dem Rücken gegeneinander und zucken nervös mit dem Schweif, um solcherart kundzutun, wie unliebsam sie die Gesellschaft der Schlampe da empfinden. Wenn eine Katze die andere ansieht, zischt sie sogleich. Wenn sie einander begegnen, gibt es kein Umsehen. Sie kennen kein gemeinsames Interesse. Sie haben einander nie etwas zu sagen. Im äußersten Falle vertragen sie sich unter verächtlichem und abweisendem Schweigen.
Aber mit dir, Mensch, spricht die Katze. Sie gurrt dich an, sie blickt dir in die Augen und sagt: »Öffne mir, Mensch, die Türe da! Gib mir, du Vielfraß, etwas von deinem Essen. Sag etwas. Streichle mich. Laß mich auf meinen Lehnstuhl.« – Für dich ist sie kein wilder, einsiedlerischer Schatten. Für dich ist sie einfach die Hausmiez, weil sie dir vertraut. Das wilde Tier ist ein Tier, daß mißtraut. Die Domestikation ist einfach der Zustand des Vertrauens.
Aber auch wir Menschen sind nur dann nicht wild, wenn wir vertrauen. Wenn ich – angenommen beim Verlassen des Hauses – dem ersten biederen Bürger, dem ich begegne, mißtraute, würde ich dumpfe Gurgeltöne hervorbringen und während der Annäherung die Sprungsehnen meiner Schenkel spannen, um ihm beim ersten verdächtigen Zwinkern an die Gurgel zu springen. Wenn ich den Leuten mißtraute, mit denen ich in der Straßenbahn fahre, müßte ich mich mit dem Rücken zu ihnen drehen und schnauben, um sie zu verscheuchen. Statt dessen hänge ich demütig und friedlich am Haltegriff und lese meine Zeitung und biete ihnen meine ungedeckte Flanke. Auf der Straße gehend, denke ich an meine Arbeit oder an gar nichts – wenn das nur möglich wäre! – und schere mich nicht darum, was mir die Passanten etwa antun könnten. Es wäre schrecklich, wenn ich sie aus dem Augenwinkel beobachten müßte, um festzustellen, ob sie sich vielleicht anschicken, mich zu fressen. Der Zustand des Mißtrauens ist der Urzustand der Wildheit. Mißtrauen ist das Gesetz des Dschungels.
Eine Politik, die von der Pflege des Mißtrauens lebt, ist eine Politik der Wildnis. Eine Katze, die dem Menschen mißtraut, sieht in ihm nicht einen Menschen, sondern ein wildes Tier. Das Band gegenseitigen Vertrauens ist älter als alle Zivilisation, und Menschheit bleibt Menschheit. Zerstört ihr den Zustand des Vertrauens, wird die Welt

der Menschen eine Welt von Bestien.
Und damit ihr es wißt: Ich gehe jetzt hin und streichle meine Miez. Sie gewährt mir großen Trost, denn sie vertraut mir und wenn sie auch nur ein kleines graues Tier ist, das sich zu mir aus irgendeinem Hinterhof verirrt hat, sind wir doch Kameraden.
Sie schnurrt und blickt mich an. »Mensch«, sagt sie, »kraule mich zwischen den Ohren!«

GERT LUITHLEN

Lafcadio und Scamp

Es ist unmöglich zu entscheiden, ob der Kater Lafcadio so vergeßlich wie eine Katze war oder ob er sich nach den bewährten, strategischen Erfahrungen nur den Anschein gab, nichts zu wissen. Jeder Kater ist ein Teil geborener Krieger, die meisten Jäger und alle sind zu stolz und zu verschlossen, sich durchschauen zu lassen. Manchmal allerdings gemahnen auch diese eigenwilligsten aller Haustiere in ihrem Tun und Lassen an rastlose Kinder, die ahnungs- und hilflos dem Großen gegenüberstehen.
Jeder Morgen war seit Katergedenken für Lafcadio von großer Wichtigkeit. Er wußte seit langen Jahren und manchmal handgreiflicher Erinnerung, daß jeder Lärm von den schlafenden Menschen mißbraucht wird, um ihn aus dem gemeinsamen Zimmer zu jagen. Einst hatte er auch für eine Blumenvase büßen müssen, die er nur anstreifte und die aus eigenem, ganz ohne seinen Willen umfiel, ihn sogar von oben bis unten durchnäßte. So wich er seitdem solchen tückischen Dingen aus und auch die Festigkeit einer Tischdecke überschätzte er nicht mehr, seitdem sie ihm alle Gegenstände auf den Kopf geleert hatte. Im ersten Dämmern sagte ihm sein Ohr, Scamp, der kleine Kater, der gestern ins Haus gekommen war, übe sich im Mäusefangen, ein lächerliches Beginnen, er hatte nicht einmal einen grünen Grashüpfer in diesem Raum gefangen, höchstens Fliegen und nach denen sah er schon lange nicht mehr, weil man sie sowieso kaum je erwischt. Doch seine Erfahrung ließ ihn den Kleinen bald im Vorraum erwarten, eine wenig angenehme Vorstellung, vor der er sich auf den höchsten Kasten zurückzog. Unerreichbar vermochte er von dort alles zu sehen und unbeteiligt zu erscheinen. Wirklich, nach kurzer Zeit

wurde die Tür geöffnet, Scamp erschien. Der alte Kater erkannte ihn gleich wieder und rollte die Pfoten befriedigt von seiner Voraussicht ein, die Morgenstunden zu einem Schlummer benützend, doch immer wieder mit einem halbgeöffneten Auge zu dem anderen hinunterblinzelnd. Es reichte ihm zu hoher Genugtuung, den Eindringling nun in Ungnade zu wissen. Scamp störte ihn zwar mit seinem Herumturnen und vergeblichen Versuchen, den Kasten zu ersteigen, doch schließlich schlief auch der Kleine wieder ein.

Später erschien der große Weiße, wie alle Tage zur gleichen Zeit, wenn das Teebrett hineingetragen wurde. Hatte er es auch sonst einfacher und mußte erst dann von der Decke aufstehen, sobald das Frühstück wirklich begann, so strebte er heute rechtzeitig hineinzuschlüpfen, um nicht dann vor der Türe sitzen und rufen zu müssen. Für das seelische Gleichgewicht eines älteren Herrn ist nichts von solcher Wichtigkeit als regelmäßige und ungestörte Mahlzeiten. Deshalb bestand der Kater Lafcadio auch mit großem Nachdruck auf seinem gemeinsamen Frühstück. Des Morgens war er noch mehr als sonst bereit, zur Erzielung des von ihm Angestrebten alle großen und kleinen Kniffe und Künste zu zeigen. Hie und da waren die Menschen überrascht, an dem Kater zu bemerken, wie genau er alle ihre Gewohnheiten, großen und kleinen Schwächen beobachtete, kannte und zu benutzen verstand.

Die Mahlzeit am Morgen war eine geruhsame. Die Menschen waren mit ihrem Essen und vor allem mit dem Zeitungspapier beschäftigt, das sie alltäglich von neuem vornahmen, sie gaben bald keine Antwort und stellten keine lästigen und törichten Fragen in jenem Ton an ihn, welchen sie sonst ihren Babys gegenüber anzuwenden pflegten.

Fürs erste begehrte er seinen Anteil an der Semmel, je nach Laune verachtete er die weichen Teile und zog knusprige Rinde vor oder verweigerte diese, um nur das Innere anzunehmen. Der Kater wünschte heute in Anbetracht der herumstehenden Koffer eine ausgiebige Mahlzeit. Einst hatte ihn die Bedeutung der beginnenden Reise derart erregt, daß er nichts fressen konnte. Während der Fahrt aber war es ihm noch immer nicht möglich, auskömmliche Nahrung zu nehmen, kaum daß er sich zu einem Schluck Milch zwingen konnte, so daß er auf Reisen stets etwas Hunger litt. Lafcadio wußte, heute würde die Fahrt beginnen und, wie immer, erst am folgenden Tage in dem bekannten Hause enden. Es war nur ein rechtes Glück,

mochte er denken, daß heute nicht der Tag ohne Semmeln war. An jenem regelmäßig wiederkehrenden Morgen verzichtete er von vornherein, sich um das Frühstück zu kümmern, es gab nur Brot oder eine Art Kuchen, die er haßte. Brot und Milch bekam er sowieso draußen, da brauchte er nicht auf die beiden da drinnen zu warten.
Solcherart waren wohl Lafcadios Erwägungen, der sonntags nie um ein Stück Semmel vorstellig wurde. Heute jedoch kaute er eifrig seine Schmolle und schielte empor, ob man ihm die Milchschüssel füllen werde. Er wußte, manchmal bekam er sie ganz ohne weiteres, manchmal mußte er, mit den Pfoten zum Tisch hinauf reichend, darum bitten und wenn dies auch nichts half, so rieb er seinen runden Kopf an Tischen, Sesseln, Knien und etwa erreichbaren Händen. Gerne steckte er dann die kalte Nase in eine Handfläche, um so die Aufmerksamkeit auf seine Lage zu lenken. Wenn das alles nichts fruchtete, so rollte er sich mit schmeichelnder Grazie vor den Füßen der Menschen, schnurrte kaum hörbar, immer mit einem Auge den Napf beobachtend, der durch dieses nie versagende Mittel stets mit Milch gefüllt wurde. Es war ein genaues Register des Bittens und Forderns zwischen ihm und den Menschen vereinbart.
In behaglicher Seelenruhe, den lästigen Balg draußen wissend, hockte sich der umfangreiche und erfahrene Kater zu seiner Schüssel, recht befriedigt, bewiesen zu haben, welch ein Unterschied zwischen ihm und jenem bestünde. Innerlich bangte er ja doch sehr um seine Stellung in dem Haus da, abgesehen von seiner eifersüchtigen Liebe zu den bestimmten Menschen darin, denn schließlich sind die Menschen leider gänzlich unberechenbar, oftmals kindisch, aber jedenfalls viel stärker und mächtiger und gegen einen gewissen Ton in ihrer Stimme gibt es keine Appellation. Nur seine Ohren wanderten auf und ab, wechselten ihre Stellung zu den Geräuschen. Ohne Zweifel würde nun der Neue verschwinden und alles wieder in Ordnung kommen, Lafcadios geregeltes Leben nicht weiter gestört werden.
Inmitten dieser erfreulichen Vorstellung wieder einziehenden Friedens und gegenseitigen Verstehens mochte der Kater nun an die große, bevorstehende Sommerveränderung denken, die ihn und die Seinen Jahr für Jahr in jenen weiten Garten, das geräumige Haus mit dem nahen Wald führte, so daß er dort schon jeden Winkel, jeden Hausbewohner kannte. Mochte der Kleine hier allein zurückbleiben, er jedenfalls hätte seine Ruhe.
Es mußten friedvolle und angenehme Vorstellungen gewesen sein,

denen Lafcadio über seiner geleerten Milchschüssel oblag, behaglich dahindämmernd mit milchgewärmtem Magen, daß er auf das krachende Gerassel im Vorraum mit schrillem Pfauchen emporfuhr. Auch die anderen sprangen hastig vom Frühstück auf und als sich Lafcadio in gewohntem Wissensdurst und alter Neugier vor den Beinen der Menschen gefahrvoll durch die Tür zwängte, sah er mit dem ersten Blick Scamp in Nöten zwischen Himmel und Erde. Also war es ihm doch geglückt, den Kasten von heute morgen zu erklimmen, vermutlich infolge der dort hängenden Kleider, schätzte der Alte. Dann hatte er zu jenem einsamen Ding gewollt, das bisweilen am Abend leuchtete. Lafcadio mied dies ebenso, wie die Öfen in den Zimmern zu besteigen, diese verbrannten die Pfoten, jene wichen aus und pendelten, so angstvoll man sich auch an ihnen hielt, hin und her. Außerdem hatte Scamp den Wäschekorb zu Boden gestoßen und hutschte sich nun auf der Lampe. Lafcadio war es in solchen Situationen immer sehr kümmerlich zu Mute gewesen, denn man wußte nie, wie so etwas endete. Scamp aber schaukelte froh herum, hatte noch eine Pfote frei, um nach einer Hand zu greifen. Sichtlich ungern ließ sich das kleine Tier herunterlösen.

Insgeheim wunderte sich der alte Kater über die Geduld der Menschen.

Ihm wurden solche Streiche tagelang nicht nachgesehen, bis er sie sich eben nie mehr unterlaufen ließ. An seine Kinderzeit in diesem Hause hatte er längst vergessen und wähnte, immer der Ruhige und Überlegene von heute gewesen zu sein.

Zum Lohn erhielt der Kleine Milch und Semmel und dessen ganze Aufmerksamkeit war der Nahrung gewidmet. Lafcadio sah ihm mißbilligend zu, er fraß so hastig, als ob er Fisch oder Leber vor sich hätte.

Eigentlich wäre er nun ausnehmend gerne auf seinen täglichen Ausflug gegangen. Neugier und Besorgnis hinderten ihn, sich weiter von den Fenstern, etwa in den Nachbarhof, die Gärten oder auf die umliegenden Dächer zu begeben. Es lag ihm daran, Scamp im Auge zu behalten, zu wissen, was der tat und was mit ihm geschähe, vor allem genau zu beobachten, wie die einzelnen Menschen sich zu dem Neuen stellten. Zu dieser Zeit wahrte Lafcadio noch eine ablehnende Gleichgültigkeit, wenn ihn auch Fröhlichkeit und Charme des Jungen manchmal überwältigten und in seinem Verhalten jünger machten, so daß er sich zu einem Spiel hinreißen ließ. Zwei gewichtige Enttäuschungen waren es aber, welche das Tier später bewogen, eine ganz andere Haltung einzunehmen, die eine endgültige, grundsätzliche schien und es auch eigentlich war. Doch letztlich nimmt jedes Lebewesen den Urgrund seines Verhaltens zur Umwelt aus dieser selbst und ist Gründen wie Erkenntnissen, sobald sie überzeugend wirken, nicht unzugänglicher als jeder andere Durchschnittslebende.

Lafcadio sah in diesem Morgen die helle Freude des Menschenkindes an dem fröhlichen, kleinen Kater; die uralte Leidenschaft des Katzengeschlechtes für Menschenkinder erwiderte in Scamp die Zuneigung. Das nahm der Kater hin, denn einem Kind, seinem geliebten Kind, etwas, was immer, zu verübeln, brachte er nicht zusammen. Seitdem er lebte hatten seine Augen einen zärtlichen Glanz bekommen, sobald er das Menschenkind erblickte, und als die beiden da lärmend miteinander spielten, sah er zwei Kinder.

Doch das starke Interesse, die offentsichtliche Einnahme des Herzens seiner Herrin durch Scamps Jugend und Grazie verstand er nicht, fühlte dies als furchtbare Enttäuschung und Schmerz. Kein Blick für ihn, kein Wort, keine Hand, nur die Befehle, dem Kleinen nichts zu tun.

Es mag sein, daß dies die tiefgehende Störung seines Gleichgewichtes bewirkte, die in den folgenden Tagen so arg wurde, daß er den Seinen auswich. Den Gipfel des Unglückes jedoch stellte es für das Tier dar, als er später gewahr wurde, der Kleine habe teil an seinen alten Vorrechten, vor allem, Scamp bliebe nicht zurück, sondern werde auf die Reise mitgenommen.

Der große Kater verließ an diesem Morgen das Haus nicht für lange, da ihn, des kommenden Aufbruches stets gewärtig, die Furcht quälte, zurückzubleiben, vergessen zu werden. Lafcadio kannte sein Heim, er liebte es auch, doch seine Heimat waren die drei Menschen, die er liebte und suchte, wenn einer abwesend war. Vielleicht würde er am Hause selbst mehr hängen, wenn er seine Nahrung erjagen müßte und es ihm die Unkenntnis der Fremde unmöglich machte, sein Haus und dessen vertraute Gründe zu verlassen. Doch dem Kater Lafcadio war dies fern, er lebte als Gleichberechtigter, nicht als Geduldeter. So war ihm auch die große Sommerreise angenehm. Ihr Beginn allerdings setzte ihn stündlich in fiebernde Erwartung, jedes Kommen und Gehen kontrollierte er.

Allein das Verhalten seines Herrn erschien ihm in diesen Tagen gerecht, halbwegs gerecht, wenngleich Lafcadio auch erwartet hätte, daß sein Herr solches Geschehen nicht zuließe. Zwar setzte sein Herr Scamp, den unerwünschten, ebenfalls Weißen, nicht zum Ziel seiner Liebkosungen ein, doch er lehnte ihn nicht ab, wie Lafcadio. Je inniger die Teilnahme, je aufrichtiger das Entzücken von Herrin und Kind wurden, desto heftiger verabscheute der Alte Scamp, der ihm seinen Platz stahl.

Eine Katze handelt nie voreilig, sobald sie ihre Jugenderfahrungen hinter sich hat. Sie wartet, und das ist das Geheimnis aller großen Strategien. Jede Katze ist in hohem Maße Stratege. Ist ein Haus, ein Gang, ein Garten oder Weg unübersichtlich, verzweigt, irgendwie kompliziert, wählt jeder Kater zum Ort seiner scheinbar weltenfernen, abgeschiedensten Ruhe jenen, oft einzigen, schwer zu erkennenden Schlüsselpunkt größter Vorsicht und der meisten Möglichkeiten. So wartete Lafcadio still, doch er konnte sich in dem größten Schmerz seines Lebens nicht so beherrschen, daß er unbeteiligt erschien.

Seine bernsteingelben Augen gaben eine beredte Sprache seiner Stimmung, er war verschüchtert und sprach niemanden an, gab keine Antwort, wandte kaum den Kopf, wenn er gerufen wurde. Er wartete still, doch seine Verzweiflung stieg mit jedem Blick, den Scamp empfing.

Nun war es aus den verschiedensten Gründen überaus wichtig, den Zeitpunkt der Abreise erfahren zu können. Verließ sein Herr wie alltäglich das Haus, so war wohl erst nach seiner Rückkehr mit dem Ereignis zu rechnen. Anderseits stand sein ihm wohlbekanntes Korbhaus schon bereit und der Kater schnüffelte erregt die Ecken aus. Jeden Sommer und Herbst tat er dies.

Scamp hatte sich, von seiner morgendlichen Tatenlust Erholung zu finden, in den Korb, in dem er gekommen war, zurückgelegt. Der Alte betrachtete Korb und Katerkind, die Ahnung stieg ihm auf, Scamp würde vielleicht mitkommen. Plötzlich pfauchte er das schlafende, kleine Bündel an und sprang zum offenstehenden Fenster, von da in den Hof. Dort wartete er nun die weitere Entwicklung ab und erschien auch nicht mehr zu den folgenden Mahlzeiten.

Irgendwie mochte das kleine Katertier die Erregung des ganzen Haushaltes fühlen, und angesteckt, steigerte sich seine angeborene Munterkeit zu stürmischem Tun. Der Reihe nach erkletterte er sämtliche schwer erreichbaren Höhen, und kaum oben, strebte er wieder herab. Halfen ihm seine scharfen Krallen empor, so verstand er es noch nicht, sie zu lösen, so daß er mit dem Hinuntersteigen die größten Schwierigkeiten hatte. Immer wieder erscholl von den unwahrscheinlichsten Orten ein hilferufendes Weinen und der spitze, kleine Kopf mit den lustigen Augen sah mit weitgeöffnetem, rosafarbenem Maul erwartungsvoll herab. Er gab den Menschen schwere Aufgaben; letztlich schien es ihm als eine neue, unendlich reizvolle Art des Versteckenspieles, sich in einer tiefen Vase, einem Bronzekübel oder Krug finden zu lassen. Seine Gelenkigkeit, das Geschick seiner vier schwankenden Pfoten übertraf bei weitem jene des ausgewachsenen Katers und er voltigierte über Kasten, Bilder, Abgründe und Vorhangstangen, als wäre sein Vater nicht ein preisgekrönter Angora, sondern ein einfacher, aber ausnehmend geschickter Eichkater gewesen. Scamp zweifelte in seinem Vertrauen unwandelbarer Art zu den guten Menschen gar nicht, daß er auf sein Rufen auch gesucht werden würde, und dann trieb er es als herrliches Spiel. Schließlich wurde er in einem Korb konfiniert, denn er war imstande, für drei Menschen ausreichende Beschäftigung zu ersinnen. Fern lag es ihm, dies als Strafe aufzufassen, wie er den Begriff einer solchen überhaupt nie erkannte. Ganz im Gegenteil, nun begann ein fröhliches Wettspiel, wie lang er brauche, den Deckel zu öffnen, den Bindfaden zu durchbeißen oder den Boden abzulösen. Er brauchte nicht lange hiezu und letztlich entschloß man sich, eine Papierkugel aufzuhängen und ihm als Punchingball zu überantworten. Wie ein regelrechter Boxer setzte sich Scamp davor und arbeitete mit den beiden Vorderpfoten. Später allerdings verletzte er die Regeln und hing wie eine Traube an dem Ball, den Rücken zur Erde, die Hinterfüße in eifriger Zerfetzungstätigkeit. Als nur mehr die Schnur übriggeblieben war, hing er mit den Zähnen an ihr und beschrieb Bogen in der Luft. Schließlich kollerte er in einen Winkel, sprang auf seine Beine und galoppierte in das dichteste Papiergewühl.

Große Unterschiede in der Behandlung der Menschen kannte Scamp noch nicht. Während der große Weiße an den Gesichtern seiner Menschen ihre Stimmung abzulesen verstand und wußte, wie intensiv und herzlich er bitten müßte oder ob es füglich klüger sei, überhaupt nicht zu erscheinen, sprang Scamp jedem vergnügt entgegen, bereit, jeden Unsinn zu treiben, ein Spiel zu beginnen. Auch später, wenn einmal ein rauher Wind durch die Gemeinschaft der Menschen wehte, alle schweigsam waren und Lafcadio unhörbar und unsichtbar die Änderung des Wetters abwartete, dann konnte Scamp wohl eine

Weile, von der Stimmung angesteckt, stillhalten. Schließlich aber hielt er es nicht aus und sprang mit wehenden Vorderpfoten an die Menschen heran, schnurrte und forderte sie so laut und deutlich auf, doch endlich vergnügt zu sein, daß die Fröhlichkeit dieses weißen Balles alle anderen erfaßte. Doch jetzt schon erkannte er die weiche Hand seiner Herrin und jedesmal, ehe er müde einschlief, suchte er sie. Gerade diese erstaunliche, naturhafte erste Zuneigung trug ihm des anderen Abneigung und Eifersucht ein.

Für Scamp war sein neues Heim das Paradies des Spieles und der Fröhlichkeit; des mürrischen alten Katers abweisende Art nahm er einfach nicht zur Kenntnis und so störte sie ihn nicht. In komischen Sprüngen umhopste er das übellaunige Tier, daß es dem manchmal schwerfiel, so unmutig und unnahbar zu bleiben, wie er es sich vorgenommen hatte.

Spätabends wurde Scamp in einen haltbareren Korb getan, Lafcadio betrat angesichts der fertig bekleideten Menschen und verschlossenen Koffer ungern, aber freiwillig sein Haus, nicht ohne eifrig zu reden. Er war immer sehr gesprächig auf Reisen, und seine mehr oder minder kläglichen Äußerungen ließen Fremde stets ein armes, gequältes Tier vermuten. In Wirklichkeit waren es dauernde Ermahnungen des besorgten Hilflosen, ihn auf keinen Fall zu vergessen. Da aber bei einer Reise etwas vergessen werden muß, blieb ein Schirm auf der Strecke; dem Kater Lafcadio war das gleichgültig.

Es ist anzunehmen, daß die kleine Reisegesellschaft mit den beiden weißen Katern Heiterkeit und Aufsehen erregte. Lafcadio beschied sich in seine Lage und ertrug die Fahrt in dem rollenden, summenden und stoßenden Kasten mit stoischer Ruhe. Nicht so Scamp. Als erstes erzwang er durch sein auffallendes und jammerndes Rufen die Öffnung seines Korbes, nicht ohne vorher vergeblich selbst sein Bestes versucht zu haben. Vom Schoß seiner Herrin verfolgte er nun die vorbeitanzenden Lichter, griff nach ihnen und wich jedem begegnenden Fahrzeug erschreckt aus. Er sah die Stadt in ihrem nächtlichen Gewand zum erstenmal. Immer wieder strebte er dem Wagenlenker zu, jeder Stoß erschütterte sein Gleichgewicht und die großen Ohren, die weitaufgerissenen Augen vermochten kaum die Fülle unverstandener Eindrücke aufzunehmen. Immer inniger schmiegte er sich den Menschen an und doch wollte er hinaus, in dem herrlichen Spiel der tanzenden Lichter, der huschenden Schatten mitzuspielen.

Schließlich sah sich Scamp vor einer großen dunklen Fläche, auf der sich langgezogene Lichter spiegelten. Von ferne kam ein Rauschen und Pfauchen, wie er es noch nie gehört, lärmvoll, wie er es nie geahnt hätte. Der Alte im Korbhaus wurde unruhig, rief seine Mahnungen und Besorgnisse immer lauter hinaus, daß Scamp, angesteckt, vor Angst zu zittern begann. Näher und näher kam das Gelärme, Furchtbares kündend, da sah er einen riesenhaften weißen Koloß aus der Nacht auftauchen, schimmernd von Lichtern. Es rauschte und pfauchte immer stärker und näher, ein herzzerreißendes Pfeifen gellte auf und mit Getöse kam das Schiff an den Landungssteg. Vergeblich erhob der Alte seine abmahnende Stimme, die Menschen ließen sich wieder einmal nicht raten und eilten in das Ungeheuer hinein.

Den beiden Katern schlug eine Fülle unbekannter Gerüche, Schrekken erweckender Geräusche, durcheinanderschreiender Stimmen entgegen. Die Stimme Lafcadios aber erhob sich zu unerhörter Höhe und Lautstärke, der Kater überschrie alles andere in der furchtbaren Angst, die Seinen könnten in diesem Trubel nun schließlich doch, wie er es dauernd befürchtete, ihn vergessen und er, eingesperrt, sei unfähig, ihnen zu folgen, sie zu finden. Scamps etwaige Äußerungen hätte niemand gehört, und als man sich wieder um ihn kümmerte, schnurrte er vor Freude.

Dann kamen sie in eine Kabine, wurden aus ihren Behältern befreit und während Scamp voll Interesse das Neue betrachtete, suchte Lafcadio seine Menschen zusammen und war erst dann etwas beruhigt, als sie sich vollzählig in dem kleinen Raum versammelt hatten. Dann lief er die vier Wände ab, besichtigte die übereinander liegenden Betten, stieß mehrere Male mit dem der gleichen Beschäftigung obliegenden Kleinen zusammen. Bald trat ein stetig wiederkehrendes, regelmäßiges Pfauchen hervor, als ob eine ungeheure, sicherlich sehr mächtige und kriegerische Katze das merkbar bewegte Ding, auf dem sie sich befanden, bewohnen würde. Die Menschen verschwanden aus dem Raum, es herrschte Stille, nur das regelmäßige Pfauchen hielt an. In der Ferne klirrte etwas, Schritte und Stimmen klangen vorüber.

Scamp sah sich den neuen Raum an, erkletterte die obere Ruhestätte und fand schließlich einen Platz, der ihm den Blick durch die Luke auf das schäumende Wasser freigab. Mißmutig und unglücklich saß der alte Kater am Boden, kauerte sich hin und brummte, sooft ihm irgendwer in die Nähe kam. Der Kleine aber hing an der Kajütenluke, starrte in das auf dem Wasser tanzende Mondlicht hinaus und schnurrte. Die Welt schien unendlich zu sein, Wasser floß und floß, Mondlicht, das eigenartige, angebetete, zum Herzen gehende Licht, das den Augen so wohltut, schien da draußen. Scamp schnurrte, der kleine Kater sang ein Lied von Glück und Wohlbehagen in die Nacht hinaus. Vergessen die Angst vor dem pfauchenden Koloß mir seinen unbekannten Geräuschen und Gerüchen, das kleine Tier hatte nur Augen für die Wunder der Welt da draußen vor der Luke. Später in der Nacht mußte man ihm die Sicht verhängen und lange währte es, bis Scamp müde und erschöpft in der Kajüte des pfauchenden Riesen einschlief.

Das Ende dieser Reise war genauso, wie der kluge Kater Lafcadio erwartet hatte. Von dem Dampfboot kamen sie in ein kleines Boot, das sein Herr steuerte – rätselhafter Gipfelpunkt menschlichen Mutes in den Augen des Alten – und fuhren nach einer Weile knirschend auf Sand auf. Da wurde ihm sein Haus geöffnet, er sprang durch das bekannte Boot, hinaus auf den Sand.

Da waren die gleichen Erlen und Weidenbüsche wie jedes Jahr, der kleine Bach mündete und ein wenig höher hing noch immer das alte, morsche Gartentor in den rostigen Angeln. Lafcadio hatte Dringendes am Strand zu tun, froh scharrte und schaufelte er in dem weißen Sand umher. Ja, der Garten, die unendliche Grasfläche mit den herrlichen Bäumen ist dort oben. Hinein, voraus! Da die kleine Hütte, der krumme Baum, das alte Sägehaus beim Bach, sehr bemerkenswert, dort sind Mäuse, der kleine Vorgarten, ums Haus herum an den Bach heran, die Stufen ins Haus hinauf. Die Tür war geschlossen, Lafcadio springt durch ein offenes Fenster, und die Leute im Hause werden gewahr, wer angekommen ist. Sie eilen zum Ufer, tragen die Gepäckstücke hinauf und Lafcadio geht indes durch die Wohnung, sieht nach den alten Mauselöchern, schaut aus den Fenstern, ist daheim.

Auch der große Hauskater macht ihm Platz. Die Pfoten des Weißen sind seit Jahren bekannt und gefürchtet. Mit seiner alljährlichen Ankunft ist er Herr des Hauses.

Am Wasser unten hatten inzwischen die Menschen ihr Boot verlassen und begannen die Gepäckstücke auszuladen. Aus dem großen Haus kamen andere hinzu, halfen ihnen, und ein Einfältiger wurde heiter belehrt, der Kater in jenem Korb sei nicht der kleiner gewordene Lafcadio.

Kaum sah sich Scamp, der unwissende Ahnungslose, frei, tat er einen großen Sprung. Er kannte nicht Sand und Kies, nicht Gras und Sträucher, keinen Garten und nicht die herrliche Weite des strahlenden Himmels über ihm. Licht und Sonne, Weite und Freiheit machten das Katerkind froh, daß es anfing, toll in diese Schönheit hineinzulaufen, zu galoppieren, zu stürmen in ungebändigtem Frohsein.

Eine Sturzflut von Freiheitsdrang und Freiheitsgefühl hatte Scamp erfaßt, die Welt war wunderschön und wunderbar, das Gras, die singenden Vögel, die flatternden Schmetterlinge, die klare Sonne, die heiß sein weißes Fell wärmte. Die Böschung hinan, durch die Sträucher des Zaunes hindurch sprang das kleine Tier; die Weite dieser frohen, ungekannten Welt bezauberte ihn, und als er gerade am weitesten in sein neues Reich, die Gefilde des uralten Raubtieres in ihm, einbrechen wollte, da wandte sich Scamp um, hielt jäh im Vorwärtsstürmen inne und sah sich nach den Menschen um, ob sie teilhätten an seinem Glück. Unendlich liebenswert schien diese plötzliche Gebärde des kleinen Kerls, wie er fröhlich hüpfend das hohe Gras durchbrach, um wieder zu den Seinen zu kommen.

Man wußte eigentlich nicht viel von Scamps Art. Sein heiteres Gemüt war vom ersten Tage an auffallend gewesen, doch es war kein Frohsinn so für sich allein; das Katerkind wollte nicht allein fröhlich sein, es wollte die geliebten Menschen, den großen Weißen, der der Mutter ähnlich war, alles Lebende in Heiterkeit um sich haben. Dazu schien die Sonne, deshalb wärmte sie sein Fell, der weite Garten war nur aus diesem Grunde da, die ganze Welt. Scamp begann erst da draußen wirklich zu leben, und seine allumfassende Zuneigung hatte etwas Seltsames, ganz eigen Berührendes. – Nur dann, wenn keiner mit ihm wollte, hüpfte er auf die Wiese hinaus und spielte im Sonnenschein allein. Diese ersten Tage im leuchtenden, spätfrühlinghaften Juni waren es, die den kleinen Weißen so nah an die Herzen aller brachten, und um keinen hat er so mit dem Aufgebot aller Liebe, unwandelbarer Zuneigung gekämpft, wie um Lafcadio. Dem ging aber noch eine wechselvolle Zeit voraus.

War dem Großen die Erscheinung eines zweiten Weißen staunendes Erleben gewesen, so erlebte Scamp bald nach der Landung Ähnliches. Oben, dem Bach und Berge zu, stand das Sommerhaus, das Scamps Heim werden sollte. Ohne Zwang, den Menschen folgend, trabte der Kleine, immer wieder Gräser bezwingend, bergan, dem Hause zu. Am Fenster oben sah der Alte dem Einzug seiner Leute zu, keinen Augenblick mehr ungewiß, daß sie ihm folgen würden. Die ganze

Reise hatte ihn die Furcht vor einer Trennung beherrscht, hier aber war er ihnen vorausgeeilt und erwartete sie, als sei er vom letzten Herbst zurückgeblieben, hätte den Winter über gewartet.
Scamp stieß unversehens auf eine im Gras schlafende Katze, eine graue Katze. Dieses graue Tier ließ den Kleinen erzittern, eine graue Katze hatte er noch nie gesehen, er meinte, es gäbe nur weiße, wie ihn, den Großen oben und seine Mutter. Starr blieb Scamp stehen, doch die Graue sah ihn kaum an, sie hatte Erfahrung, es wäre nichts Gutes daran, mit den des Sommers hier herrschenden Katern anzubinden, würdevoll ging sie in das alte Sägehaus hinauf. Noch zweimal staunte Scamp auf diesem Wege andersfarbige Katertiere an, es gab also auch so etwas und so viele. Wunderbare Welt! Warum wichen sie ihm aus? Später lernte er, daß fast jedes Haus da Katzen beherberge, harmlose, gejagte oder geduldete Mäuse- und Rattenfänger, mit denen es sich ganz gut auskommen ließ, herabschauend von seinem stets satten Magen seiner nie gejagten Seelenruhe, die jeder Gefahr trotzen konnte, da er keine kannte.
An der Tür aber saß Lafcadio und pfauchte Scamp an. Seine Wohnung, sein Haus war dies, und der Kleine starrte verwundert die drohenden Augen des Großen an. Furcht, nein, Furcht empfand er nicht, und so ging er an dem pfauchenden Torhüter ein wenig gedrückt vorbei. Der ließ ihn durch und sah ihm nach, wie er sich unverzüglich daran machte, alles Papier, das er finden konnte, zu zerfetzen, die geöffneten Koffer zu durchstöbern und wieder ein fröhliches, unnützes Kinderspiel zu beginnen.
Lafcadio aber fand sich mit der Erscheinung des Kleinen ab. Recht und Unrecht kommt auch im Katerleben aus dem, der es begeht, und der große Alte wußte es alle Male tausendfach genauer, woran und warum er schuldig sei, als die Menschen, die ihm irgend etwas vorwarfen. War er schuldbewußt, so erzählte er das, lang bevor man es ahnen konnte, gleich selbst den Menschen, sie mußten ihn nur ansehen. Doch war er unschuldig, so konnten ihn die heftigen Worte nicht in Schrecken versetzen, eine Ursache, gedrückt zu sein, war es ihm nicht. Nur dann, wenn niemand und vor allem seine Herrin ihn nicht eines Blickes würdigte, kein Wort für ihn hatte, wurde er klein und verzagt und versuchte wohl irgendwie mit vielen Kunststücken und Bitten das gutzumachen, weshalb man ihn aus der Gemeinschaft ausschloß.
So entwaffnete ihn auch sichtlich das freie Gehaben Scamps, der sich

ganz offenbar keines Verstoßes bewußt war. Tiere wissen auch untereinander Recht und Unrecht genau zu unterscheiden, würde sonst eines plötzlich, anscheinend grundlos die Flucht ergreifen, sobald ihn das andere in der Nähe seines Freßnapfes antrifft? Das eine Mal, da die Absicht oder die unrechte Tat bestand, fliehen sie, das andere Mal, da der Weg ein zufälliger, nicht vorbedachter Zweck war, gehen sie ruhig weiter, ohne an dem Erscheinen des anderen irgend etwas zu finden. Bösartigkeit und Feindseligkeit waren Lafcadio fremd, er wollte, er mußte nur der einzige sein und die Aufmerksamkeit seiner Menschen nicht geteilt wissen. Wurde er zum Kampf gezwungen, seinen Platz im Haus zu verteidigen, wie damals, als ihn der kurzbeinige Hund mit gellendem Gekläff ansprang, da stellte er sich mit Tapferkeit, mochte sein kleines Katerherz vor bleicher Angst noch so zittern. Und Lafcadio wurde zum Kampf gezwungen.

Die Schuld daran trugen allein die Menschen. Daß es so kam und die ersten frohen Tage des Sommers für den Kater voll von Grauen und Not waren, war allein dem Benehmen der Menschen zuzuschreiben. Er hatte nichts verbrochen, sich in keiner Weise gegen die genauen, aber ungeschriebenen Gesetze seines friedlichen Lebens mit den Menschen vergangen, so durften sie ihm auch nichts fortnehmen und entziehen, so war es ihre Pflicht, ihre Macht für sein Recht einzusetzen, sollte er es nicht selbst tun. Lange zögerte Lafcadio und kämpfte mit sich, und auch dann rang er sich nicht durch, das kleine Katerkind mit seinem Unverstand zu bekriegen, sondern er wandte sich mit erstaunlicher Folgerichtigkeit von den Menschen ab, die ungerecht waren.

Der Kater Lafcadio war eine einzige Behauptung: er hatte nichts verbrochen und doch hatten die Menschen seinen altererbten, jahrelang innegehabten Platz auf der Decke der Herrin Scamp gegeben. Jeden Morgen bekam Scamp das erste Wort – der Kater horchte an der Tür, weil er es ablehnte, als Zweiter auf der Decke zu schlafen. Jeden Morgen erhielt Scamp zuerst Semmel und Milch, Lafcadio verweigerte sie und nahm nur das Nötigste in der Küche. Zu seinem Sommeraufenthalt hatte man Scamp mitgenommen. Wenn man in den Garten ging, wurde Scamp heruntergetragen oder gerufen; daß Lafcadio sich nie tragen ließ und sonst stets nur dann mitkam, wenn er wollte, führten wohl die Menschen nur zu ihrer Rechtfertigung an. Kamen Fremde ins Haus, bewunderten sie Scamp, während früher er das Ziel aller Aufmerksamkeit und Bewunderung gewesen war. War es ein Wunder, daß er lieber schon vorher aus dem Zimmer ging? Und wenn er unter dem Sessel der Herrin lag, konnte er sicher sein, daß Scamp oben war. Hätte zu dieser Zeit Lafcadio, wenn man so sagen darf, einen selbständigen Erwerb gehabt und wäre er nicht mit eiserner Notwendigkeit an den Haushalt gefesselt gewesen, er wäre verschwunden und hätte seine Menschen gemieden.

Es war überaus schwer mit dem verletzten und störrischen Kater, der nun selbst ein gutes Wort nicht mehr als gut nehmen wollte und so tat, als gelte alles, was man zu ihm sprach, nicht etwa ihm, sondern Scamp. Wurde er abends eingeladen, seine Milch zu trinken, so wich er sofort aus, weil natürlicherweise der kleine Weiße auch zu dem Napf wollte. Lag er auf der Decke und kam der Kleine, so hastete er fort und sprang zum Fenster hinaus, aufdringlich zu beweisen, daß er weder stören noch hindern wollte. Vor den Fenstern saß er dann eine ganze Nacht und fror mit trauerndem Herzen. Am nächsten Morgen war er unausgeschlafen und so übellaunig, daß nun ihm jeder im Bogen auswich. Kam des Tages Scamp vergnügt an ihn heran, hob er keine Pfote, sondern ging ganz einfach fort, bisweilen auf einen Baum, um dem Kleinen auszuweichen. So lehrte er ihm übrigens ganz vorzüglich klettern.

Jeder sah, daß diese Angelegenheit nicht mehr eine zwischen den beiden Katern sei, sondern sich zu einer schweren Auseinandersetzung zwischen Lafcadio und den Menschen entwickelte. Entweder müsse man sich entschließen, das kleine Tier aus den Augen des Großen zu entfernen oder darauf verzichten, den netten, umgänglichen, munteren und klugen Gefährten zu besitzen, der Lafcadio durch alle diese Jahre war. Er wäre ein mürrischer, verstockter alter Kater geblieben.

Wie fast alles bei den Menschen wurde auch diese sehr wichtige Sache wohl gelegentlich erwähnt, und alle wußten darum, sie waren sich einig, daß etwas geschehen müsse, aber weder wußten sie was, noch faßten sie einen Entschluß, noch taten sie etwas, um diesem unerträglichen Zustand ein Ende zu bereiten. Sie ließen die Sache laufen, und sie lief auch ganz von selbst.

Begreiflicherweise erregte das kleine Katertier, das weder wußte, was seine Rechte noch seine Pflichten seien, das drollig spielte und erst eine Menge lernen mußte, um zu einem angenehmen Mitglied des Hauses zu werden, das Interesse und die Teilnahme der Menschen scheinbar mehr als der Große, der aus jahrelanger Erfahrung ohnehin genau im Bild war, was jetzt geschähe. Ihm zum Beispiel mitzuteilen, daß man jetzt an das Wasser baden ginge, wäre doch lächerlich, denn das sah er ja mit seiner aufmerksamen Beobachtung selbst. Die Zeit des Essens kannte er so genau wie die Ankunft ihn interessierender Vorräte, und an der Kleidung der Menschen sah er, ob sie spazieren gingen oder zu Hause blieben. Weil man das alles bei ihm voraussetzte und sich bemühte, dem Kleinen nebst seinem Namen – wie oft wurde der gerufen und wie selten Lafcadio – dies alles beizubringen, fühlte sich Lafcadio überflüssig, auf dem letzten Platz.

Jeden Abend, wenn es nicht regnete und die ersten Sterne am Himmel erschienen, der Tau zu fallen begann, war es Gewohnheit seiner Menschen, zum Strand hinunterzugehen und den langen, schönen und ebenen Weg entlang des Wassers zum Abendspaziergang zu benützen. Da saß der alte Kater schon nach der Mahlzeit auf der obersten Stufe der Haustreppe und wartete, bis sich seine Leute langsam in Bewegung setzten. Dann folgte er mit leisen und gemächlichen Schritten, hörte irgendwo vorne ihre Stimmen, kam ganz heran, verweilte ein wenig vor ihren Füßen im Sand, verschwand wieder in den Büschen und ging schließlich einer mit den anderen so weit mit, bis man umkehrte oder irgendwo sitzen blieb. Da gab es dann immer einige Worte für ihn, seine Herrin sprach allein für ihn oder eine vertraute Hand fand eine Stelle in seinem Pelz, die schon längst eines sanften Kraulens bedürftig war. Was gab es auf diesen denkwürdigen und schönen Spaziergängen nicht alles zu sehen, zu riechen, zu hören. Das war viel schöner und ruhiger, als wenn er allein auf die Jagd ging, ein strolchender Kater, der jedem Fremden im Bogen ausweichen mußte, eines Steines gewärtig. Da konnte man ganz ruhig am Weg liegenbleiben, und der sicherlich bösartige Fremde wagte nicht, an ihn anzukommen, waren doch seine Menschen zum Schutze mit ihm. Fledermäuse waren da, Bisamratten huschten, manchmal konnte man auch den Fuchs drüben necken und ihn zu unnützer Verfolgung locken, daß ihn dann knapp vor den Menschen bleiche Furcht packte, während er zwischen diesen verschwand. Der Abendspaziergang war eine jener Privilegien, auf die Lafcadio unter keinen Umständen verzichtete.

Der Kater saß an der Haustür und wartete, daß die Menschen mit ihrem umständlichen Essen fertig würden. Sie sprachen viel und laut, lachten oft, ein Zeichen, daß sie heute länger bei Tische sitzen bleiben würden; zudem hatten sie kleine Gläser vor sich, aus welchen sie oftmals tranken, ehe sie immer öfter lachten. Dem Alten waren vergnügte Leute lieber, sie waren umgänglicher und angenehmer als ernste. Endlich brachen sie auf und schickten sich an, den Garten herab, zum Strand zu gehen. Lafcadio machte einen runden Buckel, streckte die Vorderpfoten einzeln von sich, stand ebenfalls auf und folgte ihnen. Kaum zehn Schritte vom Hause entfernt, schoß Scamp aus irgendeinem Busch auf die Gruppe zu und lief mit. Zunächst hieß es, Scamp solle daheim bleiben, dann besannen sich die Menschen eines anderen, nicht Besseren, und riefen Scamp zum Mitgehen. Die Ohren des Alten waren in lebhafter Bewegung dem Gespräch gefolgt, und als er merkte, Scamp gehe mit, schlug seine buschige Rute vor Unmut Kreise.

Am Strand entlang gingen seine Leute, teils zusammen, teils mit anderen, die er genau so gut, oft besser kannte, als sein Herr und seine Herrin. Scamp sprang bald dahin, bald dorthin, zum Wasser hinab, über den Sand zu den Uferfelsen, in die Gebüsche. Manchmal kam er den Rattenlöchen so nahe, daß Lafcadio unwillkürlich nachsprang, wußte er doch, daß diese großen Bisamratten des Abends stets am Eingang ihres Baues saßen und ein Biß den Kleinen zu ihrer Beute machen könnte. Der Alte regte sich sehr auf, denn auch er liebte da am Strandweg keinen Zusammenstoß mit den Ratten. Ehe man es ahnte, waren fünf, sechs dieser bösen Räuber über einem, lautlos, und die Menschen gingen weiter, konnten in den engen Ufersteinen gar nicht helfen, sahn auch zu wenig in der einfallenden Dämmerung.

Dann krebste Scamp wieder ganz nahe an das gefährliche Wasser heran; der alte Kater war etwas wasserscheu und haßte es, auch nur einen Spritzer auf sein Fell zu bekommen, geschweige an den Pfoten naß zu werden. Nasse Pfoten riskierte er nur dann, wenn er des Nachts aus des Hausherrn Fischbehälter, einträchtig mit dessen Katern, Fische stahl oder halb am Trockenen liegende Reusen ausraubte. Lafcadio hatte viel zu tun, den Kleinen in dessen Unwissenheit vor Unheil zu bewahren, immer weiter gingen die Menschen und riefen wohl Scamp. Der blieb in den Gefahren zurück und wußte nicht, daß die Bisamratten scharenweise den Weg nach Abfällen absuchen, sobald Menschen vorübergekommen waren. Dort oben saß schon der grauweiße, alte Ratz, den Lafcadio tief verabscheute, er stank, war feige, tückisch und verräterisch, sein natürlicher Feind. Selbstverständlich hatte er Lafcadio schon erblickt, das weiße Fell leuchtete. Der Kater wurde noch einmal so groß, sein Pelz sträubte sich, und er wurde zum drohenden Raubtier. Der Nager zeigte ob die-

ser Vorbereitungen nur höhnisch die langen Zähne. Unwillkürlich tat auch Scamp sein Kriegsgewand an und machte lächerliche, kleine, steife Schritte. Ohne zu zögern, auf unhörbaren Sohlen schritt der Kater auf die Ratte zu, er wußte aus unzähligen Begegnungen, daß dieser ebenbürtige Gegner nur dann keine Hilfe bekam, wenn er in sein Loch schlüpfte und Furcht zeigte. Wirklich, die Ratte zog sich vor dem alten Kater und dem Kind zurück. Eine uralte Waldweisheit lehrt alle Tiere, man greife ausgewachsene Gegner, wenn sie ihr Junges bei sich haben, nur dann an, wenn man muß oder in riesiger Überzahl ist. Diese alte Ratte war nicht die erste, die Scamp für Lafcadios Sohn hielt. Fast alle, die die beiden sahen, glaubten dies.
Da kamen Schritte, sein Herr kam den Weg zurück und schalt den Alten, daß er nicht mitkomme. Der Kater meinte, er müsse doch die Ratte sehen, doch sein Herr war blind. Er nahm den Kleinen auf, und der große Weiße trabte den Weg bei seines Herrn Fuß, da und dort in die Büsche spähend.
An der Landzunge setzte sein Herr Scamp zu Boden, unweit saßen die anderen auf den Uferfelsen. Blauer, beißender Rauch kam von ihnen, in ihren Gesichter glühte es. Lafcadio konnte Rauch und Rauchen gar nicht leiden; manchmal war es ganz gut, so verkrochen sich die anderen Tiere. Wahrscheinlich taten es die Menschen oft deshalb, wenngleich sie daran Vergnügen zu finden schienen, so unnatürlich und lästig es auch war. Kaum sah Scamp die Menschen, galoppierte er ihnen entgegen, in seinem schaukelnden, hüpfenden Springen, er hatte es noch nicht gelernt, würdevoll zu schreiten wie der Alte. Der wartete ja nur auf den Ruf der Herrin, die geliebte, melodische Lautfolge seines Namens aus ihrem Mund zu hören, um in der gleichen Eile zu ihr vorzustürmen. Er wartete umsonst, nur sein Herr ging gleichmäßig und langsam in die Nacht hinein, dem Wasser entlang und sprach mit ihm. Der Kater war ganz still und antwortete kein einziges Mal, doch er verlor keinen Laut aus dem Ohr, wenngleich er auch bei weitem nicht alles verstand.
Dann saßen die Menschen an der Landzunge sahen auf das Wasser hinaus, ein Schiff kam vorüber, draußen fischte der rauhe Mann, der ihr Sommerhaus mitbewohnte und immer dort zurückblieb. Es wurde dunkler, Lafcadio öffnete seine Augen voll zu runden Bernsteinkugeln. Die Herrin sprach noch immer mit Scamp, und auch der anderen Aufmerksamkeit galt dem kleinen Tier, das die am Sand verrinnenden Wellen fangen wollte. Einige Male überwältigte es Lafcadio,

seinen Platz zu verlassen und hinzugehen, seinen großen, runden Kopf in die Hand zu schmiegen, immer wieder beherrschte er sich. Einem Katertier ist es nicht gegeben, um Liebe zu bitten. Endlich stand er auf und ging heim. Keiner rief ihn, sooft er horchend zurücksah, alle schauten auf Scamp.

Am Heimweg, dem einsamen, dunklen Strand lauerte die große Ratte. Von ferne hörte sie schon den eiligen Schaukelschritt des Katers, er war allein. Kampflustig leuchteten die Augen des tückischen Nagers, leise pfiff er, und in den Büschen huschten die Seinen zum Überfall heran. Das scharfe Ohr des Katers hatte den Pfiff gehört, ohne zu zögern setzte er seinen Weg fort. Die Augen waren weit geöffnet, das Fell gesträubt und jeder Muskel Wachsamkeit. Die große graue Ratte lauerte, doch der Kater kam mit einem eigenartigen Tanzen direkt auf sie zu, bereit, beim leisesten Geräusch eines Überfalles hoch in die Luft zu springen, den Feind am Genick zu packen. Ganz nah war jetzt der Kater dem Grauen, tückisch blitzten dessen Dolchzähne, und aus dem Gesträuch leuchteten die Augen seiner feigen Gefolgschaft, bereit, sich erst auf den Kämpfenden zu stürzen. Die Ratte sperrte des großen Weißen Weg, sein Fell leuchtete vom Sand, riesengroß war er, und aus seiner Kehle kam ein tiefes Grollen. Lafcadio sang nicht nach Katzenart, ehe er angriff, wie er auch fast nie schnurrte, nur ein weiches oder drohendes Brummen hörte man von ihm. Die Ratte sah den Kater langsam näher kommen; ein friedloses, zorniges und drohendes Tier. Die Augen leuchteten tief und grün. In diesen furchtbaren, bösen Augen stand der Tod. Furcht befiel den Wegelagerer, und mit einem kurzen ängstlichen Pfiff sprang er in das Wasser. Dort wußte er sich sicher. Lange stand der grollende Kater am Sand und wartete. Er wollte kämpfen, jede Fiber in ihm schrie nach Kampf, doch er blieb allein, in den Büschen und Steinen blieb es still, bis ein Rauschen aus der Luft kam und ein riesiger Uhu sich im letzten Augenblick besann, der große Weiße sei eine zu gefährliche Jagd. Wie ein zürnender Schatten fegte der Alte heim, aufgewühlt und aufgebracht.

Den Weg am Stande heim verschlief Scamp in der Rocktasche seines Herrn. So ahnungslos, wie die Menschen selbst, die diesen Sandweg einsam und öde wähnten, kam das kleine Tier an den im Ufergestein versteckten Bisamratten, dem jagenden Fuchs, Marder und Iltis, dem schattenhaften, gebogenen Wiesel, der Fischotter und dem schemenhaften Gespenst des Uhu vorüber. Nur ein paar Fledermäuse wurden von den Menschen bemerkt; daß ihnen unzählige Augen folgten, raubgewohnten Nasen Abschau eingeflößt wurde, das wußten diese Blinden nicht. Deshalb verstanden sie auch nie ihren alten Kater, wenn ihn dieser kleine Weg erregte und munter machte.

Am Eingang des Gartens schreckte ein Hase davon, am Wege, das Gemüsebeet zu plündern. Das sahen die Menschen und schauten in die Dunkelheit hinaus, in der Richtung seiner Flucht, indes der alte Dieb in ihrem Rücken weiterfraß. Der Rammler nahm nur den Bauern ernst.

Scamp tappte wieder aus seiner Dunkelheit heraus, mit einem Schlage hatte sich die Welt um ihn verändert. Tiefblau stand der Himmel über ihm, unzählige Sterne hingen oben. Doch sie kamen herunter, tanzten einen zauberhaften Reigen durch Büsche und Blätter. Aufgeregt starrte das Katerkind in die Nacht hinein. Da, über dem Bach tanzten Sterne, ganz nahe vor ihm, dort im Baum flog ein anderer, auf einmal war sanfter Lichterglanz um ihn, Hunderte mattglühende Punkte hingen in der Luft.

Die Ohren des kleinen Katers gingen in vergeblichem Lauschen auf und ab, der Kopf drehte und wandte sich nach allen Seiten, jetzt vermeinte er die geisterhaften Sterne zu hören. Doch nichts unterbrach die Stille der Nacht, selbst die Menschen schwiegen einmal. Ganz still staunte Scamp den Spuk der Sterne an, da kam einer zu ihm, flog vor seinen Augen empor. Es riß den Kleinen zur Höhe, seine Vorderpfoten trafen die Luft. Da wieder und wieder, immer mehr Glühwürmchen zogen heran, von den Bäumen in die Büsche, von den Büschen über die Blüten im Gras, hinunter zur Erde, empor zum Himmel. Scamp aber sprang in den Reigen, jagend und tanzend, mit allen vier Pfoten gleichzeitig in die Luft. Unzählige Gnomenlichter zogen durch den Garten, mit ihnen, unter ihnen ein tanzender, fröhlicher, junger Kater, klein und weiß, zierlich und behend, von gleichsam schwebender Heiterkeit, als begleite er einen Zug nächtlicher Luftelfen in ihrem Reigen.

Die Sterne des unnahbar fernen Himmels waren auch zu diesem kleinen Erdenkind in einer Nacht herabgestiegen, ihm Freude und Fröhlichkeit zu bringen, ihm die unfaßbaren Wunder zu zeigen, einer Welt, die für jene besteht und wirklich ist, die sehend sind. Ganz still waren die Menschen geworden und sahen, kaum verstehend, dem spielenden, fröhlichen kleinen Wesen zu und vergaßen fast, daß da

ein Tier Wunder erlebte, einer Welt, die nicht müde war, einem solchen Kleinen, Unbedeutenden und Nichtverstehenden, kaum Ahnenden, Schönheit und Freude zu zeigen.
Dann aber zog Nebel vom Wasser herüber und deckte still und langsam die leuchtenden Sterne am Himmel, die leuchtenden Tänze unwirklicher Lichtelfen zu. Scamp kam heim aus dem Reiche des größten Zauberers mit glücklichen, sehenden Augen des Lebenden.
Zweierlei Erlebnisse hatten die beiden Kater der Leute in dem Sommerhaus am Strand gehabt. Kummer und Zorn des drohenden Kampfes der eine, heiteren Frohsinn seines harmlosen Jungseins der andere. Fröhlichkeit mit Kummer und Zorn gemengt, gibt nicht die Hälfte für beide, sondern Zorn oder Kummer für alle.
Unter den Menschen gehen die seltsamsten Gerüchte um über Kater, die imstande sein sollen, ihre eigenen Jungen zu töten, daß es die vornehmste Sorge der Katzenmutter sei, ihre Kinder vor dem Vater zu schützen. Wieweit dieses alles wahr sei, wußten diese Leute nicht. Eines Katers Liebe und Zuneigung wird nicht an einem Tag geboren, und erst in dem Maße, als das Tier sie bestätigt findet, vermag sie in ihm zu wachsen. Fremd ist dem Katertier, wie dem Menschen, die alles duldende, hingebende, edle Liebe, die nichts erwartet und alles vergibt. Müttern ist sie eigen. Die Zuneigung des Katers ist eine gerechte, aufrechte, die so viel gibt, als sie nimmt, und doch dem Menschen immer ein wenig mehr gibt, denn er ist dem Tier alles, das Tier dem Menschen aber nur eines unter vielen lebenden Wesen. Aber auch die Welt des Katers, ist er nicht fried- und heimatlos, steht auf zwei geliebten Menschenaugen. Mag sein, daß er nicht still duldend geht, mag sein, daß er um das alles, was er in seinem kleinen Tierleben hat, kämpft, mag sein, daß er die Jungen, die ihm die Mutter entfremden, nicht liebt, zumal dann, wenn es nicht die eigenen sind. Auch bei anderen Lebewesen gibt es böse und lieblose, wenngleich man kaum ein schlechtes Tier so oft finden wird wie schlechte Menschen.
Alle diese Gedanken kamen den Leuten Lafcadios in den Sinn.

Der alte Kater war heimgekommen und hatte sich, sandig und schmutzig wie er war, auf die Decke der Herrin geworfen, vergrämt, den Kleinen vorgezogen zu sehen, zornig erregt von der Begegnung mit seinem alten Feind. Ein klein wenig Furcht hatte der Kater doch vor dem grauen Tier da unten, Haß war übermächtig und dennoch mochte er den Tag der unvermeidlichen, endgültigen Abrechnung mit keinem sicheren Siegesgefühl erwarten. Ganz im Innern hoffte er nun auf ein gutes Wort, auf streichelnde Hände, den Blick geliebter Augen, wenngleich er dalag, als gehe nichts in der Welt Lafcadio an. Das alles, so wenig es war, galt ihm als Inhalt seines Katerlebens vom frühen Morgen bis in die späte Nacht. Er liebte die Menschen und lebte mit ihnen. So war es gewesen vom ersten Tag und so sollte es bleiben bis an das Ende aller Zeiten, weite, weite Fernen.

Still lag der Kater auf der Decke, hörte die Menschen heimkommen, es wurde Licht im Raum. Er hörte alle die vertrauten Geräusche der zur Ruhe Gehenden, kaum rückte er auf der Decke, um Platz zu machen. Er schmiegte sich an die Menschen an und jetzt, jetzt kam sich das so lang und bitter entbehrte gute Wort, endlich Beachtung, Anerkennung, Liebe; Lafcadio sei da, das Alte, Gewohnte. Der Kater spann sich wohl in seinen Traum ein, daß er gar nicht merkte, wie Scamp auf die Decke gelegt, wie er gestreichelt wurde, wie man mit dem Kleinen sprach. Doch dann griff die Herrin nach seinem Kopf und zeigte ihm den Kleinen, der schon friedlich schlief.

Die Augen des Tieres wurden dunkel und ein grollendes Pfauchen kam von ihm. Das wurde ihm verwiesen und von neuem zeigte man ihm das kleine Tier. Erregung befiel den Kater, sein Haar richtete sich abermals drohend auf, doch nicht, wie es die Gerüchte erzählenden Menschen erwarten, gegen das kleine Junge; der alte Kater pfauchte seine Herrin an, die ihn zu verraten, zu mißachten schien. Abermals pfauchte Lafcadio, ein jammerndes, mutloses Pfauchen; nie in seinem ganzen Leben hatte er je das Geliebteste, das er hatte, angepfaucht. Wieder wurde Scamp gestreichelt und dann bekam er einen sanften Schlag über seinen pfauchenden Kopf. Der Kater fuhr zurück, schrillte auf, noch ein mahnender, leichter Schlag suchte ihn zur Vernunft zu bringen, doch die Dämonen der Eifersucht, der Mut des verzweifelten Verteidigens hatten ihn gepackt, er sprang auf den Arm der Herrin und blies ihr drohend ins Gesicht. Sekunden später mochte der Alte seinen Zorn schon bereuen, da hatten ihn zwei Hände mit jenem gefürchteten Griff knapp unter den Achseln gefaßt, daß jedes Entkommen, jedes Scharren mit den Hinterpfoten fruchtlos war. Zornig blickte er in die Augen seines Herrn, hielt den furchtbaren Blick tapfer aus, doch die Hände hielten ihn eisern, schüttelten ihn, wie seine Vorfahren vom siegreichen Feind geschüttelt worden waren. Schreckerregend war die Stimme, immer kleiner wurde der

Kater und die vorher so drohenden Augen blickten in furchtsamer Angst.

Unendlich lange währte ihm dies. Bis statt dem wehrhaften, kampflustigen Raubtier ein schuldbewußtes, kleines und hilfloses Tier in den Händen des Menschen lag. So sehr er auch nach Möglichkeiten der Flucht spähte, die Fenster waren geschlossen, die Hände hielten. Endlich, endlich lockerte sich der Griff, das Schütteln hörte auf und die Stimme änderte sich, wurde weich, redete sanft zu ihm und ein Streicheln kam über sein Fell. Erschöpft und erregt lag der große Weiße da, die Hände liebkosten ihn und strichen langsam die Aufregung, den Kummer, den ganzen großen Jammer aus ihm. Er versuchte seinen Kopf in die Hand zu legen, es wurde gewährt, und plötzlich fand er die alte Stimme seiner Herrin wieder, ohne Schreck, ohne Zorn, gut und ersehnt, wie sie gewesen war.

Das kleine Tier hatte den Raum verlassen und Lafcadio war mit den Seinen allein. Diese Nacht schlief er den Schlaf der Erschöpfung, und am nächsten Morgen war die Welt anders. Als Scamp, wie jeden Tag, Lafcadios Milch trinken wollte, wurde es ihm bestimmt verwehrt, das erste Essen am Mittag bekam der Alte, direkt vom Tisch, er allein durfte zum Strand mitgehen und niemand sah vor ihm den Kleinen an. Abends aber war wieder nur er da, der Kleine schlief irgendwo. Die alte, eifersüchtig bewahrte Welt hatte sich Lafcadio wieder aufgetan, er war nicht rechtlos, nicht gejagt. Er hatte nichts verbrochen und niemand berechtigt, ihm irgend etwas von dem, was er besaß, zu nehmen. Er hatte nur eine Welt.

Doreen Tovey

Cäsars Tochter

Sugieh hatte sich auf den ersten Blick in uns verliebt. Das war recht peinlich, denn wir waren eigentlich entschlossen, eine Katze mit dunkler Zeichnung zu kaufen wie Mimi, und als die Züchterin erklärte, die dunklen Kätzchen seien alle schon weg, aber wir könnten uns doch vielleicht ihre letzten blauen einmal anschauen, stimmten wir nur interessehalber zu.

Unglücklicherweise wußte Sugieh davon nichts. Ihr Bruder war so gut wie verkauft an eine Dame, die schon eine braungezeichnete

Katze erstanden hatte und nur ihren Mann erst noch fragen wollte, ehe sie den Kater abholte; er warf nur eben einen Blick auf uns, als wir eintraten, trollte sich dann in eine Ecke und begann an der Radioschnur herumzukauen. Sugieh dagegen hatte nicht den leisesten Zweifel, daß wir ihretwegen gekommen waren. Sie saß auf dem Teppich vorm Ofen wie ein Schulmädchen, das schon den Koffer für die Ferienreise gepackt hat, die Augen hatte sie fest zugedrückt im Vorgenuß, und die Pfötchen gingen auf und ab wie kleine Kolben. Als ich neben ihr hinkniete und sie ansprach, machte sie die Augen ganz kurz einmal auf – sie waren blau wie Vergißmeinnicht und schielten vor Aufregung ganz gewaltig –, begrüßte uns mit einem Quiekser, den man dem kleinen Kätzchen gar nicht zugetraut hätte, drückte die Augen wieder fest zu und harrte nun der wunderbaren Dinge, die da kommen sollten.

Die Besitzerin fragte, ob wir vorhätten, selbst Siamkatzen zu züchten, und als wir das bejahten, bemerkte sie – natürlich auch nur interessehalber –, daß Sugieh die blaue Zeichnung von der Mutter geerbt hätte. Der Vater sei ein Beigebrauner gewesen, und wenn man sie später mit einem solchen Kater paare, würden auch die Kinder dunkel ausfallen. Anderseits, meinte sie, würden gerade die blauen Siamkatzen immer beliebter. Manche Leute hielten sie für sanfter als die braunen, und sie seien ja auch wirklich schöne Tiere. Da falle ihr übrigens ein – vorm Weggehen müßten wir unbedingt noch Anna anschauen.

Sie machte die Tür auf und rief »Anna«, so laut sie konnte. Irgendwo im Haus antwortete ihr ein lauter Schrei, und nach geraumer Zeit – soviel eine distinguierte Katze eben braucht, um ohne unziemliche Eile die Treppe herabzusteigen – erschien Anna. Eine Siamkatze, die so aussieht, als komme sie gerade frisch blaugetönt vom Friseur, kann einem beim ersten Anblick wirklich die Rede verschlagen. Mir drängte sich unwillkürlich der Vergleich mit einem Filmstar auf, der in den hohen Adel eingeheiratet und sich daraufhin phantastisch entfaltet hat. Ihre Beine waren lang und schlank wie die einer Gazelle. Ihre mandelförmigen Augen, heller als die der braungezeichneten Katzen, schimmerten wie Edelsteine. Sie hatte einen Gang, als sei sie die Herrin der Welt. Wenn die Züchterin damit gerechnet hatte, daß dieser Anblick den Verkauf Sugiehs fördern würde, so hatte sie sich nicht getäuscht. Aber nicht die Schönheit gab den Ausschlag, sondern die unnachahmliche Arroganz, mit der diese Anna nach kritischer

Musterung an uns vorüberschwebte, um in der Ecke ihren Sohn zu küssen, der nun bald ein Heim haben würde, in dem man sich zwei Siamkatzen leisten konnte.

Daraufhin brachten wir es nicht mehr fertig, Schwesterchen Sugieh als Aschenbrödel zurückzulassen. Als wir weggingen, ging sie mit uns, ausgestattet mit einem Vorrat von Hefetabletten, einem Paket gehackten Kaninchenfleisches und einem Stammbaum, der größer war als sie selbst und meldete, daß ihr Vater Cäsar hieß. Das war übrigens der Grund dafür, daß wir sie Sugieh nannten. Eigentlich hatten wir Scheherezade vorgehabt, aber wenn auch Anna mit dem König von Siam wohl kaum regelrecht verheiratet war, so schien es uns nun doch richtiger, die geschichtlichen Tatsachen nicht noch mehr zu komplizieren, als sie es ohnehin schon waren.

Sugieh selbst war so glücklich, daß sie auf der Heimfahrt an diesem Abend das erste und einzige Mal in ihrem Leben keinen Laut von sich gab. Ihr Abendbrot verzehrte sie bis zum letzten Krümel. Und auch der Überfall auf Shorty, unseren gefiederten Hausgenossen, sollte uns ja nur zeigen, daß sie uns in Zukunft verteidigen würde gegen alles, was da kreucht und fleucht. Sie liebte uns so heiß, daß ihr, als wir schließlich schlafen gingen und sie Shortys wegen mit einer Wärmflasche und einem funkelnagelneuen Katzenkorb im Fremdenzimmer allein ließen, fast das Herz brach bei dieser Trennung. Sie winselte und jammerte und heulte und schrie, sie sei doch so allein und wolle zu ihrer Mutter. Sie legte sich auf den Boden und schluchzte auf der Türschwelle, damit wir sie besser hören konnten, und schließlich zerrte sie vom Treppenabsatz das Läuferende herein und riß daran mit einer Wut, die Lady Macbeth gut zu Gesicht gestanden hätte. Als sie schließlich doch den Eindruck hatte, daß der Fall hoffnungslos sei, ließ sie ein letztes tragisches Miauauau hören, das trostlos in der Dunkelheit erstarb. Dann herrschte Stille.

Prompt fingen wir jetzt an, uns Sorgen zu machen. Wenn sie nun die ganze Nacht auf der Schwelle lag und sich erkältete? Vater Adams hatte gesagt, wenn Siamkatzen sich erkälteten, gingen sie ein. Vielleicht war sie schon tot? Dieses Schweigen nach der Raserei in der letzten halben Stunde war unheimlich und konnte nicht mit rechten Dingen zugehen. Wir hielten es nicht für richtig, Katzen ins Schlafzimmer zu lassen und hatten nicht die Absicht, diese Unsitte jetzt einzuführen. Aber trotzdem ... wenn sie nun ... Charles war der erste, der es nicht mehr aushalten konnte. Nachdem er zehn Minuten angestrengt gelauscht hatte, um irgendeinen Laut aus dem Nebenzimmer aufzufangen, stieg er verlegen aus dem Bett, wobei er vor sich hinbrummte, wir hätten ja schließlich einen Haufen Geld in der Katze investiert ...

Als wir die Gastzimmertür öffneten, lag sie zusammengerollt in ihrem Korb und war offenbar vor Erschöpfung eingeschlafen. Ich könnte allerdings schwören, daß ein deutliches Schmunzeln auf ihren Zügen lag. Charles, ein Mann, sah das nicht. Er sah, was er sehen sollte: ein gar so kleines Kätzchen, das da rührend in seinem Korb lag – und er sagte, was er sagen sollte: wir müßten sie doch vielleicht, wenigstens die erste Nacht, mit in unser Schlafzimmer nehmen. Zärtlich trug er sie hinein und legte sie mir in die Armbeuge, wo sie mit einem glücklichen Seufzer wieder einschlief. Charles, der ja nun ein gutes Gewissen hatte, schwang sich in sein Bett, zog sich die Decke über den Kopf und schlief ein. Nur ich lag wach. Ich lag wach, weil sie die ganze Nacht voller Heimweh von Anna träumte und nicht aufhörte, ihr Schnäuzchen laut und hungrig schmatzend mir ins Ohr zu bohren.

Der nächste Morgen sollte uns einen triefendnassen Tag und eine neue Krise heraufführen. Sugieh hatte ihr Kistchen nicht benutzt. Die Züchterin hatte uns geraten, da Sugieh noch nicht an den Garten gewöhnt war, vorläufig weiter eine Kiste zu benutzen, bis das Wetter besser geworden wäre. Wir hatten sie also gehorsam mit unserer größten Emaillebackform versorgt, die wir mit einer Tüte Vogelsand von Shorty gefüllt hatten, denn der Garten schwamm vor Nässe, und Vater Adams hatte gesagt, Siamkatzen erkälteten sich, wenn sie feuchte Erde im Kistchen hätten. Wir hatten ihr am Abend vorher alles gezeigt; sie aber hatte getan, als sähe sie nichts. Das konnte man verstehen: Siamkatzen sind nun einmal sehr vornehm, und wir hatten uns ja schließlich gerade erst kennengelernt. Aber nun war es schon wieder Morgen, Sugieh war schon zwölf Stunden bei uns, und der Sand in der Kiste war noch so unberührt wie die Wüste Sahara. Während des Frühstücks liefen Charles und ich immer wieder hinaus in die Diele und ließen den Sand verführerisch durch unsere Finger rinnen, Sugieh kam gesprungen und spielte mit ihrer kleinen blauen Pfote glücklich mit. Aber sie ging nicht in die Kiste. Als es für uns Zeit wurde, in die Stadt zu fahren, war ich schon ganz durcheinander vor Aufregung. Vor Abend konnten wir nicht zurück sein, und bis dahin war Sugieh ganz bestimmt geplatzt.

Als wir abends heimkamen, war die Kiste noch immer unbenutzt und Sugieh saß wie festgemauert auf dem Fußboden. Geplatzt war sie nicht, aber offenbar hütete sie sich vor jeder Bewegung. Wir waren mitten im Essen und überlegten gerade sorgenvoll, ob wir nicht doch den Tierarzt kommen lassen müßten, da hatte Charles seine Eingebung. Vielleicht, meinte er, hat sie was gegen Sand. Es regnete immer noch, wir probierten es mit Sägespänen. Aber das war auch nicht das Richtige. In unserer Verzweiflung schlugen wir nun Vater Adams' Ratschläge in den Wind, füllten die Kiste mit Schlamm direkt aus dem Garten und stellten sie ihr vor die Nase. Der Erfolg war märchenhaft. Mit einem Aufschrei sprang Sugieh in die Kiste, und beinahe hätte es eine Überschwemmung gegeben. Ohne noch ans Essen zu denken, sauste Charles, so schnell er konnte, wieder in den Regen hinaus, füllte die Kiste aufs neue und bot sie noch einmal an. Sugieh kannte keine falsche Scham. Sie sprang noch einmal hinein, hob ihr kleines spitzes Schwänzchen und setzte sich schleunigst zurecht, aus voller Brust dem Himmel dankend, weil wir endlich doch verstanden hatten, daß ihre Mutter ihr beigebracht hatte, nur unsaubere Katzen nähmen was anderes als Erde.

Diese Schwierigkeit hatten wir also überstanden. Aber es sollten immer neue folgen! Da war zum Beispiel ihr erster Ausgang in den Garten. Schon der Weg war nicht nach ihrem Geschmack – sie schimpfte die ganze Zeit, der harte Kies tue ihren Füßen weh –, aber als wir sie auf den Rasen setzten und das kurze Gras zum erstenmal ihre Pfoten kitzelte, quiekte sie laut auf, kletterte an meinem Bein herauf und versicherte hoch und heilig, irgend was hätte sie gebissen. Genauso verhielt sie sich, als sie ihren ersten Hund sah, nur stieg sie diesmal weiter, über mein Gesicht weg bis auf den Kopf, um ganz sicher zu sein, und plärrte zu ihm hinunter: »Jetzt kannst du kommen, wenn du dich traust!«

Es war wirklich nicht leicht. Unser Eichhörnchen Blondin hatte sich zwar genauso benommen, wenn es Angst hatte. Einen alten Mann aus meiner Bekanntschaft traf beinahe der Schlag, als er mich einst in der Dämmerung auf der Gasse traf und von meinem Kopf frech ein Eichhörnchen zu ihm hinüberpfiff, wobei es den Schwanz wie einen Staubwedel von sich streckte. Und was war mein Dank dafür, daß ich ihm versicherte, es sei wirklich nur ein Eichhörnchen und kein Anzeichen von Delirium tremens? Daß er von Haus zu Haus ging und jedermann im Dorf erzählte, mit mir sei es nicht ganz richtig. Was die

Leute jetzt sagen würden, wenn sie hörten, daß ich neuerdings mit einer schreienden Katze auf dem Kopf herumliefe – daran konnte ich nur mit Schaudern denken.
Als Sugiehs Füße abgehärtet waren und sie allmählich selbständig auf Abenteuer im Freien ausging, hatten wir noch mehr Scherereien. Als sie das erstemal ohne Begleitung in den Garten ging, kletterte sie auf das Garagendach, rutschte hinten, wo es schräg abfällt, hinunter und fiel in die Regentonne. Sie arbeitete sich selbst heraus, kam vor Ärger ganz steifbeinig ins Haus gestorcht und redete, während grünes Sumpfwasser von ihrem Schwanz Tropfen um Tropfen auf unseren armen Perser rann, Charles so erbärmlich ins Gewissen, daß er sich verdrückte und sofort einen Deckel für die Tonne fabrizierte.
Unglücklicherweise erinnerte sich Sugieh, als sie das nächste Mal ins Badezimmer kam und Charles in der Wanne liegen sah, wie sie selbst nur mit Mühe dem nassen Tod entronnen war. Sie stieß einen Schrekkensschrei aus und vollführte einen Rettungssprung. Charles döste gerade vor sich hin und erschrak so, als Sugieh wie ein böser Geist kreischend auf seinem Magen landete, daß er in die Höhe fuhr und sich den Kopf am Arzneischränkchen einrannte. Das hatten wir nämlich, um es Blondins Zugriff zu entziehen, direkt über der Badewanne angebracht.
Von nun an fiel Sugieh beim Versuch, uns vor dem Ertrinken zu retten, so oft in die Badewanne, daß wir am Wasserhahn ein Schild anbringen mußten: Erst Tür schließen, dann Wasser einlassen. Danach gewöhnte sie sich an – wahrscheinlich um das häufige Naßwerden irgendwie auszugleichen –, sich mit dem Hinterteil direkt an den elektrischen Ofen zu stellen, wenn sie sich mit uns unterhielt. Zweimal fing sie dabei an der Schwanzspitze Feuer, ohne allerdings selbst etwas davon zu merken, weil sie viel zu sehr damit beschäftigt war, uns Vorlesungen zu halten. Jedesmal warf sich Charles quer durchs Zimmer wie ein vorbildlicher Torwart beim Fußball und löschte die Flamme, ehe sie die Haut sengte; doch er meinte, in seinem Alter sei das fürs Herz gar nicht gut, und für meines war es wahrhaftig auch nicht zuträglich. Schließlich blieb uns nichts übrig als Schutzgitter aus Draht zu kaufen und sie vor jede Feuerstelle im Haus zu binden. Sie sahen gräßlich aus und verdarben jedes Zimmer.
Die größte Schwierigkeit aber war die Futterfrage. Als sie noch bei Anna war, hatte Sugieh anscheinend wie vorgeschrieben zweimal Brei, zwei Fleischmahlzeiten und vier Hefetabletten täglich brav und

gehorsam zu sich genommen. Nicht so bei uns. Ein Tag hatte ihr genügt, um festzustellen, daß sie mit uns zwei Anfängern leicht fertigwerden könne, und vom zweiten Tag an weigerte sie sich, ihren Brei zu sich zu nehmen. Wenn wir Leber hatten, die sie eigentlich nur einmal in der Woche kriegen sollte, oder wenn es Speck gab, der ihr überhaupt verboten war, saß sie auf dem Frühstückstisch, ob Gäste dabei waren oder nicht, und das Wasser lief ihr aus dem Mund wie einem halbverhungerten Handwerksburschen. Kaninchenfleisch bekam ihr gut und war damals gerade so billig, daß der Metzger ein saures Gesicht machte, wenn ich weniger als ein Pfund kaufte, aber das fraß sie wieder nur, wenn sie Lust hatte, so daß ich noch und noch Schüsseln mit übrigem Fleisch vor die Tür stellen mußte, an dem sich weniger glückliche, kleine Katzen gütlich tun konnten. Es ist klar, daß Sugieh, sobald die weniger glücklichen, kleinen Katzen erschienen, sich mit den Ellbogen einen Weg durch die Menge bahnte und das Kaninchenfleisch mit solcher Gier verschlang, daß eine alte Dame geradezu die Türklinke bei uns abnutzte, um uns immer wieder zu erzählen, unser liebes Kätzchen fresse draußen Abfall, und ob wir nicht auch dächten, daß wir es vielleicht zu knapp hielten.
Gelegentlich ließ sich Sugieh herab, ein kleines Beefsteak zu fressen, aber nur, wenn man es ihr häppchenweise hinwarf, und zwar gut gezielt, denn was nicht unmittelbar vor ihr zu Boden fiel, geruhte sie nicht zu erblicken. Fiel ein Stück auf ihren Pelz, so rannte sie die Treppe hinauf, versteckte sich unter dem Bett und kreischte, wir hätten sie geschlagen. Wenn wir eine ganze Schüssel Futter vor sie hinstellten, so schüttelte sie jedesmal zierlich ihr Hinterbein, genauso, wie wenn sie nach Benutzung ihrer Kiste andeuten wollte, daß sie fertig sei. Dann entfernte sie sich mit zurückgelegten Ohren, voller Abscheu über unseren Mangel an Lebensart.
Milch mochte sie, aber nur dann, wenn sie sie auf dem Tisch aus dem Krug trinken durfte. Dieses Hindernis überwanden wir, indem wir ihre Milch im Krug aufhoben und unsere Tassen heimlich – um sie nicht zu kränken – aus der Flasche füllten, die wir hinter dem Bücherschrank verwahrten. Die Leute hielten uns für Narren und meinten, wir sollten sie doch dahin bringen, aus einem Schüsselchen zu trinken. Ach, sie kannten Sugieh nicht. Sie war das Musterbeispiel einer eisernen Hand in einem kleinen, blauen Handschuh. Aus einem Schüsselchen trank sie nur Kaffee – und das nur, weil die Kaffeetassen so schmal waren, daß sie den Kopf nicht hineinbrachte.

Was die Hefetabletten anging, so hatte ihr Anna offenbar unauslöschlich eingeprägt, wie wichtig es sei, sie regelmäßig zu nehmen wenn sie eine große starke Katze werden wolle, die sich von den Menschen nichts gefallen lassen müsse. Aber man sah ihr den Widerwillen beim Fressen so an – sie verzog das Gesicht, kaute mit offenem Mund, ließ halbzerkaute Tabletten auf den Teppich fallen und leckte sie wieder auf, wobei sie natürlich immer schmieriger und unappetitlicher wurden –, daß wir jeden Abend vier Stück vor sie hinlegten und uns dann in die Küche verzogen, um das nicht mit ansehen zu müssen.

Sugieh wurde zum erstenmal im September läufig, als wir in Schottland waren und sie wieder einmal bei Smiths wohnte. Wir hatten das gefürchtet. Nach unserem Buch konnten frühreife Siamkatzen schon im zarten Alter von vier Monaten soweit sein, und da Sugieh inzwischen sieben Monate alt geworden und so frühreif war, daß man manchmal am liebsten aus der Haut gefahren wäre, war es ganz klar, daß sie nur den richtigen Moment für ein effektvolles Debüt abwartete.

Mit James' Hilfe arrangierte sie die ganze Sache großartig. Sie gab ihren ersten Schrei von sich, als Smiths mit Gästen gerade an einer festlichen Tafel saßen, und jagte der ganzen Gesellschaft – sich selbst nicht ausgenommen – einen unheimlichen Schrecken ein. Smiths, die gleich wußten, was los war, hatten gerade die ängstlicheren Gäste über diesen scheinbaren Anfall von Tollwut beruhigt, als sie zum zweitenmal schrie, noch lauter als vorher. Darauf – so berichteten sie uns, und ihre Augen bekamen bei der Erinnerung noch einmal einen glasigen Schimmer – war James, der ihre Stimme durch die Schleier des Schlafes hörte und für den Moment sein Eunuchentum vergaß, ritterlich aus dem Grammophon gesprungen, um ihr auf dem Kaminteppich den Hof zu machen. Sugieh aber war voller Schrecken die Stehlampe hinaufgesaust, die prompt zwischen den Koteletts landete.

Es sprach wahrhaftig für Smiths, daß wir selbst nach diesem Ereignis Freunde blieben. Sie wollten uns nicht einmal die Lampe bezahlen lassen. Allerdings warnten sie uns: Sugieh sei das Musterbeispiel eines sogenannten Schreiers. Sie hatten sie schließlich in ihr Gastzimmer sperren müssen. James durfte sie zwar besuchen, sooft er wollte, und es gelang ihm auch, sie nach ein paar Tagen davon zu überzeugen, daß es im Leben außer der Liebe noch einiges andere gebe, aber sie

konnten in der Zwischenzeit im Hause ihr eigenes Wort nicht verstehen. Dann tauchte sie wieder auf, sanfter als je zuvor, trank einen Krug Milch, um ihre Kehle zu kühlen, und zog glücklich mit James zum Löchergraben in den Garten ab.
Es dauerte noch eine ganze Weile, bis wir selbst sie zu hören bekamen. Nach ihrer ersten Anstrengung machte sie eine so lange Pause, daß wir wahrhaftig schon mißtrauisch wurden. Diese Mondscheinnächte im Oktober, in denen sie sich geweigert hatte hereinzukommen und wir ohne sie schlafen gegangen waren! Wir hatten keine Ruhe gefunden, weil wir an Füchse und Dachse denken mußten, bis sie dann so um Mitternacht herum laut schreiend die Treppe heraufgestürmt kam: sie habe ja keine Ahnung gehabt, wie spät es sei, und warum wir sie denn bloß nicht gerufen hätten. War sie vielleicht harmlos in den Wald spaziert und, gerade als sie den Mund zum ersten zaghaften Schrei aufmachte, nicht doch schon irgendeinem Don Juan aus der Katerwelt in die Arme gelaufen? Oder hatte sie – was schon eher zu Sugieh gepaßt hätte – ihre Liebesrufe zurückgehalten und sich entschlossen aufgemacht, um sich selbst einen Kater zu suchen, da sie ja nach ihren Erfahrungen im Hause Smith sicher sein konnte, daß wir sie beim geringsten Quiekser in unserer Hörweite unweigerlich einsperren und ihr den ganzen Spaß verderben würden?
Sugieh wußte es – aber sie schwieg. Im Verlauf der nächsten Wochen betrachteten wir sie immer argwöhnischer. Zweifellos wurde sie dikker – aber das konnte natürlich auch davon kommen, daß sie nun allmählich kein Kätzchen mehr war. Sie jedenfalls kümmerte sich nicht um unsere Vermutungen und lächelte nur spröde oder streckte sich, daß wir sie besser anschauen konnten. Fragten wir sie ernstlich, was sie angestellt habe, so antwortete sie mit einem zarten, verzückten Maunzen bei halbgeschlossenen Augen.
Weihnachten kam heran, und Sugieh hatte noch immer nicht Laut gegeben. Wir zweifelten nun nicht mehr. Während oben im Dorf Vater Adams sich die Hände rieb und in bester Laune alle Vorbereitungen für das frohe Ereignis bei Mimi traf, schüttelten wir unsere Häupter vorwurfsvoll über Sugieh und richteten uns darauf ein, ihren Fehltritt nicht offenkundig werden zu lassen.
Alles kam ganz anders, als wir gedacht hatten. Mimi hatte zu Vater Adams' Ärger eine falsche Schwangerschaft und lieferte überhaupt keine Kätzchen, während Sugieh, die fast vor Vergnügen platzte, weil

sie uns so zum Narren gehalten hatte, am ersten Weihnachtsfeiertag läufig wurde und wie ein Löwe brüllte. Anscheinend wirkten Familienfeste bei ihr immer in dieser Richtung. Nachdem sie eine Portion Truthahn gefressen hatte – ich werde nie ihren ehrfurchtsvollen Gesichtsausdruck vergessen, als sie zum erstenmal einen Truthahn sah; man merkte direkt, wie sie sich im Geiste sofort verächtlich von den Fasanen lossagte –, dann schnell einmal in den Wald gelaufen war, um zu sehen, ob es dort vielleicht noch mehr Truthähne gäbe, sich darauf an einem munteren Spielchen Domino ergötzt hatte, das sie gewann, indem sie alle Steine auf den Boden fegte – da warf sie sich plötzlich auf den Rücken und brach in Gesang aus. Mein Schwager schaute sie erschrocken an und fragte, was ihr fehle. Da die Kinder im Zimmer waren, zwinkerte ich ihm zu und sagte: »Nichts. So ist sie manchmal, wenn sie sich erregt hat.« Unsere neunjährigen Zwillingsneffen schauten einander entsetzt an, legten ihr Würfelspiel beiseite und erklärten uns, so schrien die Katzen, wenn sie ein Männchen haben wollten.

Smiths hatten recht. Sie war ein Ausbund an Lautstärke und Ausdauer. Sugieh hatte immer eine mächtige Stimme gehabt, sogar für eine Siamkatze, aber ihr Liebesgesang war eine Marter. Tagsüber verfolgte sie uns im Haus auf Schritt und Tritt, kreischte und warf sich hoffnungsvoll auf den Rücken, sooft wir zu ihr hinschauten. Nachts tobte sie im Gastzimmer umher und schrie noch gellender und wütender als sonst, weil wir diesen Lärm in unmittelbarer Nähe einfach nicht ertragen konnten und sie deshalb nicht zu uns ins Bett ließen. Als der Morgen nach dem zweiten Feiertag heraufdämmerte, konnten wir's nicht länger aushalten. Charles, der alle Siamkatzen unter lautem Fluchen in die Hölle wünschte, trug sie hinunter und sperrte sie ins Badezimmer.

Unser Haus ist alt, und das Badezimmer liegt nicht nur im Erdgeschoß, sondern ist auch durch eine halbmeterdicke Steinmauer von dem eigentlichen Bau getrennt. Das Kreischen war jetzt angenehm gedämpft, und als es nach einer Weile ganz aufhörte, rieben wir uns die Hände: Sugieh ist nicht dumm – sie weiß, wenn sie den kürzeren gezogen hat. Zum erstenmal seit zwei Tagen hofften wir zum Schlafen zu kommen.

Noch keine Sekunde später erhob sich im Garten ein solches Schlachtengetöse, daß wir beinahe aus den Betten fielen. »Sugieh«, schrie ich auf und flog mehr als ich ging durchs Zimmer und die Treppe hinunter. »Schnell!« drängte Charles, der sich nichtsdestoweniger erst Hausschuhe anzog und seinen Morgenrockgürtel zuband, ehe er hinter mir herschoß.

Aber Sugieh war in Sicherheit. Sie war nicht – was wir ihr nachgerade zugetraut hätten – durch den Ventilator rausgekommen und hatte auch nicht das Fenster mit einem Brecheisen aufgestemmt. Sie saß im Badezimmerfenster wie die Königin über einem mittelalterlichen Turnierplatz und verdrehte selbstgefällig und zufrieden die Augen, während draußen in den Tuberosen zwei rüstige Ritter um ihre Gunst kämpften.

Eine Woche lang hielt ihr Zustand an, und Nacht für Nacht fand unfehlbar eine Katerschlacht vor dem Badezimmerfenster statt. Vierzehn Tage später fing sie schon wieder an zu singen. Wir hatten mit ihrer Paarung bis zu ihrem ersten Geburtstag warten wollen, aber das war mehr als ein Sterblicher ertragen konnte. So wurde Sugieh im Alter von elf Monaten Braut, und zwar mit großer Begeisterung.

Da der Kater der unverheirateten Dame unserer Ansicht nach einen zu plumpen Kopf hatte, und Ajax mit einem ganz unromantischen Abszeß im Ohr zu Bett lag, wurde ihr Gatte ein Kater namens Rikki von einer Siamkatzenfarm, die über fünfzig Kilometer von uns entfernt lag. Rikkis Eigentümer sagten, sie sei den meisten Katzen, die sie je gesehen hätten, weit voraus. Eine der lautesten sei sie auch, sagten sie. Normalerweise dauerte es vier Tage, bis man sicher sein konnte, daß bei jungen Kätzinnen, die oft ängstlich waren, alles geklappt hatte. Aber bei uns riefen sie schon am zweiten Tag an und sagten, es bestehe kein Zweifel bei Sugieh, und wir möchten sie doch bitte so bald wie möglich abholen, weil sie alle anderen Katzen störe. Außerdem zeige Rikki alles andere als männliche Triumphgefühle, trotte mit verstörtem Blick in seinem Gehege umher und fahre jedesmal zusammen, wenn er ihre Stimme höre.

Das hätten wir also hinter uns, und nun würden wir doch hoffentlich ein bißchen Frieden haben, dachten wir, als wir an jenem Abend abgespannt nach Haus fuhren und Sugieh auf dem Rücksitz immer noch krampfhaft nach ihrem geliebten Gatten schluchzte. Wir sollten sie aber noch ein paar Tage im Hause halten, hatte man uns gesagt, sonst würde sie sich trotz aller ehelichen Treueschwüre möglicherweise mit dem Gutskater trösten und doch noch Bastarde zur Welt bringen.

Wie immer warf Sugieh alle unsere Berechnungen über den Haufen.

Nach der geräuschvollsten Hochzeit in der Geschichte der Katzenzucht verlegte sich Sugieh nun auf eine Schwangerschaft, die nicht komplizierter hätte sein können, wenn sie vorher ein Doktorbuch gelesen hätte. Zunächst einmal entwickelte sie Morgenübelkeit, nachdem sie zwei Tage lang mit feuchten Augen Rikki nachgeträumt hatte – mehr konnte sie darauf nicht verwenden, denn sie hatte ja nur neun Wochen Zeit für alles, was dazu gehörte. Vielleicht schämte sie sich auch, wenn sie an ihr Benehmen in der Katzenfarm dachte. Der Erfolg war jedenfalls, daß sie überhaupt nichts mehr fraß, als zartes, gebrechliches Wesen herumsaß und mit geschlossenen Augen hin und her schwankte. Schließlich bekam sie hohes Fieber, und das Ganze endete mit einer dramatischen Fahrt durch einen Schneesturm, weil sie Streptomycininjektionen bekommen mußte. Der Tierarzt hatte mit einem gefühlvollen Blick in ihre traurigen blauen Augen gesagt: »Wenn man Tiere liebt, machen sie einen zum Sklaven.« Wie sehr er recht hatte, konnte er nicht ahnen: mitten in der Nacht bekam Sugieh plötzlich wieder Appetit und mußte ausgerechnet auf Charles' Kopfkissen mit Krabbenpaste gefüttert werden. Die Appetitlosigkeit hatten wir also überwunden, aber nun entwickelte sie plötzlich eine Leidenschaft für Marmeladetörtchen. Marmeladetörtchen mußten es sein, obwohl sie die Marmelade nie mitfraß, und gestohlen mußten sie auch sein. Gaben wir ihr eines, so rülpste sie ganz ungeniert, schüttelte ihr Hinterbein darüber und ging ihres Weges. Fühlte sie sich aber unbeobachtet, so konnte sie täglich einen ganzen Teller voll vertilgen. Sie stahl sie aus der Speisekammer und schleppte sie ins Badezimmer, wo sie säuberlich die Teigränder abfraß. Die Mittelstücke blieben auf dem Fußboden liegen, wo dann Charles zerstreut darauftrat und die Füllung in der ganzen Wohnung herumtrug.
Wünschte sie, daß ihre Kinder alle dunkel gezeichnet sein sollten wie Rikki, ein wahrer Yul Brynner unter den Katzen, mit mächtigen schwarzen Schultern und einem bösen, keilförmigen Kopf? Jedenfalls trank sie mehr Kaffee, als man der Kapazität einer Katze zugetraut hätte, und schließlich gewöhnte sie sich aus einem unerfindlichen Grunde an, Papier zu kauen; eine Gewohnheit, die uns ernstlich in Verlegenheit brachte, als sie eines Tages Tante Ethels Telegramm fraß. Wenn Charles' Tante Ethel beschlossen hatte, ihre Verwandten zu besuchen, teilte sie ihre bevorstehende Ankunft immer telegraphisch mit: auf diese Weise hatte die Familie keine Chance, zu entkommen. Da wir nun, wie sie immer sagte, hinter den sieben Bergen

wohnten, enthielt in unserem Falle das Telegramm auch die Ankunftszeit des Zuges, damit Charles zum Bahnhof hinüberfahren und sie abholen konnte.

Nun stand sie plötzlich in einer kalten Regennacht wie vom Himmel gefallen vor unserer Tür, schaute uns über den Rand ihres triefenden Klemmers grimmig an und verkündete, sie habe nicht nur am Bahnhof eine volle Stunde vergeblich warten, sondern auch ein Taxi nehmen müssen, das noch obendrein am Ende der Dorfstraße eine Panne gehabt habe.

Sie wollte nicht glauben, daß wir das Telegramm nicht bekommen hätten. Sie habe es abgeschickt, sagte sie, und damit basta. Es half auch nichts, daß Charles bei der Post anrief – ziemlich wütend, um Eindruck auf Tante Ethel zu machen – und fragte, was zum Kuckuck sie mit dem Telegramm angefangen hätten. Der Postvorsteher, ein temperamentvoller Herr, fragte zurück, was zum Kuckuck uns denn einfalle? Unter die Tür geschoben habe er's, er selbst, weil er gerade einen Spaziergang in unserer Richtung gemacht habe, und dabei habe ihm so ein Katzenvieh die Hand zerkratzt. Und dann wollte er noch wissen, warum wir denn keinen Briefkasten hätten wie gewöhnliche Sterbliche.

Natürlich hatten wir einen Briefkasten. Er war an der Küchentür, und der Briefträger wußte das auch. Charles hatte ihn von der Haustür dorthin verlegt, nachdem sich Blondin eines Tages beinahe enthauptet hatte, weil er neugierig seinen Kopf durch die Klappe steckte und ihn nicht mehr herausbrachte. Wenn das Telegramm versehentlich unter die Haustür geschoben worden war, erklärte Charles dem erstaunten Postvorsteher, dann konnte nur eins passiert sein: unsere Katze mußte es gefressen haben.

So war es auch. Während sie wie ein Feldherr vom oberen Ende der Treppe den Verlauf der Dinge beobachtete und Tante Ethel am unteren Ende in stummer Pose auf eine Erklärung wartete, fanden wir das verräterische Beweisstück – eine durchnäßte, völlig zerkaute Ecke des Umschlages – unter dem Stuhl in der Diele. Was dann weiter geschah, grenzte ans Wunderbare. Tante Ethel hatte unsere Tiere nie recht gemocht, seit Blondin, ohne sich etwas dabei zu denken, ihr ein kleines, warmes Bächlein den Rücken hatte hinunterlaufen lassen, als sie im Sessel eingenickt war – das schlage, sagte sie damals eisig, nun wirklich dem Faß den Boden aus. So wollte sie auch jetzt gerade ihrem Groll energisch Luft machen, da stand Sugieh auf und strich

langsam die Stufen herab. Sie war nun schon sehr rund geworden, was sie allerdings bisher noch kaum zu behindern schien. Erst in der vergangenen Woche war sie auf der Jagd nach einem Vogel quer durch den Garten in ein Frühbeet gestürmt und hatte sich die Nase zerschnitten. Nicht schlimm – gerade soviel, daß sie ein paar Tage lang noch mehr schielte als sonst, wenn sie auf ihre Narbe hinabschaute. Sie kletterte auch immer noch wie der Wind auf die Bäume, und wenn das jemandem schlecht bekam, so war es höchstens Charles, der jedesmal aufstöhnte und sich die Haare raufen wollte, wenn sie die erhoffte kostbare Fracht junger Kätzchen gegen einen Ast schlug.
Wir trauten unseren Augen nicht, wie sie jetzt auf einmal müde die Treppe herunterkroch, als könne sie sich kaum auf den Füßen halten. Sie schaute Tante Ethel kläglich in die Augen und sagte: »Wääääh!« Es kann ja sein, daß ihr wirklich nicht gut war. Vielleicht hing es mit dem bewußten gelben Briefumschlag zusammen. Jedenfalls hatten wir diesmal für die Zeit des Besuchs nichts mehr zu befürchten. Nachts schlief Tante Ethel mit Sugieh und hielt sie liebevoll ans Herz gedrückt, und tagsüber hätschelte sie sie auf dem Schoß, streichelte sie zärtlich und bedauerte sie wegen ihrer bösen Herrschaft, die den armen kleinen Liebling so habe ausnutzen lassen.
Der arme kleine Liebling, dem dieses Mitgefühl wie süße Milch einging, stimmte alledem so seelenvoll zu, wie das nur eine Siamkatze kann. Wenn man sie hörte, so hatte sie gar nie heiraten wollen, und nach Dorset hatten wir sie an den Haaren ihres unschuldigen kleinen Köpfchens geschleift.
Wir machten uns nichts daraus. Zum erstenmal seit Monaten hatten wir ein bißchen Frieden – und das wollte viel heißen – mit Sugieh und Tante Ethel im Hause.

Ende März bekam Sugieh ihre Jungen. Nach einem aufregenden Abend, an dem wir sie immer wieder dazu bringen wollten, in einer mit Zeitungspapier ausgelegten Pappschachtel zu bleiben – wie das Katzenbuch empfahl –, sie aber ebenso beharrlich immer wieder aus der Schachtel stieg und die Treppe hinaufmarschierte, die Ohren angelegt vor Ärger über diesen komischen Einfall, kamen sie kurz nach Mitternacht zur Welt. Auf unserem Bett – hier oder nirgends, meinte Sugieh –, und Charles und ich saßen rechts und links von ihr mit dem Katzenbuch in der Hand und warteten ängstlich auf Komplikationen.

Es kamen keine. Es ging alles ruhig, rasch und richtig, wenn man davon absieht, daß das letzte Junge nur halb so groß war wie die drei anderen – und daran war sie selbst schuld, wie Charles ihr klarmachte: er habe sie oft genug gewarnt bei ihren tollen Kletterpartien. Auf lange Zeit hinaus war das das letzte Mal, daß in unserem Hause noch irgend etwas in Ruhe geschah. Der nächste Morgen schon sollte uns die bittere Erkenntnis bringen, daß Sugieh, die niemals etwas halb tat, beschlossen hatte, die ideale Mutter zu werden.
Eine Zeit brach an, in der wir alle unsere Sünden abbüßten. Während der ersten Tage verließ sie die Jungen nur für kurze Augenblicke. Wenn sie Futter wollte, stand sie oben an der Treppe und schrie. Trugen wir es ihr hinauf, so war sie entweder schon wieder im Korb und säugte die Kleinen, als wären sie die zartesten Blümchen, die vor ihren Augen dahinwelken könnten, oder sie wanderte unruhig auf und ab wie ein Handlungsreisender, der Angst hat, seinen Zug zu versäumen. Die Jungen waren auch nicht gerade eine Hilfe. Als wir Sugieh ein einziges Mal dazu gebracht hatten, ein Weilchen mit uns herunterzukommen, blieb ihr nur eben Zeit, Shorty in der altgewohnten Weise anzuschielen, da kam auch schon ein durchdringender Weheruf von oben, und fort war sie, immer zwei Stufen auf einmal nehmend und jammernd: da habt ihr's, gleich passiert was, wenn ich mal einen Augenblick nicht da bin. Womöglich hat sie jemand entführt! Nur ein Wahnsinniger hätte auf den Gedanken kommen können, diese Brut zu entführen. Sugieh wußte das nur zu gut, denn von dem Augenblick an, wo jedes feierlich ein Auge öffnete – um Tage früher, als sie es eigentlich hätten sollen – und sie wie eine Bande von Seeräubern in die Welt schielten, war es völlig klar, daß sie nichts als Unfug im Sinn hatten. Aber es machte sich doch so gut – und die Rolle der idealen Mutter schien Sugieh noch effektvoller, wenn sie ihre Kinder gegen Entführer zu verteidigen hatte.
Es gab niemanden, dem sie in dieser Hinsicht nicht mißtraut hätte. Besuchte uns der Pfarrer zu einer Tasse Tee, so saß sie nicht mehr auf seinem Knie, anhänglich wie die Haare, die sie auf seiner guten, schwarzen Hose hinterließ. Sie rührte sich nicht aus der Diele und warf ihm von der Schwelle her finstere Blicke zu. Wenn der Fleischerjunge kam, lief sie ihm nicht entgegen, um mit ihm ein Wort im Vertrauen über die Leber zu sprechen, sondern glotzte ihn vom Fenster aus an und schimpfte: noch einen Schritt, und ich rufe die Polizei! Als die Polizei dann wirklich anrückte, und zwar in Gestalt von P. G.

McNab, der eine Vorladung für Charles brachte, weil er eines Morgens – natürlich unausgeschlafen, wie jetzt immer – in die Stadt gefahren war und den Wagen zwei Stunden lang unter einem Parkverbotsschild hatte stehen lassen, da machte Sugieh ein solches Theater, daß wir uns gar nicht wunderten, daß McNab auf der Straße gleich sein Notizbuch zog und einen Eintrag machte, der sich nur auf öffentliche Ruhestörung beziehen konnte. Und als Tante Ethel übers Wochenende eigens der Kätzchen wegen herbeireiste und wir diese herunterholten, weil wir natürlich bei ihr als alter Freundin der Katzenmutter keine Bedenken hatten, führte Sugieh sich auf wie eine Wilde.

Eines nach dem anderen packte sie die Kleinen beim Schlafittchen und beförderte sie energisch ins Gastzimmer zurück. Das ganze vergangene Jahr hatte sie jeden Abend zur Schlafenszeit laut und bitterlich geklagt, das Gastzimmer sei ein ganz übles Gefängnis und man behandle sie nicht besser als Marie Antoinette. Jetzt war es anscheinend der einzige Platz auf der Welt, wo die Jungen sicher waren. Als Tante Ethel begütigend hinter ihr herlief, mit dem Korb in der Hand und einem Kätzchen, das auf der Treppe verlorengegangen war, da stand Sugieh wie ein tapferer Wächter in der Tür und fauchte sie mit buschigem Schwanz und wütend gesträubtem Kamm so ernstlich an, daß Tante Ethel schneller als je in ihrem Leben die Treppe herunter war und den nächsten Zug nach Hause nahm.

Ich glaube, diesmal merkte sogar Sugieh, daß sie des Guten zuviel getan hatte. Oder aber sie hatte die Rolle der idealen Mutter einfach satt. Jedenfalls warf sie uns am nächsten Morgen um sieben Uhr die Jungen so sorglos ins Bett, als hätte sie nie etwas von Kindesraub gehört, machte sich davon in den Wald und kam nicht vor neun Uhr zurück. Von nun an ließ sie uns nicht im Zweifel darüber, daß wir ebenso verantwortlich für die Kleinen wären wie sie selbst.

Wir haben uns in der Zwischenzeit oft überlegt, ob es wohl Einfluß auf die Entwicklung der Kätzchen hatte, daß sie in den nun folgenden Wochen gar so oft auf den Kopf fielen. Jeden Morgen plumpste mindestens eines auf den Boden, wenn Sugieh wie eine Verrückte auf unser Bett gesprungen kam und mir hastig junge Katzen in die Arme stopfte. Wenn dabei eines hinunterfiel, machte sie sich nie die Mühe, es aufzuheben, weil sie das Tierchen offenbar für tot hielt. Sie warf ihm nur einen ärgerlichen Blick zu und machte sich davon, um das nächste zu holen. Tot waren sie sicherlich nicht, aber daß diese Be-

handlung den Kätzchen nicht gerade zuträglich sein konnte, war uns klar. Es war auch ganz bezeichnend, daß gerade Salomon öfter als alle anderen auf den Kopf gefallen war.
Jeder, der ihn kennenlernte, hat uns irgendwann einmal gefragt, warum in aller Welt wir ihn Salomon genannt haben. Tatsache ist, daß seine Mutter schuld an diesem Witz war. Sie wußte ganz genau, daß wir aus dem ersten Wurf einen Kater als Prunkstück behalten wollten und für ihn den prächtigen Namen Salomon der Schwarze bestimmt hatten. Infolgedessen lieferte sie bereitwillig drei Kater zur Auswahl, beobachtete mit größter Spannung mehrere Wochen lang, wie wir mit dem Katzenbuch in der Hand ihre Zeichnung kritisch prüften und dabei erörterten, welchen wir behalten sollten, und freute sich schließlich diebisch, als sich herausstellte, daß überhaupt nur einer für uns in Frage kam: der nämlich, den wir von Anfang an ausgeschieden hatten, weil er große Füße, Ohren wie eine Fledermaus und überhaupt keinen Verstand hatte. Alle übrigen Jungen, auch die winzige Dame, waren blau.
Salomon hatte neben seinen sonstigen Fehlern auch noch einen scheckigen Bart. Schon lange, ehe die schattigen Flecken auf Nase und Pfoten erschienen und uns anzeigten, daß er unser Schicksal sein würde, hatten wir ihn durch diese Besonderheit von den anderen unterscheiden können. »Wie eine Orchidee«, sagte Tante Ethel bei ihrem nächsten Besuch versöhnt und holte ihn zärtlich aus dem Kohleneimer, wohin er wieder einmal über Bord gegangen war, als Sugieh Tante Ethel ihre sich krümmende und maunzende Familie zum Zeichen des Friedensschlusses in den Schoß geworfen hatte. Wir erkannten ihn an seinem Bart als den, der immer im Liegen trank.
Als wir das zum erstenmal sahen, waren wir furchtbar erschrocken – drei Junge saugten, als gelte es das Leben, und standen dabei, um besser zum Zuge zu kommen, auf dem vierten, das anscheinend ohnmächtig war. Nachdem wir das Kätzchen dreimal herausgezogen hatten, um ihm Luft zu verschaffen, das Kleine jedoch innerhalb weniger Minuten immer wieder unter dem Gewurl verschwunden war, wurden wir mißtrauisch. Und tatsächlich erwies sich dieses Mißtrauen als gerechtfertigt, als wir die obere Kätzchenschicht entfernten und mal nachsahen. Während die anderen ihre Stellung oben nur unter Drängeln, Stoßen und Winseln halten konnten, lag das kleine Ding mit den großen Füßen und dem scheckigen Bart seelenruhig unten auf dem Rücken und hatte eine ganze Reihe für sich allein. Der Erfolg

dieser ungestörten Mahlzeiten war natürlich, daß dieses Kerlchen bald die ganze Schar an Größe überflügelte – übrigens ein Grund mehr, ihn noch öfter fallen zu lassen. Allerdings lag es auch daran, daß Sugieh dieses Kind besonders gern hatte.

Wenn sie Lust verspürte, recht anzugeben (wir müssen wohl oder übel zugeben, daß es reizend aussah), dann war es unweigerlich Salomon, den sie die Dorfstraße hinunterschleppte und über dessen dikken weißen Kopf hinweg sie mit süßem Lächeln den Beifall einheimste. Sie benahm sich wie ein Filmstar, der seinen Sprößling für die Photographen im Kinderwagen einmal durch den Hydepark schiebt. Deshalb ließ sie ihn auch gewöhnlich nach der Heimkehr einfach fallen und beauftragte uns, ihn wegzuräumen. Manchmal sprang sie über die Mauer in den Garten zurück, dann landete er im Graben. Unweigerlich plumpste er auch zu Boden, wenn sie so komische Kunststücke machte wie ihre Sprünge aufs Bett. Ihre Sorglosigkeit nahm noch zu, als er größer wurde. Wenn sie ihn die Treppe hinaufschleppte, bumste sein dicker weißer Körper kräftig gegen jede Stufe. Tante Ethel, die vergeblich versuchte, ihn Sugieh zu entwinden, prophezeite düster, er müsse ja ein Trottel werden. Damit hatte sie natürlich von vornherein recht – keine Siamkatze ist ganz richtig im Kopf. Tatsächlich hatte Salomon später noch mehr Spleens als andere Siamkatzen, zum Beispiel das unbesiegbare Verlangen, am Kragen herumgeschleppt zu werden.

Daß die Jungen überhaupt am Leben blieben, ist ein reines Wunder, denn seit Sugieh die Rolle der idealen Mutter aufgegeben hatte, benahm sie sich so, daß man sie am liebsten in einen Säuglingskurs geschickt hätte. Mußten ihre Kinder gewaschen werden, so wusch sie sie so unbarmherzig, daß sie ihnen beinahe den Pelz abzog. Ärgerten sie sie, so biß sie so unbarmherzig zu, daß sie um Gnade schrien. Alle, nur Salomon nicht, der biß wieder und legte sich, wenn sie nach ihm jagte, auf den Rücken und wedelte so entwaffnend mit seinen vier schwarzen Socken, daß er eine Extraportion bekam, wenn die anderen nicht hinschauten.

Von fortschrittlicher Ernährung hatte sie keine Ahnung. Als die Jungen vier Wochen alt waren und nach dem Buch langsam entwöhnt werden sollten, meinte sie, die neue Milch sei nicht gut für die Kleinen und trank sie selbst. Als sie sechs Wochen alt waren, hatten wir schon völlig die Nerven verloren, weil sie – sicherlich im Auftrag der Mama – jedesmal Augen und Münder fest zumachten, wenn sie ein

Milchschälchen auch nur von ferne erblickten. Wir verzweifelten schon daran, sie jemals entwöhnen zu können, da erwischten wir Sugieh eines Morgens, wie sie oben die Kleinen heimlich mit großen Stücken Kaninchenfleisch von ihrem eigenen Frühstück fütterte und sie stolz betrachtete, während sie sich wie die Tiger darum stritten. Sie wußte recht gut, daß das nicht in Ordnung war. Als wir ihr einen Vortrag über die zarten Kindermägen hielten, saß sie mit hängenden Ohren da, schielte schuldbewußt zu uns herauf und meinte, Salomon sei schuld. Mag schon sein, daß das stimmte. Salomon machte uns tatsächlich in puncto Ernährung am meisten Kummer, denn er war ja so groß, und wir hatten uns schon immer gesorgt, wie er mit der Muttermilch allein durchkommen sollte. Nun stand er mitten in der Schüssel, bis an die Knie im Fleisch und schlang es hinunter wie Spaghetti. Von nun ab war Salomon dazu ausersehen, immer an allem schuld zu sein – nicht etwa, weil Sugieh ihm eins hätte auswischen wollen, sondern einfach weil sie glaubte, er sei so großartig, daß wir ihm nicht widerstehen könnten.
Wenn sie einen von Charles' besten gelben Socken stahl und ihren Kindern zum Spaß zeigte, wie man auf und ab Löcher hineinkaute, bis das Strumpfbein aussah wie ein Sieb, so wurde schließlich Salomon abgeordnet, uns die Überbleibsel zu bringen, wenn ihr das Gewissen schlug und sie sich klarmachte, was sie angerichtet hatte. Die übrige Gesellschaft saß währenddessen zitternd und fluchtbereit auf dem Treppenabsatz.
Eines Abends gingen wir ins Kino und ließen die Katzen törichterweise auf unserem Bett liegen, weil es kalt war und sie sich auf der Steppdecke so rührend aneinandergekuschelt hatten. Während nun die ganze Gesellschaft unter Sugiehs Führung augenblicklich unterm Bett verschwand, als sie uns die Treppe heraufkommen hörte, blieb Salomon klein und einsam, aber doch nicht ohne Größe zurück, um uns zu erklären, wie die vielen Löcher in die funkelnagelneue Decke gekommen waren. Das war ihm aufgetragen worden. Nur *eine* Katze konnte diese runden, feuchten Löcher gemacht haben – und die lag auf dem Bauch unter dem Bett und tat so, als gehöre sie zum Teppichmuster. Nur *eine* Katze war stark genug, Überwurf und Steppdecke aufzuschlagen und die Wolldecke herauszuziehen. Während wir ihm erzählten, wer diese Katze war, was sie war und was wir mit ihr machen würden, wenn wir sie erwischten, lauschte Salomon voller Schrecken und hatte seine großen Fledermausohren weit aufgesperrt.

Da mußte offensichtlich ganz schnell etwas geschehen, wenn er Mama vor einer schrecklichen Tracht Prügel bewahren wollte – und er handelte danach. Als ich die Decke hochhielt und klagte, man könne sie glatt zum Fenster hinauswerfen, sprang er mit vor Begeisterung blitzenden Augen zu und stopfte seine dicke schwarze Pfote durch ein Loch. Das sei das Spiel, das sie gerade gespielt hätten, ehe wir kamen. Dafür habe Mammi die Löcher genagt, und es sei ganz furchtbar lustig. Ob wir's nicht mal probieren wollten?
Diesem kleinen schwarzen Stiefmütterchengesicht konnten wir nie widerstehen. Wir probierten's wirklich. Es dauerte nur ein paar Sekunden, und das ganze Bett war ein heiteres Durcheinander von Kätzchen, die lustig im Bett hin und her stürmten und uns durch die Decke Pfötchen entgegenstreckten, während Sugieh wie durch Zauberei wieder erschien, als sie merkte, daß die Gefahr vorüber war, und Salomon damit belohnte, daß sie ihn am Kragen packte und fröhlich vom Kopfkissen herunterpurzeln ließ. Das war nicht seine einzige Belohnung. Ich wäre beinahe in Ohnmacht gefallen, als er später nach dem Abendbrot stolz ins Wohnzimmer marschiert kam: sein Bart war auf der einen Seite üppig wie ein Ginsterbusch und auf der anderen Seite – weg, vollkommen weg. Er war damals erst acht Wochen alt, und wir dachten, die Haare wären ihm vom vielen Fleischfressen ausgegangen. Wir wußten nicht, daß Siamkatzenmütter ihre Lieblingskinder so behandeln, wenn sie mit ihnen ganz besonders zufrieden sind.
Das erklärte uns der Tierarzt nachts um halb elf Uhr – nicht sehr freundlich, fanden wir, wenn man bedenkt, daß er doch Siamkatzen von Berufs wegen gern haben müßte.

Rosemarie Hauff

Vier Katzenkinder bleiben am Leben

»Guter Gott«, sagte Mammi und warf einen forschenden Blick auf Kleopatra, die sich andächtig auf einer Kommode in einem Spiegel betrachtete, was sie mit Vorliebe tat. »Ich hatte eigentlich nie den Eindruck, daß sie sich überfrißt, aber sie ist wirklich fetter geworden.«
Als hätte Kleopatra verstanden, sträubte sie ihre Barthaare und lachte

mit aufgeblähten Backen. Daddy, der sich hinter die Zeitung vergraben hatte, nahm von Mammis Feststellung keine Notiz. Aber Billi stieg auf das Thema ein.
»Sie ist wirklich dicker geworden«, stimmte sie zu. »Es wird nichts übrigbleiben, als sie in der kommenden Zeit auf Diät zu setzen.«
Fräulein Marie, die für das Wohlergehen ihres Lieblings fürchtete, stieß ein überlegenes Lachen aus. Sie wußte längst, was die Glocke geschlagen hatte, war aber nicht bereit gewesen, den übrigen Familienmitgliedern eine Andeutung zu machen. Jetzt schien ihr der richtige Zeitpunkt dazu gekommen.
»Was ihr nicht sagt«, meinte sie spöttisch, »diesmal scheinen auch Billis Tierkenntnisse zu versagen. Kleopatra bekommt einfach Junge.«
Fräulein Marie warf einen triumphierenden Blick in die Runde. Wie von der Tarantel gestochen, schnellte Daddy hinter seiner Zeitung hervor.
»Das ist zuviel«, stöhnte er. »Der Himmel ist mein Zeuge, daß ich eine Katze geduldig ertragen habe. Wo ich mir doch geschworen habe, nie ein solches Tier ins Haus zu lassen. Aber Nachwuchs kommt auf gar keinen Fall in Frage.«
Er dehnte die einzelnen Worte, um ihnen das nötige Gewicht zu verleihen. Schon oft genug hatte er nachgeben müssen, bezwungen durch weibliche Übermacht und jene Tricks, die Frauen zu eigen sind. Aber diesmal würde er auf den Rechten eines Familienoberhaupts bestehen.
Unterdessen hatte sich Billi mit einem begeisterten Aufschrei auf Kleopatra gestürzt, sie vorsichtig auf den Rücken gedreht und ihren geschwollenen Bauch eingeschätzt. Schon sah er im Geiste ein halbes Dutzend Kätzchen durch die Wohnung trudeln. Aber auch Mammi dämpfte ihre Begeisterung. Wie meistens stimmte sie mit Daddy restlos überein.
»Das hat uns gerade noch gefehlt«, seufzte sie laut. »Wenn ich an das Katerkonzert zurückdenke, das sich bei Vollmond auf unserem Dach abgespielt hat, kriege ich jetzt noch genug. Eine zweite Katze ist wirklich zuviel. Vom Rest ganz zu schweigen.«
Billi, die sich um ihre schönsten Hoffnungen betrogen sah, schossen die Tränen in die Augen.
»Ihr seid gemein«, fuhr sie auf und spürte Abneigung gegen alles, was erwachsen und vernünftig schien.
»Nicht dieser Ton«, reagierte Mammi bestimmt. »Ich bilde mir ein,

daß wir weiß Gott genügend Verständnis für deine Wünsche haben. Aber was zuviel ist, ist zuviel.«
Unergründlich lächelte Fräulein Marie und ähnelte Kleopatra, die scheinbar teilnahmslos ihre Pfoten unter dem Bauch gefaltet hielt und Löcher in die Luft starrte, als ginge sie die ganze Unterhaltung nichts an.
Jeden Tag wurde Kleopatra ein bißchen dicker. Aber stets bewegte sie sich mit der gleichen Geschmeidigkeit, tauchte unerwartet aus einer Ecke auf und verschwand geheimnisvoll auf leisen Sohlen. Sie schien sich völlig an ihre Last gewöhnt zu haben und überhaupt nicht behindert zu sein. Bis zuletzt wagte sie ihre steilen Sprünge nach vorüberfliegenden Schmetterlingen, die sie mit Vorliebe verspeiste, wobei sie die Flügel auf die Erde spuckte. Die Beziehungen zwischen ihr und Billi vertieften sich, denn Kleopatra zeigte sich liebenswürdiger als je zuvor. Oft kletterte sie jetzt auf Billis Rücken und tapste mit angezogenen Krallen auf ihr herum, bis sie sich dann aus voller Kehle schnurrend auf ihren Füßen niederließ.
»Du ahnst nicht, was deinen Kindern bevorsteht«, seufzte Billi mit schlechtem Gewissen und erinnerte sich an ihren Eid, jedem Tier zu helfen, das in Not geraten war. »In der eigenen Familie geht es an«, dachte sie und beschloß, nichts unversucht zu lassen, die Katzenkinder zu retten.
Überall fragte sie herum, ob jemand eine junge Katze haben wollte. aber sie wurde von Pech verfolgt. Niemand ging auf ihr Angebot ein.
Sorgenvoll rief Billi den Klub zusammen.
»Man wird die Katzenkinder ertränken«, sagte sie trostlos und hätte Kleopatra am liebsten im vornherein um Verzeihung gebeten.
»Ach was«, fuhr Gaby sie an, die so etwas nicht hören konnte. »Das kommt überhaupt nicht in Frage. Wir lassen das einfach nicht zu. Wenn Kleopatra erst einmal ihre Jungen geboren hat, dann werden wie sie verstecken, bis sie groß geworden sind, daß man sie nicht mehr töten kann. Wenn Kätzchen sehen, bringt sie kein Mensch mehr um. Solange sie blind sind, glauben die Leute, daß sie nichts davon spüren, wenn man sie tötet.«
»Blöd«, sagte Katharina mit abgrundtiefer Verachtung.
Nur Thomas blieb männlich objektiv.
»Viele Katzen kosten eine ganze Menge Futter«, meinte er nüchtern.

»Die können sich doch Mäuse fangen, wenn sie größer sind. Hauptsache man läßt sie am Leben, Katzen sind zäh. In Italien gibt es eine Menge wilder Katzen, die niemand gehören.« Susis Augen funkelten vor Empörung. »Sollen sich die Leute keine Viecher halten, wenn sie Angst vor den Folgen haben«, setzte sie wütend hinzu.
»Danke«, sagte Billi und fühlte sich komischerweise für ihre Eltern angegriffen. »Schließlich ist uns Kleopatra zugelaufen, und niemand hat sie gezwungen zu bleiben. Oder glaubt ihr, daß wir sie in einen Käfig sperren? Eigentlich war es von meinen Eltern recht nett, daß sie zu unseren beiden Hunden auch noch die Katze genommen haben. Ich möchte bezweifeln, daß andere Leute dazu bereit gewesen wären.«
Billi warf einen erbitterten Blick auf Susi, die Anklägerin, und war sichtlich bereit, sich weiter auszulassen. Aber Kathinka trennte die beiden Streithähne und appellierte an ihre Vernunft.
»Soll nun Kleopatra geholfen werden oder nicht?« fragte sie kurz.
»Was für eine Frage«, riefen Billi und Susi im Verein und waren wieder völlig einer Meinung. »Dazu sind wir ja hier.«
Der Schuppen war noch immer nicht zu gebrauchen und verschandelte den Garten, wie Fräulein Marie zu sagen pflegte. Aber Daddy hatte vorsichtshalber zwei stützende Balken einziehen lassen, weil Mammi noch immer an dem Alptraum litt, daß er eines Tages über den Kindern zusammenbrechen könnte. Seitdem er ausgebessert war, hatte sie weniger gegen ihn einzuwenden. Im Gegenteil! Sie hatte sogar verzichtet, Gerümpel abzustellen, und ihn großmütig ihrer Tochter und deren Freunden überlassen. »Bis sich eine Gelegenheit bietet, ihn abzureißen«, hatte sie vorbeugend dazugesetzt.
Aber im Augenblick dachte niemand daran. Das Gespräch hatte die Gemüter der Kinder erhitzt.
»Wann ist es so weit, daß die Katze ihre Jungen wirft?« fragte Helga.
»In den nächsten Tagen, hat Fräulein Marie gesagt«, antwortete Billi. »Und die muß es wissen, weil sie bei sich zu Hause auch Katzen hatte. Wenn sie auch sonst nichts von meinen Tieren hält, bei Kleopatra ist sie hundertprozentig auf meiner Seite. Anmerken läßt sie sich nichts, nur ihre Laune hat sich in den letzten Tagen ganz schön verfinstert. Man wagt schon kaum mehr, sie anzusprechen. Selbst Daddy hat neulich zu Mammi gesagt, daß wir alle unter ihrer Tyrannis leiden.«

»Viel Zeit haben wir nicht mehr«, unterbrach Kathinka Billis familiäre Betrachtung. »Tatsache ist, die Katze muß weg. Wenn sie hier ihre Kinder bekommt, dann sind sie verloren. Gegen die Alten kommen wir doch nicht auf.«
»Weiß ich selbst«, knurrte Billi, die es auch nicht ertragen konnte, wenn man ihre Eltern zum alten Eisen zählte. »Wenn du mir einen Platz sagst, wo sie hin kann, bitte schön! Vielleicht möchte sie einer von euch mit nach Hause nehmen.«
Die Freundinnen überlegten, aber eine nach der anderen schüttelte traurig den Kopf. Welches Elternpaar würde sich schon bereit erklären, eine fremde Katze unter solchen Umständen aufzunehmen.
»Wir müssen sie im Schuppen verstecken«, sagte Billi. »Das ist die einzige Möglichkeit. Zu dumm, daß ich erst jetzt auf den Gedanken gekommen bin. Seitdem Mammi nichts mehr gegen das wacklige Dach vorbringen kann, hat ihn keine Seele außer uns betreten. Obendrein habe ich einen Schlüssel, der paßt.«
»Ob Kleopatra mitmacht?« fragte Helga zweifelnd. »Sie wird nicht verstehen, warum wir sie einschließen müssen, und versuchen zu fliehen.«
»Glaub' ich gar nicht«, erwiderte Billi. »Kleopatra ahnt eine Menge. Hauptsache, daß wir ihr erst einmal ein anständiges Lager bauen. Alles übrige wird sich schon finden.«
Sorgfältig überprüften die Kinder den Schuppen nach Löchern, durch die Kleopatra in ihr Verderben schlüpfen konnte. Aber die Holzwände erwiesen sich stabiler gebaut, als sie angenommen hatten. Billi fand auf dem Speicher einen alten Korb. »Für die Kinder«, sagte sie, »denn gewöhnlich begnügt sich Kleopatra nachts mit einem kleinen Kissen. Meist zieht sie es allerdings vor, durch das offene Fenster auf den Balkon zu steigen und dort auf der Brüstung zu promenieren, wenn sie nicht gerade mit einem ihrer zahlreichen Verehrer waghalsige Klettertouren auf dem Dach unternimmt.«
Der Korb wurde in den hintersten Winkel des Schuppens gestellt, dort, wo kaum Licht einfiel und man nichts mehr erkennen konnte. Dann galt es, mit der Katze zu sprechen.
»Hör zu, Kleopatra«, sagte Billi zu ihr. »Du weißt, daß wir es gut mit dir meinen. Leider sind wir die einzigen, möcht' ich dir sagen, die Erwachsenen wollen deine Jungen ertränken. Vielleicht kann ich sie retten, aber dann mußt du mir helfen und dich tagsüber im Schuppen verstecken, bis deine Katzenkinder sehen können. Nachts lasse ich

dich heraus.«
»Mrri«, schnurrte Kleopatra zustimmend und rieb ihre feuchte Nase an Billis Arm. Dann folgte sie ihr dicht auf den Fersen zum Schuppen, strich um den Korb, maunzte, sprang auf ihr Lager und schlug eine Kuhle in die alten Kissen. Ihre schwarzgeränderten Augen leuchteten schwefelgelb. Behutsam schloß Billi die Türe hinter ihr zu.
Vor dem Schlafengehen sagte Mammi, der die kommenden Katzenmorde schwer auf der Seele lagen, zu ihrem Mann:
»Ich weiß gar nicht, wo Kleopatra steckt. Man kann sie schon nicht mehr ansehen, ohne ein schlechtes Gewissen zu haben. Den ganzen Tag hat sie sich heute verdrückt. Wahrscheinlich ahnt sie, was ihren Jungen blüht, und lehnt die gesamte Familie ab. Manchmal wünsche ich mir, sie würde fortlaufen und nicht mehr wiederkommen, damit es uns erspart bleibt, ihre Kinder ertränken zu lassen.«
Bei Mammis letztem Satz fuhr Daddy steil in die Kissen. Übles begann ihm zu schwanen.
»Wer soll die Kinder eigentlich umbringen?« erkundigte er sich mißtrauisch und schüttelte sich bei dem Gedanken.
»Du hast dabei doch hoffentlich nicht an mich gedacht. Ich bin auf jeden Fall völlig unfähig dazu.«
»Du sagst mir nichts Neues«, beruhigte ihn Mammi mit einem liebevollen Lächeln. »Ich habe heute mit Herrn Falkner gesprochen, dem macht es nichts aus.«
Herr Falkner war der Bauer, von dem die Familie ihre Milch bezog. Halbwegs erleichtert bettete sich Daddy wieder zur Ruhe. Ein zärtliches Gefühl für Mammi überflutete ihn. Wie angenehm, wenn man eine Frau hatte, die bereit war, einem die scheußlichen Dinge des Lebens abzunehmen.
»Ich wollte, wir hätten das Ganze schon hinter uns gebracht«, seufzte er abgrundtief. »Manchmal habe ich den leisen Verdacht, daß uns Billi seitdem als potentielle Mörder betrachtet.«
Kleopatra hatte die Nacht auf dem Dach des Schuppens verbracht, um sich am Morgen von Billi einsperren zu lassen. Merkwürdigerweise sagte Fräulein Marie kein Wort, als sie den Verlust der Kaffeesahne im Eisschrank entdeckte. Schweigend nahm sie das Fehlen eines Bücklings in Kauf und blickte verständnisinnig, als Mammi nach Kleopatra suchte und sich dabei vorkam, als müßte sie einen armen Sünder zu seinem letzten Stündlein rufen.
Kleopatra blieb auch am nächsten Morgen verschwunden. Ihr Futter-

napf stand unberührt in der Küche.
»Wenn sie nur nicht verhungert«, meinte Mammi, von Vorwürfen geplagt. »Übertrieben groß schien mir ihre Vorliebe für Mäusebraten nie.«
Fräulein Marie dachte an ein fehlendes Stück Leber und lächelte in sich hinein.
Billi war in der Schule, wo sie ihre Englischkenntnisse in einer kniffligen Übersetzung an den Mann beziehungsweise an die Lehrerin bringen mußte. Sie kam erst gegen ein Uhr zurück und ließ die langwierige Prozedur des Mittagessens über sich ergehen.
»Total erledigt«, seufzte sie und gähnte vernehmlich in die Runde.
»Leg dich hin, mein Liebes«, schlug Mammi ihr vor.
»Hat doch keinen Zweck«, knurrte Billi resigniert. »In diesem Haus wird man ununterbrochen gestört.« Wieder gähnte sie herzzerreißend und brachte es fertig, todmüde auszusehen.
»Ich schwöre dir, daß wir dich schlafen lassen und schleichen werden«, warf Mammi ein. »Sei vernünftig, zieh die Vorhänge zu und ruh dich aus. Lies aber nicht!«
»O. k.«, sagte Billi halbwegs überzeugt und verschwand. Leise verschloß sie ihr Zimmer hinter sich, zog die Vorhänge zu und stieg frisch und munter aus dem offenen Fenster, duckte sich an der Hauswand entlang und erreichte den Schuppen. Aufgeregt stürzte Kleopatra auf sie zu.
»Ist was los?« fragte Billi, kraulte das weiche Katzenfell und musterte Kleopatras Bauch mit sachverständigem Blick. Noch konnte sie keine Veränderung entdecken.
»Du Ärmste«, sagte sie mitleidig, »wie lange willst du noch warten. Es muß ja todlangweilig in der Dunkelheit sein.«
Die Katze starrte Billi verständnislos an. Soviel menschliche Dummheit hatte sie nicht für möglich gehalten. Höchste Zeit, ihre Freundin aufzuklären. So entschloß sie sich, aus voller Kehle zu schnurren, schnappte nach Billis Schuhband und zog sie hinter sich her.
Im Korb lag ein schwarz-weiß-grau gesprenkeltes Knäuel.
»Kleopatra«, sagte Billi fassungslos und setzte sich neben den Korb. Sie empfand eine tiefe Hochachtung vor ihrer Katze, die ihre schwere Arbeit ganz allein verrichtet hatte. Stolz blähte Kleopatra ihre Nüstern, stelzte auf Samtpfoten um den Korb, richtete ihren Schwanz in die Höhe, maunzte, trug die Kätzchen nacheinander im Maul, um sie behutsam auf Billis Schoß zu legen. Ganze vier Stück! Kein Zweifel,

daß sie Billi vorschlug, die fehlende Vaterstelle zu vertreten und die Verantwortung mit ihr zu teilen. Gemeinsame Last trägt sich eben leichter. Vor allem für den, der einen Teil von ihr abgegeben hat. Noch war die Schlacht nicht zu Ende geschlagen. Neun Tage lang durften sich die Kätzchen nicht erwischen lassen. Sorgenvoll kratzte sich Billi den Kopf und blickte auf ihre frisch adoptierten Kinder.
»Ihr müßt euch immer noch verstecken«, sagte sie eindringlich zu Kleopatra.
»Mip«, schrie das schwarze Kätzchen auf Billis Schoß und lutschte hungrig an ihrem Finger. Kleopatra brachte es in den Korb zurück.
»Für die Ernährung fühle ich mich zuständig«, schien sie zu sagen.
Das graugescheckte Kätzchen versuchte sich aufzurichten und schwankte auf vier dünnen Beinchen, die den großen, kugelrunden Kopf kaum tragen konnten.
»Süß sind sie schon«, bestätigte Billi aus tiefster Seele und legte die zwei andern Katzenkinder auf das Kissen zurück.
Plötzlich war der Nachmittag vorbei. Eine Uhr schlug sechs, und Billi fuhr aus ihrer süßen Beschäftigung auf.
»Du liebe Güte«, sagte sie erschrocken zu Kleopatra.
»Mammi wird sicher schon nachgeschaut haben, ob ich immer noch schlafe.«
Vorsichtig wollte sie gerade den Schuppen abschließen, als sie ihre Mutter aus der Haustür kommen sah. Blitzschnell verschwand der Schlüssel in der Hosentasche.
Es gab kein Entrinnen. Das beste war, völlig harmlos zu tun. Leider besaß Mammi mal wieder die eigenartige Begabung, ihre Tochter zu durchschauen. Eine unangenehme Eigenschaft, wie Billi fand.
»Wo kommst du her?« fragte Mammi eitel Erstaunen im Gesicht.
»Bin draußen gewesen«, antwortete ihre Tochter wahrheitsgemäß.
»Ich dachte, du würdest schlafen.«
»Konnte nicht. Mir liegt ein Druck auf dem Kopf.« Schmerzlich tippte Billi auf ihre Stirn. Mammi warf einen prüfenden Blick.
»Seit wann bist du dort?« fragte sie mißtrauisch und deutete auf den Schuppen.
»Ich hab mal hineingeschaut«, sagte Billi und gab ihre Verwunderung ob solch überflüssiger Fragen zu verstehen.
»Was ihr nur immer da drin zu suchen habt«, bemerkte Mammi noch und ging auf ein anderes, nicht minder verfängliches Thema über
»Hast du Kleopatra heute gesehen?«

Billi entschloß sich, diese Frage zu überhören.
»Muß noch Schulaufgaben machen«, sagte sie eilig und drängelte ins Haus. »Weil eine gewisse Mathematiklehrerin uns mit viel zu vielen Aufgaben belastet«, setzte sie spitzbübisch dazu. Neue Zweifel stiegen in Mammi hoch. Billi war im allgemeinen nicht neckisch, besonders wenn es um Schulaufgaben ging, bei denen sie die gesunde Abneigung eines wehrlosen Schülers gegen alle Lehrer der Welt empfand. Mammi warf einen bedeutungsschweren Blick zum Schuppen, beschloß aber, vorläufig nichts zu untersuchen. Im Augenblick fühlte sie sich wirklich nicht in der Lage, etwas zu entdecken und eine unangenehme Entscheidung zu treffen. Erst spät am Abend, als Billi schon schlief, schreckte sie plötzlich aus ihrem Sessel hoch.
»Ich befürchte etwas«, sagte sie zu Daddy und Fräulein Marie.
»Billi wird Kleopatra im Schuppen eingeschlossen haben. Vielleicht hat sie längst ihre Jungen bekommen. Wir müssen schnell handeln, solange sie noch blind sind, sonst ist es wirklich zu spät. Morgen früh, wenn Billi fort ist, schau' ich nach.«
Keine Antwort. Daddy zog es vor, in seinen Wälzer vertieft zu bleiben, und Fräulein Marie nähte verbissen und schwieg. Mammi fühlte sich auf eine ungerechte Art im Stich gelassen.
»Typisch, daß alles Unangenehme an mir kleben bleibt! Euch kümmert nichts, denn ich werde es schon richten«, sagte sie empört, knallte die Tür zu und ließ einen verdutzten Ehemann und ein achselzuckendes Fräulein Marie zurück.
»Was wird Billi wohl von mir halten?« dachte Mammi sorgenvoll, bevor sie sich zum Einschlafen entschloß.
»Aber einen ganzen Wurf kleiner Katzen aufzuziehen ist wirklich zu viel. Niemand kann es mir übelnehmen, daß ich mich dagegen wehre.« Getröstet durch diese Erkenntnis, beschloß sie im stillen, wenigstens eins der Kätzchen am Leben zu lassen. Damit Kleopatra nicht ganz um ihre verdienten Mutterfreuden betrogen wurde und Billi den Tod der anderen leichter überwand.
Am nächsten Morgen jedoch, als Mammi ausgeschlafen und mit Energie geladen den verschlossenen Schuppen mit einer Eisenstange aufstieß, fand sie nichts. Es erwies sich als völlig umsonst, daß sie mit Brachialgewalt das verrostete Schloß zerstört hatte. Weder von Kleopatra noch von irgendwelchen Jungen eine Spur. Vergeblich hatte Mammi sämtliche Winkel durchstöbert. Erleichtert, daß nichts vorzufinden war, machte sie sich auf den Weg zu Schule, den ihre Tochter

schon vor zwei Stunden beschritten hatte. »Ich habe meine Pflicht getan«, sagte sie sich und beschloß, das leidige Problem wenigstens für die nächsten Stunden aus ihrem Kopf zu verbannen.
Als Billi im D-Zug-Tempo aus der Schule gerast kam, war ihr erster Gang in den Schuppen. Auf dem Heimweg hatte sie mindestens eine Viertelstunde einsparen können und wurde bestimmt noch nicht zu Hause erwartet. Sie kramte den Schlüssel, den sie überall mitschleppte, aus der Tasche und entdeckte das zerstörte Schloß. Ihre Knie wurden weich, sie wehrte sich heftig, über irgendeine Vermutung nachzudenken. Mit einem verzweifelten Ruck stieß sie die angelehnte Tür auf. Keine Kleopatra kam ihr entgegen. Der Korb samt Katzenkindern war verschwunden. Müde ließ sich Billi in eine Ecke des Schuppens fallen. Nicht daß sie weinte, aber ein unbekannter Druck schnürte ihr die Kehle zusammen. »Aus«, murmelte sie und starrte in die Dunkelheit.
Erst Fräulein Maries durchdringendes Geschrei nach Billi brachte sie wieder auf die Beine.
»Tag«, sagte Billi, ohne jemand anzuschauen, und stocherte abwesend in ihrem Essen. Besorgt musterte Mammi ihr blasses Gesicht.
»Ist irgend etwas nicht in Ordnung?« fragte sie.
»Heuchlerin«, dachte Billi und nahm den Gedanken wieder zurück. Im Grunde meinte es Mammi nur gut. Die Erwachsenen waren nicht zu beneiden, weil sie solche Entscheidungen treffen mußten. Sicherlich war es Mammi entsetzlich schwer gefallen, die Katzen ertränken zu lassen. Wahrscheinlich war ihr schrecklich zumute, wenn sie sich auch nichts anmerken ließ. Einen Augenblick fühlte Billi, wie sie ihre Fassung verlor, und die Lust, zu schreien, anzuklagen und jemand weh zu tun, erfüllte sie ganz, aber dann sank sie wieder zusammen. Wenn man so traurig war, konnte man kein Theater machen.
»Wo ist Kleopatra?« fragte sie leise und hätte sich am liebsten vor jeder Antwort die Ohren zugehalten.
»Weiß ich doch nicht«, sagte Mammi erstaunt. »Entschuldige, daß ich den Schuppen aufgebrochen habe, aber nach gestern mußte ich doch wirklich annehmen, du hättest sie dort versteckt.«
Mammi log nie. Die Gewißheit vom Tod der Katzen schmolz in ein Nichts.
»He«, sagte Billi und ließ den erhobenen Löffel in die Kompottschüssel fallen, daß der Saft über das blütenweiße Tischtuch spritzte. »Tut mir leid«, sagte sie prompt und strahlte bis über beide Ohren, daß ihr

Fräulein Marie am liebsten eine 'runtergehauen hätte.
»Freu dich nicht umsonst«, beugte Mammi vor. »Du weißt, daß wir nicht mehr als eine Katze halten können. Es nützt nichts, daß sich Kleopatra versteckt.«
Wieder überwältigte sie das Gefühl, was sie ihrer einzigen Tochter antun mußte. »Es tut mir so leid, Billi«, sagte sie. »Zu schade, daß wir niemand gefunden haben, der kleine Katzen haben will. Ich selbst habe auch noch mal in der ganzen Nachbarschaft gefragt. Aber glaub mir, wir tun ihnen nichts Böses. Sie spüren gar nichts von ihrem Tod, weil sie das Leben erst gar nicht kennenlernen dürfen. Darum ist es besser, wenn wir sie gleich finden, dann, wenn sie gerade geboren sind. Auch für Kleopatra wird es einfacher sein.«
Billi ließ den Kopf hängen. Sie konnte ihre Mutter verstehen, wollte aber nicht einsehen, was man ihr sagte. Es war zwecklos, darüber zu sprechen. »Wer weiß, wohin sich Kleopatra mit ihren blinden Kleinen verkrochen hat«, dachte sie. »Ich will mit den Mitgliedern des Klubs beraten, was man tun kann, um ihr zu helfen. Vielleicht sollte man Anja auf ihre Spur setzen.« Aber das war kein guter Gedanke. Billi verwarf ihn sofort. Anja hatte sich noch immer nicht mit Kleopatras Anwesenheit abgefunden. Sie fürchtete die Katze und würde bestimmt keinen Wert darauf legen, ihren persönlichen Gegner nach Hause zu holen. Noch dazu, wenn die Katze Verstärkung durch ihren Nachwuchs hatte.
Am späten Nachmittag trat der Klub zur Beratung zusammen. Billi eröffnete die Sitzung mit ihrem Bericht.
»Hier im Schuppen ist sie noch gestern gewesen und hat mir ihre Kinder gezeigt«, beteuerte sie. »Ich habe die Tür fest verschlossen, und es gab überhaupt keine Möglichkeit für sie, mit ihren Jungen zu verschwinden, noch dazu mit dem Korb.«
»Vielleicht hat sie deine Mutter doch gefunden«, wandte Helga ein. »Und dann wollte sie es nur nicht zugeben, damit du nicht traurig bist. Solche Lügen sind beinahe erlaubt, hat meine Mutter gesagt.«
»Nicht bei Mammi«, erwiderte Billi mit Überzeugung. »Mammi haßt es, wenn man lügt, und geniert sich nie, die Wahrheit zu sagen, auch wenn sie einen damit trifft.«
Beifällig klopfte Anja mit ihrem Schwanz.
Sie redeten sich heiß, machten Vorschläge und verwarfen sie wieder. Es fiel ihnen einfach nichts Vernünftiges ein. Gaby, Susi, Kathinka, Thomas, Helga und Billi suchten in allen möglichen und unmögli-

chen Ecken. Sie lockten Kleopatra mit sanftem Rufen und lautem Schreien. Aber die Katze war und blieb verschwunden. Schon begann Billi zu überlegen, ob es nicht besser gewesen wäre, die Katzenjungen ihrem Schicksal zu überlassen und wenigstens Kleopatra zu behalten. Beinahe bereute sie, die Katze im Schuppen versteckt zu haben. Wäre Kleopatra, wie gewohnt, im Haus geblieben, hätte sie dort ohne Argwohn ihre Kinder geboren.
Schließlich überstanden es eine Menge Katzen, daß man ihnen die Jungen wegnahm.
»Es gibt sogar welche, die sich gar nichts aus ihren Kindern machen«, sagte Kathinka noch zu allem Überfluß. »Wer weiß, ob Kleopatra überhaupt an ihrem Nachwuchs interessiert gewesen ist. Eine Katze kann mindestens jedes Jahr neue Kinder bekommen. Das ist gar keine Sache für sie. Sicher war es Kleopatra einfach zu langweilig, im Schuppen zu bleiben, und sie ist deshalb weggelaufen. Vielleicht hat sie angenommen, daß ihr sie nicht länger im Haus behalten wolltet, und war einfach beleidigt.«
Niedergeschlagen ließ Billi solche Reden über sich ergehen. Dann aber wurde es ihr plötzlich doch zu bunt. Das war wirklich das letzte, ihr auch noch die Schuld am Verschwinden der Katze in die Schuhe zu schieben.
»Vielleicht erinnert ihr euch gefälligst, daß wir gemeinsam beschlossen haben, sie im Schuppen zu verstecken«, schrie sie aufgebracht.
»Hinterher alles besser zu wissen ist auch kein Kunststück«, pflichtete ihr Thomas bei.
»Was geschehen ist, ist geschehen«, spendete Susi billigen Trost. »Es hat gar keinen Wert, sich graue Haare wachsen zu lassen.«
Billis Zorn ergoß sich über die unschuldige Rednerin.
»So ein Quatsch«, sagte sie wütend. »Sich keine grauen Haare wachsen zu lassen. Deine sind auf jeden Fall ganz schön schwarz geblieben. Eure Katze ist es ja auch nicht«, fügte sie überflüssigerweise hinzu.
Ein Sturm der Entrüstung ließ die Wände des Schuppens erzittern.
»Such deine Katze doch allein, wenn du so etwas denkst.«
»Warum hast du uns überhaupt geholt.«
»Glaubst du vielleicht, daß ich mich deshalb mit meiner Mutter herumgezankt habe, um zu euch zu kommen.«
»Alles was recht ist, das haut einen um.«
»Jetzt reicht's mir«, sagte Thomas mit männlicher Kürze, drehte dem

Weibergezänk seinen Rücken und schwang sich aufs Rad.
»Er hat recht«, meinte Helga bissig und ließ Billi stehen. Kummervoll schüttelte Gaby ihre Beatle-Mähne. Man konnte sich schließlich nicht alles bieten lassen.
»Mit dir ist ja nicht zu reden«, sagte sie und verschwand.
Susi war wegen der mangelnden grauen Haare ohnehin beleidigt. Und selbst Kathinka vergaß ihre angeborene Besonnenheit.
»Tschau«, sagte sie schnippisch und ließ Billi mit ihrem Katzenproblem allein. Da saß sie, wütete vor sich hin und verkniff sich die Tränen.
»Haut nur ab«, murmelte sie tief gekränkt und trat den Rückzug ins Haus an, wo sie ausgerechnet Mammi in die Arme laufen mußte. Gutgemeinte Fragen rufen manchmal merkwürdige Reaktionen hervor.
»Was machst du denn für ein Gesicht?« fragte Mammi unsicher, noch immer im Bewußtsein ihrer Schuld. Mit einem Aufschrei wischte Billi an ihr vorbei und verschwand in ihrem Zimmer. Mammis ausgeprägter sechster Sinn brachte das merkwürdige Verhalten ihrer Tochter sofort mit der verschwundenen Katze in Zusammenhang. Seufzend beschloß sie, sich zurückzuhalten, da sie doch nicht helfen konnte. Billi warf sich aufs Bett und heulte im Vollgefühl des Unrechts, das ihr und Kleopatra widerfuhr. Die ganze Welt hatte sich gegen sie verschworen. Vergeblich versuchte Anja, sie mit sanfter Pfote zu beruhigen.
»Laß mich in Ruhe!« schluchzte Billi undankbar und vergaß, daß sie sich vorgenommen hatte, ihren Kummer stolz und schweigsam für sich zu behalten. Ein Häufchen Unglück vergrub seinen Kopf in das Kissen und weinte, als ob es um sein Leben ging. Vor solchem Schmerz konnte niemand gefühllos bleiben. Mammi saß in ihrem Zimmer und hielt sich die Ohren zu, wobei sie sich ernstlich fragte, ob sie keine Rabenmutter sei. Aufgescheucht aus friedlicher Ruhe machte sich Daddy auf den Weg zu seiner Tochter.
»Was ist denn los?« fragte er ungeduldig, wie immer tief getroffen von der Verantwortung, daß jemand aus seiner Familie unglücklich war. Statt einer Antwort schnüffelte Billi ihre Tränen nach oben und zog ein blütenweißes Taschentuch aus ihres Vaters Jacke, um sich die Nase zu putzen. Diesmal wagte Daddy keinen Einwand, obwohl er es im allgemeinen nicht ausstehen konnte, wenn man sich an seinem persönlichen Eigentum vergriff. Mammi zum Beispiel zeigte eine ausge-

sprochene Vorliebe für seine Pullover, obwohl sie seiner Meinung nach selbst den ganzen Schrank voll hatte und ihm nur eine bescheidene Ecke blieb.

»Es ist wegen Kleopatra«, sagte Billi und starrte ihren Vater vorwurfsvoll an.

»Ich weiß auch nicht, wo sie sein kann«, entgegnete er hilflos und hockte sich zu seiner Tochter aufs Bett. Überwältigt von so viel Ausweglosigkeit überließ sich Billi aufs neue ihrem Schmerz. So viel Kummer konnte Daddy einfach nicht ertragen. Er kam sich überfordert vor und hätte liebend gerne den Rückzug angetreten. Aber er fand den richtigen Abgang nicht. So blieb ihm nichts übrig, als neben seiner schluchzenden Tochter auszuharren, bis ihn das Schicksal in Gestalt von Fräulein Marie erlöste. Die Arme in die Hüften gestemmt, fragte sie streng: »Was ist eigentlich los?« und bedachte Vater und Tochter mit mißbilligenden Blicken.

»Erkundigen Sie sich lieber selbst«, meinte Daddy, nutzte die Gelegenheit und entwischte durch die offene Tür. Billi hielt den Kopf in das Kissen vergraben und zeigte keine Lust, noch irgend jemand Rede und Antwort zu stehen. Aber sie hatte nicht mit Fräulein Maries Beharrlichkeit gerechnet.

»Hör auf zu heulen«, sagte diese mitleidslos und packte Billi mit gekonntem Griff im Genick. »Au!« schrie Billi empört, rieb sich den Hals und schnellte von ihrem Bett, um aus dem Zimmer zu laufen. Aber Fräulein Marie verstand es, solche Pläne zu vereiteln.

»Du bleibst!« befahl sie und drückte ihr Opfer auf einen Stuhl. »Sag jetzt, was los ist, und untersteh dich, noch länger ein solches Theater zu machen.«

Solch rauhe Töne war Billi von ihren Eltern nicht gewöhnt. Aber der Erfolg von Fräulein Maries erzieherischem Eingriff war nicht zu bestreiten. Aus einem heulenden Etwas wurde wieder ein vernünftiger Mensch.

»Es ist wegen Kleopatra«, schnüffelte Billi, unterdrückte einen letzten Schluchzer und suchte nach einer Möglichkeit, sich auf anständige Art die Augen zu wischen.

»Im Schrank oben links«, bemerkte Fräulein Marie kurz und wartete, bis sie ein Taschentuch gefunden hatte. Etwas wie Achtung vor so viel Gefühllosigkeit konnte Billi Fräulein Marie nicht versagen. Nur geschlagen gab sie sich nicht. Schließlich war es ihr gutes Recht, über so viel elterlichen Unverstand zu heulen. »Kannst du mir sagen, warum

ich aufhören soll, verzweifelt zu sein, wo sich doch nichts daran geändert hat, daß Kleopatra vor uns geflüchtet ist?« fragte sie stumm. Aber für stille Monologe zeigte sich Fräulein Marie taub. Statt dessen gab sie laute Kommandos von sich.
»Wasch dir die Hände, komm mit und halte den Schnabel!«
Eine jähe Handbewegung unterstrich ihre Worte. Noch nie hatte Billi Fräulein Marie so lebhaft gesehen, gewöhnlich blieb diese steif wie ein Stock. Selbst wenn sie sich ereiferte, was mindestens dreimal am Tag geschah. Jetzt öffnete sie die Tür, beugte den Oberkörper vor und spähte in den Flur, als fürchte sie einen Überfall. »Wie ein Indianer auf Kriegspfad«, dachte Billi und mußte trotz allen Kummers lachen. Eine unerwartete Spannung wuchs in ihr, als sie Fräulein Marie auf Zehenspitzen zu ihrem Zimmer folgte. Das Zimmer war abgeschlossen. Geheimnisvoll kramte Fräulein Marie den Schlüssel aus ihrer Schürzentasche. Ganz Auge und Ohr sah Billi ihr über die Schulter, als Fräulein Marie die Tür aufsperrte, Billi hinter sich herzog und das Zimmer von innen verriegelte, als ob sie einen Überfall befürchten mußte.
Auf ihrem Bett stand ein wohlbekannter Korb, den Billi mit unbeherrschtem Jubel begrüßte. Ein unsanfter Rippenstoß ließ sie verstummen. Im Korb saß Kleopatra von ihrer Brut umgeben und blickte ihnen vielsagend entgegen.
»Sie sind ein Engel«, flüsterte Billi, fiel Fräulein Marie um den Hals und verabreichte ihr einen Sturm von Küssen. Fräulein Marie schüttelte sich. Von Zärtlichkeiten hatte sie noch nie viel gehalten.
»Es reicht!« prustete sie entrüstet und befreite sich von Billis Übergriffen. Verständnisvoll strich Kleopatra um ihre Beine, als wollte sie betonen: Wir beide verstehen uns. Vier kleine Katzen kugelten sich vergnügt im Korb. Im Geiste schüttelte Billi anerkennend Fräulein Maries Hand.
»Wir sind uns einig«, sagte diese, und Billi nickte. Noch vier Tage, dann würden die Kätzchen sehen, dann hatten sie es gemeinsam geschafft.
Sogar in der Schule hielt Billi den Mund, nur ihre Nase streckte sie noch vorwitziger als sonst in die Luft, zumal sie die übrigen Mitglieder des Klubs übersahen.
»Ihr werdet euch wundern«, dachte sie siegesbewußt und überraschte Mammi mit vier richtigen Lösungen in einer Mathematikarbeit.
Noch drei Tage, und Fräulein Marie und Billi blinkerten sich im tie-

fen Einverständnis zu. Zwei Tage, und Daddy wunderte sich, daß Billi Kleopatra einfach vergessen hatte. »Kein guter Charakterzug«, stellte er fest. Der letzte Tag schlich langsam dahin. Dann war es soweit. Die Flaggen wurden auf Sieg gehißt und Fräulein Marie der Verantwortung enthoben. Was jetzt noch kam, war einzig Billis Sache. Der Korb mit den sehenden Kätzchen wanderte in ihr Zimmer.

»Hört, bitte«, sagte Billi zu ihren Eltern und trug überraschende Züge töchterlicher Bescheidenheit im Gesicht. »Ich habe eine Überraschung für euch.«

Fräulein Marie verschwand zu einem Spaziergang, um ihre Hände in Unschuld zu waschen. Nichts Böses ahnend, betraten Mammi und Daddy das Zimmer. Kleopatra hatte sich zu einem hochmütigen Katzenlächeln herabgelassen. Vier Katzenkinder balgten sich auf dem Federbett.

»Ich muß mich setzen«, sagte Mammi und hielt sich an der Türklinke fest. Daddy fiel ein Stein vom Herzen, er sah seine Tochter wieder in gutem Licht und konnte ihr seine Anerkennung nicht versagen. »Auch wenn ihn fast der Schlag getroffen hatte«, wie er später sagte. Halb ängstlich, halb siegestrunken nutzte Billi den Augenblick und setzte Mammi ein Kätzchen auf den Arm. Kleopatra gestattete sich ein verhaltenes Fauchen. Mechanisch kraulte Mammi im weichen Fell des Kätzchens. Nur Daddy erschauerte, als er an die Katzenbevölkerung in seinem Haus dachte. Noch waren sie hilflos, süß und unschuldig und taten niemand etwas zuleide. Aber später würden sie Vögel verfolgen und Gefallen am tödlichen Spiel mit Mäusen finden. Ohne ihre Jungen aus den Augen zu lassen, wandte sich Kleopatra verächtlich ab. Kein Zweifel, daß sie Gedanken las.

Die Kätzchen stellten das Haus auf den Kopf. Ausgerechnet der Nachbardackel, einst Struppis Verehrer, wurde ihr bester Freund. Mit Verachtung bestrafte die Hundedame ihren ungetreuen Kavalier. Bei jeder Gelegenheit kehrte sie ihm ihren struppigen Rücken zu. Der Dackel hatte seinen Liebeskummer längst überwunden und betätigte sich als Katzenvater. Er besuchte seine Pfleglinge beinahe jeden Tag. Kleopatra nahm es gelassen hin.

Die Kätzchen entwickelten sich zu Katzen. Im Laufe eines Jahres fanden drei von ihnen doch noch einen anderen Platz. Fünf Katzen wurden Daddy und den Hunden wirklich zu viel. Es war auf die Dauer einfach nicht mehr zu machen.

Nur Hinzı, der Kater, blieb Kleopatra erhalten. Mit rührender Sohnesliebe hing er an seiner Mutter. Er schlappte die Milch aus ihrer Schüssel und nahm auch sonst ihre Gewohnheiten an. So sprang er mit Vorliebe auf Struppis Korb und wartete ab, bis dieser beleidigt das Feld geräumt hatte. Dann ließ er sich häuslich im Körbchen nieder und fauchte unverschämt, wenn ihm die Hunde zu nahe kamen. Er wurde ein fetter, launischer Herr und ließ sich von keinem etwas gefallen. Oft zwängte er seinen dicken Kopf durch Ritzen und Löcher. Dann mußte ihn Billi mühsam befreien. Als einzige der Familie fand sie Gnade vor seinen Augen.
Ihr hatte er schließlich sein Katerleben zu verdanken.

Compton Mackenzie

Sylvia die Zweite und Michael

Es mag sonderbar erscheinen, daß ich ein anderes Kätzchen wieder Sylvia taufte, aber sowie sie erschien, erkannte ich, daß sie es wert war, den Namen der geliebten ersten Sylvia zu tragen. Gleichzeitig beschloß ich, dafür besorgt zu sein, daß sie nicht von meiner Gesellschaft abhing und daß auch ich nicht von ihr abhängig wurde.
Sylvia die Zweite war eine Enkelin des Champions Bonzo, der in der Entwicklung der typischen heutigen Siamkatze einen ähnlichen Ruf genießt wie Eclipse in der Geschichte des Vollblut-Rennpferdes. Ich bezweifle, daß irgendein heutiger Champion väterlicher- oder mütterlicherseits ohne einen Tropfen von Bonzos Blut ist. Außer in England gibt es Siamkatzenklubs in Frankreich, Belgien, Südafrika und in den Vereinigten Staaten, wahrscheinlich auch sonst noch in der Welt. In allen wird man Nachkommen von Champion Bonzo finden. Ich hatte den Vorzug, ihm vor über dreißig Jahren einmal die Pfote zu drücken, und ich entrichte diesen knappen Tribut dem Gedenken einer wirklich großen Katze.
Sylvia war von Anfang an eine fixfertige und beherrschende Persönlichkeit. Sie war präpotent, ohne jemals auf lästige Weise selbstbewußt zu sein. Sie miaute selten, außer wenn sie verliebt war. Dann verfügte sie über einen Kontraalt-Stimmumfang, der jede Wagnersängerin zum Schweigen gebracht hätte. Ihr Verstand sagte ihr, daß auf der kleinen Insel Jethou kein Liebhaber lauerte, und vielleicht ver-

suchte sie, sich auf Herm hörbar zu machen, in der Hoffnung, einen Leanderkater über den Hellespont zu locken, der die beiden Inseln trennte.

Jethou ist eine sehr kleine Insel, kaum anderthalb Kilometer im Umkreis und nur fünfzig Morgen umfassend. Sie erhebt sich in Form eines steilen Grabhügels zu siebenundachtzig Meter Höhe aus dem Meer und wird im Norden und im Süden von zwei kleinen Monts Saint-Michel bewacht, die Creviçon und La Grande Fauconnaire heißen. Im Verhältnis zu dem geringen Raum, den Jethou einnimmt, gibt es hier eine Vielfalt der Landschaft, die keine Insel von ähnlicher Größe an der Küste von Großbritannien, Irland und Frankreich zu bieten hat. Überdies wachsen hier uralte Edelkastanien, Birn- und Hagedornbäume, und in dem ummauerten Garten am Klippenrand steht ein breit ausladender Maulbeerbaum, der nahezu zweihundertfünfzig Jahre alt ist.

Im Frühjahr wurde bei Ebbe rings um den Creviçon eine breite Sandstrecke freigelegt, und hier wimmelten die felsigen Wasserlöcher von großen Garnelen. Wer Siamkatzen kennt, der weiß, daß sie Garnelen als höchste Delikatesse betrachten. Es gab tatsächlich nur ein Gericht, das Sylvia noch mehr liebte, und das war Gänseleberpastete. Kaviar kostete sie nie, aber wenn sie gewußt hätte, daß er sogar noch teurer war als Gänseleberpastete, hätte sie ihn sicherlich vorgezogen.

Den größten Anziehungspunkt, den Jethou Katzen zu bieten hatte, bildeten jedoch die vielen Kaninchen. Ein Gouverneur in Guernsey führte sie zu Elisabethanischer Zeit ein, und vor mehr als drei Jahrhunderten schrieb der englische Dichter Michael Drayton in seiner poetischen und patriotischen, in Alexandrinern abgefaßten Beschreibung Englands »Polyolbion« über Jethou und seine Kaninchen. Siamkatzen ziehen Kaninchen als Hauptnahrung jeder anderen Diät vor. Nur ganz selten gab sich eine meiner Katzen auf Jethou damit ab, Vögel zu fangen. Sie frönten der Kaninchenjagd, nicht um mit der Beute zu spielen, wie Katzen mit Vögeln und Mäusen zu spielen pflegen, sondern um sie zu erlegen und auf der Stelle zu verzehren; nichts ließen sie übrig, außer dem Magen und der Blume.

Nach dem tragischen Ergebnis, das die Suche nach einem Gatten für Sylvia die Erste zur Folge hatte, schob ich es so lange wie möglich auf, für Sylvia die Zweite einen Kater kommen zu lassen. Das konnte um unseres eigenen Seelenfriedens willen nicht ewig aufgeschoben werden, und zu guter Letzt erhielten wir Michael von einem guten

Züchter, dessen Bestand von der furchtbaren Katzenseuche frei war.
Michaels Eltern waren eingeborene Siamesen. Sein Fell war gleichmäßig isabellfarben; Gesicht, Ohren, Füße, Beine und Schwanz waren schokoladefarben. Seine Maske war nicht V-förmig wie bei einem Marder, sondern gerundet. Sein Schwanz hatte an der Spitze einen ausgesprochenen Knick, und seine Augen waren wie Saphire. Heute wäre Michael aus der Mode, so schnell hat sich der Standard für Siamkatzen durch die Entwicklung des abendländischen Typs vollzogen
Michael und Sylvia schlossen sofort Freundschaft. Natürlich konnte man erwarten, daß Michael ihr wohlgesinnt sein würde, aber es bedeutete eine Überraschung, daß sie sich so schnell für ihn entschied. Man durfte es eigentlich Liebe auf den ersten Blick nennen. Übrigens liebten wir alle Michael, der ein ganz entzückender Kater war und seine Zuneigung mit einem sanften kleinen Miau ausdrückte, ja, mit diesem sanften kleinen Miau drückte er nie etwas anderes als Zuneigung aus.
Als er Vater von vier Kindern wurde, von zwei Männchen und zwei Weibchen, besuchte er seine Familie immer, beschnüffelte und beleckte zuerst die Kätzchen und küßte dann Sylvia, bevor er sie verließ; doch stets kehrte er spätestens in einer Stunde zu ihnen zurück, um mit der ganzen Prozedur von neuem zu beginnen.
Nach angemessener Frist gab ich die beiden Weibchen weg, behielt aber Stumps und Baron, die beiden Männchen. Stumps, Sylvias Erstgeborener, hatte, wie meine geliebte Sylvia die Erste, einen kurzen Schwanz mit Doppelknick. Abgesehen von seinem Schwanz, schlug er sowohl im Charakter als auch in der Erscheinung seiner Mutter nach. Er hatte ihr unerschütterliches Selbstbewußtsein, aber da er ein Männchen war, prahlte er gern damit. Es fehlte ihm die zuversichtliche und heitere Gelassenheit seiner Mutter. Als er mit seinem Bruder Baron dem Tierarzt in Guernsey einen Besuch abstattete, erlitt seine Selbstsicherheit nicht die geringste Einbuße. Als ihn seine Mutter nach der Rückkehr fragte, was er eigentlich jetzt sei, versetzte er ihr eine Ohrfeige. Das war das einzige Mal, wo ich Sylvia für einen Augenblick fassungslos sah.
Außer daß Baron viel heller war, schlug er seinem Vater nach, und er hatte auch die gleiche sanfte Stimme. Er war nicht so lebhaft wie Stumps, und bei der Jagd befaßte er sich nur mit jungen Kaninchen.

Da die Kaninchen auf Jethou eine Plage bildeten und ich ganz dagegen war, sie in Fallen zu fangen, war ich Baron sehr dankbar, denn er muß während der sieben Jahre, die er auf der Insel verbrachte, nicht weniger als viertausend junge Kaninchen erlegt und aufgefressen haben. Er tötete sie immer sofort, und nur wenn es Garnelen gab, zeigte Baron Interesse für eine Mahlzeit im Hause.
Von den vielen Spielen, die ich mit Kätzchen trieb, fand ich am lustigsten einen Zeitvertreib, den ich mit den Umschlägen der Grammophonplatten erfand. Für dieses Spiel müssen die Kätzchen groß genug sein, daß ihnen der Umschlag nicht über den Kopf rutscht, wenn man ihn ihnen wie einen Kragen überstreift. Wenn die Kätzchen wie die Pferde bei einem Ritterturnier aussahen, begannen sie aufeinander loszugehen; mit den lustigsten Schritten rückten sie vor und wichen seitwärts aus, um sich zu verteidigen.
Dann aber wurde dieses Familienleben plötzlich durch Michael zerbrochen. Es war, wie ich mich erinnere, kurz nach seiner zweiten Paarung mit Sylvia, da hörte ich eines Morgens im Garten ein dämonisch klingendes Geschrei. Ich stürzte hinaus. Stumps hockte im Maulbeerbaum am Ende eines Astes, und Michael pirschte sich mit wütend schielendem Blick und gesträubtem Fell an seinen ältesten Sohn heran. In manchen Fällen wäre eine solche Behandlung des Thronfolgers vielleicht gutgeheißen worden; wir bedauerten sie.
Eigentlich erwartete ich, daß sich Michael gegen mich wenden würde, als ich ihn von dem Maulbeerbaum herunterholte; aber er nahm sogleich wieder sein sanftes Wesen an. Am folgenden Tage war er abermals hinter Stumps her, und zweifellos hegte er die Absicht, ihn nach Möglichkeit umzubringen. Baron fühlte sich seines Lebens auch nicht mehr sicher und zog sich zur andern Seite der Insel zurück.
Ich mochte weder ihn noch Stumps verlieren, aber auf Michael wollte ich ebensowenig verzichten, und so schien mir nichts anderes übrigzubleiben, als Michael zum Tierarzt in Guernsey zu schicken und ihm weitere Gelegenheiten, ein Patriarch zu werden, zu unterbinden.
Es half nichts. Er ging mit seinen Söhnen genauso ungestüm um wie zuvor, und da ich voraussah, daß die nächsten Söhne, die Sylvia ihm schenken mochte, in einigen Monaten ebenso das Ziel seines Rachedurstes wie Stumps und Baron sein würden, suchte ich ihm anderswo Unterkunft. So kam er in ein Landhaus bei Dumfries, wo er glücklich

und zufrieden mit Menschen lebte, die ihn liebten. Er freute sich an der Jagd und wurde schließlich von einem nichtswürdigen Förster erschossen.
Michaels Abreise bedeutete, daß Sylvia in Übersee einen Mann suchen mußte. Die Fahrt über den Kanal regte sie nicht im geringsten auf, und nie machte sie irgendwelche Schwierigkeiten, wenn es für ihre Flitterwochen Zeit wurde und wir sie in ihren Reisekorb setzten. Sie war, wie gesagt, eine bemerkenswert vernünftige Katze.
Eines Tages entschied sie, daß sie sich die ganze Mühe, in ihrer Sandkiste zu kratzen, wenn sie nur ein kleines Geschäftchen erledigen wollte, ersparen konnte, indem sie dem Beispiel der Menschen folgte und den von ihnen erfundenen Sitz benutzte. Sie konnte die Kette nicht ziehen; aber ich bezweifle nicht, daß sie es getan hätte, wenn es ihr möglich gewesen wäre. Ob sie den Ehrgeiz hegte, ihren Kindern dieses Kunststück beizubringen, weiß ich nicht; jedenfalls hatte sie keinen Erfolg damit, wenn sie es versuchte.
Sylvia war eine vorbildliche Mutter, und ihre Kätzchen wurden so streng erzogen wie in früheren Zeiten die Menschenkinder. Sie säugte sie mit pflichtbewußter Regelmäßigkeit, bis es ihrer Meinung nach Zeit wurde, sie zu entwöhnen. Dann ergab es sich, daß die Kätzchen, die in fröhlichem Spiel zu ihr drängten, um sich eine Mahlzeit schmecken zu lassen, mit drohendem Knurren, Fauchen und Hieben empfangen wurden. Die armen kleinen Geschöpfe starrten einander erschrocken an, als ob sie fragten, was denn in die Mutter gefahren sei. Eins von ihnen wurde von den Geschwistern angestachelt, es nochmals zu versuchen. Sehr bald wich es vor der fauchenden Mutter zurück, und die Ohren zuckten ihm von der Maulschelle, die es erhalten hatte. Doch sobald ihre Kinder begriffen hatten, daß es mit dem Säugen vorbei war, ermutigte sie sie, sich an sie zu schmiegen. Diese Phase dauerte ungefähr einen Monat, worauf sie ihnen ganz plötzlich mitteilte, daß sie nun zu groß waren, um sich überall auf ihr breitzumachen.
Eines Tages aber gelangte Sylvia zu der Entscheidung, daß allzu viele Katzen im Hause wären, und einige Zeit vor der Entwöhnung lockte sie ihren letzten Wurf auf den höchsten Punkt der Insel zu einer Mauer, in der eine gemütliche Nische war.
Ich hatte mit ihr einen Wortstreit über die Zukunft, als wir endlich entdeckten, wo Sylvia ihre Kätzchen versteckt hatte.
Ich: Schau, Sylvia, du kannst von deinen Kätzchen nicht erwar-

ten, daß sie Kaninchen jagen, bevor sie mindestens drei Monate alt sind, und selbst dann können sie es nur mit jungen Kaninchen aufnehmen.

Sylvia: Na, und?

Ich: Sie müssen nach Hause zurückkommen. Sie werden herausfinden, wo das Haus ist, wenn du sie sich selbst überläßt, und ich will auf keinen Fall erleben, daß du dich so benimmst, wie sich der liebe Michael mit seinen Söhnen aufgeführt hat.

Sylvia: Es sind meine Kätzchen.

Ich: Ja, du hast recht, es sind deine Kätzchen, und du mußt die mütterliche Verantwortung tragen.

Sylvia: Ich trage sie ja.

Ich: Angenommen, sie verhungern?

Sylvia: Das ist ihre Sache. Ich werde ihnen beibringen, wie man Kaninchen fängt.

Ich: Sylvia, sei bitte nicht so eigensinnig. Du weißt, was für ein Schrecken es für deine Kätzchen ist, wenn du es an der Zeit findest, sie zu entwöhnen. Kätzchen beizubringen, wie man Haferbrei aus einem Tellerchen frißt, ist etwas ganz anderes, als ihnen den Kaninchenfang beizubringen. Im übrigen kann ich nicht ewig hier im Wind stehen und mit dir streiten. Du hast es in deiner kleinen Höhle recht bequem, aber ich werde tüchtig gezaust. Die Kätzchen müssen ins Haus zurück. Ich habe einen Korb für sie mitgebracht, und ich nehme an, daß du die Nacht nicht hier allein verbringen magst. Aber bitte kein Geknurr. Ich weiß, du hast einen eigenen Willen, aber ich habe auch meinen Kopf, und so sehr du auch knurrst, nichts wird mich hindern, die Kätzchen ins Haus zurückzubringen.

Sylvia starrte mich eine Weile angespannt an. Dann kam sie aus der Nische hervor und begleitete mich nach Hause zurück.

Die Weibchen gaben wir immer weg, wenn sie ein halbes Jahr alt waren; aber an einem Kätzchen, das wir Venetia nannten, hing ich ganz besonders, und ich beschloß, es zu behalten. Da ich wußte, daß Sylvia keinesfalls damit einverstanden sein würde, wenn Venetia nicht von den Fesseln der Liebe befreit wurde, schickte ich Venetia nach Guernsey, um sie sterilisieren zu lassen. Damals war das noch eine ungewöhnliche Operation für einen Tierarzt, und Venetia starb an den Folgen. Das ging mir sehr nahe, und es sollten fünfundzwanzig

Jahre verstreichen, bevor ich mich dazu aufraffen konnte, das Wagnis abermals einzugehen.
Wenn wir im Frühling bei Ebbe rings um Creviçon auf Garnelen Jagd machten, saßen die Katzen auf der Glasveranda an der Südseite des Hauses und sahen den Fischern mit gespannter Vorfreude zu. Hernach folgten sie uns zur Küche, und sie jammerten im Chor vor der Tür, bis eines unserer Mädchen mit einer Schüssel roter Garnelen auftauchte und von dem Anbau, wo die Küche lag, zum Eßzimmer ging. Alle Katzen liefen dann neben dem Mädchen her, das ebenso rot war wie die Garnelen und das Kunststück fertigbringen mußte, die Schüssel auf den Tisch zu setzen und die Katzen auszuschließen, bis wir uns gesetzt hatten. Dann durften die Katzen hereinkommen, und so schnell wir Köpfe und Schwänze abrissen und sie auf den Boden warfen, so schnell wurden sie auch schon verschlungen. Es war eine unschickliche Szene gieriger Ekstase, aber eine, auf die ich mit liebevollem Lächeln zurückblicke.
Es gibt eine reizende Katzengeschichte von Ursula Moray Williams, in der sich die Hauptperson ärgert, weil einem Papagei zuviel Aufmerksamkeit geschenkt wird. Als ich diese Geschichte las, mußte ich daran denken, wie sehr Sylvia die Zweite es übelnahm, daß ein Freund von uns einen Kakadu nach der Insel Jethou brachte. Sie fragte mich, warum dieser geräuschvolle weiße Vogel seinen Platz auf ihrer Lieblingsveranda haben müsse. Ich versuchte ihr zu erklären, was Gastfreundschaft bedeutete, aber das machte ihr keinen Eindruck.
»Soll ich etwa meinen Lieblingsplatz aufgeben, weil ich das Gekreisch dieses widerlichen Vogels nicht ertragen kann?« entgegnete sie. »Die weißen Kollerer, die du auf die Insel brachtest, waren schon schlimm genug.« Damit spielte sie auf die Einfuhr eines weißen Truthahns und zweier weißer Truthennen an, die unseren Katzen das Leben unerträglich gemacht hatten, indem sie ihnen mit frechem Hochmut nachkollerten. Zum Glück für ihren Seelenfrieden gewöhnte es sich der Truthahn an, Menschen anzugreifen, und wurde deswegen von der Insel verbannt; die beiden Hennen wurden danach gegessen, und natürlich hatten die Katzen ihren Anteil daran erhalten.
Sylvia blieb ihrem Kissen auf der Veranda treu, solange sie konnte, bis ich eines Tages dazukam, wie sie den Kakadu anknurrte und ihm offenkundig drohte, ihn zu vertreiben, wenn er mit seinem verhaßten Gekreisch nicht aufhörte. Aber das ließ ihn nur noch lauter kreischen.

Sylvia fauchte böse, doch da ihre Ohren es nicht mehr ertrugen, flüchtete sie von der Veranda. Sie betrat sie auch nicht wieder, bis der Kakadu in das Haus umzog, in dem unser Schreiner mit seiner Frau wohnte. Hier lebte er ungestört; mit jedem Jahr wurde er grauer und grauer von einem Ofen, der bei bestimmten Windstößen gewaltig rauchte, obwohl man mit verschiedenen Schornsteinkappen alle möglichen Versuche anstellte.

Stumps, Baron, Bimbo und Boy

Auf Bimbo, der zu Michaels zweiter Familie gehörte, setzte ich große Hoffnungen. Er war ein sehr lustiges Kätzchen. Unten an der Tür meines Arbeitszimmers hatte ich ein Pendeltürchen anbringen lassen, so daß die Katzen ein und aus gehen konnten, ohne daß ich aufstehen und ihnen die Tür öffnen mußte. Ich hielt das für meine eigene Erfindung, aber später entdeckte ich, daß Kardinal Mazarin, der Nachfolger Richelieus, mir damit um ungefähr dreihundert Jahre zuvorgekommen war.

Als Bimbo drei Monate alt war, kam er jeden Abend Punkt halb sieben Uhr mit einer Papierkugel in mein Arbeitszimmer. Er trug sie zwölf Meter weit bis zum Ende des Raumes, wo ich in meinem Stuhl saß. Dann ließ er die Kugel fallen und setzte sich; er erwartete, daß ich die Kugel aufnahm und zum andern Ende des Zimmers warf. Nachdem er die Papierkugel ein halbdutzendmal apportiert hatte, fand er, daß es genügte. Er hob seinen Ball auf, verzog sich damit durch das Pendeltürchen und legte ihn an einen sicheren Ort bis zum folgenden Abend um halb sieben Uhr.

Leider erfüllte Bimbo das Versprechen seiner Jugend als Persönlichkeit nicht. Er wurde restlos verfressen, und obwohl er auf eine Zärtlichkeit höflich antwortete, hatte man immer das Gefühl, daß Höflichkeit und Zuneigung nur in der Hoffnung entfaltet wurden, daß man etwas für ihn zu fressen hätte. Trotz seiner Freßgier wurde Bimbo beinahe neunzehn Jahre alt. Vielleicht verhinderte die überwältigende Persönlichkeit von Sylvias Erstgeborenem, nämlich von Stumps, Bimbos Entwicklung und auch die von Boy, der einem späteren Wurf Sylvias entstammte. Boy war äußerst nervös, und jeder, der mit Siamkatzen zu tun gehabt hat, weiß, was das bedeutet. Wenn sie nervös sind, kann man sie nicht heilen. Ich glaube, das trifft auch auf Menschen zu, obwohl die Psychotherapeuten andere Ansichten ver-

treten.
Entgegen meinem besseren Urteil hatte ich ein nervöses weibliches Kätzchen weggegeben. In seinem neuen Heim wurde es von Todesangst befallen, und bei der geringsten Veranlassung rannte es weg, um sich im Kamin zu verbergen. Schließlich mußte es eingeschläfert werden. Ich beschloß, solch ein Tier nie wieder wegzugeben, und als Boy, den ich einem Freund versprochen hatte, Anzeichen der Nervosität verriet, entschied ich, ihn bei der Familie zu lassen, zumal er meine Sekretärin Nelly Boyte sehr liebte und auch, wie hinzugefügt werden muß, die herrliche Kaninchenjagd auf Jethou.
Doch um zu Stumps zurückzukehren – abgesehen von seinem disqualifizierenden kurzen Schwanz mit Doppelknick, stellte er das Musterexemplar eines kastrierten Siamkaters dar. Ich liebte seinen Schwanz, weil er mich an meine geliebte erste Sylvia erinnerte; überhaupt habe ich es mir zur Regel gemacht, keine meiner Katzen jemals auszustellen oder zu verkaufen. Stumps' Persönlichkeit paßte zu seiner äußeren Erscheinung. Es dünkte mich, als neckte er seinen Vater damit, daß er in gleicher Weise wie Stumps degradiert worden war, und dies mag der Grund gewesen sein, warum Michael sogar nach der Operation, die jegliche Ursache der Eifersucht ausschalten sollte, immer noch entschlossen war, seinen ältesten Sohn umzubringen. Von dem Augenblick an, wo Michael nach Schottland übersiedelte, wurde Stumps der Häuptling der Katzensippe auf Jethou. Allerdings ging er nicht so weit, sich vor seiner Mutter etwas anzumaßen. Sylvia war eine Matriarchin großen Stiles, die über ihre Kinder vom Augenblick der Geburt an herrschte. Allerdings gab es, das muß ich zugeben, eine peinliche Szene in meinem Arbeitszimmer, als Stumps seiner Mutter gegenüber Ödipus spielen wollte. Sie litt gerade die Schmerzen unerfüllter Liebe und wehrte ihn nicht ab; doch als sie von ihrer Hochzeit auf dem Festland zurückkehrte, gab sie ihrem ältesten Sohn, sowie sie ihrem Reisekorb entstiegen war, eine kräftige Kopfnuß, worauf er sich nie mehr unterstand, sich ihr gegenüber Freiheiten zu erlauben.
Stumps konnte nie verstehen, wieso wir keine Macht über das Wetter hatten. Wieso waren wir nicht imstande, die Sonne einzuschalten, wenn wir ihm doch ein warmes Feuer liefern konnten? Wieso vermochten wir den Wind nicht zu beschwichtigen, wenn wir Zugluft aus einem Zimmer fernhalten konnten? Er beschwerte sich entrüstet, während er in der offenen Tür stand.

»Ich möchte hinausgehen und mein Geschäft im Garten verrichten. Du meine Güte, glaubst du etwa, ich werde in den strömenden Regen hinausgehen? Stell ihn ab! Du kannst ihn nicht abstellen? Was soll das heißen? Also gut, ich warne dich; wenn ich den halben Sand aus unserer Kiste scharren muß, ist es deine eigene Schuld. Und vielleicht ist das noch nicht alles, vielleicht kommt es mir in den Sinn, es auf einem Bett zu verrichten.«

Es gibt einen Aberglauben, nach dem Maikatzen unsaubere Tiere seien. Sylvias erster Wurf kam im Mai, aber unter ihrer strengen Erziehung waren alle, außer Stumps, peinlich sauber. Seine gelegentlichen Verstöße waren Absicht; er wollte uns damit strafen, weil wir es unterließen, den Regen abzustellen und die Sonne einzuschalten.

Um ihn seinerseits zu bestrafen, ließ ich im Fußboden meines Arbeitszimmers eine Falltür anbringen, und er wurde dazu verurteilt, in der Dunkelheit unter dem Fußboden, sozusagen in der Verbannung, seine Strafe abzusitzen. Sogar die Gefängnisstrafe machte er sich einmal zu seinem eigenen Vorteil zunutze, denn als ich die Falltür öffnete, sprang er mit einer Ratte in der Schnauze ins Zimmer zurück.

»Etsch, du Dummkopf«, sagte er. »Siehst du, wie gut ich mich unterhalten habe?«

Als ich einen Ruf der Verwunderung ausstieß, zuckte er frech mit dem Schwanz.

»Ja, ich dachte mir, daß es dich überraschen wird, wie gut ich mich unterhalten kann, wenn du mich in dem langweiligen Keller einsperrst.«

Aber meine Verwunderung hatte nicht Stumps' Heldentat gegolten, sondern der Tatsache, daß er eine alte Hausratte erlegt hatte, die einzige, die ich jemals in meinem Leben sah. Auf Jethou gab es nur Wanderratten, die an der Küste lebten, Napfschnecken fraßen und Vogeleier austranken. Ich glaube, diese Hausratte war die letzte ihrer Art, gewissermaßen ein den normannischen Eindringlingen widerstehender Harold.

Baron hatte ein ganz anderes Temperament als Stumps. Er war sehr groß, aber weniger muskulös als sein älterer Bruder, und er brachte nur ein lächerliches Piepsen hervor, ganz im Gegenteil zum Kontraalt seiner Mutter und zu dem tiefen, entrüsteten Geheul, zu dem Stumps imstande war, wenn die Dinge nicht sofort nach seinem Kopf gingen. Doch in ihrem langen achtzehnjährigen Leben sah ich Stumps und Baron nie streiten. Vielleicht lag es daran, daß Stumps seinem Bruder bei einer Meinungsverschiedenheit stets nachgab; wenn das stimmte, vollzog sich sein Nachgeben höchst würdevoll. Seinen Namen verdankte er seiner gleichmäßigen hellen Farbe. Zur Zeit seiner Geburt wurde für Senf Reklame gemacht, und zwar durch eine Gestalt, die Baron de Beef hieß. Da Baron als Kätzchen senffarben war, wurde er Baron de Beef getauft.

Während eines Aufenthaltes in London lief ich vor mehr als dreißig Jahren Lance Sieveking in die Arme, der mich fragte, warum ich nie im Rundfunk aufträte. Ich sagte ihm, man hätte mich aufgefordert, jede Woche über Grammophonplatten zu sprechen, nachdem ich 1923 einmal einen solchen Vortrag gehalten hatte, daß es sich aber meiner Meinung nach nicht lohnte, die Reise von den Kanalinseln zu machen.

»Sie müssen wieder einmal auftreten«, beharrte er. »Worüber möchten Sie gern sprechen?«

»Wie wäre es mit einem Vortrag über Siamkatzen?«

»Siamkatzen?« wiederholte er zweifelnd. »Glauben Sie, daß sich die Leute dafür interessieren werden? Ich dachte, Sie könnten einen Vortrag über Ihre Insel halten.«

»Na ja, wie wäre es mit ›Siamkatzen und einige Inseln‹ als Titel?« schlug ich vor.

Das wurde angenommen und das Datum auf Anfang Oktober festgesetzt.

Ich begann meinen Vortrag folgendermaßen:

»Ich habe augenblicklich ein schlechtes Gewissen, weil ich es immer unverzeihlich gefunden habe, von den eigenen Tieren zu erzählen, und ich fühle mich dazu nur durch die Überzeugung berechtigt, daß die Siamkatze genau das Haustier ist, das sich viele Menschen wünschen. Ich will keineswegs die Sympathie voreingenommener Zuhörer gewinnen, wenn ich sage, daß sie die besten Eigenschaften der Katzen und Hunde vereinigt; denn als fanatischer Katzenliebhaber bin ich nicht gewillt, zuzugeben, daß die Katze es nötig hat, sich irgendwelche Tugenden vom Hund zu leihen. Immerhin gilt die Liebe des Hundes zu seinem Herrn als einer seiner größten Vorzüge, aber die Siamkatze ist dieser Liebe auch fähig, nur daß sie eine feinere Beziehung zum Menschen hat; sie betrachtet ihn nämlich nicht als ihren Herrn, sondern als ihren Freund, und das ist meiner Ansicht nach noch reizvoller. Was vom Hund und vom Pferd von den Liebhabern gesagt wird, lasse ich gern gelten. Doch die Siamkatze ist ebenso lie-

besfähig, und sie kann alles, was ihr teuer ist, um dieser Liebe willen opfern. Um das zu illustrieren, muß ich einen Brief zitieren, den ich gestern erhielt. Darin steht: ›Dieser geliebte Kater führte jahrelang mit uns in Indien ein sehr abenteuerliches Leben und folgte uns überallhin. Er saß mit mir zu Pferde, ritt auf einem Kamel, hauste in einem Zelt, lebte in Kaschmir auf einem Hausboot, legte im Auto und im Zug Tausende von Kilometern zurück ... Nach dem Krieg mußte ich ihn bei einem Freund in Indien lassen. Als ich zwei Jahre später zurückkehrte, erkannte er mich sofort. Wir nahmen ihn mit nach Hause, und er starb erst mit fünfzehn Jahren vorigen Februar.‹
Die Siamkatze hegt ausgesprochene Zuneigung und Abneigung, und wenn sie einem Menschen nicht von selbst zugetan ist, kann man weder durch Schmeichelei noch durch Bestechung jemals ihre Liebe gewinnen. Der Ursprung der Siamkatze liegt im Dunkel; am einleuchtendsten ist die Theorie, daß sie eine durch Inzucht entstandene Semi-Albino-Varietät der malaiischen Katze ist und überhaupt nicht verwandt mit den Katzen des Abendlandes. Der gleichmäßig isabellfarbene Körper steht im Gegensatz zur dunklen, fast schwarzen Zeichnung. Die Körperfarbe variiert von Braun bis zum blassesten Elfenbein. Der Schwanz kann gerade sein, aber charakteristischer ist er, wenn er an der Spitze einen Knick hat. Das dichte Fell ist fein und seidig wie beim Chinchilla, und wenn das Tier viel Bewegung im Freien hat, so daß das Fell gesund bleibt, duftet es wie ein Parfümbeutel. Die Maske ist V-förmig wie beim Marder, und das Blau der Augen übertrifft manchmal an Intensität das strahlende Blau im Herzen eines Eisgletschers. Auf den ersten Blick sieht ein solches Tier gar nicht wie eine Katze aus. Ein Freund von mir erzählte mir einmal eine Geschichte von einem Manne, der sich ein Dutzend Siamkatzen hielt. Abends nahm er sie immer mit hinaus, wenn er seine Briefe einwarf. Bei dieser Gelegenheit kam er einmal an zwei Matrosen vorbei, und er hörte den einen erstaunt sagen: ›Bill, schau dir nur den Mann dort an, da geht er wahrhaftig mit lauter Ottern spazieren.‹ Meine eigenen Katzen wurden übrigens schon mit Affen verwechselt.«
Ich schilderte dann einige Erlebnisse mit Pauline und Bing auf Capri und auf Syros, und nach einer kurzen Beschreibung der Insel Jethou fuhr ich fort:
»Bevor ich schließe, sollte ich wohl auch einige Fehler der Siamkatzen erwähnen. Sie sind sehr eifersüchtig, und sie leiden tatsächlich darunter. Sie sind – ja, ich muß es zugeben – sehr gefräßig. Sie vertre-

ten die Ansicht, daß Teppiche nur deshalb gewoben werden, damit sie sie mit ihren scharfen Krallen zerreißen können. Sie denken gar nicht daran, auf etwas zu verzichten, das sie begehren, und wenn sie etwas haben wollen, schlagen sie Krach, bis sie es bekommen. Aber was sind ihre Fehler im Vergleich zu ihren Tugenden – zu ihrem Sinn für Humor, ihrer Anhänglichkeit, ihrem Mut und ihrer Unerschrockenheit (außer wenn sie glauben, einen Geist gesehen zu haben, dann nehmen sie wie wild Reißaus), ihrer Verspieltheit (man muß ihnen nur die Möglichkeit geben, sie gehen auf jedes Spiel ein), ihrer Begabung für Konversation (mit Siamkatzen muß man viel sprechen), ihrer Eigenbewußtheit (jede meiner Katzen kennt ihren eigenen Namen und antwortet darauf mit einem Schwanzzucken, wie viele auch im Zimmer herumliegen mögen), ihrer Liebe zu den Menschen, die stärker ist als die Liebe zum Haus, ihrer Ehrlichkeit (womit ich meine, daß sie vor aller Augen einen Fisch vom Tisch nehmen), ihrem unablässigen, leidenschaftlichen Interesse für alles, was rings um sie vorgeht, und ihrer tiefen Anhänglichkeit, die sie auf vielerlei feinsinnige Weise zu zeigen vermögen!«

Am Ende meines Vortrages blieb mir noch Zeit, den Zuhörern mitzuteilen, daß allen jenen, die meine Ausführungen über Siamkatzen interessiert hätten, Gelegenheit geboten würde, bei der jährlichen Ausstellung des Siamkatzenklubs, die in der nächsten Woche stattfinden sollte, diese Haustiere kennenzulernen.

Ich kehrte nach Jethou zurück, aber eine Woche später erhielt ich einen Brief von der verstorbenen Phyl Wade, der damaligen Sekretärin des Siamkatzenklubs, die mir schrieb, die Besucherzahl der Ausstellung sei zehnmal größer als sonst gewesen, und ich sei einstimmig zum Präsidenten des Klubs gewählt worden. Ich bin immer noch Präsident, aber leider weilt die liebenswerte Phyl Wade, die sich ganz für die Sache des Klubs einsetzte, nicht mehr unter uns.

Auf Jethou hatte ich immer nur höchstens sechs ausgewachsene Katzen auf einmal, aber gleichzeitig meistens noch ein halbes Dutzend halb ausgewachsene. Diese Jungen, die auf ein passendes Heim warteten, erhielten alle einen Namen, und nie war ein Kätzchen dabei, das nicht schon mit zwei Monaten auf seinen eigenen Namen gehört hätte.

Oft machte ich einen Rundgang auf der Insel, und dann folgten mir etwa zehn Katzen verschiedenen Alters, ganz zu schweigen von einem Schäferhund und zwei Sealyhams. Keines der Tiere war flin-

tenscheu, und alle freuten sich über das Ende eines der schädlichen Kaninchen. Ich schoß die Kaninchen gern ab, denn es mußte um unserer Blumen und Kräuter willen geschehen.
Während der fröhlichen zwanziger Jahre mußte ich häufig die ganze Nacht an meinen Büchern und journalistischen Arbeiten sitzen, um das Geld zu beschaffen, das notwendig war, wenn man das Vorrecht genießen wollte, abseits der übersteigerten Erregung dieses hektischen Jahrzehnts auf einer kleinen Insel zu leben. Meine Katzen leisteten mir die Gesellschaft, die ich nachts brauchte, um mein Schlafbedürfnis zu bekämpfen. Ich weiß noch, welche Freude es mir bereitete, wenn ich an einem schönen Sommermorgen um sechs Uhr von meinem Stuhl aufstand, in dem ich manchmal neun Stunden ununterbrochen gesessen hatte, und meine Katzen fragte, ob sie mit mir spazierengehen wollten. Ich sehe sie noch vor mir, wie sie sich überall im Zimmer von verschiedenen Kissen aufrollten, sich anmutig dehnten und vor mir hinausgingen. Außerhalb des ummauerten Gartens blieben sie stehen, um sich zu erkundigen, ob ich die Richtung zur Ostseite einschlagen wollte, wo man übers Meer nach Sark hinüberblickte, oder den westlichen Weg, um Guernsey zu betrachten.
»Der Sonne entgegen«, sagte ich und wandte mich nach links. Mit zuckendem Schwanz schlugen die Katzen bereitwillig dieselbe Richtung ein. Ein Weilchen blieben wir bei der Kanone des alten Kaperschiffkommandanten stehen, die seit den Napoleonischen Feldzügen hier montiert war. Meiner Ansicht nach verdiente dieser alte Kapitän mehr Geld, indem er Kognak aus Frankreich nach England schmuggelte, als mit dem Kapern französischer Schiffe. Er baute sich auf Jethou ein Haus, dessen Zimmer teilweise, wie man sich erzählt, mit Banknoten tapeziert waren. Das Haus war schon eine Ruine, als ich auf die Insel kam, aber ich besitze einen seiner Silberlöffel, auf dessen Griff »Jethou« eingraviert ist.
Wir kamen dann zu einem kleinen Wald windverkrüppelter Eichen und Buchen, deren Stämme zum Schutz gegen die salzige Luft so dicht mit Flechten bedeckt waren, daß sich die glatte Rinde der Buchen von den rauhen Eichenstämmen nicht unterscheiden ließ. Ende Mai war der Boden unter dem Teppich blauer Sternhyazinthen nicht zu sehen, aber die Narzissen, die am Waldrand wuchsen, waren schon im April verblüht.
Die Katzen fanden es selbstverständlich, daß ich mich eine Zeitlang hinsetzte, so daß sie den Wald erforschen konnten. Das wurde mit

solcher Vorsicht getan, wie es ein Urwald voller wilder Tiere erfordert hätte. Nach dieser Pause, während der keine der Katzen auch nur einen Schmetterling fing, wanderten wir weiter zu den südlichen Abhängen der Insel, die von Feuernelken rot und weiß gesprenkelt waren. Die Katzen hätten gern die Zaunkönige beschlichen, die in dem stacheligen Mäusedorn nisteten, wenn sie nicht von den Möwen angegriffen worden wären, deren zahlreiche Eier auf den felsigen Stufen lagen, die zum Meeresufer hinunterführten. Die Katzen trabten im Gänsemarsch (zu den Eigenarten der Siamkatzen gehört ihr Trab), und sie legten die Ohren an, bis wir das Gebiet der Möwen hinter uns hatten und uns unter den großen Granitblöcken auf den westlichen Hängen befanden. Hier durfte ich wieder ausruhen, damit die Katzen sich ein wenig der Bergsteigerei widmen konnten, bis wir alle fanden, es wäre Frühstückszeit. Der Nordhang über dem Garten war ein Hagedornwald mit uralten Edelkastanien, Birnbäumen und einer prachtvollen Esche. Wie der große Maulbeerbaum im Garten, mußte die Esche vor über zweihundert Jahren angepflanzt worden sein. Nirgends auf den Inseln rings an der Küste Großbritanniens sah ich einen derartig eindrucksvollen Wald so nahe beim Meer.
Wenn wir zu Hause anlangten, war der Kaffee fertig, und während ich ihn trank, löschten die Katzen ihren Durst mit Wasser. Siamkatzen trinken nie Milch, um den Durst zu stillen; sie genießen sie eigentlich nur, wenn sie auf den Tisch springen und aus dem Milchkrug oder von dem Glas auf einem Nachttisch trinken können. Übrigens schmeckt ihnen auch das Wasser viel besser, wenn sie es aus einer Karaffe auf dem Bartisch trinken können. Das Wasser scheint dann auf sie die gleiche Wirkung auszuüben wie auf uns, wenn wir ihm Whisky hinzugefügt haben.
Mit dem Kaffee kam mein Haferbrei, und auch für die Katzen gab es Haferbrei. Alle unsere Kätzchen wurden damit aufgezogen, und wenn sie auch den Haferbrei als Hauptmahlzeit später nicht mehr gelten ließen, verloren sie doch nicht den Geschmack daran.
Nach dem Frühstück legte ich mich damals, als ich wirklich sehr angespannt arbeitete, zu Bett, und manchmal schlief ich bis vier Uhr nachmittags. Schließlich aber wurde die Notwendigkeit, jedes Pfund einzuheimsen, das meine Feder verdienen konnte, weniger dringend, und die Nächte mußten nicht mehr so lang sein. Blicke ich auf diese Zeit zurück, so kann ich behaupten, daß ich nicht die Willenskraft gehabt hätte, durchzuhalten, wenn ich nicht die stille Gesellschaft der

Katzen und die Aussicht auf den Morgenspaziergang gehabt hätte. Mochten sie auch noch so tief schlafen, wenn ich eine von ihnen beim Namen nannte, zuckten ihre Ohren, und der Schwanz zitterte, und anstatt beim Ringen mit einem Satz nach dem andern mir selbst überlassen zu sein, wurde ich ein Mitglied dieser stillen Gesellschaft.

MONICA EDWARDS

Cheetah

Mir scheint, daß alle Katzenkenner der Meinung sind, daß es einfach nicht möglich ist, einen unkastrierten Kater frei im Hause zu halten, insbesondere keinen, der einer orientalischen Katzenart angehört. Meine eigenen Erfahrungen scheinen zu beweisen, daß es in manchen Fällen möglich, meistens aber *unmöglich* ist. In den letzten 15 Jahren habe ich mit sechs verschiedenen Katern den Versuch gemacht, alles Siamesen oder Burmesen. Nur einer, Cheetah genannt und angenehm im Gedächtnis behalten, war ein voller Erfolg. Was die anderen betrifft, so waren da die beiden Simbas, die wir in der Jugend kastrieren lassen mußten; der zweite verschwand, wie ich schon früher sagte, ohne daß sich sein Verbleib jemals klären ließ. Mit Cheetah erlebten wir dasselbe, jedoch erst nach vier sehr glücklichen Jahren, viel glücklicher für ihn – und auch für uns! – als wenn er eingesperrt oder kastriert worden wäre. Zwei von den übrigen drei zwangen uns sozusagen selbst durch ihre zunehmende Wildheit, sie zu kastrieren, und mit dem letzten probieren wir es noch.

Wie viele andere Tierfreunde sind auch wir der Meinung, daß man in den natürlichen Ablauf des Lebens der Tiere möglichst wenig eingreifen soll. Mir ist bewußt, daß es sich trotzdem in unserer zivilisierten Welt sehr oft nicht umgehen läßt. Es würde z. B. unmöglich sein, Schlachtvieh mit Gewinn aufzuziehen, wenn man nicht die Mehrzahl der Bullenkälber zu Ochsen machen würde. Viele Menschen würden nicht reiten können, wenn man aus wilden Hengsten nicht Wallache machte. Und die Milch wäre so teuer wie Wein, wenn man allen Kühen gestatten würde, ihre Kälber zu nähren und aufzuziehen. Wir selbst debattierten lange, bevor wir uns entschlossen, unseren Milchkühen die Hörner abnehmen zu lassen. Auch sonst wurden wir so oft durch bestimmte Umstände gezwungen, in die natürlichen Gegebenheiten im Dasein unserer Tiere einzugreifen, daß ich bei jeder Gelegenheit erst alles versuche, um einen Eingriff zu vermeiden. Ich war diejenige in der Familie, die sich am meisten gegen das Abnehmen der Hörner sträubte, bis ich dann nachgab, weil ich einsehen mußte, daß die Hörner eine Gefahr für die Kühe selbst bildeten unter den für sie unnatürlichen Bedingungen ihrer Haltung. Mehrfach hatten sich sogar unsere sanften Jersey-Kühe mit den Hörnern durchbohrt, solange wir sie ihnen noch nicht abgenommen hatten.

Das Katerproblem liegt ähnlich. Einen Kater in seiner Natur zu belassen, bringt so viele Nachteile mit sich, daß man meistens gezwungen ist, ihn zu kastrieren. Alle Kater spritzen häufig wahllos irgendwohin, und gewöhnlich, allerdings nicht immer, verursacht das einen schrecklichen Geruch. Es ist für einen Kater ein so selbstverständlicher Naturtrieb wie für jede Katze das Mäuse- und Vögelfangen oder für einen Vogel das Fangen von Insekten – und für uns mit einigen schönrednerischen Umschreibungen das Verzehren von Rindfleisch und Hühnchen. Diejenigen unter uns, die eine Katze tadeln oder gar strafen für diese Dinge, sollten sich zuerst an die eigene Brust schlagen.

Unkastrierte Kater zu halten, scheint im Hinblick auf unsere einheimischen Katzen eher möglich zu sein als mit Siamesen oder Burmesen, weil diese im Alter sehr viel wilder werden. Unsere beiden Simbas waren nicht als wild zu bezeichnen, doch haben wir sie nur als junge Tiere gekannt. Schon damals waren wir von mehreren Experten gewarnt worden, nicht den Versuch zu machen, sie ganz und gar als Haustiere mit voller Freiheit zu halten. Nachdem auch Simba II verschwunden war, wurde ich skeptischer in bezug auf das Wagnis, frei umherstreifende Siamkater zu halten und verzichtete auf den Kauf eines neuen. Entweder mußte Distel fortan wieder zu Zuchtkatern geschickt werden, oder aber wir mußten sie ebenfalls sterilisieren lassen.

Gerade zu dieser Zeit bekam ich einen Brief von einer sehr alten Freundin, Frau Williamson, die sowohl Vashti als auch Freyni gezüchtet hatte. Sie fragte an, ob ich einen nichtkastrierten Blue-Point-Siamesen-Kater als Geschenk annehmen würde. Er war neun Monate alt und hatte einen besonders zärtlichen Charakter. Sie hatte ihn ursprünglich als Zuchtkater verkaufen wollen, weil er ein ungewöhnlich schönes Exemplar seiner Rasse war – zu wertvoll, um kastriert zu werden. Er hatte auch schon Preise auf Ausstellungen gewonnen. Jedoch, schrieb Frau Williamson, je mehr sie ihn kennen und lieben lernte, desto weniger wollte es ihr in den Sinn, ihn einem Dasein zu überantworten, in dem er in einem Käfig gehalten wurde, mochte dieser noch so prächtig, geräumig und warm sein. Bei ihr hatte er bis jetzt seine volle Freiheit genossen und sehr viel Liebe und menschliche Gesellschaft dazu. Sie gab zu, daß sie selbst und ihre Familie in dieser Beziehung mehr getan hätten, als es für einen zukünftigen Zuchtkater richtig war, weil diese zu guter Letzt beinah ausnahmslos eingeschlossen gehalten werden müßten, doch sie hatten seiner Liebebedürftigkeit nicht widerstehen können. Jetzt mußte eine Entscheidung getroffen werden, weil er bald erwachsen sein würde und sie ihn in ihrem Haus nicht länger frei herumstreifen lassen konnte. Ihr war eine Lösung des Problems eingefallen, als sie erfuhr, daß wir für Distel keinen Partner mehr hatten. Durfte sie uns »Cheetah« anbieten?

Ich geriet in einen schweren Zwiespalt. Nachdem wir hintereinander die beiden Simbas verloren hatten und von allen Experten gewarnt worden waren, schien es unsinnig, mit Cheetah das Experiment zu wiederholen. Meine Familie widersprach mir. Bill und die Kinder wiesen darauf hin, daß der erste Simba aller Wahrscheinlichkeit nach an Blutvergiftung eingegangen, der zweite gestohlen worden war. Sie sagten, daß ein Leben in Freiheit, wenn es auch kurz und gefährlich war, ganz sicher einem langen Leben im Käfig vorzuziehen wäre. Überdies würde Distel natürlich entzückt sein ...

Tatsächlich war sie das! Von allen drei Kätzinnen war sie die einzige, die Cheetah willkommen hieß und ihn vom ersten Augenblick an liebte. Vashti und Freyni, die beide sterilisiert waren, benahmen sich so ungewöhnlich feindselig, daß ich den armen Cheetah anfänglich zu seinem eigenen Schutz in einen Hühnerbrutkorb setzen mußte. Er stand in der Küche nahe beim Herd, so daß der Kater es warm und behaglich hatte und aus der Sicherheit hinter dem Gittergeflecht zurückschimpfen konnte. Er tat es nicht halb so wild wie beide Katzen, wie er überhaupt für einen Kater von erstaunlich sanfter Gemütsart war.

Er war bereits sehr groß – Blue-Points werden meistens viel größer als Seal-Points – und beim Laufen gelegentlich ein bißchen unbeholfen. Das sollte – wie mir Frau Williamson mitgeteilt hatte – teilweise die Folge der neuartigen Antibiotika sein, mit denen er behandelt worden war, als er sich auf einer Ausstellung für Jungkatzen eine In-

fektion zugezogen hatte. Mein Tierarzt meinte allerdings, es sei mehr auf die Infektion selber als auf die Medikamente zurückzuführen. Sei dem wie ihm wolle, Cheetah litt sein Leben lang an einer Gleichgewichtsstörung in der Hinterhand. Seine Kraft war in keiner Weise beeinträchtigt. Wenn er geradeaus lief, war er einer der schnellsten Kater, die ich je gesehen habe; aber wenn er sich in einem bestimmten Winkel drehte, geriet er ins Schwanken. Freyni, so schien es mir, entdeckte diese Schwäche schnell und nutzte sie aus, wenn sie verfolgt wurde oder ihn verfolgte. Sie ließ sich aus irgendeinem dunklen Grund ihr Lebtag lang gern jagen. Nachdem sie ihre anfängliche Feindseligkeit überwunden hatte, regte sie diesen freundlichen großen Kater vorsätzlich dazu an, hinter ihr her zu rennen, schlug dann Haken wie ein Hase und sah über die Schulter – wie es schien grinsend – zurück, wenn er ins Schwanken geriet. Wäre sie dagegen weiter geradeaus gerannt, hätte er sie mit wenigen Sprüngen eingeholt.
Nachdem ich ihn aus dem Brutkorb herausließ, wurde er zunächst von Vashti und Freyni noch deutlich zurückgewiesen, mit einigen kritischen Bemerkungen und Zischlauten, die sich anhörten, als ob man Kattun zerriß. Distel indessen trillerte ihn verliebt an und rückte beziehungsvoll in ihrem Korb ein Stückchen beiseite.
Cheetah war nicht der Kater, der gute Gelegenheiten im Leben verpaßte; er nahm unverzüglich den freigewordenen Platz ein. Von Zeit zu Zeit immer wieder trillernd, begann Distel sofort, ihn zu waschen, besonders hinter den Ohren, um ihm zu zeigen, was für eine häusliche und anspruchslose Katze sie war. Hätte er Socken getragen, so bin ich sicher, daß sie sofort begonnen haben würde, diese zu stopfen, obwohl sie nie im Leben die Geduld aufgebracht hätte, die Arbeit fertigzustellen.
Cheetah war selbstverständlich entzückt. Er ließ seine silbrigen Ohren herunterhängen, damit sie besser herankonnte, genau in derselben Weise, wie er es späterhin noch oft tat, wenn junge Kätzchen im Korb waren, damit sie recht bequem darauf herumkauen konnten. Vashti und Freyni, die »Tanten«, sahen dem Idyll von ihrem erhöhten Sitzplatz auf der Aga zu, hin und wieder ihr Mißfallen äußernd, denn selbst Freyni begann schon den Traum junger Liebe mit altjüngferlicher Zimperlichkeit zu betrachten.
War Cheetah schon groß, als er zu uns kam, so wurde er nun schnell noch größer, schwerer und kräftiger, obwohl es immer noch möglich war, ihn nur durch ein etwas derberes Streicheln umzustoßen, wenn

es ihm überraschend kam. Je mehr er an Umfang und Stärke zunahm, um so freundlicher und zärtlicher wurde sein Charakter. Für einen Kater von dieser Größe – und tatsächlich zuweilen beobachteter Wildheit – war diese Sanftheit wirklich erstaunlich. Er behielt sie unbeirrbar Distel, den beiden anderen Katzen, seinen vielen späteren Kindern und unseren Familienmitgliedern gegenüber bei. Überraschenderweise benahm er sich jedoch gelegentlich gegen die stets freundliche Freyni barsch und schroff. Freilich war sie seine Schwiegermutter, vielleicht machte das den Unterschied.

Distel beeilte sich, ihn schnell zum Vater einer wimmelnden Kinderschar zu machen. Im Handumdrehen – wie es so häufig geschieht – sah sich der jungen Liebe Traum der nüchternen Wirklichkeit gegenüber. Man stelle sich einen verliebten jungen Ehemann vor, der plötzlich vor der Notwendigkeit steht, für muntere Drillinge sorgen zu müssen, während seine Gattin mit einem anderen tanzen geht – das passierte Cheetah! Und zwar nicht einmal, sondern regelmäßig während seiner stürmischen Ehejahre mit Distel. Er begegnete dieser Lage mit einer für ihn charakteristischen Mischung von Freundlichkeit und Wirklichkeitssinn. Solange seine Kinder geduldige Elternliebe brauchten, war er zuverlässig derjenige, der sie ihnen gab. Sobald sie jedoch so weit herangewachsen waren, daß sie ohne ihn auskommen konnten, ging er seinen eigenen Unternehmungen nach.

Kein anderer Katzenvater konnte freundlicher zu seinem Nachwuchs sein als dieser Riesenbursche. Solange die Kätzchen ihn brauchten, rollte er sich in ihrem Korb zusammen und beruhigte seine schreienden und sich miteinander balgenden Kinder mit hastig leckender, liebevoller Zunge. Er war so dick und unbeholfen, daß er sich manchmal mit seinem ganzen Gewicht auf eins der Kleinen legte, wenn er zu ihnen in den Korb kam, wobei jeder sehen konnte, daß er sich die größte Mühe gab, es zu vermeiden. Er schien das Mißgeschick nie eher zu bemerken, als bis noch lauteres Geschrei als gewöhnlich ihn veranlaßte, seinen schweren Körper zu heben und anders zu legen; auf diese Weise wurde das flachgedrückte Kind wieder befreit. Doch dieses gelegentliche Mißgeschick schien die Kätzchen nicht zu stören.

Eines Tages brachte ich einen leeren Schuhkarton mit heim zum Schutz der umherwimmelnden Kleinen, die sich neuerdings mit Vorliebe vor dem Herd aufhielten, wo sie ständig in Gefahr waren, von dem, der gerade mit Kochen beschäftigt war, getreten zu werden. Es war ein ganz gewöhnlicher Schuhkarton, genau passend für drei zappelnde Kätzchen. (Distel hatte gewöhnlich nur drei; ich glaube, sie dachte, ein größerer Wurf sei unfein.) Ich stellte den Karton vor dem Herd auf den Boden, zwischen die Tür des Aschenloches und die Ofentür, und legte ein altes Buch als Stufe für die Kleinen davor, mit dem sie auch spielen konnten. Es paßte ausgezeichnet für so junge Wesen, denn sein Titel lautete: »Auf jede Frage eine Antwort!« Im Lauf der Jahre nutzte es sich außerordentlich ab . . .

Die Kätzchen bezogen den Karton mit Begeisterung. Sie waren drinnen vor Zug geschützt; die Seiten bogen sich, wenn sie sich dagegenlehnten, und sie liebten es, aufrecht zu sitzen und über die Seiten hinauszuschauen, um das lebhafte Treiben in unserer Küche zu beobachten. Vashti und Freyni ihrerseits lehnten sich oben über den Rand der Herdplatte, um dem Treiben in dem überfüllten Karton zuzusehen. Denn überfüllt wurde er wirklich! Überfüllter als man es für möglich halten sollte! Der erste, der sich zu den Kindern gesellte, war ihr Papa. Immer darauf bedacht, seinen Kindern Zärtlichkeiten zu erweisen, quetschte er seine umfangreiche Gestalt in die winzige freigebliebene Ecke. Alle die Szene mitansehenden Familienmitglieder fanden es reizend und bewunderungswürdig; doch wer beschreibt unser Erstaunen, als sich auch Distel, so unglaublich es klingt, noch mit hineinzwängte. Im Grunde füllten die drei strammen jungen Kätzchen den mittelgroßen Schuhkarton völlig aus. Theoretisch war es vollkommen unmöglich, daß daneben noch ihre Mutter Platz fand und obendrein ein dicker großer Kater! Aber unsere Schuhkartons reichten dafür aus! Ich spreche in der Mehrzahl, weil sie oft erneuert werden mußten. Sie verloren allmählich ihre normale rechteckige Form, wurden ausgebaucht und schlapp wie eine Matrone, die sich gehen läßt. Als die Kätzchen größer wurden, mußten Papa und Mama aufrecht im Karton sitzen, und später, als die Kätzchen noch mehr wuchsen, passierte regelmäßig, was wir als das »Zahnpasta-Phänomen« bezeichneten. Eines der Kätzchen wurde nämlich unter dem anhaltenden Druck der vielen Körper langsam hochgedrückt und quoll zwischen den anderen heraus wie Zahnpasta aus einer Tube. Dann plötzlich – vielleicht, weil der Vater einmal ein bißchen tiefer Luft holte – flog es mit einem kleinen Ruck über den Rand und landete auf dem Läufer vor dem Karton. Flink raffte es sich auf, kletterte wieder hinein und tauchte mit dem Kopf voran – mit den Pfoten rudernd wie ein Maulwurf – hinein in die pelzigen Tiefen. Eine kleine

Welle entstand auf der Oberfläche der ineinander verschmolzenen Familie, und ein anderes Kätzchen wurde allmählich hochgedrückt.

Ein ähnlicher, wenn auch weniger bemerkenswerter Anblick bietet sich uns häufig, wenn keine Jungen vorhanden sind und alle vier Katzen sich zusammen in unserem nicht sehr breiten, runden Katzenkorb niederlassen. Er steht mit einem Großvaterstuhl und der Aga neben der Kaminfeuerstelle. Vier ausgewachsene Katzen füllen den Platz im Korb gut aus, und zwar ohne nennenswertes Gedränge. Alle liegen locker; keine ist gezwungen, aufrecht zu sitzen. Aber der Platz muß genau eingeteilt werden, und es ist schwer herauszufinden, wo die eine Katze anfängt und die andere aufhört. Sie atmen natürlich nicht alle im gleichen Rhythmus, so daß sich die Oberfläche wellenähnlich bewegt wie eine leichte Meeresdünung. Es ist durchaus möglich, den ganzen Korb voll Katzen zu bewegen, ohne daß sich die Insassen stören lassen. Wir haben ihn schon manchmal mit allen vier Bewohnern weggetragen, entweder von der Küche ins Wohnzimmer, weil wir sie abends zur Gesellschaft bei uns haben wollten, oder aber ihn vom Boden auf den Küchentisch gehoben, weil der Fußboden gescheuert werden sollte.

Gelegentlich bekommen sie es fertig, sich in einem perfekten Kreis zu arrangieren, der Kopf der einen jeweils am Schwanz der anderen, die Beine alle zusammen in der Mitte durcheinander. Es ist ein sehr friedliches Bild, vier Katzen zu einem Bündel vereinigt. Nur hier und da wird der Frieden erschüttert durch eine inwendige Explosion, die die Katzen heftig hochwirft mit Geräuschen, wie sie dem Ausbruch eines Vulkans entsprechen.

Das allerhübscheste ist, wenn alle Katzen und alle jungen Kätzchen in ihrem Korb beieinanderliegen, sogar die Schwiegermutter liebevoll inbegriffen, und alle waschen einander in lobenswerter Eintracht – ein seltener und ungewöhnlich reizvoller Anblick.

Nachdem Cheetah voll ausgewachsen war, mußte man ihn als eine Persönlichkeit ansprechen. Er war groß, schwer, muskulös und – obwohl nicht angriffslustig – ein furchloser und tödlich entschlossener Wächter seines Gebietes. Im Gegensatz zu seinem Nachfolger, Mister Forsyte, brach er selten in kriegerischer Absicht auf fremdem Territorium ein, jedoch konnte jeder andere Kater, der es wagte, sich auf unserem Land zu zeigen, von Glück sagen, wenn er mit dem Leben davonkam. Ich sah Cheetah einmal einen Rivalen in unseren hohen Taxusbaum hinaufjagen; da dort oben aber kein Kampf ausgetragen werden konnte, brachte er seinen Feind nach einem kurzen Geplänkel und mit lautem Gekeif aus dem Gleichgewicht, sprang hinter ihm her auf die Erde und verabreichte ihm einen Denkzettel. Wie ich hörte, mußte der Besiegte eine Zeitlang zu Hause bleiben, bis seine vielen Wunden geheilt waren. Auf unserem Gebiet ließ er sich nie wieder blicken.

Das war die Zeit, in der Cheetah seinen Beinamen »Der Schrecken der Punchbowlfarm« erhielt, die Zeit, in der ich ihn einmal auf den brachliegenden Äckern einen voll ausgewachsenen Fuchs herausfordern sah, der zufällig in einer Gegend jagte, die Cheetah für sich beanspruchte. Ich ging dort mit einem Sack und einer Schaufel herum, um Erde aus verrotteten Blättern für meine jungen Azaleen zu holen, und sah das Zusammentreffen unter den Birken in »Jägers Feld«, das damals noch einem Dschungel glich.

Cheetah bot einen erschreckenden Anblick. Ihn als wütend zu bezeichnen, wäre eine Untertreibung gewesen. Nein, er schien die Wut in Person! Jedes Haar, jeder Muskel drückte tödliche Wildheit, restlose Unversöhnlichkeit aus. Der Fuchs stand knurrend und ein wenig unsicher da; das Rostrot seines Pelzes hob sich von dem Braunrot des Farnkrauts ab. Cheetah ging auf steifen Beinen langsam vorwärts, unhörbar auf seinen riesigen Pfoten, die Krallen herausgestreckt wie an den Fängen eines Falken. Den ganzen Rücken entlang, von den Ohren bis zur äußersten Schwanzspitze, standen seine silbrigen Haare kriegerisch aufrecht. Die von den Kätzchen zerkauten Ohren lagen flach am Kopf, den er schlangenähnlich vom Nacken her vorstreckte. Und während der ganzen Zeit stieß er ein seltsames Heulen aus, das mir bis in die Magengrube zu dringen schien. Dem Fuchs ging es wohl ebenso, denn urplötzlich drehte er sich um und verschwand im Farnkraut.

Der Unterschied zwischen diesem Wüterich mit gesträubtem Fell und dem liebevoll-zärtlichen Hauskater, den ich kannte, war enorm. Ich sprach ihn versuchsweise an, aber er war zu blind vor Zorn, um mich zu hören. Ich schlug einen großen Bogen um das Raubtier, dankbar, daß ich meine Gartenschaufel in der Hand hatte.

Als er eine halbe Stunde danach in die Küche kam, war er sein altes freundliches Selbst, beruhigt, besänftigt und zärtlich. Ich hatte das Gefühl, daß er sich auch in seinem Triumph sonnte; zwar hatte er den Fuchs nicht im Kampf besiegt, aber er hatte ihn in die Flucht geschlagen, und sein Zorn war verraucht.

Soviel von seiner Furchtlosigkeit. Seine unerhörte Körperkraft wurde einer harten Probe unterworfen, als er bei zwei Gelegenheiten in Kaninchenschlingen geriet. Er kam eines Nachts nicht heim, was bei diesem haustreuen Kater höchst alarmierend war. Nachdem ich die umliegenden Felder und Waldungen mehrmals durchsucht hatte, telefonierte ich unsere Nachbarn an, um zu fragen, ob sie auf ihren Ländereien Kaninchenfallen aufgestellt hatten. Alle verneinten, und wir selbst stellten niemals Fallen auf. Unsere Freunde wunderten sich über unsere Besorgnis und versuchten uns mit Beispielen von der Wanderlust anderer Kater zu trösten, doch wir konnten nicht glauben, daß Cheetah aus freiem Willen vom Haus fortblieb. Verzweiflung und Trauer bemächtigten sich unsrer. Seine jungen Kätzchen vermißten ihn schmerzlich, und Distel suchte klagend im Haus und im Garten nach ihm.

Am nächsten Morgen saßen wir beim Frühstück. Die Küchentür stand offen, damit die warme Julisonne hereinscheinen konnte, als wir alle das unverwechselbare tiefe Heulen vernahmen, das Cheetahs Kommen ankündigte. Katzen und Menschen sprangen auf, um ihn zu empfangen. Er kam schwingend den Gartenweg entlang stolziert in seiner charakteristischen Gangart, die so »hoch und überlegen« wirkte, in Wahrheit aber aus der Schwäche seiner Hinterhand resultierte. Um seine Lenden lief ein blutunterlaufener Striemen; dort hatte die Drahtschlinge eingeschnitten während seines langen Kampfes, von ihr loszukommen.

Er trank ausgiebig und frühstückte mit Genuß, und der Tierarzt sagte, er würde bald wieder auf dem Kriegspfad wandeln ...

Beim zweitenmal blieb er drei volle Nächte aus; ich fürchtete bereits, er wäre tot. Wir hatten wieder alles abgesucht und mit allen Leuten telefoniert, von denen wir Hilfe zu bekommen hofften. Jeder stritt ab, Fallen gestellt oder Schlingen gelegt zu haben, doch das war ja beim erstenmal auch geschehen. Es hieß, Wilddiebe trieben in der Gegend ihr Unwesen, aber keiner konnte genau sagen, wo. Shelley und ich fanden die ganze Zeit über nur wenige Stunden Schlaf, denn der Gedanke, Cheetah habe sich irgendwo in einer Schlinge gefangen, kämpfe, um sich zu befreien und warte auf unsere Hilfe, beraubte uns der Ruhe; wir suchten, bis uns die Kräfte verließen. In der dritten Nacht goß es dann auch noch in Strömen.

Spät am Nachmittag des vierten Tages kam er an, diesmal ohne ankündigendes Geheul, denn er war zu schwach dazu. Niemand brachte das sonderbare krächzende Geräusch an der Tür mit Cheetah zusammen. Die Drahtschlinge hing noch um seinen Hals und war einen Zentimeter von seiner Nase entfernt gerissen. Eine Drahtschlinge mit der eigenen unbezähmbaren Kraft zu zerreißen, bedeutet für eine Katze soviel, wie wenn ein Mann ein Stahlseil zerreißt, und ist somit ein unglaubliches Kunststück. Diese Schlingen bestehen aus geflochtenem Kupferdraht und sind imstande, ausgewachsene Füchse zu erdrosseln.

Das abgerissene Ende des Drahtes ragte hinter Cheetahs Kopf hervor wie ein Spieß; der Rest des Drahtes war unsichtbar, weil er sich tief in das dicke geschwollene Fleisch eingegraben hatte. Sein ganzes Gesicht, die Kehle und die Kiefer waren gleichfalls verschwollen, und als er zu trinken versuchte, war er nicht dazu imstande.

Wir wollten den Draht zerschneiden, waren aber nicht imstande, ihn mit unseren Zangen zu erreichen. Dabei war höchste Eile geboten, denn Cheetah hatte Schwierigkeiten mit dem Atmen nach seinem (wahrscheinlich langen) Weg von der Stelle seines Unglücks bis nach Hause. Bill war mit unserem Wagen weggefahren; doch zufällig rief gerade unser Freund Bob Weston an, und er zögerte keinen Augenblick, uns zu Hilfe zu kommen. Wir waren inzwischen zu einem anderen Tierarzt übergegangen, der 17 Kilometer entfernt wohnte. Bob fuhr uns so schnell zu ihm, wie ich noch nie zuvor gefahren war.

Es schien unser Schicksal zu sein, niemals den gewünschten Tierarzt anzutreffen, wenn wir uns in solchen Nöten befanden. Ein hübsches junges Mädchen vertrat ihn; sie kam sicherlich ganz frisch von der Universität, doch sie wirkte ruhig, überlegt und zuversichtlich, als ich ihr Cheetah übergab. Allzu zuversichtlich, dachte ich, besorgt um ihre Sicherheit, und ich erzählte ihr, wie ungeheuer wild er sein konnte, und daß er sie in seinem jetzigen Zustand möglicherweise angreifen würde. Ich riet ihr, lieber lange Lederhandschuhe anzuziehen, aber sie lächelte ruhig und fuhr fort mit der Untersuchung, ohne daß etwas Böses passierte. Ich vermute, daß ihre Zuversichtlichkeit auf Cheetah überging, so daß er Vertrauen gewann und davon überzeugt wurde, daß sie ihm helfen wollte, obwohl sie ihm weh tun mußte. Sie nahm eine Spezialzange, tastete sich damit vorsichtig an den ins Fleisch eingebetteten Draht heran, schnitt ihn durch und zog ihn mitsamt Haut- und Fellteilchen heraus. Cheetah streckte nicht eine

Kralle hervor. Die Wunde wurde gereinigt und bandagiert, und wir fuhren mit unserm Patienten nach Hause. Er war ein so kräftiger Kerl, daß er in knapp einer Woche wieder der alte wurde, bis auf die Narbe um seinen Hals, über die nie wieder Fell wuchs.

Cheetah hatte zwei Stimmen: ein lautes herausforderndes Heulen, mit dem er die Kater der Nachbarschaft von den hoch über unserm Farmhaus liegenden Feldern aus verhöhnte und herausforderte, und einen sanften Ton, den er für seine Familie und uns reservierte. Manchmal ging der eine in den anderen über, nämlich wenn wir seinen Kriegsruf draußen erschallen hörten und dann vors Haus hinausgingen und ihn riefen. Wenn er lauthals schrie und uns trotzdem hörte, ging sein Hohngeschrei plötzlich in den leisen zärtlichen Familiengesang über. Ich wurde nie müde, ihn zu diesem reizenden Wechsel zu veranlassen.

Wie alle unsere Katzen war er ein großer Jäger. Vashti jagte mit Hilfe ihrer Schnelligkeit, Distel, indem sie die Beute beschlich und mit List fing, Cheetah brachte seine überlegenen Kräfte in Anwendung. Seine Sprünge waren erstaunlich, dem Angriff mit einem geschleuderten Schmiedehammer vergleichbar. Er benutzte seine Kraft auch, um seine Beute nach Hause zu schleppen. Ich habe ihn ein riesengroßes Kaninchen über die Schulter geworfen tragen sehen, wie ein Mann einen Sack trägt.

Shelley sagte oft von ihm – nicht ohne einen Anflug von Stolz! –, daß er »wild, wollig und wütig« wäre. Wollig war er bestimmt; sein weiches, dicht anliegendes, silbriges Fell war dick und kurz und erinnerte an ein Lammfell. Wir bezeichneten ihn oft kurzweg als »den Wolligen«. Wild war er auch bei gewissen Anlässen. Aber »wütig« im Sinne von böse war er nicht. Ich bezweifle, daß überhaupt ein Tier von Natur aus böse ist; ich glaube vielmehr, daß es nur solche gibt, die von Menschen durch falsche Behandlung böse gemacht worden sind. Mir will scheinen, daß nur *Menschen* von Natur aus böse sind.

Cheetah hatte große Freude am Leben und am Spielen. Einer seiner Bewunderer war ein deutscher Student, Drews Tägge, der mehrmals von Hamburg herüberkam, um uns auf der Farm zu helfen. Drews sagte: »Cheetah ist mir die liebste von allen Katzen, weil man bei ihm immer etwas zum Lachen hat.«

Drews hat kleine, schmale Augen, und wenn er lacht, verschwinden sie ganz. Er fing immer Spinnen für Cheetah. Wenn er von draußen hereinkam, hielt er meistens die Hände hohl geschlossen und ging zu einer Spanischen Deckelvase, die er als Spinnenkäfig benutzte. Ich hütete mich deshalb sehr, sie umzustoßen. Abends enthielt sie dann eine ganze Sammlung von Spinnen in verschiedenen Farben und unterschiedlicher Größe. Cheetah hatte natürlich die großen am liebsten; Drews nannte sie »Rindfleischspinnen«.

Ich glaube, daß sich Cheetah schon während seines ganzen, mit Jagen, Lieben und Kinderbetreuen ausgefüllten Tages auf das abendliche Spinnenspiel freute. Sobald er hereinkam, sah er nach, ob Drews schon anwesend war, und redete ihn in seiner lauten Siamesenart an. Drews und Cheetah gingen dann miteinander ins Wohnzimmer, und ich folgte ihnen, um zuzusehen, doch legte ich meine Beine wohlweislich auf das Sofa, wenn Drews die Spinnen herausließ. Sie gefielen Cheetah sehr, wahrscheinlich weil er das Spielen mit ihnen liebte, er beschlich sie, sprang darauf zu und tat so, als ob es sehr wilde Tiere wären. Mich entsetzten sie seltsamer- und unvernünftigerweise. Obwohl ich mich weder vor Mäusen noch vor Schlangen grause wie andere Frauen, schrecke ich vor Spinnen zurück. Es handelt sich um eine rein instinktive Reaktion, da von den englischen Spinnenarten keinerlei Gefahr droht. Viele Menschen prallen vor allen drei genannten Tierarten oder einer von ihnen zurück. Wie behauptet wird, soll dies daran liegen, daß sie die einzigen Tierarten waren, vor denen sich der primitive Mensch vor Jahrtausenden nicht schützen konnte. Ob er in Höhlen, auf Bäumen oder in Hütten lebte, nirgends war er vor ihnen sicher. Ich mag Mäuse und sogar Schlangen, aber eine Spinne jagt mir einen Schauer über den Rücken, was meines Erachtens wirklich nur mit einem atavistischen Instinkt zu erklären ist. Und die Idee, auf diese Weise immer noch mit meinen Vorfahren vor Jahrtausenden, die sich in Höhlen zusammendrängten, verbunden zu sein, gefällt mir.

Nachdem Drews nach Hamburg zurückgekehrt war, fehlten Cheetah die Spinnen. Ich machte ihm eine große künstliche aus Pfeifenreinigern und befestigte sie an einem Bindfaden. Dieses Spielzeug liebte er und spielte damit, bis es in Fetzen ging. Er verbarg es hinter den Möbeln und forderte immer wieder einen von uns auf, es für ihn »lebendig« zu machen.

Einmal zeigte ich ihm ein Bild von einer Spinne. Es wird gesagt, daß Tiere Bilder nicht erkennen können, aber zu meinem Erstaunen sprang Cheetah sofort darauf los. Es handelte sich um eine naturgetreue Zeichnung, die den größten Teil einer Seite der Zeitschrift

»Landleben« einnahm. Ich legte das Blatt vor ihn auf den Boden, eigentlich keine Reaktion erwartend, aber das Erkennen und Drauflosspringen erfolgte augenblicklich. Wenn er wirklich wußte, daß es das *Bild* einer Spinne ist, war dies das einzige mir bekannte Beispiel eines Tieres, das ein unbewegtes Bild richtig erkannte. Wenn ich mich irrte – worauf sprang er dann los?

Ich muß hinzufügen, daß ich keine Minute angenommen habe, er halte das Bild für eine wirkliche Spinne, genausowenig, wie er das Spielzeug aus Pfeifenreinigern dafür hielt. Was ich glaube, ist, daß er sich aus purem Spaß auf beide Abbilder stürzte.

Auch andere Dinge weckten seinen Sinn für Spaß. Bunte Wollknäuel fand er unwiderstehlich und konnte sich stundenlang mit ihnen amüsieren. Er jagte sie, schleppte sie zurück und zerfleischte sie mit wütend zuhauenden Pfoten. Wenn er an Winterabenden ins Wohnzimmer kam, ging er oft an die linke Seite des alten Schrankes, in dem ich restliche Wollknäuel aufzubewahren pflege. Er wußte, welche Tür er öffnen mußte, und tat das sehr geschickt, indem er seine Pfote um den Griff bog. Er stellte sich dann aufrecht auf die Hinterbeine, griff hinein und ließ die Knäuel herausrollen, bis er einen fand, der ihm besonders gefiel. Meistens war es ein roter. An und für sich halte ich Katzen für farbenblind; wenn das zutrifft, muß es eine besondere Eigenschaft roter Wolle gewesen sein, die es ihm antat.

Er hatte es gern, wenn jemand mit ihm spielte, und brachte seine Wollbälle unermüdlich immer wieder an, wenn ihm jemand den Gefallen tat. Manchmal bekamen wir es satt, sie ihm immer wieder zuzuwerfen oder sie auf und ab tanzen zu lassen, und überließen sie ihm allein. Bald fanden wir aber heraus, daß das nicht ratsam war, denn als ich eines Abends von meinem Buch aufblickte, sah ich gerade das letzte Restchen des roten Knäuels in seinem Hals verschwinden. Ich war eben noch imstande, ihm das Maul aufzureißen und den nassen roten Ball herauszuziehen, ehe er hinuntergeschlungen wurde.

Noch unangenehmer war es für uns, als er entdeckte, wie man Eier von dem hölzernen Aufbewahrungsgestell mit der Pfote herunterstoßen konnte, so daß sie zunächst auf die Anrichte und von dort auf den Boden rollten, wo sie zerbrachen und ihm dann wundervoll schmeckten. Wir verloren eine beträchtliche Anzahl, ehe wir beschlossen, das Gestell woanders zu plazieren, wo es für ihn weniger bequem zu erreichen war – für uns aber leider auch.

Genau wie seine Schwiegermutter Freyni liebte er es, auf den Kü-

chenläufern zu »rodeln«, nur war seine Art herzhafter. Unsere Kater liebten fast alle eine gelegentlich richtig rauhe Behandlung, und Cheetah bildete keine Ausnahme. Er ließ sich gern mit dem Läufer mehrmals auf dem Boden herumwirbeln, wobei er sich mit den Krallen festklammerte. Glitt er bei einer Schwenkung mit seinem schweren Hintergestell ab, so trampelte er wie verrückt, um wieder hinauf zu gelangen, kratzte und biß in den Stoff hinein, während er auf dem Boden herumfuhr.
Er liebte es auch, in einem Korb herumgeschwungen zu werden, allerdings nicht ganz herum über den Kopf, wie es immer Vashtis Vergnügen war. Deren Vergnügen am Schubkarrenfahren teilte er auch nicht; genausowenig mochte er aufs Pferd gehoben werden, wenn ich ausritt. Wenn wir ihm auf den Feldern oder im Wald begegneten, tat er eisern, als ob er uns nicht kenne, und vollständig unangreifbar blieb er für Fremde außerhalb des Hauses. Dadurch waren wir einer Sache durchaus sicher: was immer ihm zustoßen konnte in seinem Leben mit uns, eines auf keinen Fall, nämlich – gestohlen zu werden.

GOTTFRIED KELLER

Spiegel, das Kätzchen

Wenn ein Seldwyler einen schlechten Handel gemacht hat oder angeführt worden ist, so sagt man zu Seldwyla: Er hat der Katze den Schmer abgekauft! Dies Sprichwort ist zwar auch anderwärts gebräuchlich, aber nirgends hört man es so oft wie dort, was vielleicht daher rühren mag, daß es in dieser Stadt eine alte Sage gibt über den Ursprung und die Bedeutung dieses Sprichwortes.
Vor mehreren hundert Jahren, heißt es, wohnte zu Seldwyla eine ältliche Person allein mit einem schönen, grau und schwarzen Kätzchen, welches in aller Vergnügtheit und Klugheit mit ihr lebte und niemandem, der es ruhig ließ, etwas zuleide tat. Seine einzige Leidenschaft war die Jagd, welche es jedoch mit Vernunft und Mäßigung befriedigte, ohne sich durch den Umstand, daß diese Leidenschaft zugleich einen nützlichen Zweck hatte und seiner Herrin wohlgefiel, beschönigen zu wollen und allzusehr zur Grausamkeit hinreißen zu lassen. Es fing und tötete daher nur die zudringlichsten und frechsten Mäuse, welche sich in einem gewissen Umkreis des Hauses betreffen ließen,

aber diese dann mit zuverlässiger Geschicklichkeit; nur selten verfolgte es eine besonders pfiffige Maus, welche seinen Zorn gereizt hatte, über diesen Umkreis hinaus und erbat sich in diesem Fall mit vieler Höflichkeit von den Herren Nachbarn die Erlaubnis, in ihren Häusern ein wenig mausen zu dürfen, was ihm gern gewährt wurde, da es die Milchtöpfe stehenließ, nicht an die Schinken hinaufsprang, welche etwa an den Wänden hingen, sondern seinem Geschäft still und aufmerksam oblag und, nachdem es dieses verrichtet, sich mit dem Mäuslein im Maul anständig entfernte. Auch war das Kätzchen gar nicht scheu und unartig, sondern zutraulich gegen jedermann und floh nicht vor vernünftigen Leuten; vielmehr ließ es sich von solchen einen guten Spaß gefallen und selbst ein bißchen an den Ohren zupfen, ohne zu kratzen; dagegen ließ es sich von einer Art dummer Menschen, von welchen es behauptete, daß die Dummheit aus einem unreifen und nichtsnutzigen Herzen käme, nicht das mindeste gefallen und ging ihnen entweder aus dem Weg oder versetzte ihnen einen ausreichenden Hieb über die Hand, wenn sie es mit einer Plumpheit molestierten.

Spiegel, so war der Name des Kätzchens wegen seines glatten und glänzenden Pelzes, lebte so seine Tage heiter, zierlich und beschaulich dahin, in anständiger Wohlhabenheit und ohne Überhebung. Er saß nicht zu oft auf der Schulter seiner freundlichen Gebieterin, um ihr die Bissen von der Gabel wegzufangen, sondern nur, wenn er merkte, daß ihr dieser Spaß angenehm war; auch lag und schlief er den Tag über selten auf seinem warmen Kissen hinter dem Ofen, sondern hielt sich munter und liebte es eher, auf einem schmalen Treppengeländer oder in der Dachrinne zu liegen und sich philosophischen Betrachtungen und der Beobachtung der Welt zu überlassen. Nur jeden Frühling und Herbst einmal wurde dieses ruhige Leben eine Woche lang unterbrochen, wenn die Veilchen blühten oder die milde Wärme des Altweibersommers die Veilchenzeit nachäffte. Alsdann ging Spiegel seine eigenen Wege, streifte in verliebter Begeisterung über die fernsten Dächer und sang die allerschönsten Lieder. Als ein rechter Don Juan bestand er bei Tag und Nacht die bedenklichsten Abenteuer, und wenn er sich zur Seltenheit einmal im Hause sehen ließ, so erschien er mit einem so verwegenen, burschikosen, ja liederlichen und zerzausten Aussehen, daß die stille Person, seine Gebieterin, fast unwillig ausrief: »Aber Spiegel! Schämst du dich denn nicht, ein solches Leben zu führen?« Wer sich aber nicht schämte, war

Spiegel; als ein Mann von Grundsätzen, der wohl wußte, was er sich zur wohltätigen Abwechslung erlauben durfte, beschäftigte er sich ganz ruhig damit, die Glätte seines Pelzes und die unschuldige Munterkeit seines Aussehens wiederherzustellen, und er fuhr sich so unbefangen mit dem feuchten Pfötchen über die Nase, als ob gar nichts geschehen wäre.

Allein dies gleichmäßige Leben nahm plötzlich ein trauriges Ende. Als das Kätzchen Spiegel eben in der Blüte seiner Jahre stand, starb die Herrin unversehens an Altersschwäche und ließ das schöne Kätzchen herrenlos und verwaist zurück. Es war das erste Unglück, welches ihm widerfuhr, und mit jenen Klagetönen, welche so schneidend den bangen Zweifel an der wirklichen und rechtmäßigen Ursache eines großen Schmerzes ausdrücken, begleitete es die Leiche bis auf die Straße und strich den ganzen übrigen Tag ratlos im Haus und rings um dasselbe her. Doch seine gute Natur, seine Vernunft und Philosophie geboten ihm bald, sich zu fassen, das Unabänderliche zu tragen und seine dankbare Anhänglichkeit an das Haus seiner toten Gebieterin dadurch zu beweisen, daß er ihren lachenden Erben seine Dienste anbot und sich bereit machte, denselben mit Rat und Tat beizustehen, die Mäuse ferner im Zaum zu halten und überdies ihnen manche gute Mitteilung zu machen, welche die Törichten nicht verschmäht hätten, wenn sie eben nicht unvernünftige Menschen gewesen wären. Aber diese Leute ließen Spiegel gar nicht zu Wort kommen, sondern warfen ihm die Pantoffeln und das artige Fußschemelchen der Seligen an den Kopf, sooft er sich blicken ließ, zankten sich acht Tage lang untereinander, begannen endlich einen Prozeß und schlossen das Haus bis auf weiteres zu, so daß nun gar niemand darin wohnte.

Da saß nun der arme Spiegel traurig und verlassen auf der steinernen Stufe vor der Haustür und hatte niemanden, der ihn hineinließ. Des Nachts begab er sich wohl auf Umwegen unter das Dach des Hauses, und im Anfang hielt er sich einen großen Teil des Tages dort verborgen und suchte seinen Kummer zu verschlafen; doch der Hunger trieb ihn bald an das Licht und nötigte ihn, an der warmen Sonne und unter den Leuten zu erscheinen, um bei der Hand zu sein und zu gewärtigen, wo sich etwa ein Maulvoll geringer Nahrung zeigen möchte. Je seltener dies geschah, desto aufmerksamer wurde der gute Spiegel, und alle seine moralischen Eigenschaften gingen in dieser Aufmerksamkeit auf, so daß er sehr bald sich selber nicht mehr gleichsah. Er machte zahlreiche Ausflüge von seiner Haustür aus und stahl sich scheu und flüchtig über die Straße, um manchmal mit einem schlechten, unappetitlichen Bissen, dergleichen er früher nie angesehen, manchmal mit gar nichts zurückzukehren. Er wurde von Tag zu Tag magerer und zerzauster, dabei gierig, kriechend und feig; all sein Mut, seine zierliche Katzenwürde, seine Vernunft und Philosophie waren dahin. Wenn die Buben aus der Schule kamen, so kroch er in einen verborgenen Winkel, sobald er sie kommen hörte, und guckte nur hervor, um aufzupassen, welcher von ihnen etwa eine Brotrinde wegwürfe, und merkte sich den Ort, wo sie hinfiel. Wenn der schlechteste Köter von weitem ankam, so sprang er hastig fort, während er früher gelassen der Gefahr ins Auge geschaut und böse Hunde oft tapfer gezüchtigt hatte. Nur wenn ein grober und einfältiger Mensch daherkam, dergleichen er sonst klüglich gemieden, blieb er sitzen, obgleich das arme Kätzchen mit dem Rest seiner Menschenkenntnis den Lümmel recht gut erkannte; allein die Not zwang Spiegelchen, sich zu täuschen und zu hoffen, daß der Schlimme ausnahmsweise einmal es freundlich streicheln und ihm einen Bissen darreichen werde. Und selbst wenn er statt dessen nun doch geschlagen oder in den Schwanz gekniffen wurde, so kratzte er nicht, sondern duckte sich lautlos zur Seite und sah dann noch verlangend nach der Hand, die es geschlagen und gekniffen und welche nach Wurst oder Hering roch.

Als der edle und kluge Spiegel so heruntergekommen war, saß er eines Tages ganz mager und traurig auf seinem Stein und blinzelte in der Sonne. Da kam der Stadthexenmeister Pineiß des Weges, sah das Kätzchen und stand vor ihm still. Etwas Gutes hoffend, obgleich es den Unheimlichen wohl kannte, saß Spiegelchen demütig auf dem Stein und erwartete, was der Herr Pineiß etwa tun oder sagen würde. Als dieser aber begann und sagte: »Na, Katze! Soll ich dir deinen Schmer abkaufen?«, da verlor es die Hoffnung, denn es glaubte, der Stadthexenmeister wolle es seiner Magerkeit wegen verhöhnen. Doch erwiderte es bescheiden und lächelnd, um es mit niemand zu verderben: »Ach, der Herr Pineiß belieben zu scherzen!« – »Mitnichten!« rief Pineiß. »Es ist mir voller Ernst! Ich brauche Katzenschmer vorzüglich zur Hexerei; aber er muß mir vertragsmäßig und freiwillig von den werten Herren Katzen abgetreten werden, sonst ist er unwirksam. Ich denke, wenn je ein wackeres Kätzlein in der Lage war, einen vorteilhaften Handel abzuschließen, so bist es du! Begib dich in meinen Dienst; ich füttere dich herrlich heraus, mache dich fett und kugelrund mit Würstchen und gebratenen Wachteln. Auf dem ungeheuer hohen alten Dach meines Hauses, welches nebenbei gesagt das köstlichste Dach von der Welt ist für eine Katze, voll interessanter Gegenden und Winkel, wächst auf den sonnigsten Höhen treffliches Spitzgras, grün wie Smaragd, schlank und fein in den Lüften schwankend, dich einladend, die zartesten Spitzen abzubeißen und zu genießen, wenn du dir an meinen Leckerbissen eine leichte Unverdaulichkeit zugezogen hast. So wirst du bei trefflicher Gesundheit bleiben und mir dereinst einen kräftigen brauchbaren Schmer liefern!«

Spiegel hatte schon längst die Ohren gespitzt und mit wässerndem Mäulchen gelauscht; doch war seinem geschwächten Verstand die Sache noch nicht klar, und er versetzte daher: »Das ist soweit nicht übel, Herr Pineiß! Wenn ich nur wüßte, wie ich alsdann, wenn ich doch, um Euch meinen Schmer abzutreten, mein Leben lassen muß, des verabredeten Preises habhaft werden und ihn genießen soll, da ich nicht mehr bin?« – »Des Preises habhaft werden?« sagte der Hexenmeister verwundert. »Den Preis genießest du ja eben in den reichlichen und üppigen Speisen, womit ich dich fett mache, das versteht sich von selber! Doch will ich dich zu dem Handel nicht zwingen!« Und er machte Miene, sich von dannen begeben zu wollen. Aber Spiegel sagte hastig und ängstlich: »Ihr müßtet mir wenigstens eine mäßige Frist gewähren über die Zeit meiner höchsten erreichten Rundheit und Fettigkeit hinaus, daß ich nicht so jählings von hinnen gehen muß, wenn jener angenehme und ach! so traurige Zeitpunkt herangekommen und entdeckt ist!«

»Es sei!« sagte Herr Pineiß mit anscheinender Gutmütigkeit. »Bis zum nächsten Vollmond sollst du dich alsdann deines angenehmen Zustandes erfreuen dürfen, aber nicht länger! Denn in den abnehmenden Mond hinein darf es nicht gehen, weil dieser einen vermindernden Einfluß auf mein wohlerworbenes Eigentum ausüben würde.«

Das Kätzchen beeilte sich zuzuschlagen und unterzeichnete einen Vertrag, welchen der Hexenmeister im Vorrat bei sich führte, mit seiner scharfen Handschrift, welche sein letztes Besitztum und Zeichen besserer Tage war.

»Du kannst dich nun zum Mittagessen bei mir einfinden, Kater!« sagte der Hexer. »Punkt zwölf Uhr wird gegessen!« – »Ich werde so frei sein, wenn Ihr's erlaubt!« sagte Spiegel und fand sich pünktlich um die Mittagsstunde bei Herrn Pineiß ein. Dort begann nun während einiger Monate ein höchst angenehmes Leben für das Kätzchen; denn es hatte auf der Welt weiter nichts zu tun, als die guten Dinge zu verzehren, die man ihm vorsetzte, dem Meister bei der Hexerei zuzuschauen, wenn es mochte, und auf dem Dache spazierenzugehen. Dies Dach glich einem ungeheuren schwarzen Nebelspalter oder Dreiröhrenhut, wie man die großen Hüte der schwäbischen Bauern nennt, und wie ein solcher Hut ein Gehirn voller Nücken und Finten überschattet, so bedeckte dies Dach ein großes, dunkles und winkliges Haus voll Hexenwerk und Tausendsgeschichten. Herr Pineiß war ein Kann-Alles, welcher hundert Ämtchen versah, Leute kurierte, Wanzen vertilgte, Zähne auszog und Geld auf Zinsen lieh; er war der Vormünder aller Waisen und Witwen, schnitt in seinen Mußestunden Federn, das Dutzend für einen Pfennig, und machte schöne schwarze Tinte; er handelte mit Ingwer und Pfeffer, mit Wagenschmiere und Rosoli, mit Häftlein und Schuhnägeln, er renovierte die Turmuhr und machte jährlich den Kalender mit der Witterung, den Bauernregeln und dem Aderlaßmännchen; er verrichtete zehntausend rechtliche Dinge am hellen Tag um mäßigen Lohn und einige unrechtliche nur in der Finsternis und aus Privatleidenschaft, oder hing auch den rechtlichen, ehe er sie aus seiner Hand entließ, schnell noch ein unrechtliches Schwänzchen an, so klein wie die Schwänzchen der jungen Frösche, gleichsam nur der Possierlichkeit wegen. Überdies machte er das Wetter in schwierigen Zeiten, überwachte mit seiner Kunst die Hexen, und wenn sie reif waren, ließ er sie verbrennen; für sich trieb er die Hexerei nur als wissenschaftlichen Versuch und zum Hausgebrauch, so wie er auch die Stadtgesetze, die er redigierte und ins reine schrieb, unter der Hand probierte und verdrehte, um ihre Dauerhaftigkeit zu ergründen. Da die Seldwyler stets einen solchen Bürger brauchten, der alle unlustigen kleinen und großen Dinge für sie tat, so war er zum Stadthexenmeister ernannt worden und bekleidete dies Amt schon seit vielen Jahren mit unermüdlicher Hingebung und Geschicklichkeit, früh und spät. Daher war sein Haus von unten bis oben vollgestopft mit allen erdenklichen Dingen, und Spiegel hatte viel Kurzweil. Doch im Anfang gewann er keine Aufmerksamkeit für andere Dinge als für das Essen. Er schlang gierig alles hinunter, was Pineiß ihm darreichte, und mochte kaum von einer Zeit zur anderen warten. Dabei überlud er sich den Magen und mußte wirklich auf das Dach gehen, um dort von den grünen Gräsern abzubeißen und sich von allerhand Unwohlsein zu kurieren. Als der Meister diesen Heißhunger bemerkte, freute er sich und dachte, das Kätzchen würde solcherweise recht bald fett werden, und je besser er daran wende, desto klüger verfahre und spare er im ganzen. Er baute daher für Spiegel eine ordentliche Landschaft in seiner Stube, indem er ein Wäldchen von Tannenbäumchen aufstellte, kleine Hügel von Steinen und Moos errichtete und einen kleinen See anlegte. Auf die Bäumchen setzte er duftig gebratene Lerchen, Finken, Meisen und Sperlinge, je nach der Jahreszeit, so daß da Spiegel immer etwas herunterzuholen und zu knabbern vorfand. In die kleinen Berge versteckte er in künstlichen Mauslöchern herrliche Mäuse, welche er sorgfältig mit Weizenmehl gemästet, dann ausgeweidet, mit zarten Speckriemchen gespickt und gebraten hatte. Einige dieser Mäuse konnte Spiegel mit der Hand hervorholen, andere waren zur Erhöhung des Vergnügens tiefer verborgen, aber an einen Faden gebunden, an welchem Spiegel sie behutsam hervorziehen mußte, wenn er diese Lustbarkeit einer nachgeahmten Jagd genießen wollte. Das Becken des Sees aber füllte Pineiß alle Tage mit frischer Milch, damit Spiegel in der süßen seinen Durst löschte, und ließ gebratene Gründlinge darin schwimmen, da er wußte, daß Katzen zuweilen auch die Fischerei lieben. Aber da nun Spiegel ein so herrliches Leben führte, tun und lassen, essen und trinken konnte, was ihm beliebte und wann es ihm einfiel, so gedieh er allerdings zusehends an seinem Leibe; sein Pelz wurde wieder glatt und glänzend und sein Auge munter; aber zugleich nahm er, da sich seine Geisteskräfte in gleichem Maße wieder ansammelten, bessere Sitten an; die wilde Gier legte sich, und weil er jetzt eine traurige Erfahrung hinter sich hatte, so wurde er nun klüger als zuvor. Er mäßigte sich in seinen Gelüsten und fraß nicht mehr als ihm zuträglich war, indem er zugleich wieder vernünftigen und tiefsinnigen Betrachtungen nachging und die Dinge wieder durchschaute. So holte er eines Tages einen hübschen Krammetsvogel von den Ästen herunter, und als er denselben nachdenklich zerlegte, fand er dessen kleinen Magen ganz kugelrund angefüllt mit frischer unversehrter Speise. Grüne Kräutchen, artig zusammengerollt, schwarze und weiße Samenkörner und eine glänzendrote Beere waren da so niedlich und dicht ineinander gepfropft, als ob ein Mütterchen für ihren Sohn das Ränzchen zur Reise gepackt hätte. Als Spiegel den Vogel langsam verzehrt und das so vergnüglich gefüllte Mäglein an seine Klaue hing und philosophisch betrachtete, rührte ihn das Schicksal des armen Vogels, welcher nach so friedlich verbrachtem Geschäft so schnell sein Leben lassen gemußt, daß er nicht einmal die eingepackten Sachen verdauen konnte. »Was hat er nun davon gehabt, der arme Kerl«, sagte Spiegel, »daß er sich so fleißig und eifrig genährt hat, daß dies kleine Säckchen aussieht wie ein wohl vollbrachtes Tagewerk? Diese rote Beere ist es, die ihn aus dem freien Wald in die Schlinge des Vogelstellers gelockt hat. Aber er dachte doch, seine Sache noch besser zu machen und sein Leben an solchen Beeren zu fristen, während ich, der ich soeben den unglücklichen Vogel gegessen, daran mich nur um einen Schritt näher zum Tode gegessen habe! Kann man einen elenden und feigern Vertrag abschließen, als sein Leben noch ein Weilchen fristen zu lassen, um es dann um diesen Preis doch zu verlieren? Wäre nicht ein freiwilliger und schneller Tod vorzuziehen gewesen für einen entschlossenen Kater? Aber ich habe keine Gedanken gehabt, und nun, da ich wieder solche habe, sehe ich nichts vor mir als das Schicksal dieses Krammetsvogels; wenn ich rund genug bin, so muß ich von hinnen, aus keinem andern Grunde, als weil ich rund bin. Ein schöner Grund für einen lebenslustigen und gedankenreichen Katzmann! Ach, könnte ich aus dieser Schlinge kommen!« Er vertiefte sich nun in vielfältige Grübeleien, wie das gelingen möchte; aber da die Zeit der Gefahr noch nicht da war, so wurde es ihm nicht klar, und er fand keinen Ausweg; aber als ein kluger Mann ergab er sich bis dahin der Tugend und der Selbstbeherrschung, welches immer die beste Vorschule und Zeitverwendung ist, bis sich etwas entscheiden soll. Er verschmähte das weiche Kissen, welches ihm Pineiß zurechtgelegt hatte, damit er fleißig darauf schlafen und fett werden sollte, und zog es vor, wieder auf schmalen Gesimsen und hohen, gefährlichen Stellen zu liegen, wenn er ruhen wollte. Ebenso verschmähte er die gebratenen Vögel und die gespickten Mäuse und fing sich lieber auf den Dächern, da er nun wieder einen rechtmäßigen Jagdgrund hatte, mit List und Gewandtheit einen schlichten, lebendigen Sperling oder auf den Speichern eine flinke Maus, und solche Beute schmeckte ihm vortrefflicher als das gebratene Wild in Pineißens künstlichem Gehege, während sie ihn nicht zu fett machte; auch die Bewegung und Tapferkeit sowie der wiedererlangte Gebrauch der Tugend und Philosophie verhinderten ein zu schnelles Fettwerden, so daß Spiegel zwar gesund und glänzend aussah, aber zu Pineißens Verwunderung auf einer gewissen Stufe der Beleibtheit stehenblieb, welche lange nicht das erreichte, was der Hexenmeister mit seiner freundlichen Mästung bezweckte; denn dieser stellte sich darunter ein kugelrundes, schwerfälliges Tier vor, welches sich nicht vom Ruhekissen bewegte und aus eitel Schmer bestand. Aber hierin hatte sich seine Hexerei eben geirrt, und er wußte bei aller Schlauheit nicht, daß, wenn man einen Esel füttert, derselbe ein Esel bleibt, wenn man aber einen Fuchsen speiset, derselbe nichts anders wird als ein Fuchs; denn jede Kreatur wächst sich nach ihrer Weise aus. Als Herr Pineiß entdeckte, wie Spiegel immer auf demselben Punkte einer wohlgenährten, aber geschmeidigen und rüstigen Schlankheit stehenblieb, ohne eine erkleckliche Fettigkeit anzusetzen, stellte er ihn eines Abends plötzlich zur Rede und sagte barsch: »Was ist das, Spiegel? Warum frissest du die guten Speisen nicht, die ich dir mit so viel Sorgfalt und Kunst präpariere und herstelle? Warum fängst du die gebratenen Vögel nicht auf den Bäumen, warum suchst du die leckeren Mäuschen nicht in den Berghöhlen? Warum fischest du nicht mehr in dem See? Warum pflegst du dich nicht? Warum schläfst du nicht auf dem Kissen? Warum strapazierst du dich und wirst mir nicht fett?«

»Ei, Herr Pineiß!« sagte Spiegel, »weil es mir wohler ist auf diese Weise! Soll ich meine kurze Frist nicht auf die Art verbringen, die mir am angenehmsten ist?« – »Wie!« rief Pineiß. »Du sollst so leben, daß du dick und rund wirst, und dich nicht abjagen! Ich merke aber wohl, wo du hinauswillst! Du denkst mich zu äffen und hinzuhalten, daß ich dich in Ewigkeit in diesem Mittelzustand herumlaufen lasse? Mitnichten soll dir das gelingen! Es ist deine Pflicht, zu essen und zu trinken und dich zu pflegen, auf daß du dick werdest und Schmer bekommst! Auf der Stelle entsage daher dieser hinterlistigen und kontraktwidrigen Mäßigkeit, oder ich werde ein Wörtlein mit dir sprechen!«

Spiegel unterbrach sein behagliches Spinnen, das er angefangen, um seine Fassung zu behaupten, und sagte: »Ich weiß kein Sterbenswörtchen davon, daß in dem Kontrakt steht, ich solle der Mäßigkeit und einem gesunden Lebenswandel entsagen! Wenn der Herr Stadthexenmeister darauf gerechnet hat, daß ich ein fauler Schlemmer sei, so ist das nicht meine Schuld! Ihr tut tausend rechtliche Dinge des Tages, so lasset dieses auch noch hinzukommen und uns beide hübsch in der Ordnung bleiben; denn Ihr wißt ja wohl, daß Euch mein Schmer nur nützlich ist, wenn er auf rechtliche Weise erwachsen!« – »Ei du Schwätzer!« rief Pineiß erbost. »Willst du mich belehren? Zeig her, wie weit bist du denn eigentlich gediehen, du Müßiggänger? Vielleicht kann man dich doch bald abtun!« Er griff dem Kätzchen an den Bauch; allein dieses fühlte sich dadurch unangenehm gekitzelt und hieb dem Hexenmeister einen scharfen Kratz über die Hand. Diesen betrachtete Pineiß aufmerksam, dann sprach er: »Stehen wir so miteinander, du Bestie? Wohlan, so erkläre ich dich hiermit feierlich, kraft des Vertrages, für fett genug! Ich begnüge mich mit dem Ergebnis und werde mich desselben zu versichern wissen! In fünf Tagen ist der Mond voll, und bis dahin magst du dich noch deines Lebens erfreuen, wie es geschrieben steht, und nicht eine Minute länger!« Damit kehrte er ihm den Rücken und überließ ihn seinen Gedanken.

Diese waren jetzt sehr bedenklich und düster. So war denn die Stunde doch nahe, wo der gute Spiegel seine Haut lassen sollte? Und war mit aller Klugheit gar nichts mehr zu machen? Seufzend stieg er auf das hohe Dach, dessen Firste dunkel in den schönen Herbstabendhimmel emporragten. Da ging der Mond über der Stadt auf und warf seinen Schein auf die schwarzen, bemoosten Hohlziegel des alten Daches, ein lieblicher Gesang tönte in Spiegels Ohren, und eine schneeweiße Kätzin wandelte glänzend über einen benachbarten First weg. Sogleich vergaß Spiegel die Todesaussichten, in welchen er lebte, und erwiderte mit seinem schönsten Katerlied den Lobgesang der Schönen. Er eilte ihr entgegen und war bald im hitzigen Gefecht mit drei fremden Katern begriffen, die er mutig und wild in die Flucht schlug. Dann machte er der Dame feurig und ergeben den Hof und brachte Tag und Nacht bei ihr zu, ohne an den Pineiß zu denken oder im Hause sich sehen zu lassen. Er sang wie eine Nachtigall die schönen Mondnächte hindurch, jagte hinter der weißen Geliebten her über die Dächer, durch die Gärten, und rollte mehr als einmal im heftigen Minnespiel oder im Kampf mit den Rivalen über hohe Dächer hinunter und fiel auf die Straße; aber nur um sich aufzuraffen, das Fell zu schütteln und die wilde Jagd seiner Leidenschaften von neuem anzuheben. Stille und lautlose Stunden, süße Gefühle und zorniger Streit, anmutiges Zwiegespräch, witziger Gedankenaustausch, Ränke und Schwänke der Liebe und Eifersucht, Liebkosungen und Raufereien, die Gewalt des Glückes und die Leiden des Unsterns ließen den verliebten Spiegel nicht zu sich selbst kommen, und als die Scheibe des Mondes voll geworden, war er von allen diesen Aufregungen und Leidenschaften so heruntergekommen, daß er jämmerlicher, magerer und zerzauster aussah als je. Im selben Augenblick rief ihm Pineiß aus einem Dachtürmchen: »Spiegelchen, Spiegelchen! Wo bist du?

Komm doch ein bißchen nach Hause!«
Da schied Spiegel von der weißen Freundin, welche zufrieden und kühl miauend ihrer Wege ging, und wandte sich stolz seinem Henker zu. Dieser stieg in die Küche hinunter, raschelte mit dem Kontrakt und sagte: »Komm, Spiegelchen, komm, Spiegelchen!« und Spiegel folgte ihm und setzte sich in der Hexenküche trotzig vor den Meister hin in all seiner Magerkeit und Zerzaustheit. Als Herr Pineiß erblickte, wie er so schmählich um seinen Gewinn gebracht war, sprang er wie besessen in die Höhe und schrie wütend: »Was seh' ich? Du Schelm, du gewissenloser Spitzbube! Was hast du mir getan?« Außer sich vor Zorn griff er nach einem Besen und wollte Spiegelchen schlagen; aber dieser krümmte den schwarzen Rücken, ließ die Haare emporstarren, daß ein fahler Schein darüber knisterte, legte die Ohren zurück, prustete und funkelte den Alten so grimmig an, daß dieser voll Furcht und Entsetzen drei Schritt zurücksprang. Er begann zu fürchten, daß er einen Hexenmeister vor sich habe, welcher ihn foppe und mehr könne als er selbst. Ungewiß und kleinlaut sagte er: »Ist der ehrsame Herr Spiegel vielleicht vom Handwerk? Sollte ein gelehrter Zaubermeister beliebt haben, sich in dero äußere Gestalt zu verkleiden, da er nach Gefallen über sein Leibliches gebieten und genauso beleibt werden kann, als es ihm angenehm dünkt, nicht zuwenig und nicht zuviel, oder unversehens so mager wird wie ein Gerippe, um dem Tode zu entschlüpfen?«
Spiegel beruhigte sich wieder und sprach ehrlich: »Nein, ich bin kein Zauberer! Es ist allein die süße Gewalt der Leidenschaft, welche mich so heruntergebracht und zu meinem Vergnügen Euer Fett dahingenommen hat. Wenn wir übrigens jetzt unser Geschäft von neuem beginnen wollen, so will ich tapfer dabei sein und dreinbeißen! Setzt mir nur eine recht schöne und große Bratwurst vor, denn ich bin ganz erschöpft und hungrig!« Da packte Pineiß den Spiegel wütend am Kragen, sperrte ihn in den Gänsestall, der immer leer war, und schrie: »Da sieh zu, ob dir deine süße Gewalt der Leidenschaft noch einmal heraushilft, und ob sie stärker ist als die Gewalt der Hexerei und meines rechtlichen Vertrages! Jetzt heißt's: Vogel friß und stirb!« Sogleich briet er eine lange Wurst, die so lecker duftete, daß er sich nicht enthalten konnte, selbst ein bißchen an beiden Zipfeln zu schlecken, ehe er sie durch das Gitter steckte. Spiegel fraß sie von vorn bis hinten auf, und indem er sich behaglich den Schnurrbart putzte und den Pelz leckte, sagte er zu sich selber: »Meine Seel! Es ist

doch eine schöne Sache um die Liebe! Die hat mich für diesmal wieder aus der Schlinge gezogen. Jetzt will ich mich ein wenig ausruhen und trachten, daß ich durch Beschaulichkeit und gute Nahrung wieder zu vernünftigen Gedanken komme! Alles hat seine Zeit! Heute ein bißchen Leidenschaft, morgen ein wenig Besonnenheit und Ruhe, ist jedes in seiner Weise gut. Dies Gefängnis ist gar nicht so übel, und es läßt sich gewiß etwas Ersprießliches darin ausdenken!« Pineiß aber nahm sich nun zusammen und bereitete alle Tage mit aller seiner Kunst solche Leckerbissen und in solch reizender Abwechslung und Zuträglichkeit, daß der gefangene Spiegel denselben nicht widerstehen konnte; denn Pineißens Vorrat an freiwilligem und rechtmäßigem Katzenschmer nahm alle Tage mehr ab und drohte nächstens ganz auszugehen, und dann war der Hexer ohne dies Hauptmittel ein geschlagener Mann. Aber der gute Hexenmeister nährte mit dem Leibe Spiegels dessen Geist immer wieder mit, und es war durchaus nicht von dieser unbequemen Zutat loszukommen, weshalb auch seine Hexerei sich hier als lückenhaft erwies.
Als Spiegel in seinem Käfig ihm endlich fett genug dünkte, säumte er nicht länger, sondern stellte vor den Augen des aufmerksamen Katers alle Geschirre zurecht und machte ein helles Feuer auf dem Herd, um den lang ersehnten Gewinn auszukochen. Dann wetzte er ein großes Messer, öffnete den Kerker, zog Spiegelchen hervor, nachdem er die Küchentür wohl verschlossen, und sagte wohlgemut: »Komm, du Sapperlöter, wir wollen dir den Kopf abschneiden vorderhand und dann das Fell abziehen! Dieses wird eine warme Mütze für mich geben, woran ich Einfältiger noch gar nicht gedacht habe! Oder soll ich dir erst das Fell abziehen und dann den Kopf abschneiden?« – »Nein, wenn es Euch gefällig ist«, sagte Spiegel demütig, »lieber zuerst den Kopf abschneiden!« – »Hast recht, du armer Kerl!« sagte Herr Pineiß. »Wir wollen dich nicht unnütz quälen! Alles was recht ist!« – »Dies ist ein wahres Wort!« sagte Spiegel mit einem erbärmlichen Seufzer und legte das Haupt ergebungsvoll auf die Seite. »O hätt' ich doch jederzeit getan, was recht ist, und nicht eine so wichtige Sache leichtsinnig unterlassen, so könnte ich jetzt mit besserm Gewissen sterben, denn ich sterbe gern; aber ein Unrecht erschwert mir den sonst so willkommenen Tod; denn was bietet mir das Leben? Nichts als Furcht, Sorge und Armut und zur Abwechslung einen Sturm verzehrender Leidenschaft, die noch schlimmer ist als die stille, zitternde Furcht!« – »Ei, welches Unrecht, welche wichtige Sache?« fragte Pi-

neiß neugierig. »Ach, was hilft das Reden jetzt noch«, seufzte Spiegel, »geschehen ist geschehen, und jetzt ist Reue zu spät!« – »Siehst du, Sappermenter, was für ein Sünder du bist«, sagte Pineiß, »und wie wohl du deinen Tod verdienst? Aber was Tausend hast du denn angestellt? Hast du mir vielleicht etwas entwendet, entfremdet, verdorben? Hast du mir ein himmelschreiendes Unrecht getan, von dem ich noch gar nichts weiß, ahne, vermute, du Satan? Das sind mir schöne Geschichten! Gut, daß ich noch dahinterkomme! Auf der Stelle beichte mir, oder ich schinde und siede dich lebendig aus! Wirst du sprechen oder nicht?« – »Ach nein!« sagte Spiegel. »Wegen Euch habe ich mir nichts vorzuwerfen. Es betrifft die zehntausend Goldgülden meiner seligen Gebieterin – aber was hilft das Reden! Zwar – wenn ich bedenke und Euch ansehe, so möchte es vielleicht doch nicht ganz zu spät sein –, wenn ich Euch betrachte, so sehe ich, daß Ihr ein noch ganz schöner und rüstiger Mann seid, in den besten Jahren – sagt doch, Herr Pineiß, habt Ihr noch nie etwa den Wunsch verspürt, Euch zu verehelichen, ehrbar und vorteilhaft? Aber was schwatze ich! Wie wird ein so kluger und kunstreicher Mann auf dergleichen müßige Gedanken kommen! Wie wird ein so nützlich beschäftiger Meister an törichte Weiber denken! Zwar allerdings hat auch die Schlimmste noch irgendwas an sich, was etwa nützlich für einen Mann ist, das ist nicht abzuleugnen! Und wenn sie nur halbwegs was taugt, so ist eine gute Hausfrau etwa weiß am Leibe, sorgfältig im Sinne, zutulich von Sitten, treu von Herzen, sparsam im Verwalten, aber verschwenderisch in der Pflege ihres Mannes, kurzweilig in Worten und angenehm in ihren Taten, einschmeichelnd in ihren Handlungen! Sie küßt den Mann mit ihrem Munde und streichelt ihm den Bart, sie umschließt ihn mit ihren Armen und krault ihm hinter den Ohren, wie er es wünscht, kurz, sie tut tausend Dinge, die nicht zu verwerfen sind. Sie hält sich ihm ganz nah zu oder in bescheidener Entfernung, je nach seiner Stimmung, und wenn er seinen Geschäften nachgeht, so stört sie ihn nicht, sondern verbreitet unterdessen sein Lob in und außer dem Hause; denn sie läßt nichts an ihn kommen und rühmt alles, was an ihm ist! Aber das Anmutigste ist die wunderbare Beschaffenheit ihres zarten leiblichen Daseins, welches die Natur so verschieden gemacht hat von unserm Wesen bei anscheinender Menschenähnlichkeit, daß es ein fortwährendes Meerwunder in einer glückhaften Ehe bewirkt und eigentlich die allerdurchtriebenste Hexerei in sich birgt! Doch was schwatze ich da wie ein Tor an der Schwelle des Todes! Wie wird ein weiser Mann auf dergleichen Eitelkeiten sein Augenmerk richten! Verzeiht, Herr Pineiß, und schneidet mir den Kopf ab!«

Pineiß aber rief heftig: »So halt doch endlich inne, du Schwätzer! und sage mir: Wo ist eine solche und hat sie zehntausend Goldgülden?«

»Zehntausend Goldgülden?« sagte Spiegel.

»Nun ja«, rief Pineiß ungeduldig, »sprachst du nicht eben erst davon?«

»Nein«, antwortete jener, »das ist eine andere Sache! Die liegen vergraben an einem Orte!«

»Und was tun sie da, wem gehören sie?« schrie Pineiß.

»Niemand gehören sie, das ist eben meine Gewissensbürde, denn ich hätte sie unterbringen sollen! Eigentlich gehören sie jenem, der eine solche Person heiratet, wie ich eben beschrieben habe. Aber wie soll man drei solche Dinge zusammenbringen in dieser gottlosen Stadt: zehntausend Goldgülden, eine weiße, feine und gute Hausfrau und einen weisen rechtschaffenen Mann? Daher ist eigentlich meine Sünde nicht allzu groß, denn der Auftrag war zu schwer für eine arme Katze!«

»Wenn du jetzt«, rief Pineiß, »nicht bei der Sache bleibst und sie verständlich der Ordnung nach dartust, so schneide ich dir vorläufig den Schwanz und beide Ohren ab! Jetzt fang an!«

»Da Ihr es befehlt, so muß ich die Sache wohl erzählen«, sagte Spiegel und setzte sich gelassen auf seine Hinterfüße, »obgleich dieser Aufschub meine Leiden nur vergrößert!« Pineiß steckte das scharfe Messer zwischen sich und Spiegel in die Diele und setzte sich neugierig auf ein Fäßchen, um zuzuhören, und Spiegel fuhr fort:

»Ihr wisset doch, Herr Pineiß, daß die brave Person, meine selige Meisterin, unverheiratet gestorben ist als eine alte Jungfer, die in aller Stille viel Gutes getan und niemandem zuwider gelebt hat. Aber nicht immer war es um sie her so still und ruhig zugegangen, und obgleich sie niemals von bösem Gemüt gewesen, so hatte sie doch einst viel Leid und Schaden angerichtet; denn in ihrer Jugend war sie das schönste Fräulein weit und breit, und was von jungen Herren und kecken Gesellen in der Gegend war oder des Weges kam, verliebte sich in sie und wollte sie durchaus heiraten. Nun hatte sie wohl große Lust zu heiraten und einen hübschen, ehrenfesten und klugen Mann zu nehmen, und sie hatte die Auswahl, da sich Einheimische und

Fremde um sie stritten und einander mehr als einmal die Degen in den Leib rannten, um den Vorrang zu gewinnen. Es bewarben sich um sie und versammelten sich kühne und verzagte, listige und treuherzige, reiche und arme Freier, solche mit einem guten und anständigen Geschäft und solche, welche als Kavalier zierlich von ihren Renten lebten; dieser mit diesen, jener mit jenen Vorzügen, beredt oder schweigsam, der eine munter und liebenswürdig, und ein anderer schien es mehr in sich zu haben, wenn er auch etwas einfältig aussah; kurz, das Fräulein hatte eine so vollkommene Auswahl, wie es ein mannbares Frauenzimmer sich nur wünschen kann. Allein sie besaß außer ihrer Schönheit ein schönes Vermögen von vielen tausend Goldgülden, und diese waren die Ursache, daß sie nie dazu kam, eine Wahl zu treffen und einen Mann nehmen zu können, denn sie verwaltete ihr Gut mit trefflicher Umsicht und Klugheit und legte einen großen Wert auf dasselbe, und da nun der Mensch immer von seinen eigenen Neigungen aus andere beurteilt, so geschah es, daß sie, sobald sich ihr ein achtungswerter Freier genähert und ihr halbwegs gefiel, alsobald sich einbildete, derselbe begehre sie nur um ihres Gutes willen. War einer reich, so glaubte sie, er würde sie doch nicht begehren, wenn sie nicht auch reich wäre, und von den Unbemittelten nahm sie vollends als gewiß an, daß sie nur ihre Goldgülden im Auge hätten und sich daran gedächten gütlich zu tun, und das arme Fräulein, welches doch selbst so große Dinge auf den irdischen Besitz hielt, war nicht imstande, diese Liebe zu Geld und Gut an ihren Freiern von der Liebe zu ihr selbst zu unterscheiden oder, wenn sie wirklich etwa vorhanden war, dieselbe nachzusehen und zu verzeihen. Mehrere Male war sie schon so gut wie verlobt, und ihr Herz klopft endlich stärker; aber plötzlich glaubte sie aus irgendeinem Zuge zu entnehmen, daß sie verraten sei und man einzig an ihr Vermögen denke, und sie brach unverweilt die Geschichte entzwei und zog sich voll Schmerzen, aber unerbittlich zurück. Sie prüfte alle, welche ihr nicht mißfielen, auf hundert Arten, so daß eine große Gewandtheit dazu gehörte, nicht in die Falle zu gehen, und zuletzt keiner mehr sich mit einiger Hoffnung nähern konnte, als wer ein durchaus geriebener und verstellter Mensch war, so daß schon aus diesen Gründen endlich die Wahl wirklich schwer wurde, weil solche Menschen dann zuletzt doch eine unheimliche Unruhe erwecken und die peinlichste Ungewißheit bei einer Schönen zurücklassen, je geriebener und geschickter sie sind. Das Hauptmittel, ihre Anbeter zu prüfen, war, daß sie ihre Uneigennützigkeit auf die Probe stellte und sie alle Tage zu großen Ausgaben, zu reichen Geschenken und zu wohltätigen Handlungen veranlaßte. Aber sie mochten es machen, wie sie wollten, so trafen sie doch nie das Rechte; denn zeigten sie sich freigiebig und aufopfernd, gaben sie glänzende Feste, brachten sie ihr Geschenke dar oder anvertrauten ihr beträchtliche Gelder für die Armen, so sagte sie plötzlich, dies alles geschehe nur, um mit einem Würmchen den Lachs zu fangen oder mit der Wurst nach der Speckseite zu werfen, wie man zu sagen pflegt. Und sie vergab die Geschenke sowohl wie das anvertraute Geld an Klöster und milde Stiftungen und speiste die Armen; aber die betrogenen Freier wies sie unbarmherzig ab. Bezeigten sich dieselben aber zurückhaltend oder gar knauserig, so war der Stab sogleich über sie gebrochen, da sie das noch viel übler nahm und daran eine schnöde und nackte Rücksichtslosigkeit und Eigenliebe zu erkennen glaubte. So kam es, daß sie, welche ein reines und nur ihrer Person hingegebenes Herz suchte, zuletzt von lauter verstellten, listigen und eigensüchtigen Freiersleuten umgeben war, aus denen sie nie klug wurde und die ihr das Leben verbitterten. Eines Tages fühlte sie sich so mißmutig und trostlos, daß sie ihren ganzen Hof aus dem Hause wies, dasselbe zuschloß und nach Mailand verreiste, wo sie eine Base hatte. Als sie über den Sankt Gotthard ritt auf einem Eselein, war ihre Gesinnung so schwarz und schaurig wie das wilde Gestein, das sich aus den Abgründen emportürmte, und sie fühlte die heftigste Versuchung, sich von der Teufelsbrücke in die tobenden Gewässer der Reuß hinabzustürzen. Nur mit der größten Mühe gelang es den zwei Mägden, die sie bei sich hatte und die ich selbst noch gekannt habe, welche aber nun schon lange tot sind, und dem Führer, sie zu beruhigen und von der finstern Anwandlung abzubringen. Doch langte sie bleich und traurig in dem schönen Land Italien an, und so blau dort der Himmel war, wollten sich ihre dunklen Gedanken doch nicht aufhellen. Aber als sie einige Tage bei ihrer Base verweilte, sollte unverhofft eine andere Melodie ertönen und ein Frühlingsanfang in ihr aufgehen, von dem sie bis dato noch nicht viel gewußt. Denn es kam ein junger Landsmann in das Haus der Base, der ihr gleich beim ersten Anblick so wohl gefiel, daß man wohl sagen kann, sie verliebte sich jetzt von selbst und zum erstenmal. Es war ein schöner Jüngling, von guter Erziehung und edlem Benehmen, nicht arm und nicht reich zur Zeit, denn er hatte nichts als zehntausend Goldgülden, welche er von seinen verstorbenen Eltern ererbt und womit er, da er die Kaufmannschaft erlernt hatte, in Mailand einen Handel mit Seide begründen wollte; denn er war unternehmend und klar von Gedanken und hatte eine glückliche Hand, wie es unbefangene und unschuldige Leute oft haben; denn auch dies war der junge Mann; er schien, so wohlgelehrt er war, doch so arglos und unschuldig wie ein Kind. Und obgleich er ein Kaufmann war und ein so unbefangenes Gemüt, was schon zusammen eine köstliche Seltenheit ist, so war er doch fest und ritterlich in seiner Haltung und trug sein Schwert so keck zur Seite, wie nur ein geübter Kriegsmann es tragen kann. Dies alles sowie seine frische Schönheit und Jugend bezwangen das Herz des Fräuleins dermaßen, daß sie kaum an sich halten konnte und ihm mit großer Freundlichkeit begegnete. Sie wurde wieder heiter, und wenn sie dazwischen auch traurig war, so geschah dies in dem Wechsel der Liebesfurcht und Hoffnung, welche immerhin ein edleres und angenehmeres Gefühl war als jene peinliche Verlegenheit in der Wahl, welche sie früher unter den vielen Freiern empfunden. Jetzt kannte sie nur eine Mühe und Besorgnis, diejenige nämlich, dem schönen und guten Jüngling zu gefallen, und je schöner sie selbst war, desto demütiger und unsicherer war sie jetzt, da sie zum ersten Male eine wahre Neigung gefaßt hatte. Aber auch der junge Kaufmann hatte noch nie eine solche Schönheit gesehen oder war wenigsten noch keiner so nahe gewesen und von ihr so freundlich und artig behandelt worden. Da sie nun, wie gesagt, nicht nur schön, sondern auch gut von Herzen und fein von Sitten war, so ist es nicht zu verwundern, daß der offene und frische Jüngling, dessen Herz noch ganz frei und unerfahren war, sich ebenfalls in sie verliebte und das mit aller Kraft und Rückhaltlosigkeit, die in seiner ganzen Natur lag. Aber vielleicht hätte das nie jemand erfahren, wenn er in seiner Einfalt nicht aufgemuntert worden wäre durch des Fräuleins Zutulichkeit, welche er mit heimlichem Zittern und Zagen für eine Erwiderung seiner Liebe zu halten wagte, da er selber keine Verstellung kannte. Doch bezwang er sich einige Wochen und glaubte die Sache zu verheimlichen; aber *jeder* sah ihm von weitem an, daß er zum Sterben verliebt war, und wenn er irgend in die Nähe des Fräuleins geriet oder sie nur genannt wurde, so sah man auch gleich, in wen er verliebt war. Er war aber nicht lange verliebt, sondern begann wirklich zu lieben mit aller Heftigkeit seiner Jugend, so daß ihm das Fräulein das Höchste und Beste auf der Welt wurde, an welches er ein für allemal das Heil und den ganzen Wert seiner eigenen Person setzte. Dies gefiel ihr über die Maßen wohl; denn es war in allem, was er sagte oder tat, eine andere Art, als sie bislang erfahren, und dies bestärkte und rührte sie so tief, daß sie nun gleichermaßen der stärksten Liebe anheimfiel und nun nicht mehr von einer Wahl für sie die Rede war. Jedermann sah diese Geschichte spielen, und es wurde offen darüber gesprochen und vielfach gescherzt. Dem Fräulein war es höchlich wohl dabei, und indem ihr das Herz vor banger Erwartung zerspringen wollte, half sie den Roman von ihrer Seite doch ein wenig verwikkeln und ausspinnen, um ihn recht auszukosten und zu genießen. Denn der junge Mann beging in seiner Verwirrung so köstliche und kindliche Dinge, dergleichen sie niemals erfahren und für sie einmal schmeichelhafter und angenehmer waren als das andere. Er aber in seiner Geradheit und Ehrlichkeit konnte es nicht so lange aushalten; da jeder darauf anspielte und sich einen Scherz erlaubte, so schien es ihm eine Komödie zu werden, als deren Gegenstand ihm seine Geliebte viel zu gut und heilig war, und was ihr ausnehmend behagte, das machte ihn bekümmert, ungewiß und verlegen um sie selber. Auch glaubte er sie zu beleidigen und zu hintergehen, wenn er da lange eine so heftige Leidenschaft zu ihr herumtrüge und unaufhörlich an sie denke, ohne daß sie eine Ahnung davon habe, was doch gar nicht schicklich sei und ihm selber nicht recht! Daher sah man ihm eines Morgens von weitem an, daß er etwas vorhatte, und er bekannte ihr seine Liebe in einigen Worten, um es nie zum zweitenmal zu sagen, wenn er nicht glücklich sein sollte. Denn er war nicht gewohnt zu denken, daß ein solches schönes und wohlbeschaffenes Fräulein etwa nicht ihre wahre Meinung sagen und nicht auch gleich zum erstenmal ihr unwiderrufliches Ja oder Nein erwidern sollte! Er war ebenso zart gesinnt als heftig verliebt, ebenso spröde als kindlich und ebenso stolz als unbefangen, und bei ihm gilt es gleich auf Tod und Leben, auf Ja oder Nein, Schlag um Schlag. In demselben Augenblicke aber, in welchem das Fräulein sein Geständnis anhörte, das sie so sehnlich erwartet, überfiel sie ihr altes Mißtrauen, und es fiel ihr zur unglücklichen Stunde ein, daß ihr Liebhaber ein Kaufmann sei, welcher am Ende nur ihr Vermögen zu erlangen wünsche, um seine Unternehmungen zu erweitern. Wenn er daneben auch ein wenig in ihre Person verliebt sein sollte, so wäre ja das bei ihrer Schönheit kein sonderliches Verdienst und nur um so empörender, wenn sie eine bloße wünschbare Zugabe zu ihrem Golde vorstellen sollte. Anstatt ihm daher ihre Gegenliebe zu gestehen und ihn wohl aufzunehmen, wie sie am liebsten getan hätte, ersann sie auf der Stelle eine neue List, um seine Hingebung zu prüfen, und nahm eine ernste, fast traurige Miene an, indem sie ihm vertraute, wie sie bereits mit einem jungen Mann verlobt sei in ihrer Heimat, welchen sie auf das allerherzlichste liebe. Sie habe ihm das schon mehrmals mitteilen wollen, da sie ihn, den Kaufmann nämlich, als Freund sehr liebhabe, wie er wohl habe sehen können aus ihrem Benehmen, und sie vertraue ihm wie einem Bruder. Aber die ungeschickten Scherze, welche in der Gesellschaft aufgekommen seien, hätten ihr eine vertrauliche Unterhaltung erschwert; da er nun aber selbst sie mit seinem braven und edlen Herzen überrascht und dasselbe vor ihr aufgetan, so könne sie ihm für seine Neigung nicht besser danken, als indem sie ihm ebenso offen sich anvertraue. Ja, fuhr sie fort, nur demjenigen könne sie angehören, welchen sie einmal erwählt habe, und nie würde es ihr möglich sein, ihr Herz einem andern Mannesbilde zuzuwenden, diese stehe mit goldenem Feuer in ihrer Seele geschrieben, und der liebe Mann wisse selbst nicht, wie lieb er ihr sei, so wohl er sie auch kenne! Aber ein trüber Unstern hätte sie betroffen: ihr Bräutigam sei ein Kaufmann, aber so arm wie eine Maus; darum hätten sie den Plan gefaßt, daß er aus den Mitteln der Braut einen Handel begründen solle; der Anfang sei gemacht und alles auf das beste eingeleitet, die Hochzeit sollte in diesen Tagen gefeiert werden, da wollte ein unverhofftes Mißgeschick, daß ihr ganzes Vermögen plötzlich ihr angetastet und abgestritten wurde und vielleicht für immer verlorengehe, während der arme Bräutigam in nächster Zeit seine ersten Zahlungen zu leisten habe an die Mailänder und venezianischen Kaufleute, worauf sein ganzer Kredit, sein Gedeihen und seine Ehre beruhe, nicht zu sprechen von ihrer Vereinigung und glücklichen Hochzeit! Sie sei in der Eile nach Mailand gekommen, wo sie begüterte Verwandte habe, um da Mittel und Auswege zu finden; aber zu einer schlimmen Stunde sei sie gekommen; denn nichts wolle sich fügen und schicken, während der Tag immer näher rücke, und wenn sie ihrem Geliebten nicht helfen könne, so müsse sie sterben vor Traurigkeit. Denn er sei der liebste und beste Mensch, den man sich denken könne, und würde sicherlich ein großer Kaufherr werden, wenn ihm geholfen würde, und sie kenne kein anderes Glück mehr auf Erden, als dann dessen Gemahlin zu sein! Als sie diese Erzählung beendet, hatte sich der arme schöne Jüngling schon lange entfärbt und war bleich wie ein weißes Tuch. Aber er ließ keinen Laut der Klage vernehmen und sprach nicht ein Sterbenswörtchen mehr von sich selbst und von seiner Liebe, sondern fragte bloß traurig, auf wieviel sich denn die eingegangenen Verpflichtungen des glücklich unglücklichen Bräutigams beliefen? Auf zehntausend Goldgülden! antwortete sie noch viel trauriger. Der junge traurige Kaufherr stand auf, ermahnte das Fräulein, guten Mutes zu sein, da sich gewiß ein Ausweg zeigen werde, und entfernte sich von ihr, ohne daß er sie anzusehen wagte; so sehr fühlte er sich betroffen und beschämt, daß er seine Augen auf eine Dame geworfen, die so treu und leidenschaftlich einen andern liebte. Denn der Arme glaubte jedes Wort von ihrer Erzählung wie ein Evangelium. Dann begab er sich ohne Säumnis zu seinen Handelsfreunden und brachte sie durch Bitten und Einbüßung einer gewissen Summe dahin, seine Bestellungen und Einkäufe wieder rückgängig zu machen, welche er selbst in diesen Tagen auch grad mit seinen zehntausend Goldgülden bezahlen sollte und worauf er seine ganze Laufbahn baute, und ehe sechs Stunden verflossen waren, erschien er wieder bei dem Fräulein mit seinem ganzen Besitztum und bat sie um Gottes willen, diese Aushilfe von ihm annehmen zu wollen. Ihre Augen funkelten vor freudiger Überraschung, und ihre Brust pochte wie ein Hammerwerk; sie fragte ihn, wo er denn dies Kapital hergenommen, und er erwiderte, er habe es auf seinen guten Namen geliehen und würde es, da seine Geschäfte sich glücklich wendeten, ohne Unbequemlichkeit zurückerstatten können. Sie sah ihm deutlich an, daß er log und daß es sein einziges Vermögen und seine ganze Hoffnung war, welche er ihrem Glücke opferte; doch stellte sie sich, als glaubte sie seinen Worten. Sie ließ ihren freudigen Empfindungen freien Lauf und tat grausamerweise, als ob diese dem Glücke gälten, nun doch ihren Erwählten zu retten und heiraten zu dürfen, und sie konnte nicht Worte finden, ihre Dankbarkeit auszudrücken. Doch plötzlich besann sie sich und erklärte, nur unter *einer* Bedingung die großmütige Tat annehmen zu können, da sonst alles Zureden unnütz wäre. Befragt, worin diese Bedingung bestehe, verlangte sie das heilige Versprechen, daß er an einem bestimmten Tage sich bei ihr einfinden wolle, um ihrer Hochzeit beizuwohnen und der beste Freund und Gönner ihres zukünftigen Ehegemahls zu werden sowie der treueste Freund, Schützer und Berater ihrer selbst. Errötend bat er sie, von diesem Begehren abzustehen; aber umsonst wandte er alle Gründe an, um sie davon abzubringen, umsonst stellte er ihr vor, daß seine Angelegenheiten jetzt nicht erlaubten, nach der Schweiz zurückzureisen, und daß er von einem solchen Abstecher einen erheblichen Schaden erleiden würde. Sie beharrte entschieden auf ihrem Verlangen und schob ihm sogar sein Gold wieder zu, da er sich nicht dazu verstehen wollte. Endlich versprach er es, aber er mußte ihr die Hand darauf geben und es ihr bei seiner Ehre und Seligkeit beschwören. Sie bezeichnete ihm genau den Tag und die Stunde, wann er eintreffen solle, und all dies mußte er bei seinem Christenglauben und bei seiner Seligkeit beschwören. Erst dann nahm sie sein Opfer an und ließ den Schatz vergnügt in ihre Schlafkammer tragen, wo sie ihn eigenhändig in ihrer Reisetruhe verschloß und den Schlüssel in den Busen steckte. Nun hielt sie sich nicht länger in Mailand auf, sondern reiste ebenso fröhlich über den Sankt Gotthard zurück als schwermütig sie gekommen war. Auf der Teufelsbrücke, wo sie hatte hinabspringen wollen, lachte sie wie eine Unkluge und warf mit hellem Jauchzen ihrer wohlklingenden Stimme einen Granatblütenstrauß in die Reuß, welchen sie vor der Brust trug, kurz, ihre Lust war nicht zu bändigen, und es war die fröhlichste Reise, die je getan wurde. Heimgekehrt, öffnete und lüftete sie ihr Haus von oben bis unten und schmückte es, als ob sie einen Prinzen erwartete. Aber zu Häupten ihres Bettes legte sie den Sack mit den zehntausend Goldgülden und legte des Nachts den Kopf so glückselig auf den harten Klumpen und schlief darauf, wie wenn es das weichste Flaumkissen gewesen wäre. Kaum konnte sie den verabredeten Tag erwarten, wo sie ihn sicher kommen sah, da sie wußte, daß er nicht das einfachste Versprechen, geschweige denn einen Schwur brechen würde, und wenn es ihm um das Leben ginge. Aber der Tag brach an und der Geliebte erschien nicht, und es vergingen viele Tage und Wochen, ohne daß er von sich hören ließ. Da fing sie an, an allen Gliedern zu zittern, und verfiel in die größte Angst und Bangigkeit; sie schickte Briefe über Briefe nach Mailand, aber niemand wußte ihr zu sagen, wo er geblieben sei. Endlich aber stellte es sich durch einen Zufall heraus, daß der junge Kaufherr aus einem blutroten Stück Seidendamast, welches er von seinem Handelsanfang her im Hause liegen und bereits bezahlt hatte, sich ein Kriegskleid hatte anfertigen lassen und unter die Schweizer gegangen war, welche damals eben im Solde des Königs Franz von Frankreich den Mailändischen Krieg mitstritten. Nach der Schlacht bei Pavia, in welcher so viele Schweizer das Leben verloren, wurde er auf einem Haufen erschlagener Spaniolen liegend gefunden, von vielen tödlichen Wunden zerrissen und sein rotes Seidengewand von unten bis oben zerschlitzt und zerfetzt.

Eh' er den Geist aufgab, sagte er einem neben ihm liegenden Seldwyler, der minder übel zugerichtet war, folgende Botschaft ins Gedächtnis und bat ihn, dieselbe auszurichten, wenn er mit dem Leben davonkäme: ›Liebstes Fräulein! Obgleich ich Euch bei meiner Ehre, bei meinem Christenglauben und bei meiner Seligkeit geschworen habe, auf Eurer Hochzeit zu erscheinen, so ist es mir dennoch nicht möglich gewesen, Euch nochmals zu sehen und einen *andern* des höchsten Glückes teilhaftig zu erblicken, das es für mich geben könnte. Dieses habe ich erst in Eurer Abwesenheit verspürt und habe vorher nicht gewußt, welch eine strenge und unheimlich Sache es ist um solche Liebe, wie ich zu Euch habe, sonst würde ich mich zweifelsohne besser davor gehütet haben. Da es aber einmal so ist, so wollte ich lieber meiner weltlichen Ehre und meiner geistlichen Seligkeit verloren und in die ewige Verdammnis eingehen als ein Meineidiger, denn noch einmal in Eurer Nähe erscheinen mit einem Feuer in der Brust, welches stärker und unauslöschlicher ist als das Höllenfeuer und mich dieses kaum wird verspüren lassen. Betet nicht etwa für mich, schönstes Fräulein, denn ich kann und werde nie selig werden ohne Euch, sei es hier oder dort, und somit lebt glücklich und seid gegrüßt!‹ So hatte in dieser Schlacht, nach welcher König Franziskus sage: ›Alles verloren, außer der Ehre!‹, der unglückliche Liebhaber alles verloren, die Hoffnung, die Ehre, das Leben und die ewige Seligkeit, nur die Liebe nicht, die ihn verzehrte. Der Seldwyler kam glücklich davon, und sobald er sich in etwa erholt und außer Gefahr sah, schrieb er die Worte des Umgekommenen getreu auf seine Schreibtafel, um sie nicht zu vergessen, reiste nach Hause, meldete sich bei dem unglücklichen Fräulein und las ihr die Botschaft so steif und kriegerisch vor, wie er zu tun gewohnt war, wenn er sonst die Mannschaft seines Fähnleins verlas; denn es war ein Feldleutnant. Das Fräulein aber zerraufte sich die Haare, zerriß ihre Kleider und begann so laut zu schreien und zu weinen, daß man es die Straße auf und nieder hörte und die Leute zusammenliefen. Sie schleppte wie wahnsinnig die zehntausend Goldgülden herbei, zerstreute sie auf dem Boden, warf sich der Länge nach darauf hin und küßte die glänzenden Goldstücke. Ganz von Sinnen, suchte sie den umherrollenden Schatz zusammenzuraffen und zu umarmen, als ob der verlorene Geliebte darin zugegen wäre. Sie lag Tag und Nacht auf dem Golde und wollte weder Speise noch Trank zu sich nehmen; unaufhörlich liebkoste und küßte sie das Metall, bis sie mitten in einer Nacht plötzlich aufstand, den Schatz, emsig hin und her eilend, nach dem Garten trug und dort unter bitteren Tränen in den tiefen Brunnen warf und einen Fluch darüber aussprach, daß er niemals jemand anderem gehören solle.«

Als Spiegel so weit erzählt hatte, sagte Pineiß: »Und liegt das schöne Gold noch in dem Brunnen?«

»Ja, wo sollte es sonst liegen?« antwortete Spiegel. »Denn nur ich kann es herausbringen und habe es bis zur Stunde noch nicht getan!«

»Ei ja so, richtig!« sagte Pineiß! »Ich habe es ganz vergessen über deiner Geschichte! Du kannst nicht übel erzählen, du Sapperlöter! Und es ist mir ganz gelüstig geworden nach einem Weibchen, das so für mich eingenommen wäre; aber sehr schön müßte es sein! Doch erzähle jetzt schnell noch, wie die Sache eigentlich zusammenhängt!«

»Es dauerte manche Jahre«, sagte Spiegel, »bis das Fräulein aus bittern Seelenleiden so weit zu sich kam, daß sie anfangen konnte, die stille alte Jungfer zu werden, als welche ich sie kennenlernte. Ich darf mich rühmen, daß ich ihr einziger Trost und ihr vertrautester Freund geworden bin in ihrem einsamen Leben bis an ihr stilles Ende. Als sie aber dieses herannahen sah, vergegenwärtigte sie sich noch einmal die Zeit ihrer fernen Jugend und Schönheit und erlitt noch einmal mit milderen ergebenen Gedanken erst die süßen Erregungen und dann die bitteren Leiden jener Zeit, und sie weinte still sieben Tage und Nächte hindurch über die Liebe des Jünglings, deren Genuß sie durch ihr Mißtrauen verloren hatte, so daß ihre alten Augen noch kurz vor dem Tode erblindeten. Dann bereute sie den Fluch, welchen sie über jenen Schatz ausgesprochen, und sagte zu mir, indem sie mich mit dieser wichtigen Sache beauftragte: ›Ich bestimme nun anders, lieber Spiegel! und gebe dir die Vollmacht, daß du meine Verordnung vollziehest. Sieh dich um und suche, bis du eine bildschöne, aber unbemittelte Frauensperson findest, welcher es ihrer Armut wegen an Freiern gebricht! Wenn sich dann ein verständiger, rechtlicher und hübscher Mann finden sollte, der sein gutes Auskommen hat und die Jungfrau ungeachtet ihrer Armut, nur allein von ihrer Schönheit bewegt, zur Frau begehrt, so soll dieser Mann mit den stärksten Eiden sich verpflichten, derselben so treu, aufopfernd und unabänderlich ergeben zu sein, wie es mein unglücklicher Liebster gewesen ist, und dieser Frau sein Leben lang in allen Dingen zu willfahren. Dann gib der Braut die zehntausend Goldgülden, welche im Brunnen liegen, zur Mitgift, daß sie ihren Bräutigam am Hochzeitsmorgen damit

überrasche!‹ So sprach die Selige, und ich habe meiner widrigen Geschicke wegen versäumt, dieser Sache nachzugehen, und muß nun befürchten, daß die Arme deswegen im Grabe noch beunruhigt sei, was für mich eben auch nicht die angenehmsten Folgen haben kann!«
Pineiß sah den Spiegel mißtrauisch an und sagte: »Wärst du wohl imstande, Bürschchen! mir den Schatz ein wenig nachzuweisen und augenscheinlich zu machen?« – »Zu jeder Stunde!« versetzte Spiegel. »Aber Ihr müßt wissen, Herr Stadthexenmeister, daß Ihr das Gold nicht etwa so ohne weiteres herausfischen dürfet! Man würde Euch unfehlbar das Genick umdrehen; denn es ist nicht ganz geheuer in dem Brunnen, ich habe darüber bestimmte Inzichten, welche ich aus Rücksichten nicht näher berühren darf!«
»Hei, wer spricht denn von Herausholen?« sagte Pineiß etwas furchtsam. »Führe mich einmal hin und zeige mir den Schatz! Oder vielmehr will ich dich führen an einem guten Schnürlein, damit du mir nicht entwischst!«
»Wie Ihr wollt!« sagte Spiegel. »Aber nehmt auch eine andere lange Schnur mit und eine Blendlaterne, welche Ihr daran in den Brunnen hinablassen könnt; denn der ist sehr tief und dunkel!«
Pineiß befolgte diesen Rat und führte das muntere Kätzchen nach dem Garten jener Verstorbenen. Sie überstiegen miteinander die Mauer, und Spiegel zeigte dem Hexer den Weg zu dem alten Brunnen, welcher unter verwildertem Gebüsche verborgen war. Dort ließ Pineiß sein Laternchen hinunter, begierig nachblickend, während er den angebundenen Spiegel nicht von der Hand ließ. Aber richtig sah er in der Tiefe des Gold funkeln unter dem grünlichen Wasser und rief: »Wahrhaftig, ich seh's, es ist wahr! Spiegel, du bist ein Tausendskerl!« Dann guckte er wieder eifrig hinunter und sagte: »Mögen es auch zehntausend sein?« – »Ja, das ist nun nicht zu schwören!« sagte Spiegel. »Ich bin nie da unten gewesen und hab's nicht gezählt! Ist auch möglich, daß die Dame dazumal einige Stücke auf dem Wege verloren hat, als sie den Schatz hierher trug, da sie in einem sehr aufgeregten Zustande war.« – »Nun, seien es auch ein Dutzend mehr oder weniger!« sagte Herr Pineiß. »Es soll mir darauf nicht ankommen!« Es setze sich auf den Rand des Brunnens, Spiegel setzte sich auch nieder und leckte sich das Pfötchen. »Da wäre nun der Schatz!« sagte Pineiß, indem er sich hinter den Ohren kratzte. »Und hier wäre auch der Mann dazu; fehlt nur noch das bildschöne Weib!« – »Wie?!« sagte Spiegel. – »Ich meine, es fehlte nur noch diejenige,

welche die Zehntausend als Mitgift bekommen soll, um mich damit zu überraschen am Hochzeitsmorgen, und welche alle jene angenehmen Tugenden hat, von denen du gesprochen!« – »Hm!« versetzte Spiegel, »die Sache verhält sich nicht ganz so, wie Ihr sagt! Der Schatz ist da, wie Ihr richtig einseht; das schöne Weib habe ich, um es aufrichtig zu gestehen, allbereits auch schon ausgespürt; aber mit dem Mann, der sie unter diesen schwierigen Umständen heiraten möchte, da hapert es eben; denn heutzutage muß die Schönheit obenein vergoldet sein wie die Weihnachtsnüsse, und je hohler die Köpfe werden, desto mehr sind sie bestrebt, die Leere mit einigem Weibergut nachzufüllen, damit sie die Zeit besser zu verbringen vermögen; da wird dann mit wichtigem Gesicht ein Pferd besehen und ein Stück Sammet gekauft, mit Laufen und Rennen eine gute Armbrust bestellt, und der Büchsenschmied kommt nicht aus dem Hause; da heißt es: ich muß meinen Wein einheimsen und meine Fässer putzen, meine Bäume putzen lassen und mein Dach decken; ich muß meine Frau ins Bad schicken, sie kränkelt und kostet mich viel Geld, und muß mein Holz fahren lassen und mein Ausstehendes eintreiben; ich habe ein Paar Windspiele gekauft und meine Bracken vertauscht; ich habe einen schönen eichenen Ausziehtisch eingehandelt und meine große Nußbaumlade drangegeben; ich habe meine Bohnenstangen geschnitten, meinen Gärtner fortgejagt, mein Heu verkauft und meinen Salat gesäet, immer mein und mein vom Morgen bis zum Abend. Manche sagen sogar: ich habe meine Wäsche die nächste Woche, ich muß meine Betten sonnen, ich muß eine Magd dingen und einen neuen Metzger haben, denn den alten will ich abschaffen; ich habe ein allerliebstes Waffeleisen erstanden, durch Zufall, und habe mein silbernes Zimmetbüchschen verkauft, es war mir so nichts nütze. Alles das sind wohlverstanden die Sachen der Frau, und so verbringt ein solcher Kerl die Zeit und stiehlt unserm Herrgott den Tag ab, indem er alle diese Verrichtungen aufzählt, ohne einen Streich zu tun. Wenn es hoch kommt und ein solcher Patron sich etwa ducken muß, so wird er vielleicht sagen: unsere Kühe und unsere Schweine, aber...« Pineiß riß den Spiegel an der Schnur, daß er miau! schrie, und rief: »Genug, du Plappermaul! Sag jetzt unverzüglich: wo ist sie, von der du weißt?« Denn die Aufzählungen aller dieser Herrlichkeiten und Verrichtungen, die mit einem Weibergut verbunden sind, hatten dem dürren Hexenmeister den Mund nur noch wässeriger gemacht. Spiegel sagte erstaunt: »Wollt Ihr denn wirklich das Ding unternehmen,

Herr Pineiß?«
»Versteht sich, will ich! Wer sonst als ich? Drum heraus damit: wo ist diejenige?«
»Damit Ihr hingehen und sie freien könnt?«
»Ohne Zweifel!«
»So wisset, die Sache geht nur durch meine Hand! Mit mir müßt Ihr sprechen, wenn Ihr Geld und Frau wollt!« sagte Spiegel kaltblütig und gleichgültig und fuhr sich mit den beiden Pfoten eifrig über die Ohren, nachdem er sie jedesmal ein bißchen naß gemacht. Pineiß besann sich sorgfältig, stöhnte ein bißchen und sagte: »Ich merke, du willst unseren Kontrakt aufheben und deinen Kopf salvieren!«
»Schiene Euch das so uneben und unnatürlich?«
»Du betrügst mich am Ende und belügst mich wie einen Schelm!«
»Dies ist auch möglich!« sagte Spiegel.
»Ich sage dir: Betrüge mich nicht!« reif Pineiß gebieterisch.
»Gut, so betrüge ich Euch nicht!« sagte Spiegel.
»Wenn du's tust!« – »So tu' ich's.«
»Quäle mich nicht, Spiegelchen!« sprach Pineiß beinahe weinerlich, und Spiegel erwiderte jetzt ernsthaft:
»Ihr seid ein wunderbarer Mensch, Herr Pineiß! Da haltet Ihr mich an einer Schnur gefangen und zerrt daran, daß mir der Atem vergeht! Ihr lasset das Schwert des Todes über mir schweben seit länger als zwei Stunden, was sag' ich! seit einem halben Jahr! und nun sprecht Ihr: Quäle mich nicht, Spiegelchen! Wenn Ihr erlaubt, so sage ich Euch in Kürze: Es kann mir nur lieb sein, jene Liebespflicht gegen die Tote doch noch zu erfüllen und für das bewußte Frauenzimmer einen tauglichen Mann zu finden, und Ihr scheint mir allerdings in aller Hinsicht zu genügen; es ist keine Leichtigkeit, ein Weibsstück wohl unterzubringen, sosehr dies auch scheint, und ich sage noch einmal: ich bin froh, daß Ihr Euch hiezu bereitfinden lasset! Aber umsonst ist der Tod! Eh' ich ein Wort weiter spreche, einen Schritt tue, ja eh' ich nur den Mund noch einmal aufmache, will ich erst meine Freiheit wiederhaben und mein Leben versichert! Daher nehmt diese Schnur weg und legt den Kontrakt hier auf den Brunnen, hier auf diesen Stein, oder schneidet mir den Kopf ab, eins von beiden!«
»Ei, du Tollhäusler und Obenhinaus«, sagte Pineiß, »du Hitzkopf, so streng wird es nicht gemeint sein? Das will ordentlich besprochen sein und muß jedenfalls ein neuer Vertrag geschlossen werden!« Spiegel gab keine Antwort mehr und saß unbeweglich da, ein, zwei und drei

Minuten. Da ward dem Meister bänglich, er zog seine Brieftasche hervor, klaubte seufzend den Schein heraus, las ihn noch einmal durch und legte ihn dann zögernd vor Spiegel hin. Kaum lag das Papier dort, so schnappte es Spiegel auf und verschlang es; und obgleich er heftig daran zu würgen hatte, so dünkte es ihn doch die beste und gedeihlichste Speise zu sein, die er je genossen, und er hoffte, daß sie ihm noch auf lange wohl bekommen und ihn rundlich und munter machen würde. Als er mit der angenehmen Mahlzeit fertig war, begrüßte er den Hexenmeister höflich und sagte: »Ihr werdet unfehlbar von mir hören, Herr Pineiß, und Weib und Geld sollen Euch nicht entgehen. Dagegen macht Euch bereit, recht verliebt zu sein, damit Ihr jene Bedingungen einer unverbrüchlichen Hingebung an die Liebkosungen Eurer Frau, die schon so gut wie Euer ist, ja beschwören und erfüllen könnt! Und hiemit bedanke ich mich des vorläufigen für genossene Pflege und Beköstigung und beurlaube mich!«
Somit ging Spiegel seines Weges und freute sich über die Dummheit des Hexenmeisters, welcher glaubte, sich selbst und alle Welt betrügen zu können, indem er ja die gehoffte Braut nicht uneigennützig, aus bloßer Liebe zur Schönheit ehelichen wollte, sondern den Umstand mit den zehntausend Goldgülden vorher wußte. Indessen hatte er schon eine Person im Auge, welcher er dem törichten Hexenmeister aufzuhalsen gedachte für seine gebratenen Krammetsvögel, Mäuse und Würstchen.
Dem Hause des Herrn Pineiß gegenüber war ein anderes Haus, dessen vordere Seite auf das sauberste geweißt war und dessen Fenster immer frisch gewaschen glänzten. Die bescheidenen Fenstervorhänge waren immer schneeweiß und wie soeben geplättet, und ebenso weiß waren der Habit und das Kopf- und Halstuch einer alten Begine, welche in dem Haus wohnte, also daß ihr nonnenartiger Kopfputz, der ihre Brust bekleidete, immer wie aus Schreibpapier gefaltet aussah, so daß man gleich darauf hätte schreiben mögen; das hätte man wenigstens auf der Brust tun können, da sie so eben und hart war wie ein Brett. So scharf die weißen Kanten und Ecken ihrer Kleidung, so scharf waren auch die lange Nase und das Kinn der Begine, ihre Zunge und der böse Blick ihrer Augen; doch sprach sie nur wenig mit der Zunge und blickte wenig mit den Augen, da sie die Verschwendung nicht liebte und alles nur zur rechten Zeit und mit Bedacht verwendete. Alle Tage ging sie dreimal in die Kirche, und wenn sie in ihrem frischen, weißen und knitternden Zeug und mit ihrer weißen spit-

zigen Nase über die Straße ging, liefen die Kinder furchtsam davon, und selbst erwachsene Leute traten gern hinter die Haustür, wenn es noch Zeit war. Sie stand aber wegen ihrer strengen Frömmigkeit und Eingezogenheit in großem Ruf und besonders bei der Geistlichkeit in hohem Ansehen, aber selbst die Pfaffen verkehrten lieber schriftlich mit ihr als mündlich, und wenn sie beichtete, so schoß der Pfarrer jedesmal so schweißtriefend aus dem Beichtstuhl heraus, als ob er aus einem Backofen käme. So lebte die fromme Begine, die keinen Spaß verstand, in tiefem Frieden und blieb ungeschoren. Sie machte sich auch mit niemand zu schaffen und ließ die Leute gehen, vorausgesetzt, daß sie ihr aus dem Weg gingen; nur auf ihren Nachbarn Pineiß schien sie einen besonderen Haß geworfen zu haben; denn sooft er sich an seinem Fenster blicken ließ, warf sie ihm einen bösen Blick hinüber und zog augenblicklich ihre weißen Vorhänge vor, und Pineiß fürchtete sie wie das Feuer und wagte nur zuhinterst in seinem Haus, wenn alles gut verschlossen war, etwa einen Witz über sie zu machen. So weiß und hell aber das Haus der Begine nach der Straße zu aussah, so schwarz und räucherig, unheimlich und seltsam sah es von hinten aus, wo es jedoch fast gar nicht gesehen werden konnte als von den Vögeln des Himmels und den Katzen auf den Dächern, weil es in eine dunkle Winkelei von himmelhohen Brandmauern ohne Fenster hineingebaut war, wo nirgends ein menschliches Gesicht sich sehen ließ. Unter dem Dach dort hingen alte zerrissene Unterröcke, Körbe und Kräutersäcke, auf dem Dach wuchsen ordentliche Eibenbäumchen und Dornsträucher, und ein großer rußiger Schornstein ragte unheimlich in die Luft. Aus diesem Schornstein aber fuhr in der dunklen Nacht nicht selten eine Hexe auf ihrem Besen in die Höhe, jung und schön und splitternackt, wie Gott die Weiber geschaffen und der Teufel sie gern sieht. Wenn sie aus dem Schornstein fuhr, so schnupperte sie mit dem feinsten Näschen und mit lächelnden Kirschenlippen in der frischen Nachtluft und fuhr in dem weißen Schein ihres Leibes dahin, indes ihr langes rabenschwarzes Haar wie eine Nachtfahne hinter ihr her flatterte. In einem Loch am Schornstein saß ein alter Eulenvogel, und zu diesem begab sich jetzt der befreite Spiegel, eine fette Maus im Maul, die er unterwegs gefangen.

»Wünsch' guten Abend, liebe Frau Eule! Eifrig auf der Wacht?« fragte er, und die Eule erwiderte: »Muß wohl! Wünsche gleichfalls guten Abend! Ihr habt Euch lange nicht sehen lassen Herr Spiegel!«

»Hat seine Gründe gehabt, werde Euch das erzählen. Hier habe ich

Euch ein Mäuschen gebracht, schlecht und recht, wie es die Jahreszeit gibt, wenn Ihr's verschmähen wollt! Ist die Meisterin ausgeritten?«

»Noch nicht, sie will erst gegen Morgen auf ein Stündchen hinaus. Habt Dank für die schöne Maus! Sei doch immer der höfliche Spiegel! Habe hier einen schlechten Sperling zur Seite gelegt, der mir heut' zu nahe flog; wenn Euch beliebt, so kostet den Vogel! Und wie ist es Euch denn ergangen?«

»Fast wunderlich«, erwiderte Spiegel. »Sie wollten mir an den Kragen. Hört, wenn es Euch gefällig ist.« Während sie nun vergnüglich ihr Abendessen einnahmen, erzählte Spiegel der aufmerksamen Eule alles, was ihn betroffen und wie er sich aus den Händen der Herrn Pineiß befeit habe. Die Eule sagte: »Da wünsch' ich tausendmal Glück, nun seid Ihr wieder ein gemachter Mann und könnt gehen, wo Ihr wollt, nachdem Ihr mancherlei erfahren!«

»Damit sind wir noch nicht zu Ende«, sagte Spiegel. »Der Mann muß seine Frau und seine Goldgüldchen haben!«

»Seid Ihr von Sinnen, dem Schelm noch wohlzutun, der Euch das Fell abziehen wollte?«

»Ei, er hat es doch rechtlich und vertragsmäßig tun können, und da ich ihn in gleicher Münze wieder bedienen kann, warum sollt ich es unterlassen? Wer sagt denn, daß ich ihm wohltun will? Jene Erzählung war eine reine Erfindung von mir, meine in Gott ruhende Meisterin war eine simple Person, welche in ihrem Leben nie verliebt noch von Anbetern umringt war, und jener Schatz ist ein ungerechtes Gut, das sie einst ererbt und in den Brunnen geworfen hat, damit sie kein Unglück daran erlebe. ›Verflucht sei, wer es da herausnimmt und verbraucht‹, sagte sie. Es macht sich also in betreff des Wohltuns!«

»Dann ist die Sache freilich anders! Aber nun, wo wollt Ihr die entsprechende Frau hernehmen?«

»Hier aus diesem Schornstein! Deshalb bin ich gekommen, um ein vernünftiges Wort mit Euch zu reden! Möchtet Ihr denn nicht einmal wieder frei werden aus den Banden dieser Hexe? Sinnt nach, wie wir sie fangen und mit dem alten Bösewicht verheiraten!«

»Spiegel, Ihr braucht Euch nur zu nähern, so weckt Ihr mir ersprießliche Gedanken.«

»Daß wußt' ich wohl, daß ihr klug seid! Ich habe das Meinige getan, und es ist besser, daß Ihr auch Euren Senf dazugebt und neue Kräfte vorspannt, so kann es gewiß nicht fehlen!«

»Da alle Dinge so schön zusammentreffen, so brauche ich nicht lang zu sinnen; mein Plan ist längst gemacht!«
»Wie fangen wir sie?«
»Mit einem neuen Schnepfengarn aus guten starken Hanfschnüren; geflochten muß es sein von einem zwanzigjährigen Jägerssohn, der noch kein Weib angesehen hat, und es muß schon dreimal der Nachtau darauf gefallen sein, ohne daß sich eine Schnepfe gefangen; der Grund aber hievon muß dreimal eine gute Handlung sein. Ein solches Netz ist stark genug, die Hexe zu fangen.«
»Nun bin ich neugierig, wo Ihr ein solches hernehmt«, sagte Spiegel, »denn ich weiß, daß Ihr keine vergeblichen Wort schwatzt!« – »Es ist auch schon gefunden, wie für uns gemacht; in einem Wald nicht weit von hier sitzt ein zwanzigjähriger Jägerssohn, welcher noch kein Weib angesehen hat; denn er ist blind geboren. Deswegen ist er auch zu nichts zu gebrauchen als zum Garnflechten und hat vor einigen Tagen ein neues, sehr schönes Schnepfengarn zustande gebracht. Aber als der alte Jäger es zum ersten Male ausspannen wollte, kam ein Weib daher, welches ihn zur Sünde verlocken wollte; es war aber so häßlich, daß der alte Mann voll Schrecken davonlief und das Garn am Boden liegenließ. Darum ist ein Tau darauf gefallen, ohne daß sich eine Schnepfe fing, und war also eine gute Handlung daran schuld. Als er des anderen Tages hinging, um das Garn abermals auszuspannen, kam eben ein Reiter daher, welcher einen schweren Mantelsack hinter sich hatte; in diesem war ein Loch, aus welchem von Zeit zu Zeit ein Goldstück auf die Erde fiel. Da ließ der Jäger das Garn abermals liegen und lief eifrig hinter dem Reiter her und sammelte die Goldstücke in seinen Hut, bis der Reiter sich umkehrte, es sah und voll Grimm seine Lanze auf ihn richtete. Da bückte der Jäger sich erschrocken, reichte ihm den Hut dar und sagte: ›Erlaubt, gnädiger Herr, Ihr habt hier viel Gold verloren, das ich Euch sorgfältig aufgelesen!‹ Dies war wiederum eine gute Handlung, indem das ehrliche Finden eine der schwierigsten und besten ist; er war aber so weit von dem Schnepfengarn entfernt, daß er es die zweite Nacht im Walde liegenließ und den näheren Weg nach Hause ging. Am dritten Tag endlich, nämlich gestern, als er eben wieder auf dem Wege war, traf er eine hübsche Gevattersfrau an, die dem Alten um den Bart zu gehen pflegte und der er schon manches Häslein geschenkt hat. Darüber vergaß er die Schnepfen gänzlich und sagte am Morgen: ›Ich habe den armen Schnepflein das Leben geschenkt; auch gegen Tiere

muß man barmherzig sein!‹ Und um dieser drei guten Handlungen willen fand er, daß er jetzt zu gut sei für diese Welt, und ist heute vormittag beizeiten in ein Kloster gegangen. So liegt das Garn noch ungebraucht im Walde, und ich darf es nur holen.« – »Holt es geschwind!« sagte Spiegel. »Es wird gut sein zu unserm Zweck.« – »Ich will es holen«, sagte die Eule, »steht nur so lang Wache für mich in diesem Loch, und wenn etwa die Meisterin den Schornstein hinaufrufen sollte, ob die Luft rein sei, so antwortet, indem Ihr meine Stimme nachahmt: ›Nein, es stinkt noch nicht in der Fechtschul'!‹« Spiegel stellte sich in die Nische, und die Eule flog still über die Stadt weg nach dem Wald. Bald kam sie mit dem Schnepfengarn zurück und fragte: »Hat sie schon gerufen?« – »Noch nicht!« sagte Spiegel.

Da spannten sie das Garn aus über den Schornstein und setzten sich daneben still und klug; die Luft war dunkel, und es ging ein leichtes Morgenwindchen, in welchem ein paar Sternbilder flackerten. »Ihr sollt sehen«, flüsterte die Eule, »wie geschickt sie durch den Schornstein heraufzusäuseln versteht, ohne sich die blanken Schultern schwarz zu machen!« – »Ich hab' sie noch nie so nah gesehen«, erwiderte Spiegel leise. »Wenn sie uns nur nicht zu fassen kriegt!«

Da rief die Hexe von unten: »Ist die Luft rein?« Die Eule rief: »Ganz rein, es stinkt herrlich in der Fechtschul'!« Und alsobald kam die Hexe heraufgefahren und wurde in dem Garn gefangen, welches die Katze und die Eule eiligst zusammenzogen und verbanden. »Halt fest!« sagte Spiegel und »Binde gut!« die Eule. Die Hexe zappelte und tobte mäuschenstill wie ein Fisch im Netz; aber es half ihr nichts, und das Garn bewährte sich auf das beste. Nur der Stiel ihres Besens ragte durch die Maschen. Spiegel wollte ihn sachte herausziehen, erhielt aber einen solchen Nasenstüber, daß er beinah in Ohnmacht fiel und einsah, wie man auch einer Löwin im Netz nicht zu nahe kommen dürfe. Endlich hielt sich die Hexe still und sagte: »Was wollt ihr denn von mir, ihr wunderlichen Tiere?«

»Ihr sollt mich aus Eurem Dienst entlassen und mir mein Freiheit zurückgeben!« sagte die Eule. »So viel Geschrei und wenig Wolle!« sagte die Hexe. »Du bist frei, mach dies Garn auf!« – »Noch nicht!« sagte Spiegel, der immer noch seine Nase rieb. »Ihr müßt Euch verpflichten, den Stadthexenmeister Pineiß, Euren Nachbarn, zu heiraten auf die Weise, wie wir Euch sagen werden, und ihn nicht mehr zu verlassen!« Da fing die Hexe wieder an zu zappeln und zu prusten wie der Teufel, und die Eule sagte: »Sie will nicht dran!« Spiegel aber sagte: »Wenn Ihr nicht ruhig seid und alles tut, was wir wünschen, so hängen wir das Garn samt seinem Inhalt da vor an den Drachenkopf der Dachtraufe, nach der Straße zu, daß man Euch morgen sieht und die Hexe erkennt! Sagt also: Wollt Ihr lieber unter dem Vorsitz des Herrn Pineiß gebraten werden oder ihn braten, indem Ihr ihn heiratet?«

Da sagte die Hexe mit einem Seufzer: »So sprecht, wie meint ihr die Sache?« Und Spiegel setzte ihr alles zierlich auseinander, wie es gemeint sei und was sie zu tun hätte. »Das ist allenfalls noch auszuhalten, wenn es nicht anders sein kann!« sagte sie und ergab sich unter den stärksten Formeln, die eine Hexe binden können. Da taten die Tiere das Gefängnis auf und ließen sie heraus. Sie bestieg sogleich den Besen, die Eule setze sich hinter sie auf den Stiel und Spiegel zuhinterst auf das Reisigbündel und hielt sich da fest, und so ritten sie nach dem Brunnen, in welchen die Hexe hinabfuhr, um den Schatz heraufzuholen.

Am Morgen erschien Spiegel bei Herrn Pineiß und meldete ihm, daß er die bewußte Person ansehen und freien könne; sie sei aber allbereits so arm geworden, daß sie, gänzlich verlassen und verstoßen, vor dem Tor unter einem Baum sitze und bitterlich weine. Sogleich kleidete sich Herr Pineiß in sein abgeschabtes gelbes Samtwämschen, das er nur bei feierlichen Gelegenheiten trug, setzte die bessere Pudelmütze auf und umgürtete sich mit seinem Degen; in die Hand nahm er einen alten grünen Handschuh, ein Balsamfläschchen, worin einst Balsam gewesen und das noch ein bißchen roch, und eine papierene Nelke, worauf er mit Spiegel vor das Tor ging, um zu freien. Dort traf er ein weinendes Frauenzimmer sitzen unter einem Weidenbaum, von so großer Schönheit, wie er noch nie gesehen; aber ihr Gewand war so dürftig und zerrissen, daß, sie mochte sich auch schamhaft gebärden, wie sie wollte, immer da oder dort der schneeweiße Leib ein bißchen durchschimmerte. Pineiß riß die Augen auf und konnte vor heftigem Entzücken kaum seine Bewerbung vorbringen. Da trocknete die Schöne ihre Tränen, gab ihm mit süßen Lächeln die Hand, dankte ihm mit einer himmlischen Glockenstimme für seine Großmut und schwur, ihm ewig treu zu sein. Aber im selben Augenblick erfüllte ihn eine solche Eifersucht und Neideswut auf seine Braut, daß er beschloß, sie vor keinem menschlichen Auge jemals sehen zu lassen. Er ließ sich bei einem uralten Einsiedler mit ihr trauen und feierte das Hochzeitsmahl in seinem Hause, ohne andere Gäste als

Spiegel und die Eule, welche ersterer mitzubringen sich die Erlaubnis erbeten hatte. Die zehntausend Goldgülden standen in einer Schüssel auf dem Tisch, und Pineiß griff zuweilen hinein und wühlte in dem Gold; dann sah er wieder die schöne Frau an, welche in einem meerblauen Samtkleid dasaß, das Haar mit einem goldenen Netz umflochten und mit Blumen geschmückt und den weißen Hals mit Perlen umgeben. Er wollte sie fortwährend küssen, aber sie wußte verschämt und züchtig ihn abzuhalten, mit einem verführerischen Lächeln, und schwur, daß sie dieses vor Zeugen und vor Anbruch der Nacht nicht tun würde. Dies machte ihn nur noch verliebter und glückseliger, und Spiegel würzte das Mahl mit lieblichen Gesprächen, welche die schöne Frau mit den angenehmsten, witzigsten und einschmeichelndsten Worten fortführte, so daß der Hexenmeister nicht wußte, wie ihm geschah vor Zufriedenheit. Als es aber dunkel geworden, beurlaubten sich die Eule und die Katze und entfernten sich bescheiden; Herr Pineiß begleitete sie bis unter die Haustür mit einem Licht und dankte Spiegel nochmals, indem er ihn einen trefflichen und höflichen Mann nannte, und als er in die Stube zurückkehrte, saß die alte weiße Begine, seine Nachbarin, am Tisch und sah ihn mit einem bösen Blick an. Entsetzt ließ Pineiß den Leuchter fallen und lehnte sich zitternd an die Wand. Er hing die Zunge heraus, und sein Gesicht war so fahl und spitzig geworden wie das der Begine. Diese aber stand auf, näherte sich ihm und trieb ihn vor sich her in die Hochzeitskammer, wo sie mit höllischen Künsten ihn auf eine Folter spannte, wie noch kein Sterblicher erlebt. So war er nun mit der Alten unauflöslich verehelicht, und in der Stadt hieß es, als es ruchbar wurde: »Ei seht, wie stille Wasser tief sind! Wer hätte gedacht, daß die fromme Begine und der Herr Stadthexenmeister sich noch verheiraten würden! Nun, es ist ein ehrbares und rechtliches Paar, wenn auch nicht sehr liebenswürdig!«

Herr Pineiß aber führte von nun an ein erbärmliches Leben; seine Gattin hatte sich sogleich in den Besitz aller seiner Geheimnisse gesetzt und beherrschte ihn vollständig. Es war ihm nicht die geringste Freiheit und Erholung gestattet, er mußte hexen vom Morgen bis zum Abend, was das Zeug halten wollte, und wenn Spiegel vorüberging und es sah, sagte er freundlich: »Immer fleißig, Herr Pineiß?«

Seit dieser Zeit sagt man zu Seldwyla: Er hat der Katze den Schmer abgekauft! Besonders, wenn einer eine böse und widerwärtige Frau erhandelt hat.

Warren Chetham-Strode

Außer sich vor Sehnsucht

Im Frühling hatten Tania und Tootoo den Garten hundertmal entdeckt und wiederentdeckt, und je höher das Gras wuchs, um so vielfältigere Abenteuer gab es zu erleben. Mit angelegten Ohren duckten sie sich hinter Narzissenbüsche, um sich gegenseitig herauszufordern und zwischen den Blumen umherzujagen – vibrierende Schultermuskeln, ein Sprung über den abgestorbenen Apfelbaum, der oben auf der Böschung lag, dann die lange Strecke zum Gartenhaus, das als Ziel diente.

Tootoo war gewöhnlich der Jäger, Tania die Gejagte.

»Ich habe gestern Tanias Stammbaum studiert«, sagte Mary. »Sie ist heute neuneinhalb Monate alt. Es kann also jeden Augenblick soweit sein. Und wie steht es mit Tootoo?«

»Er ist noch zu jung.«

»Was soll das heißen: daß er noch zu jung ist?«

»Ich glaube nicht, daß er schon völlig seinen Lebensaufgaben gewachsen ist, meine Liebe. Ich meine, daß ein älterer Kater einen besseren Kater für Tanias Kinder abgibt.«

»Aber ich hätte Tootoo gern als Vater. Dann bliebe alles in der Familie.«

Charles setzte einen so fachmännischen Gesichtsausdruck auf, als ob er sein Leben lang im Züchterverband gewesen wäre: »Der Kater sollte wenigstens ein Jahr älter sein als die Katze.«

»Und wieviel älter ist Tootoo?«

»Vielleicht sechs oder sieben Wochen.«

»Aber, um genausoviel bist du älter als ich, und an Sandra und Nicholas ist alles in Ordnung.«

»Ich wäre dir sehr dankbar, wenn du mich nicht gerade mit einem Zuchtkater vergleichen wolltest.«

Einen Augenblick lang war das Schweigen fast beängstigend.

»Ach, Charles, kann Tootoo wirklich nicht der Vater werden? Ich bin sicher, er wäre es gern.«

Charles zündete seine Pfeife an. »Es wäre ein grober Fehler – ganz sicher. Drüben in Longshore wohnt eine Frau, die Siamkatzen züchtet, nicht wahr?«

»Meinst du Miß Firth-Albany?«

»Ja genau. Vor zwei Jahren hat sie in London einen ersten Preis gewonnen. Wie heißt doch ihr Kater? Wir haben ihn auf der Ausstellung gesehen.«

»Er hieß The Noble Savage – der Edle Barbar.«

Den ganzen nächsten Tag verbrachte Tania im Garten. Zum Fressen kam sie ins Haus, aber sie schnupperte nur daran und ging geradewegs wieder zu ihrem Lieblingsspielplätzchen: der Buschhecke um den alten Brunnen. Irgend etwas lag ihr im Sinn, und sie verspürte keinen Hunger.

An diesem Abend saßen Charles und Mary im Salon, als ihnen Tania die Nachricht überbrachte, daß sie endgültig der Liebe verfallen war. In der Ankündigung war nichts von Geziertheit und Befangenheit. Aus dem kleinen Wohnzimmer nebenan kam ein kräftiger, deutlicher Schrei, und dieser Laut war tief und bedeutungsvoll.

»Sie ist soweit«, sagte Mary.

»Wo ist Tootoo?« – »Draußen.«

»Dann laß ihn draußen.«

Wieder kam der lange Schrei aus dem anderen Zimmer. Charles und Mary standen auf und gingen hinüber. Tania, die ausnehmend schön anzusehen war, wälzte sich, außer sich vor Sehnsucht, auf dem Teppich vor dem Kamin. Sie hörte auf, als sie Charles und Mary hereinkommen sah, und stieß wieder einen Schrei aus, der über die Straße weg und noch weit übers Feld zu hören sein mußte.

»Da gibt's keinen Zweifel mehr«, sagte Mary. »Was willst du nun tun?«

Charles bückte sich und streichelte Tanias Ohren, was sie für den Augenblick beruhigte.

»Die Geburt der Liebe ist etwas Wunderbares«, sagte er belehrend, denn im Innersten war er reichlich gefühlvoll. Tania schrie dreimal laut auf, als ob sie zustimmen wollte, und Charles fügte hinzu: »Wir fühlen das gleiche wie sie.«

»Nur hat uns die menschliche Gesittung gelehrt, unsere Gefühle zu beherrschen«, stellte Mary nachdrücklich fest.

»Ich bin nicht sicher, daß es so ist. Tania hat nur gesagt, daß sie einen Mann möchte, und das macht keinen großen Unterschied gegenüber einem Backfisch, der eben in die Gesellschaft eingeführt worden ist.«

»Nur daß die Debütantin keinen solchen Lärm macht.« – »Ich weiß nicht, ob du ganz recht hast«, sagte Charles. Draußen war noch heller Tag, und Mary sah zum Fenster hinaus. »Aha, Verehrer sind zu Besuch gekommen.« Charles blickte in dieselbe Richtung. Auf dem

Zaun sah er zwei Katzen sitzen, eine graue und und eine getigerte, und unter ihnen am Straßenrand stand ein gewaltiger Mausekater mit einem verkrüppelten Ohr.

»Das entscheidet alles«, sagte Charles. »Du mußt Tania in den Werkzeugschuppen sperren. Dort ist es halbwegs warm, wenn du ihr eine Decke gibst.«

Mary hob den zuckenden kleinen Körper auf und drückte ihn an die Brust. Unter sanften, liebevollen Worten trug sie Tania hinaus.

Der Werkzeugschuppen war ein langes, schwarzgestrichenes, hölzernes Gebäude. Aus einigen trockenen Säcken, über die sie eine Wolldecke legte, bereitete Mary ein Lager. Das seit langem zerbrochene Fenster war mit einem Fliegengitter bespannt, um die Vögel von dem Kasten mit Hühnerfutter fernzuhalten. Mary legte Tania auf die Decke und ging zum Fenster. Das Gitter war, wie sie feststellte, mit schwachen Krampen am Fensterrahmen befestigt. Mary zog eine davon mühelos mit den Fingern heraus, und das Gitter rollte sich nach innen zu ein Stück auf, so daß ein kleiner Durchschlupf entstand. Mary nahm einen Hammer aus dem Regal, und mit ein paar schwachen Schlägen trieb sie die Krampe so weit ins Holz, daß sie das Gitter wieder hielt.

Sie fand Charles vor dem Telefon, sich durchs Verzeichnis buchstabierend.

»Wen willst du anrufen?«

»Miß Firth-Albany.«

»Sie ist eine sehr zimperliche Dame. Geh also nicht allzusehr ins Detail.«

Endlich fand er den Namen, und als er den Hörer abhob, starrten ihn die drei Kater von der anderen Straßenseite her unverschämt an. Er verlangte die Nummer.

»Hast du etwas dagegen, wenn ich am Apparat mithöre? Ich möchte gern wissen, was sie sagt.«

»Meinetwegen.«

Einen Augenblick später sagte eine Stimme: »Bitte sehr. Hier ist die Villa Miß Firth-Albany. Miß Firth-Albany persönlich – bitte schön?«

»Guten Abend, ich bin Mister Charles Warren, ich wohne in Weet.«

»Ja?«

»Ich glaube, wir haben uns einmal auf einer Siamkatzen-Ausstellung kennengelernt.«

»Wirklich? Ich kann mich nicht erinnern.«

»Doch, doch. Es ist einige Zeit her. Sie haben damals eine Katze ausgestellt, die, soviel ich mich erinnere, der Edle Barbar hieß. Das stimmt doch?«
Er konnte hören, wie Mary im ersten Stock den Hörer abhob.
»Das ist sehr wohl möglich, Mister Warren, sehr wohl möglich.«
»Besitzen Sie ihn noch?«
»Gewiß, er ist mein erstes Zuchttier.«
»Sehr gut. Ich habe nämlich eine Katze, die Tania heißt, und sie möchte ich gern mit Ihrem Edlen Barbaren verheiraten. Läßt sich das bewerkstelligen?«
»O gewiß, warum nicht?«
»Wie hoch ist die Gebühr, Miß Firth-Albany?«
»Ich nehme zwei Guineen.«
»Einverstanden. Lassen Sie mich überlegen: Heute ist Donnerstag, das stimmt doch? Ja. Angenommen, ich brächte Tania am Samstagvormittag – kann ich sie dann am Samstagabend wieder abholen?«
Es entstand eine kurze Pause.
»Glauben Sie«, fragte Miß Firth-Albany, »daß sie Tania am Samstag herbringen und sie am Montag wieder abholen können?«
Charles überlegte einen Augenblick, bevor er antwortete, weil er nicht wußte, was er sich für Montag, außer zu arbeiten, noch vorgenommen hatte. Schließlich sagte er: »Montag? Ja, ich glaube, das geht schon.«
»Ach, noch eine wichtige Sache, Mister Warren: Schreit Ihre Katze?«
»Ob sie schreit? Sie schreit wie der Teufel. Ich kann sie hier hören, obwohl sie draußen im Werkzeugschuppen ist.«
»Dann erwarte ich Sie also am Samstag, und Sie werden Tania am Montag wieder abholen. Ist es so recht?«
»Ja, es ist gut so. Aber, um alles in der Welt, warum soll sie bis Montag bei Ihnen bleiben?«
Wieder entstand eine Pause, und am anderen Ende der Leitung war ein tiefes Atemholen zu vernehmen. Charles gewann den Eindruck, daß ihm eine Eröffnung von unerhörter Bedeutung bevorstand. Und so geschah es. »Nun, Sie wissen doch, Mister Warren«, sagte Miß Firth-Albany, »Siamkatzen müssen sich kennenlernen.« Nochmals eine Pause – »Sie sind nicht wie Menschen.« Als sich Charles verabschiedete und den Hörer auflegte, kam Mary ins Zimmer gestürzt.
»Das«, sagte sie, »ist das vernichtendste Urteil über den Menschen, das ich je gehört habe.«

Ella Maillart

Ti-Puss

Als sich das Taxi dem gewellten Kamm näherte, auf dem Kalimpong 1300 Meter über dem Meere liegt, war keiner der Riesengipfel des Himalaja zu sehen. Der Ort hatte sich als letzte Etappe der Karawanen, die Wolle aus Tibet bringen, zu einem bedeutenden Handelszentrum entwickelt. Denn die Maultiere, die an das fast 4300 Meter hohe, von Schneestürmen gepeitschte Plateau von Phari gewöhnt sind, vertragen den Höhenunterschied zur Endstation am Grunde des heißen und engen Tales nicht. Stallungen, Lagerhäuser, Gasthöfe, Scheunen und Gebetsfahnen erstrecken sich östlich von dem Basar, dem Marktplatz und der Hauptstraße.

Die meisten Villen und auch zwei kleine Hotels verstreuen sich jedoch über die Westseite des Kammes, der sich weit hinzieht und in einem bewaldeten Hügel endet. Alles in allem muß sich das bewohnte Gebiet über zehn Kilometer ausdehnen.

Wir schlugen weder die östliche noch die westliche Richtung ein. Auf dem Sattel des Kammes angelangt – wo die Hauptstraße, gehütet von einer Büste der Königin Victoria, gewachsen war –, bog der Chauffeur nordwärts in eine kurze Gasse ein, die man aus dem Berghang gehauen hatte, der in einem einzigen Schwung zu dem drunten zwischen immergrünen Urwaldbäumen dahinrauschenden Tista abfiel.

Wir fuhren unterhalb der Werkstätten für Kunst und Kunstgewerbe an einigen Gemüsegärten vorbei und hielten bei einem Zaun, der einen terrassenförmigen Obstgarten namens »Flower Patch« schützte. Hier war kein anderes Gebäude in Sicht außer einem kleinen Haus, das weiter unten, nach Norden gerichtet, auf einem vorspringenden Plateau über einem steilen Buschwald stand. Weiter unten gewahrte ich wie auf einem chinesischen Bild ein paar strohgedeckte Hütten, die von Bambusdickicht umgeben waren.

Geradeaus hatte man einen weiten Ausblick auf unzählige Berge, ähnlich dem unseren, aber ohne Dörfer ... fünfundsiebzig Kilometer weit erstreckten sich Berge und Täler bis zum Kangtschendsonga, den immer noch Nebel verhüllte.

Und nun erklärte mir Beryl alles am Kamin bei einer Kanne dampfenden Kaffees. Nicht nur war das Gastzimmer immer noch besetzt, sondern das Töchterchen Clio kam auch erst anfangs März ins Pensionat. Außerdem würde die noch nicht einjährige Siamesenkatze Win-

nie eine öffentliche Gefahr werden, wenn eine andere Katze ihr Haus betrat. Aber Beryl hatte für mich ein Zimmer gemietet; alles war in schönster Ordnung; sobald das Wetter milder war, wollten wir uns nach dem wenig bekannten Norden aufmachen, wo sie mit ihrem Mann während seines letzten Urlaubs gewesen war.
Um der eingesperrten Katze willen war ich erpicht darauf, mein Zimmer zu sehen. Steil aufwärts durch den Wald über der Gasse führte Beryl mich; dann ging es einen schroffen Pfad hinauf, den totes Laub völlig verdeckte, an zwei Blockhäusern vorbei zur Kammhöhe, die ein zivilisierter Teil der Erde war – mit einem Tennisplatz, breiten Wegen, einem Sanatorium und zwei Villen. Diesen Weg sollte ich sechsmal am Tag gehen, manchmal mit Ti-Puss zusammen.
In der zweiten Villa hatte ich ein kaltes Zimmer, wo ich die erste Nacht in meinem Schlafsack schlief. Ti-Puss freute sich so sehr, daß sie mich wiederhatte, daß sie Laute von sich gab, die ich als Freudengegurgel bezeichnete.
Nach drei Tagen vollständiger Ruhe, in denen ich für Ti-Puss von »Flower Patch« Futter holte, nahmen wir unsere täglichen Spaziergänge wieder auf. Ich liebte die trockene Kälte; das tote Laub raschelte aufregend für die Katze. Eine ganz neue Welt bot sich uns.
Aber die Freiheit brachte Ti-Puss als erstes einen großen Schrecken. An einem sonnigen Plätzchen vor meinem Fenster war an einem Pfosten ein Affe angekettet, der sich keine Minute still verhielt. Ti-Puss hatte einen weiten Bogen um ihn gemacht, als wir zusammen an ihm vorbeigekommen waren. Weiter unten, gerade über der Straße, die zum tibetischen Basar führte, trabten Ponies vorbei, und Tibeter schlenderten dort in der lässigen Haltung an Land gegangener Matrosen; ihre Arme waren frei von dem Mantel, den sie sich um die Leibesmitte gebunden hatten, und mit ihren hohen Stiefeln, dem weißen Hemd und dem großen Filzhut sahen sie wirklich sehr flott aus.
Auf den Steinstufen rasselte eine Kette: Der Affe war uns nachgekommen. Da raste Ti-Puss bergauf, während der Affe neben mir stehenblieb, bevor er zu seiner Behausung ging. Oh, diese panische Angst! Die Katze vergaß alles, das Haus und ihr offenes Zimmer, vertraute nur der Geschwindigkeit, der wunderbaren Geschwindigkeit, und vielleicht auch einem hohen Baum, auf dem sie stundenlang bleiben konnte.
Ich ging sie suchen. Es war ihr keine andere Wahl geblieben, als bergauf zu laufen – entweder über den malerischen Waldweg, der zu

einer Schule führte und weiter ostwärts zu dem lauten und bunten tibetischen Tempel oder oberhalb des Sanatoriums über den schmalen Weg, der der Kammhöhe folgte.
Ich rief. Ich saß wartend oder spähte nach Sträuchern und Astgabeln. Ich horchte auf ihre leichten Schritte in raschelndem Laub. Ich lauschte der Angst in meinem Herzen: Würde sie mich für immer verlassen und das Band zerreißen, das uns verknüpfte, dieses Band, das ihr Leben nicht nur einmal, sondern schon viele Male behindert hatte?
Zwei Stunden später befand ich mich auf der Nordseite des Kammes, und dort kam sie verstohlen zu mir. Die tiefe Freude dieses Augenblicks ... Liebe wallte auf zu meinen geschlossenen Augen; die Katze und ich selbst waren vergessen im großen Frieden der Wunschlosigkeit! Als wir zusammen zwischen den Wurzeln eines alten Baumes saßen, lag ganz Sikkim zwischen uns und dem bewölkten Himalaja fern im Norden. Gerade unter uns war in dem nie gestörten Schweigen dieses großen Berghanges der waagrechte Streifen des christlichen Friedhofs aus dem Walde gerodet worden – sicher einer der ergreifendsten Friedhöfe der Welt, einfach und so schmucklos, daß sich die Symbolik der sterblichen Erde und des ewigen Himmels in der vollkommenen Harmonie windumspielter Blätter in vollendeter Schönheit ausdrücken konnte.

*

Da Beryl übers Wochenende verreist war, beschloß ich, Ti-Puss in Winnies Reich zu bringen, um zu sehen, was geschehen würde. Je früher, desto besser, dachte ich; denn sie mußten ja wahrscheinlich beisammen bleiben, wenn wir nach Tibet gingen. Bisher sah dieses Unternehmen noch ziemlich zweifelhaft aus. Ich hatte Pangda Tschan aufgesucht, den Handelsagenten dieses weiten Landes, der mit seiner Frau und seinen Angestellten in einem modernen gelben Betonhaus wohnte. Seine Frau trug dieselbe hübsche Schürze, die ich zum erstenmal auf dem Bahnhof von Sealdah gesehen hatte, nicht unähnlich den Schürzen, die zur norwegischen Tracht gehören. Dieser tibetische Beamte hatte keine Befugnis, Reisenden ein Einreisevisum zu geben; bestenfalls konnte er deswegen nach Lhassa schreiben. Ich erfuhr, daß gerade das tibetische Neujahrsfest gefeiert wurde – daher das Dröhnen, Trommeln und Muschelblasen im Lamakloster.
Auf dem Rückweg von Pangda Tschan schlenderte ich am östlichen Ende von Kalimpong durch den Basar und sprach den indischen Lei-

ter eines Stoffgeschäftes an, weil er außerordentlich intelligent aussah. Seine Firma besaß Karawanen und hatte eine Filiale in Gangtok. Ja, ich konnte mit seinen Maultieren reisen; was Kulis betraf, so konnte man sie leicht für eine Rupie im Tag dingen. Sicher war sein Agent in Gangtok imstande, mir zu helfen; er gab mir einen Brief für diesen Mann, falls ich die Reise von dort anträte. Anscheinend mußte ich mir von den Beamten dieser kleinen Hauptstadt weiterhelfen lassen.

Um eine Vorstellung von der allgemeinen Lage zu gewinnen, suchte ich den Besitzer »unseres« Affen auf, einen Ladaki-Tibeter namens Tartschin, der Herausgeber der damals einzigen tibetischen Zeitung war. Ich freute mich, wieder einmal unter Tibetern zu sein. Ich liebe ihr offenes Gesicht, ihr häufiges Lächeln, die jugendliche Kraft und Geradheit, die ihnen eigen sind, ihre besondere Mischung von Grobheit und Verfeinerung. Ohrringe aus Türkisen, dicke Zöpfe, hohe Wollstiefel, große silberne Amulette, die am Hals getragen werden, Schnupftabaksfläschchen, die freigebig herumgereicht werden, bilden einen hübschen Anblick, und ohne Mühe wischte ich mir genau wie sie die Nase am Ärmel ab.

In eine rote Toga gehüllt, hockten zwei Lamapriester am Boden und tranken Tee aus chinesischen Tassen, die von einer freundlichen Frau oft nachgefüllt wurden. Tartschin war der Dolmetscher Sir Basil Goulds gewesen, als dieser zur Einsetzung des vierzehnten Dalai-Lamas nach Lhassa gegangen war. Was meinen Plan betraf, so meinte er, daß wir vielleicht Erfolg hätten, wenn wir versprächen, nicht von der Hauptstraße abzuweichen.

*

Als Clio an diesem Abend im Bett war, holte ich mir Ti-Puss, trug sie den steilen und schlüpfrigen Waldweg hinunter und zeigte ihr jedes Zimmer von »Flower Patch«. Das Wohnzimmer ließ ich bis zuletzt, und dort griff mich trotz meiner feierlichen Vorstellung die teuflische kleine Winnie an, sprang mir auf die Schulter und begann mich zu zerkratzen! In sicherer Entfernung von Ti-Puss hielt ich sie auf einem Kissen fest; während ich sie besänftigte und ihr ehrlich zugab, daß sie alles Recht habe, mich zu hassen, versuchte ich ihr klarzumachen, daß unser Besuch nur von vorübergehender Dauer sei, nur so lange, um meine kindliche Sehnsucht, Tibet wiederzusehen, zu befriedigen.

Am folgenden Abend wiederholte ich das Experiment. Ich setzte jede Katze in einen Sessel, den ich allmählich näher zum Kamin rückte, und fütterte beide gleichzeitig. Winnie war noch jung, sehr ähnlich ihrer verspielten, wunderhübschen Mutter Smuts, die ihr Kind vor einem Monat verlassen hatte, weil sie nach Bombay ging. Ti-Puss wirkte im Vergleich recht erwachsen; aber wenn sie verwirrt war, blickten ihre großen Scheinwerferaugen noch voll kätzchenhafter Verwunderung. Sie reagierte auf Winnie mit viel Nachsicht; zweifellos erinnerte die kleine Katze sie an Monty, der dieselbe schöne hellgelbe und dunkelbraune Iltiszeichnung gehabt hatte.

Ob die Erinnerung etwas damit zu tun hatte oder nicht, am nächsten Tage teilte Ti-Puss der Welt mit, wie traurig es sei, gattenlos zu sein! Ich Arme befürchtete, mit einer ganzen Katzenfamilie durch Indien reisen zu müssen, und hielt sie wie einen Hund an der Leine. Wie muß sie mich gehaßt haben ... Oder war sie zu elend, um überhaupt etwas zu merken? Jedenfalls verweigerte sie jegliche Nahrung.

Wir übersiedelten beide nach »Flower Patch«, und das Leben wurde für uns leichter. Wir konnten unsere Augen nun am Kangtschendsonga weiden, der bei Sonnenaufgang, ehe die Nebel sich um ihn ballten, eine Weile sichtbar wurde. Hinter den vielen blauen und grünen Schatten der zahlreichen Berghänge, die sich zu Füßen der kolossalen weißen Pyramide wellten und abstürzten, erhob sie sich zu 8 693 Meter Höhe, wie die Achse der Welt an der Grenze von Nepal, Tibet und Sikkim. Simwu und Sinioltschu waren dort seit ungezählten Zeitaltern im reinen Äther unter den niedrigeren Gipfeln zu weißen Wellen gefroren.

Wir gingen jetzt immer auf unserer Seite von Kalimpong spazieren, auf der wilden nördlichen Seite, die den Friedhof barg. Auf dem Wege dorthin durchquerten wir eine Schlucht, wo die Abfälle von Kalimpong abgeladen wurden; der Müll verweste fortwährend, und ein leicht säuerlicher Geruch schwebte über dem urwaldartigen Gebüsch.

Etwas weiter kamen wir zwischen engen Felsenklippen an den Überresten zufälliger hinduistischer Verbrennungsplätze vorbei, auch an Löchern, die Schakale gegraben hatten, und in denen man einen Knochen oder einen Schädel sehen konnte. Zuerst überraschte mich dieser Anblick; aber in Indien haben solche Orte gar nichts Unheimliches. Sie gehören zur natürlichen Ordnung der Dinge. Ich fand sie sogar beruhigend. Wenn ich in Tiruvannamalai spät abends nach Hause gegangen war, hatte ich oft den schmalen Weg am Fuße des Berges gewählt, weil er mich über Brachland führte, wo manchmal

noch verlassene Scheiterhaufen brannten; nach Vollendung ihrer sauberen und nützlichen Arbeit sah die glimmende Kohle im dunklen Samt der Nacht wunderbar aus.
Noch weiter unten kreuzten wir den Kulipfad, der sich bis nach Malli hinunterschraubte, einem Dorf am Tista, das 1200 Meter tiefer lag. Dort konnten unsere scharfen Augen die Leptscha verfolgen, die eine Holzkohlenladung von achtzig Pfund bergauf trugen; in der einen Hand hielten die Frauen und Männer einen gegabelten Stock, den sie während des öfteren Rastens unter die Last schoben, um Atem zu schöpfen. Genau wie Kamele, dachte ich, wenn sie ihre Höchstlast tragen. Es ist für sie viel zu ermüdend, sich niederzutun und nach der Ruhepause mit der Ladung aufzustehen. Die dicken Beine der Leptscha waren überentwickelt, ihre breiten Gesichter mit den hohen Backenknochen sehr angespannt. Manche von ihnen kletterten zweimal im Tag hinauf. Als ich einmal, mit Clio auf einem Pony, hinunterging, um im Tista zu baden, hatten wir Gelegenheit, diese armen Kulis zu betrachten.
Gerade unterhalb von »Flower Patch« hatten wir zwischen dichtem Gebüsch eine Art Privatweg. Weiter westlich mußten die Felder und Hütten wegen Ti-Puss' Ängstlichkeit vermieden werden; zuweilen kam ich ohne sie nach Hause.
Nach einiger Zeit bewegte sie sich frei und freute sich des Lebens bis auf den Waffenstillstand zwischen ihr und Winnie. Im Garten hüteten sie sich, allzu nahe beieinander in der Sonne zu liegen, und wenn ich Ti-Puss liebkoste, gab Winnie keine Ruhe, bis Beryl auch mit ihr zärtlich war.
Die Nächte waren immer noch kalt, und die Katze kroch weiterhin zu mir ins Bett, wo sie sich voll ausgestreckt schnurrend entspannte. Diese Schnurrorgie setzte sich fort, während ihr Kinn unbarmherzig auf meinem Arm ruhte. Was für einen schönen Körper sie hatte, fest, obwohl weich und der Hand nachgebend, mit zarten Knochen und drahtigen Sehnen!
Wenn ich die Decke hob, begegnete sie meinem Blick mit ihren großen Vamp-Augen, als wollte sie sagen: »Sind sie nicht erstaunlich? Hast du jemals so etwas gesehen?« Und dann zupfte sie mit ihren gefährlichen Pfoten Fäden aus dem Kissen, wobei sich der sehnige Körper aufmerksam spannte und die Augen sich wonnevoll halb schlossen.

*

Dann kam der Morgen meiner Abreise nach Gangtok.
Ich ließ Ti-Puss in »Flower Patch« zurück. Auch wenn Beryl mir später nachreiste, der Koch war ein wackerer und verläßlicher Mann: Er sollte meine Katze einmal am Tag, um sechs Uhr abends, füttern, und zwar in meinem Zimmer, wo sie über Nacht eingesperrt werden sollte ... sonst könnte sie das Herumstreunen im dunklen Urwald auf allzu viele wilde Gedanken bringen.
Als ich mich auf die Suche nach ihr machte, fand ich sie auf der Veranda; es beglückte sie, in der Morgensonne zu liegen. Ich hob sie auf und gab ihr auf der Veranda etwas frische Milch; dann trug ich sie wieder zu ihrem Sonnenplätzchen, dabei hielt ich sie eng an meine Wange ... sie war anschmiegsam, hingegeben und weich ... weich wie seidige Kaschmirwolle. Ich war in großer Eile, weil ich mit Beryl zu lange über verschiedene und gleicherweise mögliche Schwierigkeiten gesprochen hatte; ich wußte, daß ich den ganzen Weg der Holzkohlenkulis im Lauf- und Sprungschritt zurücklegen mußte, um meinen Autobus in Malli am Tista zu erreichen.

Der britische Gesandte hatte mich eingeladen, bei ihm zu wohnen, und ich hatte mich nicht getraut, ihn zu fragen, ob er Katzen liebte. Höchstwahrscheinlich besaß er Hunde, und da ich keine Vampaugen wie Ti-Puss hatte, durfte ich das Wagnis nicht eingehen, ihn gegen mich aufzubringen: Allzuviel hing von ihm ab. In drei bis vier Wochen wollte ich zurück sein.
In bezug auf unsere Reise nach Tibet gab es eine Regel, welche besagte: »Im Winter dürfen keine weißen Frauen über die Pässe«; und jetzt hatten wir Anfang März. Eine andere Vorschrift war hinzugefügt worden: »Weiße Frauen müssen von einem weißen Mann begleitet werden.« Außerdem konnten Ausländer im Gegensatz zu britischen Untertanen, die auf der Treatystraße gewisse Vorrechte genossen, nicht ohne Zustimmung von Lhassa reisen.
Indes der erste Duft des Frühlings den Bergausläufer umgab, auf dem Gangtok mit seinen zerstreuten Häusern und Gebetsfahnen liegt, und große Magnolien ihre köstlichen Blüten entfalteten, wurden diese Schwierigkeiten nacheinander überwunden.
Während dieses Aufenthalts, der sehr erfreulich gewesen wäre, hätte die Ungewißheit nicht immer noch meine Zukunft verschleiert, brachte mir ein Besucher Nachricht über Ti-Puss, nämlich einen Brief

von Tom Sullivan. Er war eingeladen worden, mein Zimmer zu benützen, doch unter der Bedingung, daß er für meinen kostbaren Liebling sorgte. Ti-Puss weckte ihn, wenn sie zu Bett gehen wollte, indem sie seine Wange bepfotete; versuchte er sie zu streicheln, so biß sie ihn, und sie lehnte es ab, ihn als meinen Nachfolger anzuerkennen. Er wagte sich nicht mehr im Bett umzudrehen ... Was Winnie betraf, so hatte sie Ti-Puss am Tage nach meiner Abreise angegriffen.
Das waren schlechte Nachrichten. Ich konnte meine kleine Freundin nicht mehr beschützen.

*

Nahrungsmittel wurden eingekauft und Kulis gesucht – diejenigen, die ich in weiser Voraussicht angestellt hatte, streikten, als sie hörten, daß die 4300 Meter hohen Pässe erneut von Schneemassen bedeckt waren. Raja Dordjé half mir, ebenso der Gesandte und der tibetische Handelsagent. Beryl holte mich in der Herberge von Tangu ein. Ich war durch das tropische Klima arg geschwächt und mußte in langsamem Tempo beginnen. Wie geplant, gingen wir nach Phari Dzong, der höchstgelegenen tibetischen Stadt, die in 4300 Meter Höhe unweit des herrlich einsam aufstrebenden Tschomolharigipfels, der göttlichen »Königin der Berge«, liegt.
Unterwegs schmeichelte ich allen tibetischen Katzen, denen ich begegnete, und bat sie, Ti-Puss, die wohl ungeduldig auf mich wartete, meine liebevollen Gedanken zu überbringen. Im ganzen waren sie immer noch in Winterschlafstimmung und reagierten überhaupt nicht auf meine Annäherungsversuche. In Ritschingong hinter dem Dschelep La sprach ich mit einem verschlafenen Kater, der in ein außerordentlich dickes graues Fell gehüllt war; er lag vor dem Kamin eines Gasthofs für Maultiertreiber, wo Beryl und ich tapfer alles Eßbare kosteten.
Im Kloster Dungkar über der kleinen Ebene von Lingmatang streichelte ich den dreifarbigen Liebling eines Lamaschneiders, der uns in seinem gutgepolsterten Zimmer neben seiner Nähmaschine Tee vorsetzte. Das war gewiß eine der glücklichsten Katzen von Tibet; und »Flower Patch« schien sehr weit entfernt von unserem schneesturmgepeitschten Tal. Wir hatten einen anderen Erdteil betreten ... Ein unbehagliches Gefühl erwachte in mir, wenn ich daran dachte, daß ich mir nicht die Zeit genommen hatte, Ti-Puss zu erklären, um was es sich handelte, und wie viele Tage ich fort sein würde. Das hatte ich früher immer getan, in Ponditscherri, als ich für vierzehn

Tage nach Madras fahren mußte, auch in Trivandram, als ich die Lagunen im Norden des Staates durchsegelte.

Auf dem Rückweg legten wir drei Etappen an einem Tage zurück (Beryl mir weit voraus, weil ich dachte, ich könnte es vor Müdigkeit nicht schaffen). Wir freuten uns über unsere Leistung. Wir hatten schrecklich gefroren, wie wir es uns gewünscht hatten, und einmal waren wir bis zu den Hüften in tiefem Schnee umhergetappt, auf der Suche nach einem Weg, der den Nathu La mit dem Dschelep La verbinden sollte.

Ein freundlicher, aber sehr wackliger Jeep brachte uns nach Kalimpong und ersparte uns den langsamen Autobus. Hinunter zu der großen Brücke, hinauf über die Haarnadelkurven; jetzt vorbei an der Büste der Königin Victoria unter ihrem tibetischen Baldachin... dann der Abstieg nach »Flower Patch«... dort war der Zaun, das Tor... Und Beryl rief auf dem Pfad ihre Katze... Ich folgte ihr und lockte: »Ti-Puss! Minou-Pussely?«

Da war Winnie, überschäumend vor Wiedersehensfreude; ihr dunkler Schwanz stand in die Höhe wie eine kleine Tanne, und liebevolle Arme hoben sie auf. Mein Herz krampfte sich zusammen... Keine graue Ti-Puss sprang auf mich zu, und ich erkannte, daß sie nicht da war. Trotzdem ging ich ums Haus herum und rief sie laut, obwohl ich von einer mir unbekannten Kinderfrau erfuhr, daß mein Liebling in den letzten vierzehn Tagen nicht mehr gesehen worden war.

Zwei Wochen – das war nichts im Vergleich zu den sechs Wochen in Kodai Road oder sogar zu den zwölf Tagen in Raipur, als sie das Schlüsselbein gebrochen hatte. Sie mußte wiederkommen, und wenn ich sie oft genug rief, hörte sie wohl meine Stimme und wußte, daß sie nichts mehr zu fürchten hatte.

Doch dann berichtete mir Beryl einige Einzelheiten, die sie verschwiegen hatte, um mir die Reise nicht zu verderben.

Sie hatte ihrer Freundin Mary eine große Gefälligkeit erwiesen und ihr »Flower Patch« zwei Wochen früher abgetreten, als vereinbart worden war. Mary war mit ihren drei Buben, zwei Terriern und vielem, von Kulis herbeigeschlepptem Hausrat eingezogen, und in der ersten Nacht hatten die beiden Katzen nach der Fütterung, verjagt von den beiden Hunden, unglückseligerweise draußen geschlafen. Am folgenden Morgen kehrte Winnie zurück, während man Ti-Puss nur einen Hund anfauchen hörte. Und das war alles, was man von ihr wußte.

*

Für den Fall, daß sich Ti-Puss immer noch in der Gegend aufhielt und sich meiner erinnerte, wollte ich alles Menschenmögliche tun, um sie wissen zu lassen, daß ich wieder da war.
Die Dämmerung senkte sich herab, als ich rasch durch den steilen Wald zu meinem früheren Haus hinaufstieg. Vielleicht wartete die verwirrte Katze dort auf mich. Den ganzen Weg rief ich, blieb stehen und lauschte mit klopfendem Herzen, oft glaubend, ich hätte ein leises »Mie« gehört.
Ja, wahrscheinlich war es meine kleine Katze gewesen, die vor einer Woche durch ihre Zimmer gelaufen sei, sagten mir die Burmaninnen, die früher meine Nachbarinnen gewesen waren; sie wollten mich sofort benachrichtigen, wenn es wiederum geschah.
Beryl wohnte jetzt in einem andern Haus, und ich war zu den Odlings gezogen, anstatt sofort abzureisen; aber ich beschloß, drei Nächte in »Flower Patch« auf dem Sofa im Wohnzimmer zu verbringen, wo ich Milch und Fleisch aufs Fensterbrett stellte. In der Nacht stand ich oft auf. Ich saß im Garten und rief mit leiser, unterdrückter Stimme, die weit durch die reine, kristallklare Stille trug, in der das Flüstern eines fallenden Blattes wie in Ewigkeit eingeätzt war. Mein Herz hämmerte vor freudiger Erwartung, sooft in den Sträuchern unter der Terrasse leise Schritte hörbar wurden.
Einmal fühlte ich mich sogar so sicher, daß es Ti-Puss war – zu ängstlich, heraufzukommen –, daß ich in der Dunkelheit Stufe um Stufe hinabkletterte, wobei ich mich an Zweigen festhielt, um nicht auszurutschen. Dann saß ich lange an der Stelle, wo wir so oft zusammen gewesen waren, und bat den Luftzug, ihr meine Worte zuzutragen: »Ti-Puss, mein kleiner Liebling, komm wieder zu mir! Laß mich dich berühren, laß mich dein Kinn in die Hand nehmen und dir Lebewohl sagen, wenn du wirklich lieber in der Wildnis leben willst. Du kannst nicht fern sein. Wenn du auf Jagd warst, mußt du in all diesen Nächten meine Stimme gehört haben. Drei ganze Jahre haben wir miteinander gelebt, nur wir beide zusammen, du kannst dich noch nicht ganz gelöst haben. Du kannst nicht sehr fern sein. Komm zu mir! Ich brauche ein Zeichen.«
Im dunklen Unterholz mochte sie nahe sein, lauschend, zögend. »Ja, ich habe dich gekränkt, habe mich in deine Lebensweise gemischt, obwohl ich dich glücklich machen wollte. Ich wollte mir nicht nur das Dasein erleichtern, sondern dir auch Leid ersparen. Ich wollte dir nur Gutes bringen, so daß unsere Freundschaft reich würde und du mir

restloses Vertrauen schenktest. Ich ersehnte Vollkommenheit in allem, was uns beide betraf. Ich versprach dir zuviel ... und vergaß, daß es nur im Paradies möglich ist, wo es Zeitlosigkeit gibt! Hier fürchtete ich es teilweise, weil ich in der Zukunft lebte. Ich wollte verhindern, wollte weise sein ... Ich war dir nicht wirklich ergeben. Ich lebte zu sehr für das Morgen! Was tun, wenn du beschlossen hast, mich zu verlassen, oder wenn du wieder Mutter bist?«

Ich kletterte zur Veranda zurück – vielleicht war sie im nächsten Baum. »Meine Ti-Puss, gefällt dir dein neues Leben? Und wo kannst du friedlich schlafen? Sag mir, glaubtest du, ich hätte dich aufgegeben, als du auf einmal in einem solchen wimmelnden Zirkus von einem Haus warst? Hattest du uns alle satt? Das Warten auf mich wäre für dich der einzige Grund zum Ausharren gewesen, und ich habe dir gar nichts von meiner Rückkehr gesagt.«

Wenn ich tief in mich hereinhorchte, hörte ich eine leise Stimme zu mir sagen: »Letzten Endes ist es deine Schuld, weil du dachtest, du könntest deine Katze in Kalimpong zurücklassen und so ihr Schicksal entscheiden, anstatt sie einzuschläfern oder zu versuchen, sie an Bord des Schiffes zu schmuggeln. Darum hast du ihr nichts von deiner Rückkehr gesagt. Natürlich spürte sie deine vorübergehende Treulosigkeit. Sie mochte nicht mehr von deiner Gnade abhängig sein und ging stolz davon. Sie hat getan, was du wolltest. Sie war durchaus der beste Freund. Und für dich ist das schmerzlicher, als wenn die Entscheidung nur bei dir gelegen hätte!«

*

Beryl hatte Kalimpong verlassen. Clio war wieder in ihrem Schulpensionat. Ich war allein. Aber meine Zeit war knapp. Nicht nur erwartete mich Lewis in Benares, sondern ich hatte schon längst meinen Schiffsplatz nach Europa gebucht. Zum erstenmal war ich von meiner Mutter, die nie Ansprüche an mich gestellt hatte, gebeten worden, zu ihr zu kommen. Sie brauchte mich, da mein Bruder schwer krank war.

Tagsüber machte ich meine Runde zweimal, ging vom Hinterhof der Kunstwerkstätten zum christlichen Friedhof und von meinem ersten Haus zu den verlassenen Totenschädeln der armen Leptscha.

Im Vergleich zu Kodai Road, einem sehr häßlichen Ort, war Kalimpong ein Paradies, wenn auch im Winter kalt, und Ti-Puss brauchte mich nicht mehr, falls der Bienenstich an ihrem Fuß nicht wieder eiterte. Eines Tages würde sie sicher nach »Flower Patch« zurückkommen – auf der Suche nach Milch oder einer freundlichen Hand –, wenn kein Mensch mehr die Geschichte ihrer vielen Pilgerfahrten kannte. Aber dann wurde sie vielleicht mit Steinen beworfen ...

Sie hatte gewählt. Sie war diejenige, welche entschied, wie ihre Lebensgeschichte enden sollte: Auf einem kleinen Erdenfleck gegenüber dem fernen Himalaja. Sie fehlte mir viel mehr, als ich ihr jemals fehlen konnte.

Der Gärtner brachte mir ein einfältiges, pfeffergeflecktes Kätzchen. Was mir fehlte, war jedoch nicht nur eine Katze an sich, sondern unser zartes Verstehen, die vergangenen gemeinsamen Jahre, unser gegenseitiges Vertrauen. Ich hegte das Verlangen – ein Verlangen, das sich niemals stillen ließ –, zu wissen, daß sie den Menschen gegenüber keine Bitterkeit mehr empfand oder es übelnahm, verlassen worden zu sein. Wie konnte ich dieses Gefühl tilgen, daß ich sie im Stich gelassen, daß ich nicht der vollkommene Freund gewesen war, wie ich es gewünscht hatte?

*

Ich gab alle Hoffnung auf – ich mußte ja abreisen – und schlief bei den Odlings am westlichen Ende des Kammes. Beim Mittagessen kam von Mary die Nachricht, daß meine Katze in der vorigen Nacht an ihrem Hause vorbeigelaufen sei.

Ich kehrte sofort nach »Flower Patch« zurück und verbrachte dort den Tag, streifte durch die Schlucht, rief, hoffte, schaute mir die Augen aus. Meine kleine Katze wußte, daß ich wieder da war; bald würde ich ihren wunderschönen Körper streicheln, ihre geheilte Schulter ...

Um zehn Uhr abends beschloß ich, da mir all dies zuwider war, Ti-Puss zu vergessen. Als Freunde kamen, mich abzuholen, beging ich meinen letzten Fehler und nahm an einem Ball in der »Homes High School« ganz am östlichen Ende des Kammes teil.

Eine mir unbekannte, schüchterne Dame, die eine halbe Stunde später dort erschien, trat zu mir und fragte: »Sind Sie Ella Maillart?«, worauf ich mit einem Versuch, witzig zu sein, die geistlose Antwort gab: »Ich glaube, so nennt man mich.« Sie sagte: »Mary läßt Ihnen ausrichten, daß Ihre Katze auf dem Baum neben der Veranda sitzt.«

Oh, diesmal aber rasch! Meine kleine Freundin suchte mich. Jemand erbot sich, mich die sechs Kilometer hinzufahren. Wie hatte ich meine entzückende kleine Katze vergessen können? Ich wollte für sie sorgen, was auch geschehen mochte. »Schnell, ach, bitte schneller!

Ich brauche sie so sehr. Ich möchte sie nicht verfehlen; denn nun bin ich sicher, daß sie mich braucht!«

Ein blasser Mond ging auf, als ich wieder einmal durch den Obstgarten lief. »Mary? Ich bin es, Ella! Ti-Puss, meine Ti-Puss, wo bist du?«

Vor einer halben Stunde hatte Mary der Katze, die immer noch in dem Baum saß, sehr behutsam Fleisch gebracht, und da war ihr dickes indisches Kindermädchen herausgerannt und hatte geschrien: »Madame, dort ist die Katze! Ich sehe sie!« Darauf war Ti-Puss entsetzt geflüchtet.

Ich beschloß, den Rest der Nacht Wache zu halten.

Alle fünf Minuten rief ich ihren Namen. Wieder einmal erfüllte die Stille meine Welt; nur ein leises Geräusch war zu vernehmen, wenn ein totes Bambusblatt den Boden berührte. Dann erhob sich der Wind und brauste so stark in den Büschen, daß ich ihre nahenden Pfoten nicht hätte hören können. Ab und zu wurde mir der säuerliche Geruch der Müllgrube zugetragen. Rätselhafte unterdrückte Laute ... war es ein Eichhörnchen über mir? Oder ein Vogel? Und dort, war das der buschige Schwanz einer Wildkatze, was in jenem Baum herumhuschte? Zwei Schakale rasten plötzlich bergab, als sie mich in einen Strauch kriechen sahen.

Ich rief aus vollem Herzen, während meine fühlsamen Hände sich nach ihrer weichen Haut sehnten. Diesmal würde es gelingen, davon war ich überzeugt. Ich hörte ihren Schritt, ihre Stimme ... Nein, es war nur der Mond, der sich dem weißen Thron des Kangtschendsongas näherte, dem Symbol unirdischer Vollkommenheit. Da Ti-Puss zweimal abends um zehn Uhr erschienen war, wollte sie vielleicht auf diese Weise mit mir eine Verabredung treffen? Gut! Ich wollte noch einen letzten Versuch machen, die Katze an die Brust drücken zu können. Ich wollte wiederkommen und von neun bis Mitternacht Wache halten.

*

Die letzte Tür im Hause ist zugeschlagen. Ich bin allein und lausche meiner schwachen Hoffnung. Unzählige Male glaube ich ein fernes »Mie« zu hören ... Auf gleiche Weise erscheinen immerzu, wenn man in der Nacht nach einer unsichtbaren Küste segelt, an allen Punkten des Horizonts eingebildete Leuchttürme.

Die Lichter von Kalimpong sind in den Straßen verlöscht. Mitternacht. Ich kann noch nicht gehen! Noch eine Stunde ... die letzte voller verzagter Hoffnungslosigkeit wie auch voller Hoffnung. Wird

sie mich in ihrer Todesstunde vermissen, meine Hände vermissen, die ihren fiebernden Kopf streicheln? Wird sie sich nach der Ruhe, frei von Furcht, sehnen, die sie in einem Haus genossen hat?
Und ich? Ich muß ohne dieses weiche Wesen auskommen ... Geliebte Ti-Puss, wirst du mein Herz lehren, sich aus sich selbst zu nähren, so daß es seine nutzlosen Streifzüge aufgibt und endlich seine eigene Fülle erkennt? Liebe und Schönheit und Wissen ... du hast mich das Ewige schauen lassen. Wie kann ich es dir jemals vergelten?
»Ti-Puss, ich liebe dich – wo bist du? Ich gehe, mein Kleines.«
Dreimal raschelt es hintereinander! Ist sie's, die da zu mir klettert, weil meine Gedanken sie wie schon so oft herbeigezogen haben?
»Ti-Puss? Komm zu mir! Ich rufe zum letztenmal! Ti-Puss ... Leb wohl, leb wohl!«
Einfältige Hunde antworten mir; sie bellen lästig.
Noch einmal raschelt es in den strohähnlichen Bambuszweigen unter der Terrasse ...
Ich habe »Flower Patch«, habe dem unveränderlichen Kangtschendsonga den Rücken gekehrt.
Allein gehe ich zum letztenmal den Berg hinauf.

SVEND FLEURON

Katzenvolk

Grauchen

Noch glänzt der Maimond weiß und rund am Himmel; aber im Osten, hinter den Hügeln, dort, wo das Dach eines Gehöftes aufragt, lugt der erste, zarte Rosenschimmer der Morgendämmerung hervor...
Eine Hauskatze kommt den Feldrain, der am Gehöft beginnt, entlang geschlichen. Ab und zu steht sie still und späht zurück – um gleich darauf weiterzueilen. Langsam nimmt das Tagen zu, das Land ringsum erweckend. Im Zenit ist der Himmel jetzt blau, die fernen Sterne gehen nach und nach zur Ruhe; die Menschenstimmen aber und der Lärm sind noch mit Zauberbanden an die Federbetten der Gehöfte gefesselt... nur ein einziger, mächtiger Chor unsichtbarer Lerchen tiriliert.

Die Katze scheint von ganz gewöhnlicher Rasse zu sein. Der kleine, runde Kopf sitzt auf einem festen, gedrungenen Hals; die Beine sind kurz, der Schwanz ist rundlich und geschmeidig, die gebogene Rükkenlinie voller Anmut. Auf der Unterseite aber ist die Miez nur Bauch und Wanst. Wie ein gefüllter Sack beutelt das Bauchfell von der Brust bis hinab zu den Leisten – die Katze hat in ihrem Leben so manchen Wurf Junge zur Welt gebracht – das läßt sich nicht verbergen.
Ein Pfeifen oben am Zaun wie von Mäusen läßt sie auf der Stelle innehalten und diese Gelegenheit ergreifen. Die Ohren spitzen sich und werden mit einem Mal unverhältnismäßig lang, sie sehen aus, als gehörten sie zu einem Kaninchenkopf – das sind schon mehr Löffel als Katzenohren: nur daß ihnen der Zipfel fehlt. Aus den Nachtdünsten der Senken erheben sich die grünen, taubenetzten Flächen der Sommersaat, und an Rainen und Gräben entlang beginnen die Blumen sich in die sprühenden Farben der Sonne zu hüllen. Auch die Farbe des Katzenfells wird jetzt deutlich erkennbar. Die Miez ist mausgrau und getigert, in weißen Schuhen stecken schwarze Strümpfe. Aber über Brust und Flanken zieht sich – ein seltener Zufall – ein Band aus rostroter und isabellfarbener Wolle.
Grauchen schlägt wieder den Weg in die Felder ein! Die Maus, die sie glücklich gefangen, ist schon verzehrt. Eine Sekunde lang gab sie ihrem Verlangen, mit der Beute zu spielen, nach, aber ein Hundegekläff vom Gehöft her brachte sie schnell auf andere Gedanken. Sie schleicht nicht mehr, nein, sie jagt von dannen...

Sie war das Kätzlein des Knaben gewesen, er hatte sie liebkost, mit ihr gespielt, sie durfte in den Stuben ein und aus gehen.
Die Zeit vergaß sie ihr Leben lang nicht – und der Raum jenseits der Türschwelle, in den nur Menschen kamen, den nie ein Hahn oder eine Henne, keine Kuh und kein Pferd, ja nicht einmal Boxer betreten durfte, spukte noch immer, so alt sie auch geworden, in ihren Gedanken. Oftmals bei Frühlingskälte und Winterstürmen konnte es geschehen, daß die immer sommerliche Stube wie eine Erscheinung vor ihr erstand.
Wohl einen Monat hatte die Herrlichkeit gewährt – dann hieß es: Hinaus! Und mit Stiefel und Besenstiel wurde dem Rufe Nachdruck verliehen.
»Grauchen ist so diebisch«, sagte die Frau. »Setzt man Fleisch und Sahne auf den Küchentisch, so sind sie nicht eine Minute vor ihr si-

cher. Grauchen stiehlt... im Haus ist sie unmöglich!«
Was verstand sie von den Gesetzen der Menschen! Waren Fleisch und Sahne nicht für die Katze da? Sie nahm, was sie erwischen konnte; das war ihre Natur! Oben im Hauptgebäude bei den Menschen durfte sie nicht bleiben; sie mied sie so lange, daß ihr die Scheu bald zur Gewohnheit wurde. Aus der Stube ließ sie sich in den Hof hinausjagen und vom Hof in den Kuhstall... nur den Anblick des Futtermeisters konnte sie ertragen!
Im Sonnenschein am Stallflügel hatte manch ein Sommermorgen sie gefunden; mit anderen Katzen des Hofes saß sie hier und säugte ein dürftiges Junges. Man teilte sich in die Pflege des Kindes und betrachtete es gleichsam als Gemeingut, während man im übrigen auf die baldige Rückkehr des Milchwagens von der Weide wartete.
Jetzt hören sie ihn von ferne, ja, es ist der Trab der alten Stute – und kurz darauf poltert er mit Getöse zum Hoftor herein. Wie Stöcke ragen ihre Schwänze in die Luft; sie machen steife Läufe – das große Ereignis steht ja bevor.
Kaum hat der Wagen haltgemacht, da sind sie auch schon oben; sie gieren nach dem Duft der süßen, frischgemolkenen Milch.
Dann bekommen sie vom Futtermeister ein wenig in einer Schale vorgesetzt, das sie sich teilen müssen... Das Schälchen ist aber schnell leergeschleckt – und jetzt gilt es, sich so viel wie irgend möglich zu ergaunern!
Setzt der Futtermeister einen leeren Eimer aus der Hand, husch, ist auch schon eines der Kätzlein zur Stelle, kippt kopfüber hinein und leckt ihn blitzsauber. Man klammert sich mit den Vorderläufen an und zieht sich im Klimmzug bis zur Seihe hinauf... Man tut ja alles um der süßen Kuhmilch willen!
Jede einzelne kann der Futtermeister am Schwanze packen und hoch in die Luft heben, sie strecken nur alle viere von sich...
»Die kleine Maus, die kleine Miez!« singt der tierfreundliche Kuhhirte mit lockender Stimme während dieser Freiübung – und zu einem zufälligen, staunenden Zuschauer gewandt, fügt er erklärend hinzu:
»Sie verstehen, ich tue ihnen ja nichts!«
Ja, man bekleckert sich sogar in dem Maße mit Milch, daß man nachher viele Stunden damit zu tun hat, sich gegenseitig rein und trocken zu waschen.
All diese Dinge indes lagen für sie in weiter Ferne! Daß sie sich so

etwas gefallen lassen konnte! Sich am Schwanz in die Höhe heben lassen – und dann: einer anderen Junges reinwaschen!
Sie ließ sich auch jetzt noch im Hofe sehen, meistens zu früher Morgenstunde oder spät am Abend. Aber sie traute sich nie mehr auf den Hofplatz und zeigte sich überhaupt nur höchst selten. Am liebsten stand sie oben auf dem Heuboden und lugte durch die Futterritze in den Stall hinab; aber sowie sie nur den Schimmer eines Menschen erblickte, war sie fort.
Kam ein Knecht nach oben, um Stroh oder Heu für die Kühe zu holen, und stieß zufällig auf sie, dann empfing sie ihn mit Gefauch. Der Futtermeister aber, der ja die Katzen liebte, setzte ihr trotzdem etwas Milch hin. Die blieb dann den lieben langen Tag unberührt stehen, bis sie in der Nacht geholt wurde...
»Der Teufel mag begreifen, was Grauchen fehlt«, sagte er oft. »Sollte Boxer hinter ihr her gewesen sein... Sie ist ja so scheu, sie ist ja rein wie wild, das Vieh!«

Ja, wild war sie schon vor langer Zeit geworden!
Vom Kuhstall hatte sie sich auf die Tenne zurückgezogen, hatte sich's zur Gewohnheit gemacht, sich auf Hahnenbalken und in Stallkammern zu verbergen. Sie hatte begonnen, die Bäume zu erklimmen, an den Strohdächern auf und nieder zu wandern, am Giebel entlang zu laufen und sich ihre Bettstatt oben hinter einem der Schornsteine zu errichten.
Und je mehr die Zeit verstrich, desto wunderlicher war sie geworden...
Sie war nicht wie die anderen Katzen des Hofes, deren Junge man ertränken durfte, einen Wurf nach dem anderen, und die nur wehklagend nach ihnen miauen konnten. Nein, einmal ließ sie sich's bieten, aber da begriff sie, daß sie ihre Jungen schlecht versteckt hatte. Von selber vermochten sie ja nicht davonzulaufen!
Als sie das nächste Mal werfen sollte, verbarg sie die Jungen tief drinnen in einem Strohhaufen; aber die Jungen des Futtermeisters, die immer und ewig im Stroh herumkrochen, hörten ihr Piepsen und zerrten sie hervor – und so wurden auch diese aus der Welt geschafft. Nur eines war zurückgeblieben, gleichsam verloren und vergessen lag es mitten auf dem Heuboden.
So manche andere Katzenmutter hätte sich seiner gefreut und die übrigen Kinder über dem einen vergessen. Sie aber konnte nicht verges-

sen, sie ging umher, suchte und suchte und miaute und klagte unaufhörlich. Dann nahm sie das Kätzlein, trug es zu einem leeren Taubenschlag in einer unbewohnten Häuslerhütte; hier wuchs es heran, ohne je Menschen zu Gesicht zu bekommen. Bis es eines schönen Tages von Boxer zerrissen wurde... In diesem Frühling aber, als sie wiederum werfen sollte, hat sie sich aufs Feld hinaus geflüchtet, zu den alten, hohlen Weiden.
Kein lebendes Wesen würde die Jungen je finden!

Großmiez

Stämmig und von starkem Gliederbau, mit kurzem Schwanz, kräftigen Beinen und einem Rücken, der sich biegsam an sein rundliches und wohlgenährtes Bäuchlein schmiegte! Große, aufmerksame Augen, Festigkeit und Schläue im Blick. Kleine Ohren, die dauernd spielten – das war Großmiez.
Er war als einziger von allen Jungen zum Jäger geboren, lag meistens in lauernder Stellung auf dem Bauche, den Hals gereckt. Jede Flocke, die der Wind vorüberwirbelte, fing er im Handumdrehen; jeden Schmetterling, jede Fliege, die in seine Nähe kamen, verfolgte er mit Leidenschaft. Wenn eines seiner Geschwister heranschlich, gab es ihm einen Ruck; sofort stellte er sich lauernd auf und kroch dann behutsam dem »Braten« nach...
Immer war er es, der ein »Verwechselt das Bäumelein« in Gang brachte... und er begann jedes Greifenspiel damit, in einem Satz über den Spielkameraden hinwegzuspringen; ein ausgesprochener Hohn, womit er des Widersachers Unterlegenheit bewies.
Obwohl Großmiez nur erst ein kleiner halberwachsener Bursche war, kribbelte ihm die Jagdlust doch schon gewaltig in den Pfoten, und in seinem Gemüt gärte ein heftiger Drang in die Ferne. In der Mittagsruhe wagte er sich mutig vom Hause fort und schlich sich bei warmem, trockenem Wetter weit hinaus durchs Korn, an Rainen und Gräbern entlang. Ihm war die Fähigkeit in die Wiege gelegt, jede Falte im Erdreich auszunutzen, er verstand es, sich hinter Grasbüscheln zu verbergen und dort zu lauschen, bis er weiterschlich.
Mit krummen Knien, den Bauch am Erdboden entlang schleifend, konnte er halbe Stunden lang dahingehen, sich dann in einem Büschel oder Gestrüpp versteckend, wo er sich ausruhte und wieder erholte. So vorsichtig konnte er sich vorwärtsschleichen, daß kaum das Gras

sich bewegen durfte – keine zitternde Blume, kein schwankender Stengel verrieten seinen Weg.
Eines Tages war er durch den Graben weit hinausgelangt... Er war so richtig in Jagdstimmung! Alles rief seine Verwunderung hervor: jede Schwalbe, jede Fliege. Jetzt galt es nur, einen Streich zu vollführen!
Er strengte sich gewaltig an, hob die Beine hoch auf, damit sie keinen Lärm machten, kroch auf einen Stein, um besseren Ausblick zu haben, und hockte oftmals nieder, den Hals ausreckend. Bei jedem Geräusch warf er die Ohrmuscheln hin und her, während er sich zum Sprunge krümmte.
Seine Anstrengungen waren von Erfolg gekrönt: er spürte ein wunderliches, kleines, erdfarbenes Tier auf, das sich in ein Loch drückte. Er hätte sofort darauf zuspringen sollen, aber er überlegte erst. Da fuhr das Geschöpf auf und flatterte davon, bis es schließlich in einen nahen Busch flog.
Hier saß nun der junge Star mit seinem gebrochenen Flügel, die Aussicht genießend und meinend, er sei mit heiler Haut davongekommen.
Vor nur wenigen Tagen war er aus dem Nest geschlüpft und trug auf dem Bauche noch den ersten Flaum. Ein langes, langes Leben, meinte der Bursche, habe er schon hinter sich!
Wie verwundert hatte er doch immer aus dem Starenkasten gestarrt und lange Augen hinter den Alten gemacht, wenn sie auf Nahrungssuche gingen.
Und eines schönen Morgens hatte er zum ersten Mal erschauernd seine Pfoten auf den Erdboden gesetzt ...irgend etwas hatte ihn dabei heftig erschreckt; hüpfen und laufen konnte er freilich, aber trotzdem fühlte er sich hier unten nicht gerade überlegen. In die Luft wollte er, immer in die Luft – hinauf und fliegen!
Bald waren die ersten kleinen Schwierigkeiten des Anfangs überwunden, im Gleitflug konnte er von Zweig zu Zweig gelangen. Und dann mit einem Male vermochte er die Flügel zu meistern, er konnte drehen und wenden und in Kurven fliegen, er konnte sich wie eine Schraube in die Höhe winden und sich ebenso wieder zur Erde hinabschrauben. Er hatte ausgelernt – und die Welt ward groß und die Erde schön, denn nun hatte er das Leben vor sich!
Da geschah es, daß er eines Tages in den Gemüsegarten des Pächters geriet, der im Blumenschmuck prangte und in den Farben der Früchte

aufglühte, rot und verlockend lagen sie auf der Erde, es war gerade Erdbeerzeit. Aber da bekam er Schrot zu kosten!
Das Sonderbare geschah: plötzlich nach einer solchen Ladung vermochte er nicht mehr sich aufzuschwingen und in die Höhe zu kommen, er überschlug sich in der Luft. Er lief und lief – jagte hinter den anderen her, der Richtung des gedehnten Schreckenspfiffs folgend, den der Schwarm in der Luft nach sich zog.
Tagelang war er umhergehüpft, war immer weiter in die Felder hinausgelangt... das Schicksal aller flügellahm geschossenen Starenjungen hier im Busch erwartend.
Großmiez machte denn auch kurzen Prozeß! Der Fang war für seine noch ungeübte Jägerkunst vom Schöpfer selbst offenbar bereitgehalten. Den Vogel zu überwinden, kostete nur einen leichten Kampf.
So verschwand die Welt mit ihren Farben und Erscheinungen vor dem jungen braunen Star... scharfe Zähne bohrten sich in seinen Hals, und gierige Lippen tranken sein Blut.

Großmiez wollte die Beute nicht auf der Stelle verzehren. Er hatte die schlechte Angewohnheit – eine Folge seiner Überlegenheit als Hochwildjäger – immer mit seinen Erfolgen prahlen zu müssen. Er begab sich also hurtig auf den Heimweg, um die Beute draußen vor der Katzenburg herumzuzeigen.
Aus dem grünen Grase tritt er behutsam und vorsichtig hervor, zuerst erscheinen seine weißen Vorderbeine... es sieht so aus, als fragten sie sich vorwärts. Dann folgt ein runder Kopf, sein kugeliger Körper und der Schwanz mit dem beweglichen Zipfel. Die breiten Kiefer erscheinen doppelt so groß, und es scheint, als sei der Hals geschwollen, denn im Rachen trägt er seinen Vogel.
Er hat ihn an Bauch und Schenkeln gepackt. Der Kopf und der Hals baumeln zur einen Seite herab, Beine und Schwanz starren zur anderen heraus; aber unter ihm hängen die schlaffen Flügel hernieder. Er tritt ständig auf die eine Flügelspitze, die am Erdboden schleift ... Einen Augenblick muß er die Beute niederlegen und sich setzen, um auszuruhen – dann packt er sie aufs neue; seine kleine, kahle, rote Nasenspitze ward plattgedrückt, und die grimmigen, schiefblickenden Augen kneift er beim Bisse böse zu.
Zufällig ist keines der Geschwister draußen vor der Höhle, und irgendwelchen Beifall erntet er daher bei der Ankunft nicht sogleich; aber da beginnt er umherzulaufen und zu miauen, bis er die ganze

Bande herausgerufen hat. Sie sollen ihn als Sieger bewundern.
Mit dem aus dem Munde baumelnden jungen Star schreitet er, den Schwanz stolz gen Himmel erhoben, unter ihnen einher. In kleinen Abständen schlägt er ihnen den einen Flügel um die Nase und läßt sie neidisch danach schnappen. Dann legt er sich schließlich nieder und verzehrt den Fang in marternder Ruhe und Langsamkeit.
Der Star ist indessen mehr, als er auf einmal fressen kann – und da er satt ist, beginnt er mit ihm zu spielen. Leider ist er ja tot; aber Großmiez tut alles, um ihm Leben einzuhauchen. Er packt ihn mit den Vorderpfoten und schleudert ihn hoch in die Luft, ergreift ihn dann und knurrt dumpf und wild. Er legt ihn vor sich hin und ritzt ihn mit dem Rand eines Nagels. Das Tier rutscht bei seinem Stoße weiter. Da wächst seine Phantasie gar mächtig: er meint, daß die Beute ihm entschlüpfen will, und schlägt schnell seine Krallen hinein.
Oder er fegt mit wütigen Pfotenschlägen das Starenjunge unter sich, schon während er in raschen Sätzen zurückjagt – und nun saust er im Galopp um sein eignes Hinterteil, legt sich auf den Rücken und spielt mit dem toten Vogel Fangball.
Rund um ihn her drücken sich die Geschwister hinter Steinen und Büscheln lauernd ins Versteck; steife Ohrenzipfel und bebende Spitzen hastig vibrierender Schnurrbärte gucken hervor... sollte nicht das Wunder sich ereignen, daß der Vogel so aus Versehen einem von ihnen zuflöge?
Eine Möwe kommt im selben Augenblick herbei, niedrig über den Hügel gleitend, und als sie plötzlich die Katzenschar unter sich erblickt, erschrickt sie derart, daß sie Kot fallen läßt. Der weiße Spritzer trifft Großmiez auf Stirn und Nase...
Er tut einen Sprung nach dem »Schützen« – und bedarf nun einer längeren Reinigung, so daß er eine Zeitlang den Star vergißt.
Als er zurückkehrt, ist der weg; Nesthäkchen sitzt mit der unschuldigsten Miene da, und Rotkopf hat eine Flaumfeder in der Schnauze hängen.
Er hätte die beiden frechen Viecher züchtigen müssen; aber er war ein Grandseigneur, der obendrein im Augenblick satt gefressen war. Er konnte ja in die Felder hinausgehen und sich einen anderen fangen – davon war er überzeugt!

Dieser Bursch war nur mit Vorsicht zu genießen!
Fauchen und Zischen waren seine Antwort auf ein gutes Wort – und dann streichelte er nie sanft die Nase, sondern kratzte vielmehr, daß es schmerzte. Spaß verstand er nicht, alles nahm er für grimmen Ernst, weshalb er auch mit seinen Geschwistern in ständiger Fehde lag. Sie kannten ihn – und nur im äußersten Notfalle, wenn eines von ihnen keinen anderen zum Spielen finden konnte, nahm man mit Schwarz vorlieb.
Dahingegen mischte er sich von selber, so oft es ihm behagte, auf eine eigenartig herausfordernde Weise in ihr Spiel!
Gut gewachsen war er und stark und kräftig; aber er hatte grobe Pfoten – und was schlimmer war: er hatte kein ansprechendes Gesicht.
Eine hohe, stark gewölbte Stirn sprang über den ungewöhnlich tiefliegenden Augen hart hervor. Sie waren goldengrün – und das Bösartige und Grimmige lag immer in ihnen wie eine drohende, düstere Wolke an einem klaren Horizont und lauerte im Blick. Und das Wilde in den Augen wurde verstärkt durch die meist zurückgelegten Ohren.
Eine seiner besonderen Fähigkeiten bestand im Erklimmen der Bäume! Sein herausforderndes Benehmen schaffte ihm immer die Übermacht an den Hals, so daß er, wenn er sich auf andere Weise nicht zu helfen wußte, »bäumte«.
Das Hinaufkommen war ja leicht genug, das konnte jedes Kätzchen, aber hinuntergleiten konnte keines so wie Schwarz. Die anderen rutschten nur und machten dadurch die Krallen stumpf, er dagegen hatte das richtige Kletterblut in sich; ihm war die Kunst angeboren, Satz für Satz hinunterzusteigen, in unzähligen kleinen Absätzen, die er rechtzeitig unterbrach, indem er alle vier Krallenbündel in den Stamm schlug.
Nach und nach war er Herr der Bäume, so gut wie ein Marder, und sprang behende von Spitze zu Spitze fast wie ein Eichhörnchen. Ein anderer würde sich auch kaum aus der Jauchegrube haben retten können!
Wie Samsons geheime Kraft in des Riesen Haarwuchs verborgen lag, so saß sie bei Schwarz in seinen Krallendolchen – er benutzte freilich auch jeden freien Augenblick, sie zu wetzen! Am häufigsten traf man ihn an jenem alten Heckpfahl an, wo er auf seinem Hinteren saß und

die Vorderpfoten am Pfahl hinaufgleiten ließ, während er voller Wonne dem Kratzen der Nägel an dem harten, winddürren Holz lauschte. Am Pfahlrande strich er sie auf und nieder, um die Spitzen scharf zu schleifen.

Keiner der anderen konnte auch nur annähernd seine Waffen aufweisen!

Und als er heranwuchs und mit Jagen begann, führte er sogar kluge, alte Vögel damit hinters Licht! So wurde eines Tages ein alter Sperlingsvater, der sich im Wegstaub badete, Gegenstand seiner Betrügerkunst. Der Sperling, der Lebenserfahrung hatte, dachte: pah, so ein Katzenjunges! Und er hätte sich auch rechtzeitig in die Luft gerettet, hätte er eine gewöhnliche kleine Katze vor sich gehabt.

So aber irrte er sich – wie das Chamäleon, das blitzschnell mit der Zunge das ferne Insekt ergreift, so vermochte Schwarz im entscheidenden Augenblick die Krallen herauszuschnellen und so den Vogel zu erreichen. Er verlängerte geradezu die Pfote mit Hilfe der Nägel; jede einzelne Zehe wurde in dem Augenblick, wo er den verräterischen Nagel hervorstreckte, dreimal so lang.

Seine Geschwister hatten auch früh genug erfahren müssen, daß nichts vor ihm sicher war!

Wenn die Alte eine Beute zerlegte und er kam hinzu, so setze es Krallenhiebe für Hans Naseweis. Aber Hans Naseweis schlug wieder; es war, als ob er sagte: hier wird wohl auch für mich noch Platz sein! Und die alte Katze lernte ihn bald achten seiner flinken, scharfen Ohrfeigen wegen.

Scheu und einsam war er sonst ... sobald die Jungen auf dem Feldweg in der Nähe Menschen witterten, machte er einen Buckel und sträubte die Bürste, um sich dann eilends zu verbergen.

Einen seiner ersten Ausflüge unternahm er, als der Hafer gerade so hoch war, daß er ihn deckte. Trotzig schlenderte er durch die Halme und fragte den Kuckuck danach, ob der Ackergrund weich und trokken war. Lange Wolkenschatten jagten herbei und hüllten ihn ein, der blaugrüne Hafer wurde schwarz, und er verschwand sicher und ungesehen in ihm.

Aber jetzt, als der Himmel blank wurde und die Sonne ihren Lichtteppich vor ihm ausbreitete, eräugte er einen kleinen, braunen Klumpen in dem Grün. Er knickte in die Knie, zog den Körper lang, schob Schwanz, Bauch, Hals und Kinn am Boden entlang – und nun sah er,

daß der Klumpen ein Vogel war, so schwer und fett, daß der Distelbusch, auf dem er saß, sich niederbog.
Da schrie es plötzlich in der Luft über ihm:
»Krah, krah!«
Und kurz darauf lärmte ihm ein Kiebitz um die Ohren. Er war von hinten an ihn herangekommen und ertappte ihn nun auf frischer Tat; der Klumpen hatte ihn zu stark in Anspruch genommen, als daß er Zeit zum Sichern gehabt hätte.
Fliehen wollte er nicht, so peitschte er denn nur mit dem Schwanz um sich, während die wachsame Fliegerschar ihn festhielt!
Zwei Krähen hingen auf flatternden Flügeln dicht über ihm und schalten und schmälten, daß ein zorndrohendes Zittern ihm in die Knurrhaare stieg. Und das Kiebitzpaar reizte ihn, indem es abwechselnd von vorn und von hinten auf ihn einhieb, während die verwirrten Lerchen, um ihn besser in Augenschein nehmen zu können, sich auf dem Heckpfahl nicht weit entfernt niederließen.
Den Klumpen auf dem Distelbusch mußte er nun aufgeben; aber allein der Umstand, daß er ihn gesehen und ihm so nahe gewesen war, kam ihm doch wie ein Ereignis vor.
Sowie die Dämmerung hereinbrach, begab er sich wieder auf den Weg. Lange wanderte er vergebens dahin, an den Blüten schnuppernd, bis er endlich an einem Steinhaufen auf einen neuen braunen Klumpen stieß. Hätte er Erfahrung gehabt und geahnt, mit wem er sich hier einließ, so hätte er sich vielleicht bedacht; so aber schwebte er in glücklicher Unwissenheit und sprang zu. Der Klumpen, ein junges Wiesel, das sich aus dem gleichen Grunde draußen herumtrieb wie er, schoß mit einem Zischen hoch. Es begriff sofort, worum es sich hier handelte! Obwohl dünn wie ein Stecken und nicht länger als ein Maulwurf, zeigte es ihm sofort mit einer Grimasse, daß es Zähne hatte, die sich wohl mit den seinen messen konnten.
Aber Schwarz wollte sich dieses Mal nicht von dem Klumpen an der Nase herumführen lassen; er griff ganz plötzlich und unvermutet an, verwandelte sich in einem Nu aus einem schwarzen Schatten in ein lebendiges, bissiges Wesen. Mit gesträubter Bürste und phosphoreszierenden Augen, die in der Dämmerung grünlich schimmerten, vollführte er seinen Sprung. Das Wiesel wich aus und versetzte ihm einen ersten scharfen Riß am Halse. Es hatte in seiner Art, sich zu wehren, etwas vom Iltis an sich, es setzte sich nicht offen zur Wehr, sondern fiel voller List blitzschnell hinterrücks an. Ein Teufel wohnte dem

kleinen Raubtier inne; aber in Schwarz wohnten zuzeiten zwei! Er war ein Pantherjunges, wenn es ihn packte – und ohne sich durch den Riß am Hals anfechten zu lassen, gab er dem Wiesel mit der Vorderpfote einen Backenstreich und machte es darauf durch einen schnellen Biß quer über die Schnauze wehrlos.

Dieses Wiesel drehte sich im Kreise; aber jetzt saß das Pantherkätzchen ihm im Nacken und versetzte ihm überlegen den Todesstoß, als wäre es nur eine große Maus.

Ihm schien, die Beute rieche ein wenig streng; aber er war zu jung und zu hungrig, um wählerisch zu sein... Er schleppt mit ihr davon ... und gelangt durch Ackerraine und über Erdhügel bis in die Nähe des Hünengrabes.

Ob wohl jemand auf dem Feldweg ist?

Einen Augenblick später ist er an dessen Rand angelangt und weiß, er muß hinüber. Er geht so gern auf ihm entlang, aber nicht mit Beute! Gesetzt den Fall, einige seiner Geschwister träfen ihn, sähen ihn, neideten ihm seinen Fang! Er will seinen Braten in Frieden genießen – mit Haut und Haaren und Eingeweiden! Er will nicht noch einmal wegen seiner Beute genasführt werden oder seinen Appetit bei der Aussicht, teilen zu müssen, einbüßen.

Der schwarze Schimmer in seinem Pelz bekommt einen tiefen Glanz, seine Ohren sind nach vorn geneigt und wachsam gespitzt... während er sacht vorwärtsschleicht, sich seiner Jagdstimmung und dem Siege hingebend.

Da krächzt es wieder über seinem Kopfe...

Sich verstecken und niederwerfen, wenn er auf dem Jagdpfad ist, ist noch nicht seine Sache! Jetzt lernt er, daß, wenn solches während der Jagd gilt, dasselbe in noch höherem Maße nötig ist, wenn man sich seine Beute erst gesichert hat.

Da hat sich also wieder dieses Vieh von Krähenpapa zu ihm geschlichen, er hängt über seinem Kopf und mißgönnt ihm seinen Fang, während er aller Welt verkündet, wo Schwarz sich aufhält.

Das fehlte ja gerade, daß er sich seine Jagdfreude von ihm zerstören lassen sollte!

Von allen Seiten strömten Geschwister herbei und an ihrer Spitze die alte Mutter Grauchen; sie erscheint mit knisternden Rückenhaaren, voller Angst, daß etwas geschehen sein könnte.

Sie nähern sich ihm; sie können jedoch nicht verstehen, was in ihn gefahren ist! Über einem Etwas zusammengekrümmt, das er zu verber-

gen sucht, hockt er da. Die Ohren sind zurückgelegt, und die Augen leuchten vor Gier. Und schon von weitem vernehmen sie sein drohendes Fauchen.
Nicht einmal Grauchen wagt sich dicht an ihn heran; seine mannigfaltigen, warnenden Laute werden immer zusammenhängender...
Ängstlich drücken sich die übrigen Jungen an die Mutter heran, die ganze Familie ist sprachlos ... zum ersten Male vernimmt man eines bösen Katers düstere klangvolle Musik.
Au-u-au-uuu... mauu, mauu, mauu...
Und dann zermalmte er seinen Braten so hörbar, daß der Geifer mitklang!

Graufellchen

Eine so kurzbeinige, kleine Katze hat es wohl noch nie gegeben. Das kam daher, daß sie sich mehr kriechend und schleichend über den Erdboden dahinbewegte, als daß sie ging. Sie hatte ihrer Mutter unverhältnismäßig große, Hasenlöffeln ähnliche Ohren geerbt und übertraf daher auch all die anderen an Gehör. Bei dem geringsten Laut warf sie den Kopf hoch und drehte sicher und ohne Zögern die langen, dreieckigen Gehörtrichter in die Richtung, aus der der Laut kam, während Schläue und Hinterlist aus ihren sonst so unschuldigen Augen leuchteten.
Sie war eine kleine, nachdenkliche Natur, die sich anscheinend niemals einer Sache mit besonderer Leidenschaft widmete. Es war, als überlege sie jeden Schritt, den sie tat!
Stundenlang konnte sie, den Schwanz sorgsam um die zusammengezogenen Pfoten geringelt, dasitzen und das Treiben der anderen beobachten. Ein gut Teil Geduld und die Kunst zu warten, wohnten ihr inne; die anderen glaubten, daß sie schlafe, sie aber sah und hörte trotzdem alles.
Ihr war die echte, unverfälschte Katzennatur eigen; dazu gehörten das morgenländische Phlegma und ein eigentümliches Sich-mit-dem-Schicksal-Abfinden. Außerdem verstand sie es, mit ihrem Raub gut hauszuhalten, ihn zu vergraben und aufzubewahren. Sparst du in der Zeit, so hast du in der Not!
Rund um den Fuß des Hünengrabes und an Graben und Hecke entlang schlich sie oft von dannen – und stieß sie auf ein kleines Loch in der Erde, das ihr bewohnt erschien, setzte sie sich sogleich bereit.

Dieses eintönige Warten auf Fang behagte ihr; ob es auch in Schauern niederprasselte, ob sie in Sturm und Schlamm fast ertrank – sie hielt getreulich aus. Es war ihr eine Lust zu lauern!

Ihr Gehör war ja so fein, daß es ihr Unterhaltung genug bot, auf das Rascheln der Maus unter der Erde zu lauschen; Minute reihte sich an Minute mit der Schnelligkeit des Blitzes, und obgleich scheinbar auch nicht das geringste geschah, war es ihr doch die ganze Zeit, als erlebe sie große Dinge.

Sie war auch Meister im Libellenfang, aber freilich auf andere Art als ihr Bruder Groß. Sie vermochte diese Flieger gleichsam durch ihren Blick an sich zu ziehen. Taumelte eine Libelle über ihren Kopf hinweg, so setzte sie sich hin und starrte sie unentwegt an, und was es nun war, das zog, ihre Farbe oder ihre Augen – die Libelle kam ihr schließlich so nahe, daß sie nur mit den Krallen nach ihr zu greifen brauchte.

Eines Abends, als der rote Sonnenring das Hünengrab umschloß und der Sauerampfer zwischen den Bautasteinen glühte, als sei er mit Ziegeln bedeckt, schleicht sie feldeinwärts.

Des Tages letzte Stunde ist gekommen...

Die Fensterscheiben des Hügelhofes funkeln, und über die weißen, schwellenden Sommerwolken legt sich ein violetter, weinrot verbrämter Schein. Überall, wo sie auftaucht, ist man beim Mahle: Pferde und Ochsen lassen sich's schmecken nach dem mühseligen Tagewerk. Sie lugt nach rechts, nach links – und lauscht.

Setzt sich dann nieder – und lauscht, lauscht...

Regt sich's irgendwo? Nein! Nun, dann also vorwärts, nur lautlos vorwärts...

Mit gesenkten Lenden und halbgebogenem Schwanze, den Vorderkörper aber erhoben und den Hals gereckt, windet sie sich durch das Gras, als gehe sie auf glühenden Kohlen.

Ein Ruck plötzlich – ein Forschen und Spähen! Nein. wieder war es blinder Alarm! Und Graufellchen kriecht weiter und stöbert einen neuen Mäusegang auf...

Die Dämmerung fällt herab, und die großen, schwarzen Mistkäfer beginnen sie in ihre Tonfäden einzuhüllen. Ein Pferd hat seinen Dung dicht neben dem Orte fallen lassen, wo sie sitzt – und der ist ein gefundenes Fressen für die Käfer.

Über das Brachfeld huscht der Steinschmätzer mit seinen Jungen, die kleinen, grauen Vögel verschwinden in der Dunkelheit, einen schwachen Schimmer nach sich ziehend, der von dem weißen Sterz aufleuchtet. Schlank und elastisch hoppelt der Junghase in hohen Sätzen feldeinwärts, hier und da stehenbleibend und an einer Pflanze schnuppernd ...

Graufellchen sitzt noch immer vor ihrem Loch und horcht auf das Rascheln der Mäusebeine unter der Erde; die Minuten schwinden, ihr Bewußtsein ist wie ausgelöscht, sie denkt nur an dies eine – Mäuse!

Da ertönt vor ihr ein fernes, feines Pochen, Sandkörner rieseln herab, und das Dröhnen im Mäusegang, das kein menschliches Ohr vernehmen würde, wird stärker, bis der Klang in einem leisen Schlag endet. Eine junge Maus mit dünnen weißen Hinterbeinen und einem Schwanz, dreimal so lang wie sie selbst, sitzt zusammengekrümmt am Rande.

Wie eine kleine Kugel auf Füßen, ohne den Körper zu strecken, wagt sie sich durch die Halme vorwärts ...

Nun ist das Geräusch nicht mehr dumpf, nein, die junge Maus reibt sich an den Halmen, daß sie im Katzenohr wie Violinsaiten kreischen. Graufellchens garstige Fängerseele wird zu einem Resonanzboden, in dem alle Schreie einzigartig widerzittern...

Nach allen Regeln der Kunst schleicht sie der Maus nach und bekommt sie trotz einem höchst ungeschickten Sprung unter ihre Tatze.

Es war Graufellchens erste Maus, und sie konnte sich an ihr nicht satt sehen. Der Schwanz ringelte sich unaufhörlich, die Augen strahlten vor Wonne... zu denken, daß diese kleinen Mäusebeine einen so fürchterlichen Lärm machen konnten!

Sie konnte sich nicht entschließen, die Maus in ihren Magen zu befördern, sie wollte sich den ganzen Heimweg an ihr freuen. Alle Augenblicke blieb sie stehen, legte sie vor sich hin und unterhielt sich damit, mit dem unglücklichen Opfer zu spielen.

Und sie war wie Großmiez unvernünftig genug, sich mit ihrer Beute dem ganzen Geschwisterschwarm vorzustellen, ja, sie legte das Kleinod sogar zur allgemeinen Ansicht aus. Das kam ihr teuer zu stehen. Sie tat es seitdem niemals wieder.

Schneeweißchen

Wenn der Wind eine Kunde von Menschen draußen vom Feldwege herübertrug, so stellten die Kätzchen sofort ihr Spielen ein! Grauchen hatte sie frühzeitig vor den Menschen gewarnt, und ihr zorniges Knurren rief die Kleinen gewöhnlich in die Höhle zurück. Seitdem sie sich aber immer weniger zu Hause aufhielt und die Kätzchen sich selber überlassen waren, wurden die Charaktereigenschaften des einzelnen für ihr Verhalten ausschlaggebend.

Groß und Nesthäkchen nahmen immer noch ihre Zuflucht zur Höhle; Schwarz schauderte es; er sank tief in die Lenden und schleifte fast den Bauch am Erdboden entlang, während er scheue Blicke in die Richtung warf und zuweilen mit Gefauch verschwand, Graufellchen und Rotkopf blieben meistens gleichgültig liegen; Schneeweißchen aber machte einen steifen Schwanz vor Begeisterung, huschte umher und schnurrte und spann.

Sie war ein munteres und freundliches kleines Kätzchen, das für den Ernst des Lebens nicht geschaffen war. Ihr großer Hang zur Zerstreuung und das mangelnde Vermögen, des Lebens Möglichkeiten auszunutzen, hatten sich frühzeitig geltend gemacht. Wie sie immer jede Gelegenheit ergriffen hatte, um mit dem Schwanz der Mutter zu spielen, so hatte sie früher auch mit ihren Saugwarzen gespielt, wobei sie häufig des Tropfens Milch verlustig ging, der ihr zukam.

Sie war daher auch nicht besonders groß und stark geworden, es war aber zu hoffen, daß sie mit Hilfe ihres Liebreizes und ihrer guten Laune in der Welt vorwärtskommen würde.

Wie gewöhnlich saß sie wieder da und schmückte und putzte sich. Fiel auch nur ein einziger Tautropfen auf ihren Pelz, so hatte sie ihn auch schon aufgeschleckt. Jeden Spritzer auf einem Haare merkte sie, und ihr war unbehaglich zumute, solange sie nicht den Schmutz entfernt hatte. Ihre freien Stunden – und deren gab es viele – füllte sie damit aus, sich abseits zu setzen, ihr Pfoten zu benetzen und sich dann um Brust und Bauch zu waschen, die Augen zu reinigen, die Gesichtshaut zu glätten und einen Scheitel bis auf die Stirn herab zu ziehen. In ihrem einschmeichelnden kleinen Katzengesicht mit den sanften, lieblichen Zügen saßen die leuchtenden, wasserblauen Augen anmutig schräg wie bei einer blitzsauberen, wohlfrisierten kleinen Geisha.

Wie Nesthäkchen sog sie noch immer an der Mutter Brust, und nichts ließ darauf schließen, daß dieses Abhängigkeitsverhältnis ein Ende haben würde. Sie schloß sich daher am liebsten Nesthäkchen an; aber der Jüngste, der klüger war, als er aussah, begriff sehr wohl seiner kleinen, ungeschickten Schwester Unvermögen, ihm – der auch nicht gerade Hochwildjäger war – beizustehen. Er lehnte sie schlankweg ab – sie sollte lieber ebenso wie er sich auf die Seite eines großen Bruders schlagen!

Nesthäkchen

Nesthäkchen glich weder einem Herkules noch war es einer! Mager und zwerghaft sah es aus, hatte einen großen Kopf und große, kluge Augen.

Meist lag es und schlief. Es hatte eine ganz besondere Stellung, in der es am liebsten der Ruhe pflegte: zusammengekrümmt, die Hinterbeine dicht unter sich gezogen, den verhältnismäßig großen Kopf zwischen die Vorderbeine gesteckt. Es schien fast, als preßte es damit zugleich die Ohren zu, um das Getöse um sich her nicht zu vernehmen.

Seine Natur konnte als träge und gleichzeitig besonnen bezeichnet werden; im übrigen war es aber nicht so dumm, wie es aussah! Es besaß zum Beispiel eine besondere Fähigkeit ganz seltener Art: es hatte ein sehr feines Ahnungsvermögen in bezug auf das Wetter!

Diese seine Anlagen zum Wetterpropheten wären indes ohne Wert gewesen, wenn der Bursche seine Prophezeiungen für sich behalten hätte, aber ganz im Gegenteil – sowie ein Wetterumschlag bevorstand, konnte er es nicht unterlassen, seinen Gefühlen Luft zu machen.

Man verstand sofort, woran man war!

Standen zum Beispiel feuchte Tage zu erwarten, dann ging er umher, schüttelte sich, ließ den Schwanz hängen und miaute fortwährend. Dann suchte er Verstecke auf, in denen er warm lag und vor Regen geschützt war.

Stand aber wieder gutes Wetter bevor, so zeigte er sich mit aufrecht erhobenem Schwanze, spinnend und schnurrend vor Wohlbehagen.

Er war eigentlich nicht nur ein Wetterprophet, er war mehr: er war ein wahres kleines meteorologisches Observatorium! Angeblich rührten seine armen, überempfindlichen Nerven von der Behandlung her, die der grimmige Vater ihm in seiner frühesten Jugend hatte widerfahren lassen.

Bruder Schwarz – der Krieger –, dessen oft wahnwitzigen Streifzügen er heimlich von weitem nachschlich, so daß er rechtzeitig bei der Hand sein konnte, um sich voll Demut und mit ehrerbietiger Geste

die Überreste zu erbetteln, lernte bald, sich seine Wetterkunde nutzbar zu machen.
Schwarz jagte am liebsten bei Anbruch der Dunkelheit; merkte er aber, daß der Kleine tagsüber miauend umherstreifte, während er am Heckpfahl saß und die Krallen wetzte – so wußte er, daß er zusehen mußte, rechtzeitig herauszukommen; denn in der Nacht würde es Regen geben!
Schwarz ließ sich von Nesthäkchen anbeten. Seinen bewundernden Blicken und ehrerbietigen Bewegungen konnte der zürnende Mars nicht widerstehen.
Übrigens litt der kleine Bursche oft an Übelkeit. Die vielen Federreste der Kükenflügel, die er fand, und das bißchen Fleisch brachten seine Verdauung arg in Unordnung. Er mußte tagsüber viel scharfes, bitteres Hundsgras in sich hineinfressen, sobald er vom Schlaf erwachte. Trotz allem war er aber der einzige Humorist des Wurfes, dank seinem ungewöhnlich langen und kühnen Schwanze, der so auffallend wohlgenährt aussah, daß er als ein selbständiges Wesen in Erscheinung trat. Der Kleine konnte seine Pfoten darin abtrocknen und das Schwanzende ganz um den Hals schlingen. Langweilte er sich, so bot der Schwanz immer Zerstreuung; er spielte geradezu »Besuch« mit ihm.
O ja, der Schwanz war sein Trost – bei kaltem, feuchtem Wetter schlang er ihn um die Nase und wärmte sich an ihm! In jeder anderen Hinsicht war dieser Jüngste eine nur mittelmäßige Katze, und namentlich als Kater erfüllte er keinerlei Voraussetzungen – er konnte ja nicht ertragen, daß jemand ihn betrachtete. Er war so bange um sein liebes Leben, daß schon ein drohender Blick ihm den Garaus machen würde.
Wenn er ab und zu, ins Blaue hinein, auf eigene Faust kleine Ausflüge unternahm, so konnte er zufälligerweise durch die eine oder andere instinktiv sichere Beobachtung zu einer Beute gelangen: So sah er eines Tages eine Goldammer in einem welken Grasbüschel untertauchen; er eilte herbei – und verschlang den leckersten Eierkuchen!
Dann traf er eines Tages auf eine Ammer im Kampf mit einer Lerche! Die Hecke war das Reich der Ammer, wie das Feld der Lerche gehörte, und keine duldete der anderen Zehe auf ihrem Gebiet – so kämpften sie denn miteinander und drehten sich wie ein Kreisel, bis sie japsend ins Gras fielen.
Einen solchen Zwiespalt auszunutzen, verstand er meisterhaft! Es tat

ihm wohl, hinauszuschlüpfen. Draußen war immer einiges zu holen!

Rotkopf

War Nesthäkchen ein kleiner Pfiffikus, so war Rotkopf ein arger Gauner!

Schon ihre Farbe konnte auf allerlei hindeuten: scharfe, gelbe Querstreifen, die sich um Beine und Schwanz in Ringen fortsetzten, zogen sich über den fuchsroten Körper.

Und mit dem Körper konnte sich keines von den anderen messen; der war lang, dünn und geschmeidig ... beim Gehen wiegte er hin und her wie ein frischgepolstertes Sofa!

Sie liebte es, sich zu recken und zu strecken; es war, als könne sie den Körper nicht leicht und geschmeidig genug machen. Keiner konnte ihr daher auch an Behendigkeit das Wasser reichen; sie spielte den übrigen einen Streich nach dem anderen – und balgten sie sich mit ihr, so verstand sie sich so zu winden, daß sie unbeschädigt sogar Schwarz' und Groß' Pfoten entkam.

Ein Turner, ein Geschicklichkeitskünstler war Rotkopf! Zu ihren übrigen körperlichen Reizen gehörten zwei Paar hohe, schlanke Läufe, die sie instand setzten, sich jedes Widersachers einfach durch Flucht zu entledigen.

Sie war noch nicht alt, als Boxer eines Tages auf offenem Felde sie verfolgte; dank ihren Beinen aber rettete sie sich im äußersten Augenblick mit weitgeöffneter Schnauze, während dir rote Zunge ihr triefend aus dem Halse hing, auf ein Strohdach hinauf. Hätten sie da ein Paar Menschenaugen betrachtet, sie hätten gesagt, daß sie zum erstenmal eine schwitzende Katze gesehen!

Ihre hinterhältigen, feuergelben Augen blicken selten offen. Meistens kneift sie sie zusammen, als habe sie den Wunsch, ihren scheelen, unsicheren Blick zu verschleiern. Man kann sie immer an Steinrändern und Büscheln entlangschleichen sehen, oft tauchte sie ganz plötzlich und überraschend auf. Wenn die anderen sich im Spiel ergehen, zieht sie es vor, im Hintergrunde zu verschwinden, und sich dann dadurch zu verraten, daß sie auf den Zunächststehenden springt, ihn umwirft und unter ihre Krallen nimmt.

An Schlauheit übertrifft sie alle! Sie lieben auch ihre Anwesenheit nicht, wenn sie einen guten Bissen bekommen haben; sie kennen aus Erfahrung ihr hochentwickeltes Talent, ihnen das Fressen abzuluchsen. An jenem Tag, als Mutter Grauchen mit Heringen kam, erhielt jedes seinen Happen von der leckeren Speise. Groß, der sich des Kopfes bemächtigt hatte, saß abseits für sich und verzehrte ihn mit Bedacht in kleinen Bissen. Ein Rest des schuppigen Heringmauls war noch übrig; der lag dicht vor ihm, während er mit geschlossenen Augen selig einen Mundvoll hinunterschluckte. Als er die Augen öffnete, war das Heringsmaul weg – und ein roter Schwanzzipfel verschwand eilends hinter dem nächsten Bautastein.

Die Natur stattet in der Regel alle ihre Geschöpfe in reichem Maße mit der einen oder anderen Fähigkeit aus; bedient man sich nur dieser, so ist der Kampf ums Leben leicht.

Und Rotkopfs Talent lag im Stehlen!

Sie läßt sich indessen niemals abfassen; eine ungewöhnliche Entschlußfähigkeit, gepaart mit hochentwickelter Vorsicht, ist ihr eigen, und niemals vergreift sie sich an einer Beute, wenn nicht die Umstände günstig sind. Ihr tägliches Streben nach materiellem Wohlsein und ihr Verkehr mit den entwickelteren Geschwistern, denen gegenüber ihre Fähigkeit und ihr Talent als Jäger den kürzeren ziehen, haben ihren Instinkt, zu stibitzen, wo es möglich ist, stark ausgebildet.

Sie versteht es, immer Zwietracht zu säen, wenn die anderen mit Beute kommen – und während sie sich zanken, fischt sie im trüben. Sie jagt auf ihre Art; aber jagt zumeist, was schon eines anderen Beute war. Ihre Sympathien gehen mannigfache Wege, es fehlt ihr an Persönlichkeit! Bald hilft sie Schwarz gegen Großmiez, bald Graufellchen gegen Großmiez, tut sich immer mit dem, der zufällig nichts besitzt, zusammen gegen den, der im Augenblick Gegenstand ihres Überfalls werden soll ... sie tritt für gemeinsamen Besitz ein und ist der rote Kommunist in der Schar!

Aber sie versteht es großartig, ihre Leidenschaft zu verhehlen, ist nicht nur ein Meister im Verschwinden, sondern auch ein großer Verstellungskünstler ... man sieht es am Schwanze, der während der spannendsten Augenblicke steif wie ein Stecken wird.

Von ihrer Raub- und Diebesnahrung, die sie sich innerhalb der Gebiete der Katzenburg ergaunert, kann sie indessen auf die Dauer allein nicht leben; sie muß ebenso wie die übrigen Geschwister ihre Jagdgründe erweitern.

Wenn Groß, Schwarz und Graufellchen mit Schneeweißchen und Nesthäkchen im Schlepptau nächtlicherweile in Feld und Wiesen umherschleichen und bis hinüber zum Gemeindewäldchen sich wagen,

ihren gewundenen, verschlungenen Jagdpfaden folgend, dann schlendert Rotkopf über die Felder, bis sie auf Menschenspuren stößt.
Aber es geschieht auch, daß die menschliche Spur ihr Leckerbissen erschließt, die Feinschmecker wie Großmiez und Schwarz ganz schwindelig im Kopfe machen würden; die Knechte, die in die Felder gehen, suchen nämlich mit Vorliebe nach Vogelnestern, nicht um sie zu zerstören, sondern nur um sie zu betrachten.
Diese Nester findet Rotkopf alle miteinander, ihre Schläue, Klugheit und ihr findiger Sinn sind ihr behilflich!
Vor einigen Tagen nahm sie ein Lerchennest aus. Die ganze Nacht hindurch war sie einer Menschenfährte nachgegangen, die über Wiese und Klee und Rüben führte. An einer bestimmten Stelle brach die Fährte ab und lief dann rund um ein Büschel weißer Margeriten. Drei Nächte hintereinander hatte sie nun in diesem fernen Teil des Feldes diese Spur angetroffen und festgestellt, daß sie immer gerade an dieser Stelle im Gras abbrach. Und das sollte nicht seine Gründe haben? Sonderbar?
Sie mußte dem Spurenring genauer nachgehen und die Nase in die dampfenden Fährten stecken – wo der menschliche Fuß lange verweilte, brannte es, das wußte sie!
Da schoß denn auch ein Vogel aus dem Büschel hoch. Sie grub die Zähne in das Nest und schlabberte die fast ausgewachenen Jungen hinunter .
Es stimmte: Wo der menschliche Fuß trat, da war Überfluß!

An langen, stillen Abenden lärmte es immer drinnen in dem mächtigen »Steinhaufen«, in den die meisten Spuren, auf die sie stieß, früher oder später ausliefen. Sie wagte sich oftmals bis ganz in seine Nähe und saß und lauschte. Unruhe und Lärm tönten ununterbrochen daraus hervor, lautes Geschrei, tiefes Gebrüll, Krähen und Gackern schlugen an Rotkopfs Ohren. Ein würziger Duft, als sei der Steinhaufen gleichsam in ein ungeheures Butterbrotpapier gewickelt, wurde vom Wind herübergetragen.
Eines schönen Abends saß sie mit angelegten Ohren am Rand eines Kornfeldes und sah einen Menschen auf klappernden Holzschuhen, die Vorderpfoten tief im Pelz vergraben, herauskommen und vorübergehen.
Der Knecht hatte Boxer bei sich . .
Der Hund witterte Katze und fing einen Schimmer des Rotpelzes auf

– und nun jagten sie im Galopp durch das Korn.
Der hochbeinige Boxer rückte ihr dicht auf den Pelz, sie mußte an einer kleinen Weide in die Höhe klettern und dort mit Aufbietung aller ihrer Kräfte in der Schwebe hängen bleiben. Boxer vollführte einen wilden Kriegstanz um die Weide und versuchte seine höchsten Sprünge; als aber seine Energie versagte, stellte er sich, den Rücken zum Baume gekehrt, auf und begann zu heulen, um dadurch Hilfe vom Hof herbeizuholen.
Mit einem Male vernimmt er hinter sich einen Laut. Er schnellte herum, kann aber des hohen Grases wegen nichts entdecken. Er blickt zur Weidenkrone hinauf. Die Krone ist leer – und erst jetzt geht ihm ein Licht auf. Der rote Lümmel hat glücklich einen Vorsprung gewonnen, und die Nase auf die Fährte geheftet, stürzt Boxer nun hinterdrein . . .
Die Fährte führt in einen Graben hinunter – Boxer also nach!
Jetzt geht sie unter einer Überführung weiter – und Boxer in vollem Galopp unter der Überführung weg! Die aber ist aus Stein und eng, viel zu eng für seinen wohlgenährten Leib, er sitzt festgekeilt und kann weder vor noch zurück.
Er hat nicht einmal Platz, um bellen zu können; seine Rippen sind wie in eine Zwangsjacke gepreßt, er kann nur ächzen, nicht einmal zu heulen vermag er.
Den ganzen Abend über behielt ihn die Steinwölbung in ihrem Gewahrsam, und auch die Nacht über mußte er hier hängen, die Pfoten im Wasser – bis endlich am späten Nachmittag des folgenden Tages seine Lenden so weit eingeschrumpft waren, daß er sich rückwärts aus dem Hohlweg ziehen konnte.
Überglücklich kam er gegen Feierabend zum Hofe heimgesprungen, wo er obendrein noch den Schimpf erdulden mußte, weidlich gescholten zu werden.
Wo in aller Welt hatte er so lange gesteckt? War er nun wieder in den Nachbargemeinden auf Liebesabenteuer aus? Oder war er im Fischerdorf bei Fischers gelber Möpsin gewesen? O ja, er war ein Herumtreiber, ein Vagabund . . .
Nimm dich in acht! drohte man ihm. Er habe des Nachts im Hofe zu bleiben und aufzupassen!
Am nächsten Tage wurde er an die Kette gelegt.
Man sollte glauben, Rotkopf hätte durch diese wilde Jagd einen solchen Schreck bekommen, daß sie für immer den Hof und seine Um-

gebung meiden würde; das war aber ganz und gar nicht der Fall – derlei Mißgeschick übte keinerlei Wirkung auf sie aus.
Das war nun einmal eine Begleiterscheinung ihrer Arbeitsweise; es lohnte sich nicht, dergleichen allzu tragisch zu nehmen!
An einem der folgenden Abende sitzt sie wieder am Rande des Kornfeldes, und da kein Mensch herauskommt und kein Hund sie davonjagt, meint sie natürlich, sie sei damit eingeladen, nun ihrerseits hereinzukommen.
Sie schleicht am Gartenzaun herbei und drückt sich ungesehen an der Stallwand entlang bis zum Komposthaufen, wo sie in ungestörter Ruhe die ganze Nacht zubringt und »das große Butterbrotpapier« durchwühlt. Sie kehrte von nun an regelmäßig dorthin zurück und wurde frecher und immer frecher ...
An einem frühen Morgen, als die Hausfrau in die Speisekammer hinauskommt, erblickt sie eine fremde Katze, die auf einem der Regale sitzt und frißt. Sie ergreift den Schrubber und holt nach dem Vieh aus, schlägt aber in ihrer Erregung derart daneben, daß eine tiefe Schüssel voller Sahne sich in einem See über den Erdboden ergießt.
Und jetzt wird die Frau Pächter erst recht wütend! Hat der rote Teufel die Sahne geholt, so kann er die Fleischbrühe daneben auch gleich mitnehmen ... und sie schlägt wild und ziellos um sich ...
Während Rotkopf sich durch den Spalt rettet, durch den sie gekommen.

»War es eine Katze?«
Der guten Frau stiegen plötzlich Zweifel auf, als sie sich beruhigt hatte. Sie kannte keinen in der ganzen Gegend, der eine solche Katze besaß ...
War es nicht eher ein junger Fuchs, der da sein Unwesen trieb?

Mary Grigs

Kater Puck findet einen Freund

Unter dem Publikum, das nun schon die dritte Woche seit dem Auftreten des gelben Kätzchens mit den Tigern in Frankreich das Zirkuszelt füllte, war auch ein kleiner, buckliger Mann, der sich bereits zum fünfzehnten Male einen Sitz hoch oben und ganz hinten in der billigsten Reihe gekauft hatte. Er war keineswegs reich, und es geschah daher auch nicht zu seinem eigenen Vergnügen, daß er so viel gutes Geld in Herrn Bolignis Tasche steckte. Er bewohnte zwei bescheidene Zimmer im obersten Stockwerk eines kleinen schmalen Hauses hinter dem Marktplatz. Er kam nur deshalb so oft in den Zirkus, weil ihn seine Tochter, die wohl schon zehn Jahre alt war, aber noch keinen Schritt in ihrem armen Leben bisher hatte tun können, immer wieder darum bat. Er konnte ihr nicht ausführlich genug von der kleinen gelben Katze erzählen.

»Hat sie heute wieder einen Purzelbaum geschlagen, Papa?« fragte sie ihn jedesmal, wenn er heimkam. »Bitte, sag doch, machte sie auch eine schöne Verbeugung?«

Die Kleine saß im Bett, und das Kerzenlicht warf ihren Schatten groß an die Wand. Ihre Augen glänzten in sanftem Leuchten, und die Erregung, etwas über das Auftreten des Kätzchens zu hören, täuschte immer ein gesünderes und besseres Aussehen vor, so daß ihr Vater es nicht übers Herz brachte, ihr zu sagen, er könne es sich nicht leisten, weiter in den Zirkus zu gehen. Manchmal hatte er nur so getan, als ob er den Zirkus besucht hätte; doch da schien dem Kind in der Art, wie er über das Kätzchen sprach, etwas zu fehlen, denn es war dann nie so glücklich wie sonst.

So ging er eben wieder in den Zirkus, kaufte sich einen Platz in der letzten Reihe und beugte sich so weit wie möglich vor, um über die Köpfe der Leute hinweg zu Herrn Wadesky hinuntersehen zu können, der wie immer Puck zur Belustigung des Publikums rund um die Manege trug. Und mehr und mehr reifte in ihm der Entschluß, das Kätzchen gerade nur für eine Nacht auszuborgen, damit seine Marietta mit ihm spielen könnte.

Als auch der letzte Besucher gegangen war, nahm er allen Mut zusammen und ging zum Tigerkäfig hinüber, um von Herrn Wadesky diesen großen Gefallen zu erbitten.

Der Dompteur hatte aber zufällig an diesem Abend eine Verabredung in der Stadt und war sofort nach seiner Nummer weggegangen. Jimmy hatte noch einmal nachgesehen, ob die Tiger für diese Nacht gut versorgt seien, und war dann in sein Zelt zurückgegangen, wo Nelly erst jetzt Zeit gefunden hatte, ihr Abendessen zu kochen.

Der bucklige Mann wartete. Es war seine Art, niemals aufzufallen, daher bemerkten ihn auch die wenigen Menschen nicht, die auf diesem Weg vorbeikamen; er war nicht mehr als ein kleiner Schatten, vielleicht nur ein bißchen dunkler als die anderen um ihn her. Der kleine Mann wartete noch eine Weile, bis niemand mehr vorbeikam. Er dachte an Marietta, die in ihrem Bette saß und auf seine Schritte lauschen würde, ob sie noch immer nicht die Stiegen heraufkämen, und schlich näher zu dem Käfig heran.

Es war dunkle Nacht, er konnte gerade nur die buckligen Gestalten der beiden Tiger ausnehmen. Puck war am Ende gar nicht da. Der Mann zögerte noch einen Augenblick, dann aber begann er leise und schmeichelnd zu locken und klopfte dabei mit den Fingern gegen den Käfig.

Puck, der noch gar nicht eingeschlafen war, spitzte ein Ohr und lauschte.

Der lockende Ruf drang von neuem zu ihm. Es war weder Jimmy noch Wadesky, die kannte er; aber das Leben hatte in Puck schon einen Geschmack am Abenteuerlichen entwickelt. Er spitzte darum auch das zweite Ohr und hörte ein Wispern: »Komm doch, mein Kleiner!« Es war eine freundliche Stimme. Puck streckte die Vorderpfoten aus, eine nach der andern, sprang vom Nacken der Tigerin herab, wo er zusammengerollt gelegen war, und ging bis zum Rand des Käfigs. Das Drahtgitter war zu dicht, er konnte nicht einmal den Kopf durchstecken. Aber der kleine Mann wagte viel – er konnte ja nicht wissen, ob die Tiger wirklich schon eingeschlafen waren –: er schob einen Finger durch das Gitter und kraulte dem Kätzchen sanft den Kopf. Er hatte sich nun schon an das Dunkel gewöhnt und konnte das kleine Geschöpfchen ganz deutlich sehen. Da begann Puck behaglich zu schnurren, aber ganz leise nur, als ob auch er Angst hätte, die »wilden Tiere« aufzuwecken.

Wenn ich ihn wenigstens für diese eine Nacht ausborgen könnte, dachte der kleine Mann. Wenn ich ihn nur herausbekäme!

Erschreckt von seiner eigenen Kühnheit, kletterte er dieStufen hinauf und entdeckte ein kleines Loch im Gitter. In seiner Rocktasche waren ein Paar Handschuhe; er zog sie an und begann an dem Draht zu ziehen und zu reißen, bis die Öffnung groß genug war. Dann lockte er das Kätzchen von neuem. Und zum drittenmal in seinem kurzen Leben wurde Puck gestohlen.

Obwohl er sehr eitel und umschmeichelt und verwöhnt worden war, war Puck im Grunde seines Herzens ein sehr liebes, schlichtes kleines Kätzchen; und nach der holpernden, dunklen Reise in des kleinen Mannes Rocktasche war er schließlich glücklich, sich auf Mariettas

Bett herumtummeln und spielen zu dürfen. Nichts hätte ihn dazu bewegen können, auf den Pfotenspitzen zu tanzen, aber er schlug aus Gefälligkeit einen Purzelbaum nach dem anderen. Das Kind jauchzte darüber vor Freude und klatschte in die Hände; seine Wangen glühten hochrot vor Erregung.
»Schau doch nur, Papa!« rief es. »Schau nur, wie klug er ist! Gib ihm doch einen Fisch! Ist kein Fisch für ihn da?«
Und der kleine Mann ging in das andere Zimmer und brachte ein Stück Fisch, den er für sein eigenes Abendessen aufgehoben hatte. So hatten alle drei eine Festmahlzeit: Marietta aß einen süßen Kuchen, den ihr der Vater heute abend gebracht hatte, Puck nagte an seinem Fisch, und der kleine Mann aß den Rest seines Nachtmahls. Als Marietta schließlich müde vor Glückseligkeit einschlief, schob sich Puck unter die Bettdecke und rollte eng an ihren Hals geschmiegt, ein
Und das Mondlicht kam ins Fenster und breitete eine weiße Silberdecke über sie.
Sehr früh am nächsten Morgen wollte der kleine Mann, der seinen Beruf als Korbflechter in einem Geschäft in der Stadt ausübte, wegeilen, um Puck zurückzutragen, bevor ihn noch jemand vermißte. Marietta sagte dem Kätzchen Lebewohl, küßte es, weinte und hätte es gerne behalten; schließlich ließ sie den Vater aber doch weggehen. Auf diese Weise war es ziemlich spät geworden. Puck wurde sorgfältig in der Einkaufstasche verborgen und mit einem Tuch bedeckt, so daß niemand erraten konnte, was in der Tasche war.
Als aber Mariettas Vater mit der Tasche auf den Knien in der Straßenbahn saß, hörte er plötzlich einen Arbeiter ihm gegenüber, der ein dickes rotes Gesicht hatte und eine Gepäckträgermütze trug, sagen:
»Ist das ein Geschrei seit dem frühen Morgen! Das Kätzchen ist sein Gewicht in Gold wert, ja noch mehr! Ich würde nicht gerne in der Haut des Mannes stecken, der es gestohlen hat. Nein, ich nicht!«
»Da war doch ein Loch im Gitter, nicht wahr?« fragte ein junger Bursche in blauer Bluse, der mit Stroh gefütterte Holzschuhe trug.
»Ein Loch, so groß wie diese Faust«, bestätigte ein anderer. »Das ist absichtlich gemacht worden, sagt man. Nun suchen die Gendarmen das Kätzchen überall, und außerdem ist eine Belohnung für den ausgesetzt worden, der den Dieb oder die kleine Bestie selbst findet. Ich kann mir vorstellen, daß heute jeder in der Stadt auf der Suche sein wird. Ich würde mir auch gerne so leicht tausend Franken verdienen!«

Der kleine Mann begann zu zittern; er packte die Ränder der Tasche und hielt sie noch fester zusammen. Er war nur neugierig, wie lange es dauern würde, bis Puck seines Gefängnisses müde war und zu miauen begann.
Auf einmal rührte sich das Kätzchen und drehte sich herum. In panischer Furcht sprang der kleine Mann auf, stürzte aus der Straßenbahn und blieb dann unschlüssig auf dem Gehsteig stehen. Was sollte er tun? Nun war es nicht mehr möglich, Puck unbemerkt zurückbringen zu können. Die ganze Welt schien ihn zu suchen. Vielleicht stand sogar hinter jenen Fenstern, versteckt von den Spitzenvorhängen, irgend jemand, der in der nächsten Minute herausstürzen und dem Gendarmen an der Straßenecke erzählen würde, daß ein Mann mit einer verdächtig aussehenden Einkaufstasche bei dem Randstein stehe.
»Ich werde dich laufen lassen müssen, mein armer Liebling«, flüsterte der kleine Mann. »Ich habe nicht den Mut, dich selbst zurückzubringen. Irgend jemand wird dich schon finden, dich schnurstracks zum Zirkus zurückbringen und die Belohnung beanspruchen; so wirst du bald wieder in guter Hut sein. Ich danke dir noch, daß du meiner kleinen Marietta einen solch glücklichen Abend bereitet hast.«
Er ging einige Schritte weiter, bis er in der Höhe des Gehsteiges ein Kellerfenster offen sah. Da blieb er plötzlich stehen, hielt die Ränder der Tasche weit auseinander, sah, wie sich das gelbe Kätzchen herauswand, und hob die Tasche wieder schnell empor. Hastig ging er weiter, als ob er es sehr eilig hätte, zur Arbeit zu kommen, und keine Minute verlieren könnte.

Ernest Thompson Seton

Die Katze aus dem Hinterhof

1

Die kleine Katze aus den Slums, wie man das Gewirr verrufener Gassen in der Hafengegend New Yorks nennt, war noch nicht sechs Wochen alt; aber sie war allein in dem alten Hinterhof. Ihre Mutter, in der Nacht zuvor weggegangen, um zwischen den Müllkästen Futter zu suchen, war nicht zurückgekehrt. Daher war das Kätzchen sehr hungrig, als der zweite Abend kam. Ein unbewußter Trieb zwang es hinweg von seinem Lager, der alten Kekskiste, um etwas Eßbares aufzuspüren. Vorsichtig ertastete es sich seinen Weg zwischen Schutt und Abfällen. Die kleine Katze beroch alles, was eßbar schien, aber sie fand nichts. Zuletzt kam sie zu den hölzernen Stufen, die zu Jap Malees Tierhandlung im Keller am äußersten Ende des Hofes hinabführten. Die Tür stand spaltbreit offen; so ging sie hinein. Ein Neger saß müßig auf einer Kiste in einem Winkel und betrachtete sie neugierig. Sie näherte sich einem Lattenkäfig, in dem ein Fuchs kauerte. Seine Augen glühten. Die kleine Katze tastete sich schnuppernd an den Latten empor, zwängte das Köpfchen durch einen Zwischenraum, schnupperte erneut und strebte dann stracks auf den Futternapf zu. Der Fuchs packte sie blitzschnell. Sie stieß ein erschrockenes »Miau« aus. Da sprang der Neger hinzu und spuckte dem Fuchs so kräftig ins Gesicht, daß er das Kätzchen losließ und in einen Winkel zurückwich, wo er mit boshaft blinzelnden Augen verharrte.

Der Neger zog das Kätzchen heraus. Es torkelte ein paarmal im Kreis herum, kam dann wieder zu sich, und als ein paar Minuten später Jap Malee zurückkam, schnurrte es im Schoß des Negers, sich augenscheinlich an nichts Böses erinnernd.

Jap war kein Japaner; er war als typischer Londoner Straßenjunge aufgewachsen; aber seine Augen bildeten so kleine schräge Schlitze in seinem runden, flachen Gesicht, daß sein eigentlicher Name längst vergessen und durch den weit bezeichnenderen Spitznamen »Jap« ersetzt worden war.

Obwohl er durch den Verkauf von Tieren sein Leben fristete, war er kein richtiger Tierfreund; jedenfalls wollte er das Hinterhof-Kätzchen nicht haben.

Deshalb gab der Neger der kleinen Katze so viel zu fressen, wie sie mochte, und brachte sie dann zu einem entfernten Häuserblock, wo er sie in einem Hof voller altem Eisen und Gerümpel absetzte. Hier lebte sie und fand irgendwie genug Freßbares, um zu wachsen, bis eine ausgedehnte Entdeckungsfahrt sie Wochen später in ihr altes Quartier, den verfallenen Hof, zurückführte. Froh, wieder zu Hause zu sein, ließ sie sich hier endgültig nieder.

Aus dem kleinen Kätzchen war mittlerweile eine auffallend getigerte Katze geworden. Ihre Merkzeichen waren schwarz mit einem blassen Grau; vier allerliebste weiße Flecken auf Nase, Ohren und Schwanzspitze verliehen ihr eine gewisse Vornehmheit. Sie war nun erfahren genug, um für ihren Lebensunterhalt zu sorgen; immerhin hatte sie schwere Tage durchzumachen und war oft nahe am Verhungern. Einmal hatte sie ihren Ehrgeiz so weit verleugnet, daß sie einen Sperling fing. Lange Zeit lebte sie ganz allein; aber dann trat eine neue Macht in ihr Leben.

Eines Septembertages lag sie in der Sonne, als ein großer schwarzer Kater auf der Mauer dahetspaziert kam. An seinem zerbissenen Ohr erkannte sie in ihm sofort einen Feind. Sie machte sich aus dem Staube und verbarg sich in ihrer alten Kiste. Der Kater setzte seinen Weg lautlos fort in Richtung auf einen Schuppen, der sich am Ende des Hofes befand, und kreuzte gerade die Dachrinne, als ein gelber Kater auftauchte. Der Schwarze blickte wild umher und knurrte, der Gelbe tat dasselbe. Beider Schwänze peitschten aufgeregt ihre Flanken. Sie näherten sich, die Ohren zurückgelegt, alle Muskeln gespannt.

»Jau – jau – jau!« sagte der Schwarze.

»Mau – mau – mau!« war die noch etwas tiefer geknurrte Antwort.

»Jauuuu!« sagte der Schwarze, einen Zoll näherrückend.

»Mauuuuu!« war die Antwort des Gelben, während er sich zu seiner vollen Größe aufrichtete und mit großer Würde einen ganzen Zoll vorwärts trat. »Mauuuu!« Und er kam noch näher, derweil sein Schwanz wie eine Gerte von einer Seite zur andern schlug.

»Jauu!« schrie der Schwarze mit erhobener Stimme und bewegte sich einen Viertelmeter rückwärts, als er das große unerschrockene Tier unmittelbar vor sich sah.

Viele Fenster im Umkreis wurden aufgerissen, Menschenstimmen waren zu hören, aber die beiden Kater kümmerten sich nicht darum.

»Mauu!« grollte der Gelbe gefährlich, seine Stimme senkend, wie der andere die seine hob. »Mau!« Und er ging noch einen Schritt voran.

Jetzt waren ihre Nasen nur noch um Zentimeter voneinander entfernt; sie standen schräg gegeneinander, beide kampfbereit, aber einer auf den andern wartend. Sie starrten sich mit funkelnden Augen an, für einige Minuten stumm und steif wie Statuen, abgesehen von den beiden zuckenden Schwanzspitzen.

Der Gelbe begann erneut in tiefem Ton: »Mauuu!«

»Jaaauu!« schrie der Schwarze mit der Absicht, Schrecken zu verbreiten; aber er zog sich dabei ein kleines Stück zurück.

Der Gelbe dagegen rückte um so weiter vor; jetzt berührten sich ihre Schnurrhaare; noch einen Zentimeter näher, und ihre Nasen stießen

aneinander.
»Mauuu!« sagte der Gelbe, tief wie ein Stöhnen.
»Jauuuu!« brüllte der Schwarze, aber er zog sich wieder ein wenig zurück.
Da begann der gelbe Krieger die Schlacht und packte zu wie ein Dämon.
Oh, wie sich das wälzte und biß und zerrte – am schlimmsten der Gelbe! Wie sie stampften und zupackten und sich ineinander verkrallten – aber hauptsächlich der Gelbe!
Manchmal war der eine oben, manchmal der andere, meistens aber der Gelbe, und dann rollten sie über die Dachrinne hinaus in den Hof. Beifällige Zurufe erschollen aus allen Fenstern. Die Kämpfer verloren keine Sekunde bei diesem Sturz in den Hof, sie rissen und kratzten selbst im Fallen, hauptsächlich der Gelbe; und als sie am Boden aufschlugen, kämpften sie weiter. Der oben lag, war fast immer der Gelbe; und bevor sie voneinander abließen, hatten sie beide reichlich genug, hauptsächlich der Schwarze! Er kletterte die Mauer empor und verschwand blutend und knurrend, derweil die Neuigkeit von Fenster zu Fenster schwirrte, daß Cayleys »Nig« dem »Orange-Billy« unterlegen war.
Entweder war der gelbe Kater ein besonders findiger Sucher, oder aber die junge Hinterhof-Katze war nicht sehr tief versteckt; jedenfalls entdeckte er sie bald zwischen den Kisten, und sie machte keine Anstalten, wegzulaufen. Wahrscheinlich war sie Zeugin des Kampfes gewesen.
Es gibt kein besseres Mittel, das weibliche Herz zu gewinnen, als Erfolg im Raufen, und demgemäß wurden der gelbe Billy und die Hinterhof-Katze sehr gute Freunde, keineswegs, indem sie ihr Leben und ihre Nahrung teilten – Katzen tun das meistens nicht –, aber sie erkannten einer dem anderen ausgesprochen freundschaftliche Vorrechte zu.
Als die kurzen Oktobertage kamen, trat in der alten Kekskiste ein bemerkenswertes Ereignis ein. Wenn Orange-Billy sich die Mühe genommen hätte, einmal nachzusehen, hätte er fünf kleine Kätzchen entdeckt, die sich an ihre Mutter, die kleine Hinterhof-Katze, schmiegten. Es war ein herrliches Erlebnis für sie. Sie fühlte den großen Stolz, den jede Tiermutter fühlt, das ganze Entzücken, wenn sie ihre Liebe bezeugte und die Jungen beleckte.
So hatte sie endlich eine Freude in ihrem freudlosen Dasein; aber sie

hatte auch eine schwere Bürde. Alle ihre Kräfte wurden von jetzt an eingesetzt, Nahrung aufzutreiben. Deshalb ging sie eines Tages, angelockt von einem verführerischen Geruch, in den Keller des Tierhändlers und in einen offenen Käfig. Alles blieb still; sie sah schönes Futter und streckte sich, um es sich zu holen – da fiel die Käfigtür mit einem Schnapp zu, und sie war gefangen. In dieser Nacht tat der Neger die kleinen Kätzchen ab, und er war im Begriff, mit der Mutter ebenso zu verfahren, als dem Tierhändler ihre außergewöhnlich hübsche Zeichnung auffiel. Daraufhin beschloß er, sie zu behalten, und taufte sie Kitty.

2

Jap Malee war ein ziemlich vulgärer Londoner Proletentyp. Er handelte in seinem Keller hauptsächlich mit billigen Kanarienvögeln. Er war sehr, sehr arm, und der Neger lebte mit ihm, weil der Engländer bereit war, Bett und Tisch mit ihm zu teilen. Jap war, was seine Tiere betraf, ehrlich; aber er hatte durch sie keine ins Gewicht fallenden Einnahmen. Zweifellos stammte sein eigentlicher Verdienst vom Einfangen und Verkaufen oder Abliefern fremder Hunde und Katzen. Den Fuchs und das halbe Dutzend Kanarienvögel hielt er mehr zum Vorwand. Die Zeitungsinserate, die Verlustmeldungen von Hunden und Katzen betrafen, waren die einzigen, die Jap interessierten; außerdem schnitt er Notizen über die Zucht von Pelztieren aus und hob sie auf. Die Pelztierzucht war sein Steckenpferd, und unter dem Einfluß dieser Ideen plante er ein Experiment mit der Hinterhof-Katze. Erst rieb er ihr schmutziges Fell mit einem Mittel ein, um das Ungeziefer, das sie hatte, zu beseitigen. Nachdem das Mittel gewirkt hatte, badete er sie sorgfältig.
Kitty war wütend über die Prozedur; aber eine wunderbare Wärme überkam sie, als sie in einem Käfig beim Ofen trocknete. Ihr Pelz glänzte jetzt flaumig und wundervoll weich und rein.
Jap und sein Gehilfe freuten sich sehr über diese Verwandlung; aber das war erst die Vorbereitung.
»Nichts ist so gut für das Wachstum des Haarkleides wie ölhaltige Nahrung und fortgesetzte Einwirkung von Kälte«, sagte der Händler Das hatte er oft gelesen.
Nun, der Winter war zur rechten Zeit gekommen, und Jap Malee setzte Kittys Käfig auf den Hof hinaus, wo sie dem Regen und dem

Wind preisgegeben war, und fütterte sie mit so viel Ölkuchen und Fischköpfen, wie sie verzehren konnte. Nach einer Woche zeigte sich die Veränderung, sie wurde rasch fett. Sie hatte ja nichts anderes zu tun, als zuzunehmen und sich zu putzen. Ihr Käfig wurde sauber gehalten, und die Natur tat das ihre mit kaltem Wetter und ölhaltiger Nahrung, um Kittys Fell von Tag zu Tag dicker und glänzender zu machen, so daß sie um Weihnachten herum eine ungewöhnlich schöne Katze war mit dichtem, feinem Fell und so herrlich gezeichnet, daß man sie als Seltenheit betrachten konnte. Warum sollte man eine solche Katze nicht auf die bevorstehende Katzenausstellung schicken?!

»Ich möchte sie nicht als gewöhnliche Katze anmelden, verstehst du, Sammy«, bemerkte Jap zu seinem Gehilfen. »Aber man müßte ihr einen Stammbaum besorgen. Außerdem brauchen wir einen besonders attraktiven Namen. Irgend etwas mit ›königlich‹, nichts verspricht so viel Erfolg wie irgend etwas mit ›königlich‹! Sag einmal, Sammy, wie heißt doch noch die Insel, auf der du geboren bist?«

»Du meinst die Analostan-Insel. Das war mein Geburtsort.«

»Ha, das ist famos, bei Gott! Da haben wir's: Royal Analostan – das klingt! Das ist das richtige! Die einzige königliche Analostan-Katze mit Stammbaum auf der ganzen Ausstellung! Sollte das nicht Geld einbringen?!«

Beider Gelächter klang ineinander.

»Aber zuerst müssen wir einen Stammbaum zusammenstellen«, beschlossen sie und stellten eine lange gefälschte Ahnentafel her Das offizielle Formular und die nötigen Stempel besorgte ihnen ein Bekannter, der sich auf solche Dinge verstand.

Ein paar Tage später lieferte Sam, einen geborgten Zylinder auf dem Kopf, Katze und Stammbaum bei der Annahmestelle der Ausstellung ab. Er war von Beruf Coiffeur und konnte in fünf Minuten mehr von sich hermachen als Jap Malee sein ganzes Leben lang, und dies war zweifellos einer der Gründe für die achtungsvolle Aufnahme, die der Royal Analostan-Katze auf der Schau zuteil wurde.

Jap hegte den großen Respekt der Straßenjungen für die oberen Klassen. Er war stolz, einer der Aussteller zu sein, aber als er am Eröffnungstag an den Eingang kam, war er ganz überwältigt von dem Andrang feiner Leute mit Autos. Der Pförtner sah ihn scharf an, ließ ihn aber mit seinem Billett passieren; zweifellos hielt er ihn für den Angestellten eines Ausstellers. In der großen Halle lagen Velourläufer vor der langen Reihe der Käfige. Jap ging daran vorüber, schielte nach den ausgestellten Katzen, betrachtete die blauen und die roten Bänder und schaute herum, ohne die Frage nach seiner eigenen Katze zu wagen, innerlich zitternd bei dem Gedanken, was die prächtige Versammlung vornehmer Leute sagen würde, wenn der Betrug entdeckt wurde, den er an ihnen verübt hatte. Jedoch er sah nicht das geringste von seiner Hinterhof-Kitty.

In der Mitte des Raumes war ein erhöhtes Podium für die Katze, die den ersten Preis bekommen hatte. Dort herrschte großes Gedränge. Der Durchgang war mit einem Seil versperrt, und zwei Polizisten regelten den Verkehr. Jap mischte sich unter die Menge; er war zu kurz geraten, um über die Leute hinwegschauen zu können, aber er erriet aus all den Anzeichen, daß der Clou der Ausstellung hier zu sehen war.

»Oh, wie hübsch sie ist!« sagte eine dicke Frau.

»Wirklich vornehm!« lautete die Antwort.

»Man kann das gewisse Etwas gar nicht verkennen, das einzig und allein das Resultat erstklassiger reinblütiger Paarungen durch Generationen hindurch ist!«

»Was würde ich dafür geben, dieses wunderbare Geschöpf zu besitzen!«

Nach und nach kam Jap nahe genug heran, um wenigstens einen Blick auf den Käfig werfen zu können. Er sah ein Plakat, das verkündete: »Das Blaue Band und die Goldmedaille von Knickerbockers großer Katzenausstellung wurde der rein gezüchteten Stammbaum-Katze Royal Analostan zugesprochen, importiert und ausgestellt von J. Malee. Nicht verkäuflich.« Jap verschlug es den Atem. Er starrte hin, ja, tatsächlich! Dort oben in einem vergoldeten Käfig auf einem Samtkissen, mit dem glänzend schwarz und blaßgrau schimmernden Fell, den bläulichen Augen, die sie halb geschlossen hielt, lag seine Hinterhof-Kitty, das Bild einer Katze, die sich tödlich langweilte ...

Jap Malee lungerte stundenlang in der Nähe des Käfigs herum, von einem so stolzen Hochgefühl gepackt, wie er es nie zuvor erlebt hatte. Jedoch er sah ein, daß es weise war, unbekannt zu bleiben; zur Regelung des geschäftlichen Teiles schickte er besser wieder seinen »Diener« vor.

Die Hinterhof-Kitty war es, die aus dieser Ausstellung einen Erfolg machte! Jeden Tag stieg ihr Wert in den Augen ihres Besitzers. Er war nicht im Bilde über die Preise, die für erstklassige Katzen bezahlt wurden, und dachte, es wäre eine Rekordsumme, als er durch seinen »Diener« dem Geschäftsführer die Ermächtigung erteilte, die Katze für hundert Dollar zu verkaufen.

Auf diese Weise fand sich Kitty eines schönen Tages in einer hochherrschaftlichen Wohnung in der Fünften Avenue wieder. Sie bezeigte eine unberechenbare Wildheit und andere Eigentümlichkeiten. Ihren Rückzug vor dem Schoßhund auf die Mitte des Eßtisches deutete man als ererbte, wenn auch irrtümliche Abneigung vor einer beschmutzenden Berührung. Die aristokratische Art, in der sie den Dekkel einer Milchkanne fassen wollte, erzielte besonderen Beifall, während ihr häufiges Wälzen im Mülleimer als Manifestation einer verzeihlichen hochwohlgeborenen Überspanntheit verstanden wurde. Sie wurde gefüttert und verzärtelt, gezeigt und gepriesen; aber sie war nicht glücklich. Sie kratzte an dem blauen Band um ihren Hals, bis sie es abgerissen hatte; sie sprang gegen den Spiegel, weil sie glaubte, es wäre der Weg nach draußen. Sie starrte nur immer auf die Dächer und Höfe auf der Rückseite des Hauses hinaus, und sie wünschte innig, sie könnte ihren Aufenthalt wechseln und dort unten sein.

Sie wurde streng bewacht – nie durfte sie hinaus –, so daß die beglükkenden Mülleimer-Exzesse immer wieder stattfanden, da es die Möglichkeit gab, sie im Hause zu genießen. Aber in der Frühe einer Märznacht entdeckte die Royal Analostan, daß das Küchenmädchen, das gerade die Kehrichteimer hinaustrug, die Küchentür halb offen gelassen hatte, nahm ihre Chance wahr, schlüpfte hinaus und war verschwunden.

Natürlich entstand bald darauf ein großer Aufruhr im Hause; aber Kitty wußte das nicht und hätte sich auch nicht darum gekümmert. Ihr einziger Gedanke war: heimgehen. Ein rauher Ostwind hatte sich erhoben, und er wehte ihr eine besonders freundliche Botschaft zu. Menschen hätten es einen häßlichen Hafengeruch genannt, jedoch für Kitty war es ein willkommener Gruß aus ihrer Heimat. Sie trottete durch die lange Straße gen Osten, durch die endlose Reihe der Vorgärten hindurch, wartete zuweilen bewegungslos wie eine Statue oder kreuzte die Straße, um in den Schutz der dunkelsten Seite zu kommen. Endlich erreichte sie das Hafenviertel und das Wasser, doch der Ort war ihr fremd. Sie konnte nach Norden oder nach Süden gehen; ein geheimes Etwas trieb sie südwärts. Sie wich den Docks aus und den Hunden, den Wagen und den Katzen, und ein oder zwei Stunden später sah sie sich inmitten vertrauter Szenen und

Gerüche. Bevor die Sonne aufging, war sie daheim. Schwach und fußlahm schlüpfte sie durch dasselbe alte Loch in demselben Zaun und über die Mauer in ihren verfallenen Hof hinter dem Vogelkeller, ja, zurück in genau dieselbe alte Kekskiste, in der sie geboren war. Nach einer langen Ruhepause tauchte sie wieder auf und stieg geruhsam die Stufen zu Japs Keller hinunter, genau wie früher auf der Suche nach etwas Eßbarem. Die Tür öffnete sich, und da stand der Neger. Er rief nach hinten dem Tierhändler zu: »Boß, komm schnell her! Hast du Worte, die Royal Analostan ist zurückgekommen!«
Jap kam gerade zurecht, die Katze auf die Mauer springen zu sehen. Die Royal Analostan war ein Glücksfall für ihn gewesen, war das Mittel gewesen, manches in dem Keller zu verbessern und ein paar Gefangene mehr in den Käfigen zu halten. Jetzt war es von größter Wichtigkeit, die Majestät einzufangen. Alte Fischköpfe und andere unfehlbare Köder wurden ausgelegt, bis Kitty verführt werden konnte, einen großen Fischkopf in einer Kistenfalle zu verspeisen. Der Neger beobachtete sie und zog an der Schnur, die den Deckel hinabfallen ließ. Eine Minute später war die Analostan wieder im Keller in einem Käfig. Unterdessen durchsuchte Jap eifrig die Zeitungsspalten mit den Verlustmeldungen. Da war die Anzeige schon: »25 Dollar Belohnung« usw. Am selben Abend sprach Mr. Malees »Diener« mit der vermißten Katze in der Fünften Avenue-Etage vor. Natürlich wollte Mr. Malee keine Belohnung, aber sein »Diener« hatte die Katze ja hergebracht, und er war augenscheinlich einer kleinen Aufmerksamkeit von 25 Dollar nicht abgeneigt.
Nach diesem Ereignis wurde Kitty noch sorgfältiger bewacht. Allein, gerade das alte Leben hatte ihr zugesagt, und aus der Fürsorge machte sie sich gar nichts. Sie wurde noch wilder und unzufriedener als zuvor.
Der Sommer war inzwischen mit aller Macht gekommen, und die Familie in der Fünften Avenue dachte an ihr Landhaus. Sie packten die Koffer, verschlossen das Haus und reisten in ihre Sommer-Residenz, einige achtzig Kilometer weit weg. Kitty wurde in einem verschlossenen Korb mitgenommen.
Der Korb war auf den Rücksitz des Wagens gesetzt worden. Allerlei neue Geräusche und vorbeihuschende Gerüche kamen und gingen. Manchmal stieß und rüttelte der Korb; überall knarrte und ratterte es. Als das alles endlich ein Ende hatte und der Wagen hielt, blinzelte ein Sonnenstrahl durch den Korbdeckel; doch jetzt erhob sich ein

neuer, noch schrecklicherer Lärm – das Bellen von Hunden, großen und kleinen, abscheulich nahe. Der Korb wurde hochgehoben, und Kitty hatte ihr ländliches Heim erreicht.

Jedermann benahm sich aufdringlich freundlich gegen sie. Alle wünschten, der königlichen Katze zu gefallen, aber leider gelang das niemand außer der großen, dicken Köchin, die Kitty entdeckte, als sie die Küche inspizierte. Diese fettige Frau roch mehr nach den Hinterhöfen als alles, was ihr während der letzten Monate begegnet war, und das zog die Royal Analostan außerordentlich an. Als die Köchin erfuhr, daß man Sorge hatte, die Katze könnte wieder entwischen, sagte sie: »I nein, die läuft nicht mehr weg! Sobald eine Katze ihr Fell putzt, fühlt sie sich zu Hause!«

Geschwind nahm sie die unnahbare königliche Hoheit in ihre Schürze und beging das abscheuliche Sakrileg, ihre Fußsohlen mit Fett einzuschmieren. Kitty nahm das natürlich übel; sie nahm an diesem Ort alles übel. Sowie sie wieder zu Boden gesetzt wurde, begann sie ihre Pfoten zu säubern, und sie fand das Fett wundervoll schmackhaft. Eine volle Stunde leckte sie an allen vier Füßen herum, und die Köchin verkündete triumphierend, daß es nun sicher war, sie würde bleiben und nicht auskneifen.

Tatsächlich, sie blieb, aber sie bekundete eine sehr überraschende und ihrer Herrschaft unangenehme Vorliebe für die Küche, die Köchin und den Mülleimer. Die Familie, obwohl nicht eben erfreut über diese hochwohlgeborenen Überspanntheiten, war endlich doch befriedigt, die Royal Analostan fortan zufriedener und nicht mehr ganz so unnahbar zu finden.

Nach einer oder zwei Wochen gab man ihr mehr Freiheit, beschützte sie aber vor jeder Bedrohung. Die Hunde wurden gelehrt, sie zu respektieren. Kein Mann und kein Knabe am Ort hätte auch nur davon zu träumen gewagt, einen Stein nach der berühmten Stammbaumkatze zu werfen. Sie bekam so viel Futter, wie sie wollte. Und trotzdem war sie nicht glücklich. Sie hatte Sehnsucht nach vielen Dingen, obwohl sie kaum wußte, nach welchen. Sie hatte ungefähr alles, ja, aber sie wünschte sich etwas ganz anderes. Eine Menge zu essen und zu trinken, ja, gut! Aber die Milch taugt nicht recht, wenn man jederzeit jede beliebige Menge aus einer Porzellanschale trinken kann – nein, man muß sie aus einem Zinknapf stehlen gehen, von Hunger getrieben, das ist das richtige, dann hat sie den richtigen Geschmack!

Wie Kitty das alles haßte!

Das einzig angenehme an diesem scheußlichen Ort war ein süß duftender Strauch, an dem sie sich mit Wonne rieb, und dessen Äste sie beknabberte; er bedeutete den einzigen Lichtblick in ihrem Leben auf dem Lande.

Eines Tages nach einem Sommer des Mißvergnügens traten Ereignisse ein, die die Hinterhoftriebe der königlichen Gefangenen in Aufruhr versetzten. Eine große Kiste mit Waren aus dem Hafen traf auf dem Landsitz ein. Was sie enthielt, war nicht von Belang; aber die Gerüche, die pikanten Slum-Gerüche, die sie an sich hatte!

Durch die Düfte, die auf ihre Nase eindrangen, wurden alle die Saiten von Kittys Gedächtnis angerührt, die ihr die Vergangenheit mit gefährlicher Macht bewußt machten.

Am gleichen Abend fiel es dem jüngsten Sohn des Hauses, einem kleinen Rohling ohne jedes Verständnis für königliche Würden, plötzlich ein, eine Blechdose an Kittys Schwanz zu binden. Kitty bedankte sich dafür mit einem kräftigen Tatzenhieb, der Blut fließen ließ. Das Geheul des blessierten Buben rief die Mutter auf den Plan. Flink und echt weiblich warf sie ein Buch nach der Missetäterin, traf aber nicht. Kitty floh. Nach oben selbstverständlich.

Ein aufgestörter Schoßhund rannte nach unten, ein Jagdhund rannte nach oben, eine verfolgte Katze sauste noch höher hinauf. Sie verbarg sich im Dachgeschoß und wartete, bis die Nacht kam. Dann schlich sie wieder hinunter, untersuchte alle Türen, fand eine nicht zugeklinkt und flüchtete hinaus in die schwarze Augustnacht, die stockdunkel war für Menschenaugen und lichtgrau für Kitty. Sie glitt zwischen dem für sie häßlichen Buschwerk und den Blumenbeeten hindurch, rieb sich ein letztes Mal an dem kleinen Strauch, der für sie der einzige anziehende Fleck in dem Garten gewesen war, und nahm dann kühn den Weg zurück unter die Pfoten wie damals im Frühjahr.

Wie konnte sie den Weg zurückverfolgen, den sie nie gesehen hatte? Nun, Tieren ist ein Gefühl für die Richtung angeboren. Es ist beim Menschen nur gering ausgebildet, stark dagegen beim Pferd, und Katzen haben eine große Begabung dafür. Dieser geheimnisvolle Führer zog Kitty westwärts, nicht klar und genau bestimmt, aber mit einem starken Impuls. Die leichteste Art des Vorwärtskommens bot die Landstraße. In einer Stunde hatte sie den Hudson erreicht. Ihre Nase hatte ihr mehrfach bestätigt, daß ihr Weg richtig war. Einen Geruch nach dem andern fand sie wieder.

Neben dem Fluß lief die Eisenbahnstrecke entlang. Kitty konnte nicht ins Wasser gehen; sie mußte die nördliche oder südliche Richtung wählen. Aber hier war ein Fall, in dem ihr Richtungssinn ihr klar befahl: südwärts! Und sie trabte vorwärts auf dem schmalen Pfad zwischen den Eisenbahnschienen und dem Zaun.

3

Katzen können sehr schnell auf einen Baum oder über eine Mauer klettern, jedoch wenn es auf Ausdauer ankommt, auf stetiges Laufen Kilometer für Kilometer, Stunde um Stunde, so fördert wohl eines Hundes Trab, aber nicht das Katzengehoppel. Kitty wurde müde, und die Füße schmerzten sie. Sie dachte gerade an eine kleine Erholungspause, als ein Hund an den Zaun geprescht kam und dicht neben ihr in ein so wütendes Gebell ausbrach, daß sie entsetzlich erschrak.

Sie stürzte, so schnell sie konnte, den Pfad hinunter auf die Schienen. Das Bellen nahm zu, wurde zu einem lauten Dröhnen und Brüllen, einem fürchterlichen Donner. Ein Licht flammte auf; Kitty blickte flüchtig hinter sich und sah nicht den Hund, sondern ein ungeheuerliches schwarzes Ding mit einem flammenden Auge.

Es kam näher mit Fauchen und Spucken wie ein ganzer Hof voller wilder Kater. Sie nahm alle Kraft zusammen und rannte in einem Tempo, wie sie es ihr Leben lang noch nicht angeschlagen hatte, aber sie wagte nicht, den Zaun zu überspringen. Sie rannte dahin wie ein Hund – beinahe fliegend! Alles war vergeblich: Das Ungeheuer, das sie verfolgte, holte sie ein, aber es verfehlte sie in der Dunkelheit und sauste davon in die Nacht hinein, während Kitty nach Atem ringend hocken blieb.

Das war ihr erstes Zusammentreffen mit den seltsamen Ungeheuern, seltsam für ihre Augen; ihre Nase glaubte sie zu kennen und sagte ihr, dies wären nur die Zeichen, daß sie sich auf dem richtigen Weg nach Hause befand. Zum Glück waren die Ungeheuer sehr dumm, wie sie bald merkte, und konnten sie nicht finden, wenn sie sich schnell versteckte und ruhig verharrte. Bevor es Morgen wurde, war sie vielen dieser Art begegnet und allen unversehrt entkommen.

Vor Sonnenaufgang erreichte sie eine reizende kleine Schmutzgasse und hatte das Glück, in einem Aschenhaufen einige, wenn auch hygienisch nicht einwandfreie eßbare Dinge zu finden. Sie verbrachte

den Tag in einem Stall. Es war ganz ähnlich wie zu Hause; aber sie dachte nicht im Traum daran, hierzubleiben. Sie wurde von einer inneren Begierde angetrieben, die weder Hunger noch Furcht war.
Am nächsten Abend trottete sie weiter. Sie hatte nun die »einäugigen Donnergroller« den ganzen Tag vorbeifahren sehen und sich an sie gewöhnt. Diese Nacht ging genauso hin wie die vorherige. Auch weiterhin verbrachte sie die Tage damit, sich in Scheunen zu verstecken, sich vor Hunden und Knaben zu hüten, und nachts hinkte sie den Bahnschienen nach, denn sie hatte wunde Füße bekommen. Aber sie wanderte, Kilometer für Kilometer, südwärts, immer südwärts – Hunde, Kinder, brüllende Ungetüme, Hunger – Hunde, Kinder, brüllende Ungetüme, Hunger ... Tag für Tag wanderte sie trotz zunehmender Erschöpfung, und ihre Nase sagte ihr als vertrauenswürdige Berichterstatterin: »Ganz gewiß ist dies oder jenes ein Geruch, den wir schon im Frühjahr auf dem Heimweg fanden.«
So ging Woche um Woche hin, und Kitty nagte schmutzig, ohne blaues Seidenband, mit wunden Füßen und schwach an der Harlem-Brücke an. Obwohl die Brücke in wunderbare Gerüche eingehüllt war, liebte sie den Anblick nicht. Die halbe Nacht wanderte sie auf und nieder, ohne eine andere Möglichkeit zu entdecken, ans gegenüberliegende Ufer zu gelangen; wenn nicht diese, dann mußte sie eine andere Brücke wählen. Irgendwie mußte sie zu ihr zurückkehren, nicht nur ihre Gerüche waren vertraut, sondern von Zeit zu Zeit, wenn ein »einäugiger Donnergroller« hinüberfuhr, gab es die ganz besonderen rumpelnden Geräusche, die die Sensation ihrer Frühlingswanderung gewesen waren. Sie sprang auf den Bahnkörper und glitt von Schwelle zu Schwelle. Unter ihr war das Wasser. Sie hatte beinahe ein Drittel des Weges zum andern Ufer zurückgelegt, als ein »einäugiger Donnergroller« brüllend vom andern Ende daherkam. Sie erschrak sehr; aber da sie inzwischen gelernt hatte, daß die Dinger nicht sehen konnten, kroch sie zu einer niedrigen Schwelle und kauerte sich hin. Natürlich verfehlte das dumme Ungeheuer sie und fuhr vorüber, und alles wäre gut gegangen; doch es kam zurück, oder ein anderes, das ebenso aussah, war nun ganz plötzlich hinter ihr. Kitty sprang auf das große Geleise zurück und verfolgte ihren Weg in Richtung auf das heimatliche Ufer zu. Sie hatte es beinahe erreicht, als ihr ein drittes einäugiges Schreckgespenst röhrend von dieser Seite her entgegenkam. Sie rannte, so schnell sie es vermochte, aber jetzt war sie gefangen zwischen zwei Feinden. Da gab es nichts weiter als

einen verzweifelten Sprung von den Schwellen in die Leere, denn sie wußte nicht, was unter ihr war! Hinunter – hinunter – hinunter – plitsch! platsch! Untergetaucht in das tiefe Wasser, nicht kalt, denn es war August, aber ach! – schauderhaft! Spuckend und hustend versuchte sie das Ufer zu gewinnen. Sie hatte niemals schwimmen gelernt, und doch schwamm sie, aus dem einfachen Grund, weil die Katze beim Schwimmen nur dieselben Bewegungen zu machen braucht wie beim Gehen. Sie war an einen Ort geraten, den sie nicht liebte; selbstverständlich versuchte sie schleunigst hinauszukommen. Das Resultat war, daß sie ans Ufer schwamm. Welches Ufer? Da war kein Zweifel – das südliche, das Ufer, das ihrer Heimat am nächsten lag. Sie kroch hinaus, triefnaß, tropfend, den moorigen Damm hinauf und durch die Kohlen- und Schutthaufen hindurch, so schwarz, schmutzig und unköniglich aussehend, wie eine Katze nur aussehen kann.

Als der Schreck überwunden war, fühlte sich die Landstreicherin mit dem königlichen Stammbaum besser als vor dem Untertauchen. Nach dem unfreiwilligen Bad durchströmte ihren Körper eine belebende Wärme; überdies überkam sie ein ebenso belebender Triumph; denn hatte sie nicht drei der fürchterlichsten Schreckgespenster überlistet?

Ihre Nase, ihr Gedächtnis und ihr Richtungssinn machten sie dazu geneigt, auf das Geleise zurückzugehen; aber die großen Donnergroller rannten dort hin und her, und das machte sie unruhig. Ihre Klugheit veranlaßte sie, sich zur Seite zu wenden und dem Ufer mit seinen nach Moschus riechenden heimatlichen Erinnerungen zu folgen.

Länger als zwei Tage lernte sie die nicht endenden Gefahren und Schwierigkeiten der Docks auf dem östlichen Ufer kennen, und endlich, in der dritten Nacht, erreichte sie vertrautes Gelände, den Platz, den sie in der Nacht ihrer ersten Flucht gekreuzt hatte. Von jetzt an war ihr Lauf unbeirrt und schnell. Jetzt wußte sie, wo sie war, und wohin sie wollte. Sie lief sicherer und fühlte sich glücklicher. In ganz kurzer Zeit würde sie in ihrem geliebten alten Hinterhof sein. Noch eine Wendung, und der Block mußte vor ihr liegen.

Aber was war das? Er war nicht mehr da! Kitty wollte ihren Augen nicht trauen! Dort, wo sie krumm und schief und verfallen gestanden hatten, die Häuser des Blocks, waren nur noch große Haufen von Steinen und Gerümpel, neben einigen Löchern im Boden!

Kitty strich um alles herum. Sie erkannte an einem stehengebliebenen Pfosten und an gewissen Farben des Pflasters, daß sie in ihrer Heimat war; daß hier der Tierhändler gewohnt hatte, und daß dort der alte Hinterhof gewesen war; aber alles war dahin, völlig dahin mitsamt den vertrauten Gerüchen.
Kitty verfiel in tiefste Hoffnungslosigkeit. Ihre Heimliebe war ihre bestimmteste Regung. Sie hatte alles aufgegeben, um zu einem Heim zurückzukehren, das nicht mehr existierte, und mit einem Male war die tapfere kleine Seele völlig niedergebrochen. Sie wanderte über die stummen Schutthaufen und fand weder Tröstung noch Eßbares. Der Untergang hatte mehrere dieser Wohnblocks betroffen und reichte bis hinunter zum Wasser. Ein Feuer hatte es nicht vollbracht. Kitty hatte so etwas einmal gesehen. Sie konnte ja nichts wissen von der großen Brücke, die just von dieser Stelle aus errichtet werden sollte.
Als die Sonne heraufkam, war Kitty um einen Unterschlupf für sich besorgt. Ein angrenzender Block stand noch mit wenigen Veränderungen, und die Royal Analostan zog sich dorthin zurück. Sie kannte hier einige Fährten; nur eines überraschte sie unangenehm: Sie fand die Hinterhöfe von Katzen wimmelnd, die, genau wie sie selbst, von ihren alten Plätzen vertrieben worden waren. Wenn die Mülleimer herausgestellt wurden, kamen auf jeden einzelnen mehrere Katzen. Das bedeutete eine Hungersnot für die Katzen dieser Gegend.
Kitty sah sich das einige Tage mit an und wanderte dann aus, um ihr anderes Heim an der Fünften Avenue wiederzufinden. Aber ach, sie fand es leer und verschlossen. So kehrte sie in der folgenden Nacht zu ihrem übervölkerten Hinterhof zurück.
September und Oktober gingen vorbei. Viele Katzen starben an Hunger oder waren zu sehr entkräftet, um ihren Feinden zu entgehen. Kitty jedoch, jung und stark, blieb am Leben.
Große Veränderungen begaben sich mit dem Ruinenblock. Kitty beobachtete sie; es wimmelte da alle Tage von lärmenden Arbeitern. Ende Oktober war ein großes Bauwerk vollendet, und Hinterhof-Kitty schlich, vom Hunger getrieben, an einen Eimer heran, den ein Neger draußen hingesetzt hatte. Unglücklicherweise enthielt er keinen Abfall, sondern es war – eine Neuheit in dieser Gegend – ein Scheuereimer! Eine traurige Enttäuschung; doch sie brachte einen kleinen Trost: Da war die Spur einer vertrauten Berührung am Griff. Während sie daran schnüffelte, kam der farbige Fahrstuhlführer wieder heraus. Trotz seinem blauen Anzug bestätigte der Eigengeruch

des Mannes Kittys guten Eindruck. Für alle Fälle jedoch zog sie sich auf die andere Seite der Straße zurück. Er starrte zu ihr hinüber. »Oho!« rief er, »die sieht ja ganz aus wie unsere Analostan! Komm her, Kitty! Kitty! Kitty, komm doch her! Ich glaube, sie ist sehr hungrig!«

Hungrig! Seit Monaten hatte sie keine richtige Mahlzeit mehr gehabt! Der Neger ging in das Haus zurück und erschien dann wieder mit einem Teil seines eigenen Frühstücks. »Hier, Kitty! Komm, Kitty!« Er legte das Fleisch aufs Pflaster und trat in die Tür zurück.

Kitty kam und fand es wohlschmeckend, schnüffelte noch einmal, ergriff es dann und entfloh damit wie eine kleine Tigerin, um ihre Beute in Frieden zu verzehren.

4

Dieser Tag war für Kitty der Beginn einer neuen Epoche. Sie kam an die Tür des Gebäudes, wenn der Hunger sie plagte, und ihre Zuneigung zu dem Neger wuchs. Sie hatte diesen Mann früher nicht verstanden; jetzt war er ihr Freund, der einzige, den sie hatte.

Einmal fing sie eine Ratte. Sie kreuzte die Straße vor dem neuen Gebäude, als ihr Freund gerade einem wohlgekleideten Herrn die Tür öffnete.

»Da! Sehen Sie mal, was das für eine tüchtige Katze ist!« sagte der Herr.

»Ganz gewiß, mein Herr! Das ist meine Katze, mein Herr! Sie ist der Schrecken aller Ratten, Herr! Sie ist bloß immerfort hinter ihnen her, darum ist sie so mager.«

»Nun, lassen Sie sie nur nicht hungern,« sagte der Herr, der wie ein Großgrundbesitzer aussah. »Können Sie sie denn ernähren?«

»Der Metzger kommt regelmäßig, mein Herr, einen Vierteldollar gebe ich wöchentlich für sie aus«, sagte der Neger, indem er sich insgeheim ausrechnete, daß diese famose Idee ihre fünfzehn Cent wert war.

»Geht in Ordnung«, sagte der Herr, »die Kosten übernehme ich!«

Seit dieser Stunde hat der Neger von der Idee oft profitiert. Er weiß genau, daß es nur eine Frage weniger Tage ist, bis die königliche Analostan wieder zurückkehrt, wenn sie einmal verschwindet. Sie hat gelernt, den Fahrstuhl zu ertragen und gelegentlich darin hinauf und hinunter zu fahren. Der Neger behauptet steif und fest, einmal hätte

sie den Metzger kommen gehört, während sie im oberen Stockwerk war. Daraufhin habe sie den Knopf betätigt, der den Fahrstuhl herauf rief, damit er sie hinunter beförderte.
Sie ist jetzt wieder glatt und schön. Sie ist nicht bloß irgendeine von vielen Katzen, die den Metzger umstreichen, wenn er mit seinem Wagen angefahren kommt, sondern sie gehört zu seinen Kunden.
Aber trotz ihren Erfolgen, ihrer gesellschaftlichen Stellung, ihrem königlichen Namen und ihrem gefälschten Stammbaum ist es für sie das größte Vergnügen ihres Lebens, hinauszuschlüpfen und herumzustreunen. Denn auch jetzt ist sie genau wie in ihren früheren Lebensabschnitten in ihrem Herzen nichts anderes als eine schmutzige kleine Katze aus dem Hinterhof.

EUGEN SKASA-WEISS

Die silbernen Katzen Aaga

Die Mädchen von Aaga am Sörfjord wohnen unter Männern, die Aaga heißen und in Aaga zur Welt gekommen sind.
Es gibt Snorre Aaga, Trygve Aaga, Jon Aaga, Torsten Aaga, Olaf Aaga, Sven Aaga und Sven Aaga den Krummen, Sven Aaga den Roten; alle heißen am unpersönlichen Ende Aaga.
Hoch oben im Fjell, wo der Foss aus den Steinschrunden springt, stehen die blauschwarzen Wacholderspindeln gegen die Vorhölle des großen Gletschers. Aus dieser Welt kommt keine Menschenseele zu den Aagas.
Auch vom Fjord her kommt selten ein anderer Mensch als einer von Aaga, der nach Odda zum Einkauf gerudert war. Die Birken und Wacholderbäume, diese oft schwer wie Zedern, sind im Fjellwind so rabiat geworden, daß ihre Wurzeln wie Hummerzangen um die Steinblöcke gegriffen haben und ihre Stämme kniefällig auf die Quarzstufen zwischen den kleinen Wasserfällen hinsanken. Die Urwelt starrt auf die Hütten von Aaga wild hinab.
Hier hat es vormals Wildkatzen, Luchse und Vielfraße gegeben, hin und wieder taucht so ein Satan heute noch auf. Inzwischen sind die von Aaga seßhaft geworden. Seit einem Jahrtausend haben sie sich gepaart und die Geschöpfe in ihrer Mitte nach ihrem Ebenbild abgeändert.

Vor Aaga glänzt der Fjord. Er ist grün, er ist still, er ist voller Fische. Selten kam ein Kahn – laßt mich nachdenken, hatten sie einen Kai? Nein, ihre Vorfahren hatten einen dünnen Bootssteg gezimmert, eine Strecke entfernt vom heutigen Aaga. Er war jetzt morsch, eine Viertelstunde lang mußte ich den Fjord entlanglaufen. Das Routenschiff streicht weitab vorbei, Autos kennen sie aus Kalendern. In Aaga gibt es kein Hotel.

Die von Aaga hatten Obstbäume, die sie niemals beschnitten. Sie waren mit ausgedienten Rudern leichthin abgestützt. Die Apfelblüten hingen süß und klein wie Myrtensternchen zwischen den knotigen Ästen, die Kirschblüten machten ganz Aaga im Frühjahr japanisch weiß. Wettergebleicht wie das Eichenbalkenhaus, das die Aagas im 13. Jahrhundert derb und schlicht gezimmert hatten, flimmerten die Ruderstützen in der Hardangersonne.

Ich wohnte im Bretterhaus eines alten Mannes, der Nußknacker schnitzte und vieler Aagas leiblicher Großvater war. Weil er anfangs scheu gegen Menschen war, die nicht in Aaga zur Welt gekommen waren, warf er mir in der ersten Abendstunde ein Schinkenbein durch das Oberlicht, das war der Einstand. Am nächsten Morgen stand eine offene Dorschleberbüchse voller Milch unter der Holztreppe, neben der eine silberne Katze saß. Zwischen den Begonien auf dem Fensterbrett hing eine zweite offene Büchse voller Milch, neben ihr saß ebenfalls eine silberne Katze. Sie waren beide satt. Auf der untersten Treppenstufe saß der alte Aaga, und auf seinem Schoß lag zwischen Nußknackerspänen eine dritte silberne Katze mit einem dicken Silberkopf, die ein Kater war, übrigens der Kater Aaga. Auch er war satt. Die Milch war eine Morgengabe für mich, denn die rosa Zungen der silbernen Katzen hatten die engen Blechbüchsen nur fingertief ausgeschöpft.

Der alte Mann Aaga wurde nach einer Woche so zutraulich, daß er mir vormachte, wie er Lutefisk zu essen liebte, jenen Salzfisch, der das Stroh des Nördlichen Eismeers ist. Er schüttet sich behutsam ein Alpakalöffelchen Zucker in ein selbstgeschnitztes Holzlöffelchen, das er vorsichtig über den Lutefisk hielt, damit kein Zuckerkrümel verlorenging. Dann naschte er zwischen zwei Lutefiskbissen das hölzerne Löffelchen leer und jubelte mit hoher Trollstimme, das Holzlöffelchen zwischen den gelben Zähnen: »Det er fint, sukker, sukker . . . !« Daneben auf dem dunkelbraunen Quader Ziegenkäse saß der Silberkater Aaga, und sooft ein Zuckerkrümel vom Löffel rieselte,

schnurrte er ihm entgegen.
Zuerst glaubte ich, es gäbe in Aaga ebenso viele silberne Katzen wie Aagas; denn wo ich war, da waren sie auch. Vornamen wie die Einwohner von Aaga besaßen sie nicht, denn sie waren nur Tiere. Doch waren sie nicht viele, sondern nur drei: die eine Katze Aaga, die andere Katze Aaga und Aaga, der Silberkater.
Die eine Aaga war klug über jedes menschliche Maß, alle kätzischen Aaga-Robinsonaden hatten sich obendrein in ihrem Blut gesammelt, ich denke, seit Jahrtausenden. Sie stammte unmittelbar aus dem uralten Geschlecht der silbernen Katzen von Aaga, eine Eddaherkunft, die der anderen Katze Aaga nicht besonders bekommen war – sie gab sich zuzeiten etwas blöd.
Die eine Aaga besaß die unbegreifliche Seele einer Norne, bald erschreckend hellsichtig, bald von der grauen Patina schnurrender Schwermut verdeckt.
Die andere Aaga war eine silberne kleine Idiotin, ein süße, rührende, müdverträumte und rabiate, aber manchmal tauschten sie beide ihre Rollen, und jede fand sich leicht in das Seelengewand der anderen. Dann waren sie leicht zu verwechseln. In früheren Jahrhunderten sollen zauberkundige Mägde von Aaga in den Ranzzeiten zwischen Mitternacht und Morgen ihre Leiber in hohlen Baumstämmen abgestellt haben und als silberfellige Katzen herausgeschlüpft sein, um sich mit den Katern auszutoben, und anders weiß der Großvater Aaga die bestürzende Vermehrung der Katzen von Aaga in solchen Nächten auch heute kaum zu erklären. Tatsache war, daß es nur drei Katzen Aaga gab und daß ihm Januar zwischen den Ruderstützen der Apfelbäume die wilde Jagd der Silberkatzen anhub; wie Lemminge kamen sie, und wie Lemminge waren sie plötzlich fort, sobald die Zeit der Walpurgiskonzerte vorbei war.
Aaga, der Kater, war in allem silberner, größer, dickköpfiger, klüger und idiotischer als die beiden Kätzinnen Aaga, und sein Name war dunkler und bedeutungsvoller gefärbt. Ich rief ihn Oogaa. Was die Mäuse von Aaga anging, so waren sie gezählt; oben im wilden Fjell unter den Haselstauden sah ich sie huschen, aber ich glaube nicht, daß es Mäuse vom Geblüt der Aagas waren und daß eine der Katzen Aaga auf den Einfall gekommen wäre, einer andersblütigen Maus zuliebe so steil ins Fjell zu klettern.
Wie die silbernen Kätzinnen entstammte der Kater Aaga einem alten Geschlecht von Katzen, die durch Jahrhunderte hindurch keine Gele-

genheit fanden, schwarze Nachkommen zu erhalten oder rote, gefleckte, getigerte oder wenigstens falbe. Sie blieben silbern durch Generationen, nicht silbergrau, wie etwa Menschen, die keine Aagas sind, sich das vorstellen: silbern wie nachgedunkelte Halsketten oder wie jadegrüne Fjordwellen oben am Kamm, wenn das Mittagslicht schräg hindurchfährt.
Die beiden silbernen Kätzinnen Aaga liebten einmütig den silbernen Kater Aaga, die kluge und die verrückte. Keine mißgönnte ihn der anderen, denn beide waren Aagas, und am Ende blieb es sich gleich. Der silberne Kater Aaga aber hatte nie etwas anderes erlebt als silberne Katzen aus dem Stamm von Aaga, selbst wenn in Katzen verwandelte Mägde dazwischengerieten, sie waren vom gleichen Schlag. Er liebte sie als Paar wie ein Patron, doch wenn sie durch Leidenschaft oder Zauber unüberschaubar wurden, zeigte er sich unersättlich. Ganz Aaga war erfüllt von seinem Ruhm.
Töchter und Söhne seiner Kätzinnen sah er allerdings nie. Der Platz zwischen den Obstbäumen, der alten Wassermühle, dem uralten Zwinger und den schiefergedeckten Häuschen, die von Astschrammen tapeziert im Fjordnebel standen, war ausgezählt und vergeben. Hier mußten zwei Ziegen hin, dort eine kleine Kuh, drüben fünf Schäfchen, und Hühner gab es auch. Die Nachkommen der silbernen Katzen von Aaga verschwanden im Fjord.
Eines Tages aber hatte der Kater etwas Verwirrendes angestellt. Nachdem er die Ziegenhirtin Aslaug Aaga am frühen Vormittag – etliche Wochen vor dem Beginn der herbstlichen Ranzzeit – in die nackte Wade gebissen hatte, wonach er sich wälzte und herausfordernd zu ihr hochsah, war er bald danach auf einen großen Dorsch gesprungen. Das geschah vier Stunden nach dem Biß in Aslaug Aagas Wade. Der Dorsch war silberschuppig von Törve Aagas Legangel unter die bucklige Kastanie am Fjordstrand geflitzt, und während er zappelte, hielt ihn der Kater Aaga für eine der silbernen Katzen Aaga, oder sein Sinn hatte sich überschlagen und zielte auf sündhaften Wechsel.
Hätte er den Dorsch zerrissen und einen Fetzen als Beute davongetragen, so wäre ihm ein Scheit aus Törve Aagas Stapelholz nachgeflogen; aber was hier geschehen war, schien Törve Aaga Sünde oder Tollwut.
Selbst die beiden Katzen Aaga, die nicht weit davon entfernt auf umgestülpten Melkeimern dösten, erhoben sich sehnig und krümmten

die Rücken. Aaga, die Norne, schloß witternd die Augen und gab vor, kurzsichtig geworden zu sein, aber Aaga, die Närrin, kletterte gescheucht in den nächsten Apfelbaum und fauchte gegen den Dorsch. Nach Kater Aagas ungeordnetem Schrei und Törve Aagas Fluchen drehte sich die Norne Aaga ab und verschwand mit einem kurzen Maunzen des Ekels in Asbörn Larssen Aagas Truhenbett, rollte sich zusammen, die Augen weit geöffnet, als sähe sie das Künftige.

Aaga, die Närrin, schoß wie ein silberner Reiher von der Spitze des Apfelbaumes gegen den zappelnden Dorsch und zerriß ihn auf der Stelle, aus beleidigter Kehle knurrend und hemmungslos vor Gier nach Fischfleisch.

Nach dem Biß in Aslaug Aagas Wade und dem geisteskranken Sprung auf den Dorsch wurde der silberne Kater Aaga von dem Tierarzt von Aaga, Doktor Sven Haakon Aaga, in ein Segeltuch gerollt und von seiner bübischen Mannbarkeit kuriert. Wie die betrogenen Kätzinnen Aaga zerfiel ganz Aaga in zwei Parteien. Die eine hatte für den Kater Aaga und seine Verirrung Verständnis, die andere, die ihn ebenfalls verstand, stellte sich puritanisch hinter Törve Aaga und Sven Haakon Aaga, den Doktor. Die Mädchen von Aaga verurteilten alle drei.

Der Kater Aaga blieb nach einigen wehleidigen Tagen des Dösens liebenswürdig, genauso silberfellig wie vorher und sehr gesellig. Obwohl die Zeit der Verliebtheit näher rückte, bemerkten die silbernen Kätzinnen Aaga nicht, was ihm geschehen war. Die Welt der wirklichen Kater und der vorgeblichen war für sie noch ohne Kluft. Ich sah die drei zusammensitzen, in überlieferten Katzendistanzen über Dreieckswinkel verteilt, auf Steinplatten, Treppen, Stabburpfosten, Kalbfellen, Fässern und Schleifsteinen.

Als die Blätter der Kümmerbirken unter dem Hauch des Folgefonngletschers lachsrot wurden und melancholisch nach Aaga hinabblickten, schnitzte der Großvater aller Aagas Nußknacker mit grotesker Maulsperre, Aslaug Aaga schickte das letzte Ziegenheu mit dem Drahtseil vom Fjell in die windschiefen Schuppen, die silberne Idiotin Aaga fing matte Hummeln mit der Nervosität einer Sünderin, die sich was besseres weiß, und Aaga, die Norne, spitzte zuweilen die silbernen Dreiecksohren und witterte gedankenvoll nach dem Kater Aaga, der in letzter Zeit viel schlief und zwischendurch guter Dinge war, nur dies und keinen Deut mehr.

Zur Zeit räkelte er sich silberbäuchig in der letzten Wärme der Sörfjordsonne, die Schneefelder oben glühten violett, und zwischen den veilchenblauen Felsspalten über Boerve dampfte das Lilalicht des Herbstes. Zwischen diesen Bilderbuchmärchen hackte Törve Aaga neben der Steinmauer, auf der die Kätzinnen Aaga mit weichen Silberfischleibern hingestreckt lagen, Rainfarn und Schafgarbe in die Salzbutter. Der Kater Aaga faltete fromm die silbernen Pfoten über den hellgrünen Rosetten des insektenfressenden Taettegraes, die sich an seiner Schlafstelle dem Himmel wie Seesterne aufschlossen. So war wohl alles hinreißend schön und beglückt, die Welt stand noch still, und narzissenblütige Wölkchen zausten sich in das Himmelsblau.

Plötzlich sprang Aaga, die Närrin, über Törve Aagas Salzbutterklumpen hinweg und fuhr dem Kater Aaga mit blindlings geschlossenen Augen zwischen die adrett gefalteten Pfoten. Er zog sie zurück und zuckte vor ihrem dunkelgurrenden Kehllaut freundlich schockiert zusammen. Sie wälzte sich täppisch über ihn hin, verlor den Halt und stürzte von dem Steinmäuerchen in Törve Aagas Grützeschale. Dort schrie sie wildkatzenhaft auf, das silberne Schwänzchen hochgepeitscht. Ihre Zähnchen schimmerten spitz unter den weißen Schnurrhaaren.

Der Kater Aaga stand neugierig auf und blickte, ohne Ahnung und Erinnerung, doch nicht unwillig interessiert, durch die Taettegraeshalme zu ihr hinab. Sie strich staksig, mit durchgestreckten Beinchen, gurrend und knurrend, durch Törve Aagas Stiefelschäfte hindurch, vor Sehnsucht zitternd. Manchmal warf sie sich hin wie verendend, hin und wieder sprang sie senkrecht empor und kreischte auf, als beträte sie glühende Platten. Der Kater Aaga legte sich mit verschränkten Pfoten zurecht, um von diesem Schauspiel keine Szene zu versäumen.

Und während er lächelte, lag Aaga, die Norne, auf dem Butterfaß und starrte verzehrend zu ihm hinüber. Feine Fieber durchliefen ihr zärtliches Fellchen, ihre Schwanzspitze zitterte wie die Zunge einer Schlange. Aus ihrem silbernen Leib kamen die leisen und dumpfen Laute der schleichenden Luchse zwischen Odda und Aaga, die vor unvordenklichen Zeiten in das Geschlecht der Haus- und Küchenkatzen Aaga hinübergewandert waren.

Sie glitt mit einem blitzartigen Sprung vom Butterfaß, jagte die Mauer hinauf, umkreiste ihn, floh und flog im selben Bogen zu ihm

zurück. Seine geläuterte Güte reizte sie so tief, daß sie böse wurde und gegen ihn fauchte.
Der silberne Kater Aaga war angeregt, doch betrüblich ratlos. Dies als klares Spiel zu betrachten warnte ihn ein verbliebener Instinkt. Er plumpste träg von der Mauer, trat gemessen auf die silberne Närrin Aaga zu und bepfotete sie, worauf sie vibrierend aufschrie wie unter Flammenberührung und hinter wilden Johannisbüschen verschwand. Der Kater Aaga prallte zurück und begab sich verwirrten Gemütes zu Aaga, der Norne. Sie schmiegte sich mit bebenden Flanken gegen Blaubeergestrüpp, schloß die jadegrünen Augen erwartungsvoll und fuhr wie eine Erdflamme hoch, als seine Schnurrhaare sie berührten. Er stand begossen da, und der leise Blitz einer Erinnerung schien sein erstauntes Gehirn zu erleuchten, das im Hintergrund begann, sich zu langweilen. Er war müde, satt und allerhöchstens geneigt, ein wenig zu spielen, doch nicht in einem Walpurgistanz, in dem man silberne Masken von zwielichtiger Launenhaftigkeit und Hysterie so offenkundig zur Schau trug.
Er erkannte sie nicht wieder. Auch sie erkannten ihn nicht wieder, den zwischen geduldig starrender Werbung und ungestümen Attakken tätigen Kater Aaga, von dessen Ruhm ganz Aaga erfüllt war, der sich nie mit anderen Katern zu raufen genötigt sah und dessen Treue zu den Kätzinnen Aaga – übersehen wir den Fehltritt mit dem Dorsch – ein unversiegeltes Füllhorn des Balgens, Gebens, Nehmens und Jaulens war. Die silbernen Katzen Aaga fühlten sich verschmäht und übersehen, ihre Liebeswerbung nahm an Tollheit zu, und Aaga, die Norne, übertraf an törichter Hysterie die Närrin Aaga zuweilen beklemmend, wogegen deren Scharfsinn, das erkaltete Herz des Katers Aaga einen einzigen heißen Augenblick für sich zu gewinnen, in den kommenden Vollmondnächten erschreckend zunahm.
Schon die erste Nacht war schlimm, o ja, für uns alle. Sie lag mit Mond und Sternegeflimmer über den Schieferdächern von Aaga, die Treibhausfenster glänzten wie Hexenspiegel, der Foss rauschte, Baldrian, Holunder und schwarze Johannisbeerblätter rochen wie die geisternden Seelen verwitterter Wildkater. Die Schatten unter den Wacholderstämmen knurrten und zersprangen unter langgezogenen Schreien. Die brünstige Stimme der Irren, die perverse der tobsüchtig gewordenen Norne, dazu die geheimnisvolle Schar gespenstiger Mägde, die sich in Katzen verwandelt hatten, um sich auszutoben, umheulte die Heuschober, in denen der silberne Kater Aaga ver-

suchte, den Spuk mit gespitzten Ohren zu verschlafen.
Niemand in Aaga tat in dieser Nacht ein Auge zu und in den nächsten noch weniger. Die Herzen der Mädchen wurden bang, die Männer von Aaga waren vom Alp bedrückt, und Solveig Aaga, die Witwe des Fischers Ole Aaga, erwachte mit dem tintenblauen Fleck eines Bisses auf ihrem Handgelenk, in das sich ihre Zähne in der ersten entfesselten Nacht der silbernen Katzen Aaga vergraben hatten.
Der Mond nahm zu, und die Katzenschreie von Aaga drangen über den Sörfjord. Die zärtliche Weisheit der Norne Aaga lag verschüttet im feuchten Moos, das ihre Glut nicht zu löschen vermochte. Sie brannte und verschmachtete, sie schlich und knurrte und schmiegte sich, sie warf sich Aaga, dem Kater, würdelos zwischen die Pfoten.
Aaga, die Närrin, war reifer geworden in diesen Nächten, ihr unbesonnenes Temperament versank in zärtlicher Umnachtung. Knut Burre Aaga und Sigrid Aaga, das Liebespaar, hatten sie abends sitzen sehen am Foss, dort wo ein Nebelrinnsal zwischen den Frauenmantelblättern silbrig hochsprudelt. Sie saß gelockert über dem eisigen Wasser und scharrte danach, dann blieb sie breit vor den Strandwellen sitzen uns starrte selbstvergessen über den Fjord. Sie saß und saß und schämte sich nicht, erzählte Sigrid Aaga errötend den Mädchen von Aaga, die kleinen Wellen umspülten sie, und die dies hörten, kicherten.
Mit lockendem Wimmern lauerte Aaga, die Närrin, empor zu dem Dachfirst, auf den sich der Kater Aaga zurückgezogen hatte und mit grünem Sphinxblick hinabsah. Es gab eine Mitternacht, in der die Närrin welke Levkojen aus Mutter Kersten Aagas Blumenbeet zusammentrug und sie vor ihm hinlegte wie einen Teppich, eine neben die andere, mit zugespitzten Zähnchen. Ja, sie breitete ihr silbernes Fellchen darüber und wälzte sich, während ihr Graunzen sich in Schluchzen verlor.
Keine der Katzen Aaga rührte in diesen Tagen und Nächten etwas anderes an, als was Leidenschaft und Gram zwischen ihre Zähne brachte – selbst die Norne Aaga biß mit lüstern gesträubtem Schnäuzchen in den weichen Velours der Katzenpfötchen am Foss und raufte sie aus, langsam, einzeln und in kleinen Büscheln, die sie in die Luft warf und sich hinterherschnellte wie ein schnalzender Lachs.
Am Tag schlichen sie ermattet unter die Holzstapel und atmeten wie Vergiftete, mit zuckenden Flanken. Ihre Pupillen verloren den Jadeschimmer, sie wurden trüb und blinzelnd, das Silberne ihrer Felle ver-

schwand wie unter Mehltau. Die Norne Aaga lief verschmutzt umher, mit lemurenhaftem Huschen, sie hatte aufgehört, sich zu putzen. Selbst Aaga, der Hofhund, und Aaga, des Pastors Svante Aaga weißer Spitz, versagten es sich zu bellen, wenn eine der Kätzinnen Aaga, den Kater auf dem Dachfirst verbellten sie streng, mit blutunterlaufenen Augen. Silberflimmernd lächelte er auf sie hinab.
Die kleinen Katzenfrauenherzen waren gebrochen. In der neunten Mondnacht fand Aslaug Aaga neben dem früheren Lager des silbernen Katers Aaga den abgemagerten Leib der Norne Aaga, halb vergraben im Heu. Sie hatte sich, wie Aslaug Aaga schluchzend ausstieß, an dem Kerl zu Tod geliebt.
Der Anblick war erbärmlich. Salbungsvoll, mit wohlig durchgedrückten Hinterbeinen, schlich Kater Aaga an dem armen Körperchen vorbei, gähnte verlegen und maunzte nach warmer Milch. Er hatte in dieser Nacht Gelegenheit gehabt, ungestört ein Auge voll Schlaf zu nehmen und fühlte sich erfrischt.
Aaga, die Närrin, starb erst einige Tage später. Aber es brachte sie um wie Aaga, die Norne. Das unlösbare Geheimnis, weshalb ihre Liebe von ihm nicht erhört worden war, zersprengte ihre ruhelose Inbrunst so unbarmherzig wie die der welterfahrenen Norne. Sie starb später, weil ihr Irrsinn sich eine Welt erbaute, in der das wirklich geschah, was Aaga, der Kater, nicht mehr vermochte. Es überschritt ihren Verstand und ihren Instinkt, und sie weinte am Ende wie ein verhexter Mensch, das Köpfchen starr zu dem Dachfirst emporgereckt, wo der silberne Kater Aaga fern und freundlich auf sie herablauerte.
Dann warf sie sich hin, wie von einer plötzlichen Lähmung getroffen, und ihr Atem wurde unhörbar. So endete sie, bevor die Sonne über den Sörfjord stieg, und mit ihr starben die silbernen Katzen von Aaga aus.
Denn Aaga, den Kater, schlugen die Leute von Aaga am andern Morgen tot. Was sollte er noch? Er nahm es freundlich hin wie alles vorher, mit dem Charme eines beruhigten Herzens, das nun ehrlich erschöpft war.
Als sein silberner Leib hinab zu den Dorschen im Fjord klatschte, ging ich zum Bootssteg und löste den Kahn. Was sollte ich noch?
In Aaga brach die Zeit der toten Nächte aus, und die zauberkräftigen Mägde zogen die kühlen Leintücher über sich und drehten sich schlaflos zur Wand.

Mazo de la Roche

Cat kreuzt die Meere

Cat war rabenschwarz. Diesem Umstand verdankte sie ihre ungewöhnliche Beliebtheit bei den Seeleuten. Sie schworen, sie wäre eine glückbringende Katze und hätte das viele Male bewiesen. Eigentlich war sie nicht einmal hübsch, doch sie hatte Charme und wußte ihn anzuwenden, so daß sie immer durchsetzte, was sie wollte. Sie war jetzt acht Jahre alt und hatte in diesen acht Jahren mehr Reisen und Abenteuer mitgemacht, als die meisten Menschen in achtzig hinter sich bringen. Außerdem hatte sie fünfundvierzig Kätzchen in die Welt gesetzt.

Geboren war sie an Bord eines Kohlendampfers, der »Sultana«, mitten in einem fürchterlichen Sturm, bei dem die Mannschaft jeden Augenblick geglaubt hatte, es wäre ihr letzter. Ihre Mutter war ingwerfarben, und sie hatte, während sich das Schiff in tausend Nöten befand, drei ingwerfarbene Kätzchen geworfen, außer diesem letzten, das schwarz war wie die Ladung des Schiffes, die Kohlen. Der Heizer hatte gebrummt, während er düster auf die wurstförmigen kleinen Körper hinabsah: »Wenigstens brauchen wir sie nicht zu ersäufen – sie werden mit uns untergehen.« Er nahm das Schwarze auf und hielt es in der Hand. Sogleich wurde er von Mitleid ergriffen: Es kam aus der Dunkelheit und sollte nun so schnell dahin zurückkehren! Noch lag es da auf seiner flachen Hand, kugelköpfig; sein komplizierter Mechanismus von kleinen Organen und zarten Knochen war mit Fleisch ausgepolstert, das Fleisch von seidigem Fell umgeben, das Ganze belebt von einem Lebenswillen, der sich schon so nachdrücklich regte, daß die zehn kleinen Krallen auf seiner Hand fühlbar wurden. »Wenn ich eine Flasche fände, die groß genug wäre«, sagte er, »würde ich dich hineintun und ins Meer werfen. Ich wette, du kleines Glückstier kämst an Land!«

Aber es war gar nicht nötig, dieses Experiment zu machen. Wunderbarerweise schien es, als legte sich der Sturm. Die Wogen beruhigten sich. Das Schiff gehorchte dem Steuer wieder. Ohne Ausnahme erklärten alle, daß sie ihre Rettung einzig und allein der im richtigen Augenblick erfolgten Geburt des schwarzen Kätzchens zu verdanken hätten. Lange konnten sie sich nicht einigen wegen des Namens, den es bekommen sollte. Manche wünschten einen recht einfachen, der bequem zu rufen wäre, und er sollte auf die schwarze Farbe Bezug nehmen. Andere legten Gewicht auf einen Namen, der auf die Rettung ihres Lebens durch die gerade zur rechten Minute erfolgte Geburt des Kätzchens hinwies. Sie konnten sich nicht einigen. Schließlich rief irgendeiner die Kleine einfach »Cat«, und die andern beließen es dabei, trotz ihren eigenen Vorschlägen, wie es so oft mit Namen geht.

Cat hatte einen ausgesprochen runden Kopf mit kleinen Ohren und nahe beieinanderstehenden klaren grünen Augen. Ihre Schnurrhaare waren ungewöhnlich lang und glänzend. Sie umgaben ihr verhältnismäßig großes Schnäuzchen, das mit nadelscharfen Zähnen prunken konnte, wenn sie für ihr charakteristisches, sozusagen dreieckiges Grinsen Anlaß fand oder zu einem wütenden Zähnefletschen, sobald ihre Gefühle in Wallung gerieten. Ihren weichen, geschmeidigen Schwanz hielt sie nie still. Es gab keinen Matrosen, der sich nicht gefreut hätte, wenn sie ihm den Schwanz um den Hals wand; denn es war bekannt, daß jeder Glück hatte, dem sie diese Zärtlichkeit zuteil werden ließ.

Auf dem Schiff, auf dem sie aufwuchs, regierte sie souverän. Nichts war zu gut für sie. Wenn ihr nicht sofort gegeben wurde, was sie wünschte, kletterte sie an dem Mann hoch, der es ihr vorenthielt, und schlang beide Arme (man konnte sie nicht Vorderbeine nennen, weil sie sie genau wie Arme gebrauchte) um seinen Hals und starrte ihn aus ihren grünen Schlitzaugen an. Wenn er jetzt nicht sofort nachgab, preßte sie ihre Stupsnase erst an die eine Seite seines Gesichts, dann an die andere, derweil sie mit ihren Krallen seinen Nacken traktierte. Falls er dann immer noch halsstarrig blieb oder vielleicht boshaft genug war, so zu tun, als ob er sie nicht bemerke, drehte sie sich um und schlug ihre Krallen in seine Schenkel. Freiwillig gab er ihr dann, was sie wünschte.

Sie konnte laut vibrierend schnurren, und wenn sie, anmutig ihren langen Schwanz schwingend, auf dem Deck eines fremden Schiffes spazierenging, dem sie gerade die Ehre ihrer Gegenwart zuteil werden ließ, überkam alle an Bord ein Gefühl der Sicherheit und Beruhigung. Es war eine böse Sache für die Mannschaft des Kohlenschiffs, auf dem sie geboren war, als sie zur Zeit ihres ersten Wurfes von ihnen weg auf einen norwegischen Schoner desertierte. Da man nicht wußte, wohin sie gegangen war, durchsuchte die Mannschaft die ganzen Docks von Liverpool nach ihr, natürlich ohne Erfolg. Mit knapper Not konnte der Kapitän seine Leute überreden, wieder in See zu

stechen. Und richtig, die Fahrt brachte böses Wetter und allgemeine Unzufriedenheit.
Die Norweger, denen sie zulief, hatten damals noch nichts von ihr gehört. Sie hatten ihre eigene Katze und wollten gar keine andere haben. Aber bald genug gewann Cat die Mannschaft für sich. Tatsächlich war ihnen die erfolgreichste Fahrt beschieden, die sie je gemacht hatten. Als sie bald darauf zu kurzem Besuch in Liverpool vor Anker gingen, prahlte der Steuermann mit Cat; er rühmte ihre Klugheit, ihre Schwärze und das Glück, das sie ihnen gebracht hatte. Zufällig hörte es ein Mitglied der Mannschaft der »Sultana«. An Bord herrschte große Freude, als man erfuhr, daß Cat in Sicherheit war; aber die Freude schlug in Zorn um, als die Leute hörten, daß sie auf dem fremden Schiff lebte. Sie besuchten die Norweger und überzeugten sich mit eigenen Augen, daß es sich tatsächlich um Cat handelte. Sie sahen auch ihren Wurf ingwerfarbener Kätzchen. Aber die Norweger wollten Cat nicht mehr hergeben. Sie waren bereit, ein Tierchen aus dem Wurf herzugeben, sogar alle, wenn's sein mußte; aber Cat wollten sie behalten! Die Mannschaft der »Sultana« lungerte überall in den Docks herum mit Bücklingshappen in den Taschen, weil nämlich Cat eine Schwäche für Bücklinge hatte. Aber die Norweger bewachten ihre Glückskatze mit Argusaugen. Da sie jedoch von sich aus die Entscheidung traf, konnten sie sie nicht zurückhalten. Ein Stück Bückling wurde ihr zur richtigen Zeit angeboten. Sie kletterte auf die Schulter des Spenders und wurde im Triumph zu ihrem alten Schiff zurückgetragen. Dort gab sie Beweise größter Freude beim Wiedersehen mit der Mannschaft, die laut jubelte, weil Cat wieder da war.
Cat blieb während zweier Reisen bei ihnen. Dann verschwand sie erneut, diesmal zugunsten eines Öltankers, der an seine Ostasienroute gebunden war. Und so führte sie fortan ein Leben voller Abwechslung und Abenteuer! Sie wählte sich ihre Schiffe aus und blieb auf ihnen, bis ihr Hang zur Abwechslung sie bestimmte, sich wieder ein anderes Quartier zu suchen. Alle Seeleute kannten sie, und jeder wußte: das Schiff, auf dem sie mitreiste, hatte Glück! In gleichmäßigen Intervallen kehrte sie auf die »Sultana« zurück. Auf allen sieben Ozeanen produzierte sie Würfe von ingwerfarbenen Kätzchen, aber niemals eines von ihrem eigenen glänzenden Schwarz. Sie bewahrte sich ihre Einmaligkeit, sie war und blieb »Cat«.
Jetzt, an einem Morgen im späten Februar, glitt sie das Fallreep der »Greyhound« entlang, die gerade nach einer Hilfsexpedition zur Ant-

arktis in den Hafen eingelaufen war. Die Reise hatte sechs Monate gedauert und war im Hinblick auf ihr eigenes Vergnügen ein Mißgriff in Cats Leben gewesen. Der Kapitän und die Schiffsbesatzung hatten gejubelt, als sie vor der Ausfahrt an Bord geschlendert kam. Das Siegel des Erfolgs, fühlten sie, war der Expedition damit aufgedrückt. Und sie hatten recht. Die vermißten Forscher wurden entdeckt, noch lebend, obschon in verzweifeltem Zustand. Cats guter Ruf wurde dadurch noch gefestigter. Doch sie selbst war außerordentlich mißvergnügt. Niemals in all ihren Jahren auf See hatte sie eine solche Reise mitgemacht. Sie fühlte sich enttäuscht, sie fühlte sich förmlich krank. Sie fühlte sich wie gekratzt von jeder Hand, die ausgestreckt wurde, sie zu streicheln.

»Hallo, Cat!« rief ein kräftiger Hafenarbeiter, »bist du zurück vom Pol? Und welchen Kapitän wirst du nun bei deiner nächsten Fahrt auszeichnen?«

Er bückte sich, um ihren Nacken zu streicheln; aber sie entwischte ihm und glitt mit wippendem Schwanz davon.

»Cat sieht nicht gerade sehr erfreut aus«, stellte ein anderer Hafenarbeiter fest.

»Ich nehme an, sie hat genug von der langen Dauer ihrer letzten Reise«, sagte der erste Sprecher ihr nachblickend. »Sie geht doch im allgemeinen nicht auf so ausgedehnte Fahrten! Obendrein die Kälte! Und das schlechte Essen! Sie hätte besser für sich sorgen können, und das weiß sie!« Er wandte sich an einen von einer Mannschaft, die im Begriff stand, nach Norwegen zu fahren. »He, Bob, hier kommt Cat! Gerade vom Südpol zurückgekehrt! Vielleicht kannst du sie anheuern?«

Bob näherte sich grinsend. Er pflanzte sich Cat in den Weg und streckte ihr zwei dicke, teerbeschmierte Hände entgegen. »Miez, Miez!« lockte er. »Komm mit uns, du kannst alles haben, was du nur willst! Du kennst mich doch, Cat!«

Sie kannte Bob gut, sie liebte ihn sogar. Sie duldete es, daß er sie an seine Brust nahm, und schenkte ihm einen langen Blick aus ihren grünen Augen. Er befühlte ihre Rippen mit seinen plumpen Fingern. »Sie ist nur noch Haut und Knochen«, erklärte er.

»Sie hat sich nach Hause gesehnt«, sagte der erste.

»Die See ist ihr Zuhause«, sagte Bob, »aber sie ist ein verwöhnter Esser! Wie steht's, willst du, daß ich dich mitnehme, Cat?«

Sie begann leise zu schnurren und lockerte entgegenkommend jeden

Muskel. Ihre Zungenspitze zeigte sich zwischen ihren Lippen. Sie schloß wohlig die Augen.
»Sie will tatsächlich bei dir bleiben«, sagte der Hafenarbeiter, und Bob setzte seinen Weg zwischen den Kisten und Ballen fort, Cat hoffnungsfreudig in den Armen tragend.
Sie hörte die verschiedenen Laute der Docks, die Rufe, die heiseren Pfiffe der Schiffe, das Rasseln der Winden, roch die vertrauten Gerüche. Es war Musik und Süßigkeit für sie nach so langer Abwesenheit. Sie gab sich ganz den rhythmischen Bewegungen von Bobs breiter Brust hin.
Im Triumph setzte er sie auf dem Deck seines Schiffes ab. Die hier arbeitenden Leute hielten inne, um sie zu bewillkommnen. Der Koch brachte ihr eine Büchse Sardinen. Aus purer Höflichkeit aß sie eine Sardine, die andern ließ sie liegen. Sie rieb sich an den Beinen des Steuermanns und schenkte ihm ihr dreieckiges Lächeln. Ein dünner Sonnenstrahl brach sich durch den winterlichen Nebel Bahn und streichelte sie. Da begann sie zu überlegen, ob sie mit dieser Mannschaft fahren sollte.
»Paß gut auf, was sie tut«, sagte der Steuermann zum Schiffsjungen, »laß sie nicht unbeobachtet, wann wir weg sind!«
Alles ringsherum war in Eile und laut. Cat saß an Deck und wusch sich das Sardinenöl aus ihren Schnurrhaaren. Ein blasser Sonnenstrahl beschien sie; aber tief in ihr keimte Unzufriedenheit auf. Das war nicht, was sie sich wünschte. Bald würde es zu spät für sie sein, zu den Docks zurückzukehren. Sie würde gefangen sein für eine weitere lange, kalte Reise.
Ihr runder, kleiner Kopf sah sehr unschuldig aus, ihre Augen waren fest geschlossen. Methodisch bewegte sie die gekrümmte Pfote über ihr Gesicht, als hätte sie nichts im Sinn wie sich zu putzen.
Jemand rief den Schiffsjungen. Er vergaß seinen dringenden Auftrag und rannte davon. Cat wurde urplötzlich lebhaft und beweglich. Sie huschte das Deck entlang, im nächsten Augenblick würde sie in den Docks sein. Aber Bob sah sie und fing sie mit seinen riesigen Händen ab. Sie liebte ihn; trotzdem ließ sie sich nicht erweichen, schlug die Krallen in seine Hand und entfloh mit gesträubtem Haar und einem Triumphschrei.
Danach dauerte es eine Weile, bis sie ihre Ruhe wiederfand. Sie schlüpfte zwischen Beinen hindurch, zwischen Karren, verstreutem Stroh und breitgetretenem Schmutz. Der Nebel verdichtete sich wie-

der und setzte sich klamm auf ihrem Fell fest. Es war bitterkalt. Was sie sich wünschte, war Einsamkeit und Wärme. Sie war krank vom Anblick der Menschen und ihrem lärmenden Tun.
Sie schlich sich in einen Warenspeicher und wand sich zwischen langen Reihen von Holzkisten und Ballen hindurch, hielt an, um hin und wieder zu schnuppern, und dann wieder, weil sie etwas gerochen hatte, das sie anzog. Aber der zugige Raum war gräßlich kalt. Sollte sie denn nirgends mehr ein wenig Wärme und Behaglichkeit finden?
In einem dunklen Schuppen entdeckte sie Ställe. Alle waren leer außer einem Verschlag, in dem ein preisgekrönter Widder seine Einschiffung nach Amerika erwartete, wo er zur Zucht verwendet werden sollte. Cat kletterte an der Wand des Verschlages hoch und verharrte dort, zu ihm hinunterblickend. Sie konnte sich nicht erinnern, jemals etwas Ähnliches gesehen zu haben. Sein gelber Blick war genauso unergründlich wie der ihre. Die Pfoten unter der Brust gefaltet, saß sie da und erfreute sich an seinem Anblick. Sie betrachtete seine kräftigen, von dichter Wolle bedeckten Schultern, seine gewundenen Hörner, seine ruhelos scharrenden Hufe. Er senkte den Kopf und stieß mit seinem harten Schädel gegen die Krippe vor ihm. Cat hätte ihn ewig so betrachten mögen. Die rauhen Pfiffe von den Schiffen drüben schrillten durch die eisige Luft. Das schwache Tageslicht, das sich zu dem spinnwebverhangenen Fenster hereinstahl, wurde ausgelöscht von einem Vorhang grauer Dämmerung. Cat und den Widder überkam eine seltsame Vertrautheit. Die Kälte nahm zu. Die Docks wurden allmählich still. Der Widder stieß ein trauriges »Baa!« aus und ließ sich nieder. Jetzt war er nur noch ein blasser Umriß in der Finsternis; aber Cat starrte noch immer zu ihm hin. Er war ihrer Gegenwart ebenfalls wohl bewußt und hob seine gelben Augen wie ein erdgebundener Geist zu ihren leuchtenden Augensternen auf.
Gegen Mitternacht wurde ihr die Kälte unerträglich. Auf der Südpolarexpedition hatte sie in der Koje bei einem wohlbeleibten Seemann geschlafen. Jetzt bedeckte Reif jedes Haar ihres Fells. Sie erhob sich steif und dehnte sich. Ihr Schwanz hing müde hinab. Eine stumme Verständigung ergab sich zwischen dem Widder und ihr. Sie sprang von der Scheidewand hinunter und landete zwischen seinen Schultern Dort verharrte sie ebenso bewegungslos wie der Wolleberg, auf dem sie sich niedergelassen hatte. Dann streckte sie sich mit einem Schnurren des Entzückens darauf aus. Sie glaubte, mit den feinen Spitzen ih-

rer Krallen durch die dicke Wolle hindurch sein Fleisch zu fühlen. Der für sie neue Geruch seines Körpers stieg ihr in die Nase. Er ließ ein leises und zufriedenes Blöken hören. Ihre beiden Körper verbanden sich in dem tiefen, ruhigen Atmen des Schlafes. Cats Schlaf war nur leicht, immer gerade an der Grenze des Aufwachens. Aber der Widder schlief so tief und schwer, als ruhte er in seiner Heimat zwischen Ginster und Heidekraut.

Dichter Nebel stieg in der Dämmerung von der See auf und sickerte in dicken Schwaden in den Stall. Gleichzeitig mit ihm schlich ein grauer Kater mit weißer Blesse an der Stirn und von Kämpfen zerfetzten Ohren herein. Er kletterte die Scheidewand zu dem Verschlag hinauf und schaute hinunter auf die zwei dort unten. Er ließ sich auf die Krippe fallen und von dort ins Stroh. Im Vorübergehen berührte er Cat flüchtig, gleichsam versuchsweise. Cat hatte die Annäherung wohl bemerkt. Sie hatte gerade von einem lohfarbenen, gestreiften Kater geträumt, dem sie auf ihrer letzten Reise in Rio de Janeiro begegnet war, wo das Rettungsschiff angelegt hatte. Die Berührung der fremden Pfote elektrisierte sie. Sie schrie wütend auf, und indem sie ihre Hinterbeine gegen den Rücken des Widders stemmte, richtete sie sich auf und schlug dem Eindringling ins Gesicht, als wollte sie dort für immer einen Denkzettel hinterlassen. Jedoch der Fremde war nicht einmal besonders erschrocken. Er sprang ebenfalls dem Widder auf den Buckel, und Cat sah durch den Nebel das weiße Gesicht auf sich losfletschen. Sie hieb die Zähne hinein. Beide kreischten. Der Widder wurde aus seinem tiefen, festen, warmen Schlummer aufgestört. Mit laut polternden Hufen sprang er hoch, die Katzen unsanft hinunterwerfend. Seine weißen Augenlider flatterten. Er glotzte in primitiver Wut und senkte den Kopf zum Angriff.

Die Katzen kletterten mit großer Behendigkeit über die Trennwand und ließen sich draußen auf den Steinfußboden fallen. Sie beeilten sich, in entgegengesetzte dunkle Winkel des Schuppens zu kommen. Das Schlagen der Widderhörner gegen die Tür des Verschlags widerhallte laut durch den Nebel.

Als Cat ihren Winkel erreichte, huschte eine Maus aus dem Dunkel, in Todesangst aufquiekend. Mit einem graziösen Schwung ihres geschmeidigen Körpers drehte sich Cat einmal rund um sich selbst und fing die Maus mit souveräner Sicherheit. Sie nahm sie so vorsichtig wie möglich zwischen die Zähne und kauerte sich in ihren Winkel.

Nach einiger Zeit öffnete sich die Stalltür, und zwei Männer kamen herein. Sie machten Licht; der Raum wurde nur blaß und schemenhaft erhellt. Die Männer betraten den Verschlag, in dem sich der Widder befand. Von dort kamen die befremdlich polternden Geräusche. Die Männer fluchten. Dann erschienen sie und führten den Widder an einem an den Hörnern befestigten Seil. Er wurde hinausgezerrt; seine kleinen Hufe klapperten auf dem Steinfußboden. Er stieß ein klagendes »Baaah!« aus wie ein Lamm. Die Männer ließen die Tür hinter ihm offen.

Cat betrachtete den Körper der Maus. Aber sie hatte jetzt kein Interesse mehr daran. Sie schlich hinaus auf die Docks und überlegte, mit welchem Schiff sie diesmal fahren sollte. Sie ging an den vielen Schiffen vorüber; in dieser Beleuchtung sah man nur ihre Umrisse. Frachtgut wurde ein- und ausgeladen, Männer arbeiteten wie Ameisen. Cat fühlte eine dunkle Verwunderung über ihre Geschäftigkeit, fast etwas wie Geringschätzung für die schwerfälligen Körper.

Gegen neun, als eine schäbige, undeutliche Scheibe anzeigte, wo die Sonne stand, geriet Cat in die Nähe eines Passagierdampfers, der in kurzer Zeit zu großer Fahrt nach Westindien auslaufen sollte. Sie war bisher immer nur auf Frachtern gefahren; Passagierschiffe bedeuteten für sie eine mißtrauenerweckende fremde Welt, zumal sie den Anblick von Frauen verabscheute. Sie war mehr als pessimistisch, als sie da stand und das Schiff begutachtete. Da warf ihr ein Küchenjunge durch ein Bullauge ein Stück Hühnerbrust zu. Sie kauerte sich auf den Pier, um es zu verschlingen. Vor Entzücken sträubten sich ihre Haare; denn sie hatte bis jetzt nicht gewußt, daß es so herrliches Futter überhaupt gab! Nachdem sie das Fleisch verzehrt hatte, setzte sie sich erwartungsvoll in der Nähe des Bullauges nieder, jedoch es wurde nichts mehr herausgeworfen.

Gepäck wurde eingeladen und eine Menge Leute von einer Sorte, die sie noch nie gesehen hatte, eilten über die Landebrücke. Einer von ihnen, ein Mann, beugte sich nieder und streichelte Cat, bevor er weiterging. Entzückt sah sie ihm nach; denn auch das war ihr neu, daß es solche Hände gab, so weich, so behutsam. Das war ganz ähnlich wie die zarte Hühnerbrust, die sie gerade eben verspeist hatte ... Sie stand auf, erschauerte von der klammen Kälte und glitt über die Landebrücke auf das Schiff.

Sie wußte, daß sie hier eine Fremde war, und ihr Instinkt sagte ihr, daß man sie möglicherweise nicht willkommen heißen würde. So schlich sie die ungezählten weißen Gänge entlang, bestrebt, sich so unsichtbar wie möglich zu machen. Sie warf im Vorübergehen einen Blick in die Gesellschaftsräume. Größtenteils hielten sich Frauen darin auf, und manchmal war der ihr unangenehme Geruch von Blumen in der Luft.

Cat vernahm den Ton einer sehr lauten Pfeife. Sie fühlte, wie ein Zittern durch das Schiff lief. Es fuhr ihr durch den Sinn, daß es besser wäre, zu verschwinden, denn es war gerade noch Zeit; aber sie war nicht imstande, die herrliche Wärme zu verlassen, die aus jedem Winkel des Schiffes strahlte. Das machte sie willensschwach und sanft. Ihr einziger Wunsch war jetzt noch etwas Weiches, auf dem sie liegen könnte.

Sie verweilte an der Tür einer Kabine, die leer war, jedoch das Versprechen gab, einen Mann als Bewohner zu haben – ein Rock und ein Herrenhut waren achtlos über einen Stuhl geworfen. Cat glitt hinein und wanderte schnurrend umher. Sie hielt den Schwanz steif in die Höhe gereckt, nur die Spitze bewegte sich unaufhörlich, als säße darin der feine Spürsinn, mit dem sie die Atmosphäre dieser Kabine abtastete.

Gregg, der Schwimmlehrer, fand sie hier auf seinem Rock zusammengerollt. Das Schiff hatte den Hafen schon verlassen; hinausgesetzt werden konnte sie nicht mehr. Er erkannte in ihr die Katze wieder, die er beim Betreten des Schiffes gestreichelt hatte, und schloß daraus, daß sie auf das Schiff gehörte. So nahm er sie unter den Arm und trug sie in die Küchenregion. Der Küchenjunge, der ihr das Stück Hühnerfleisch zugeworfen hatte, identifizierte sie; er war nämlich früher einmal Schiffsjunge auf einem Öltanker gewesen, den sie zur selben Zeit mit ihrer Gegenwart beehrt hatte. »Das ist ja Cat!« rief er. »Haben Sie noch nie von Cat gehört? Ha, nun werden wir eine glückliche Fahrt haben, Sir! Sie können stolz sein, Ihre Kabine mit ihr zu teilen!«

Aber Gregg hatte dazu nicht die geringste Lust, selbst nachdem er Cats Tugenden rühmen gehört hatte. Er setzte sie auf den Boden und zog sich mißgestimmt zurück. Ihm graute vor der langen Überfahrt, die vor ihm lag. Er mußte sich gesellig zeigen, das war ein Teil seines Berufes; dabei haßte er schon den Gedanken an Geselligkeit.

Er hatte tatsächlich schon gar zu viele Leute kennengelernt und sich in Geselligkeit mehr üben müssen, als ihm bekömmlich war. Er war noch nicht dreißig; aber er hatte ein beträchtliches Vermögen verloren, die Frau, die er liebte, und, das schlimmste von allem, Hoffnung

und Widerstandskraft. Er war am Ende gewesen mit all seinen Bemühungen, einen passenden Beruf zu finden, als ihm ein Freund diesen Posten als Schwimmlehrer auf dem Schiff verschafft hatte. Er befand sich in einem Zustand, der an Verzweiflung grenzte; aber hier war er nun verpflichtet, heiter und fröhlich zu scheinen und leidenschaftliches Interesse an der Strampelei wohlbeleibter Passagiere im Schwimmbecken zu heucheln.
Keinem Menschen auf dem ganzen Schiff war die Überfahrt so zuwider wie ihm. Gregg und Cat waren in der Tat die einzigen, die eine Seereise nicht für ein Vergnügen hielten.
Cat wartete bereits in der Koje auf ihn, als er an diesem Abend in seine Kabine kam. Sie hatte den Weg dorthin gefunden durch all die verwirrenden, vornehm ausgestatteten, langen Gänge. Er war ein wenig beschwipst; denn er war ein hübscher Kerl, und die Leute rissen sich um ihn. Der Anblick der Katze auf seinem Bett ärgerte ihn. Er war im Begriff, sie energisch hinauszubefördern, da kugelte sie sich auf den Rücken und drehte ihm ihr schwarzsamtenes Bäuchlein zu, während ihr rundes Gesichtchen mit den glänzenden, nahe beieinanderstehenden Augen das bewußte dreieckige Lächeln und eine rote Zunge zeigte. Er beugte sich über sie, gegen seinen Willen entzückt.
»Du bist ein Schelm«, sagte er, »aber du darfst dich doch nicht wie eine Klette an mich hängen!«
Zur Antwort legte sie ihm die Vorderpfoten um den Hals, hielt sich mit den Hinterpfoten vorsichtig an seinem Hemd fest, preßte ihr Gesicht an das seine und schnurrte laut in sein Ohr.
»Wange an Wange, wie?« sagte Gregg und gab sich ihren geradezu hypnotisierenden Zärtlichkeitsbeweisen hin.
Der Morgen fand beide eng aneinandergeschmiegt. Er bestellte beim Steward eine Schüssel Milch für sie und erschien dann im Schwimmbad mit Cat auf der Schulter. Die himmlische Wärme dieser Örtlichkeit tat es ihr an. Von Stund an verbrachte sie dort ihre Tage.
Nachsichtig und freundlich beobachtete sie die Geschicklichkeit oder auch Ungeschicklichkeit der Schwimmer. Wenn das Bad leer war, kauerte sie am Rand des Beckens, in ihre Gedanken vertieft. Meist träumte sie von schönen Fischen, die in dem Becken schwimmen könnten. Nachts schlief sie bei Gregg. Sie fühlte sich herrlich wohl.
Als sie in südlichen Gewässern fuhren, verschwand Cat eines Abends besonders früh. Als Gregg viel später seine Kabine aufsuchte, stand sie an der Tür, zitternd und erregt. Geschwind huschte sie vor ihm

hinein, schnurrte laut, machte einen Buckel und ließ ihren geringelten Schwanz wie eine Standarte wehen; dann blickte sie über die Schulter zu ihm zurück. Ihr Kopf und ihr Schwanz begegneten sich. Sie nahm die Schwanzspitze in ihr Schnäuzchen, legte sich auf den Rücken und rollte sich von einer Seite zur andern. Sie sah auffallend schlank aus.

»Aha«, sagte Gregg, »jetzt ist es also passiert! Hoffentlich nicht auf meinem Bett!«

Nein, nicht auf dem Bett. Im Kleiderschrank, wo sein weicher Schlafrock auf irgendeine Weise vom Haken gefallen war. Drei waren es, jedes kugelrund und jedes lohfarben wie jener Kavalier in Rio de Janeiro. Am nächsten Tag beschaffte Gregg eine kleine Kiste mit einem Kissen und setzte Cats Kätzchen hinein. Dann brachte er sie ins Schwimmbad, wo sie die wohlige Wärme genießen konnten und wo alle Schwimmer herantraten, sie betrachteten und streichelten. Sie waren die Lieblinge des Schiffes. Cat aber hatte nur Augen für Gregg. Sie gab mit ihm weit mehr an als mit ihren Jungen. Sie weigerte sich, nachts bei ihnen im Schwimmbad zu bleiben. So mußte die Kiste jeden Abend in seine Kabine gebracht werden. Dort saß sie und wartete auf sein Kommen, die glänzenden Augen auf die Tür gerichtet, jeder Nerv begierig auf seine Gegenwart.

Aber eines Nachts kam er nicht. Sie wartete und wartete; es war vergeblich. Zuletzt sprang sie mitten im Säugen ihrer Jungen auf; sie fielen zurück wie drei Tennisbälle. Die Tür war halb offen. Sie glitt hinaus und begann ihn zu suchen Das Rauchzimmer war geschlossen, der Salon leer, die Decks ware verlassen. Außer dem wachhabenden Offizier war niemand zu sehen. Schließlich entdeckte Cat ihren Freund doch. Er stand reglos wie eine Statue in einem abgelegenen Winkel, wo ein Rettungsboot hing. Lautlos wie die Schatten, die das Mondlicht warf, schlich sie an ihn heran, rieb sich jedoch nicht wie sonst an seinen Beinen, sondern kletterte in das Rettungsboot und beobachtete über den Rand hinweg sein Gesicht.

In dieser Nacht fühlte sich Gregg völlig allein und verlassen. Er sah den Mond nicht und nicht die glitzernden Wogen – für ihn war die Welt finster. Das Leben auf diesem luxuriösen Passagierdampfer, unter diesen verwöhnten, oberflächlichen Menschen verursachte ihm ein Gefühl, als ob er ersticken müßte, als ob er keine Luft mehr bekäme. Er blickte zurück auf sein eigenes Leben, es schien ihm eine Wüste – seine Zukunft völlig hoffnungslos. Daher war er entschlossen, jetzt

ein Ende zu machen.
Cat beobachtete ihn gespannt, wie er da am Geländer lehnte. Wenn er eine Beute gewesen wäre, hätte sie ihn nicht mit schärferer Aufmerksamkeit betrachten können. Gerade bevor er über Bord springen wollte, sprang sie ihm auf die Schulter mit einem Schrei, der den Passagieren, deren Kabinen auf diesem Deck lagen, das Blut gerinnen machte. Sie schrie nicht nur, sie schlug alle Krallen in Gregg. Sie verwandelte sich in eine schwarze Furie, deren Haare alle einzeln aufgerichtet waren, deren Augen mit Haß und Furcht auf den Abgrund dort unten starrten.
»Ich weiß gar nicht, was in sie gefahren ist«, sagte Gregg zu dem wachhabenden Offizier, der herbeigeeilt kam. »Sie ist launisch wie eine Primadonna.« Seine Hand zitterte, als er sie streichelte. Allein, sie hatte ihn seiner schwarzen Stimmung entrissen und vor der Verzweiflung gerettet. Beim Entkleiden betrachtete er erstaunt die kleinen blutigen Male auf seinen Schultern. Cat schlief auf seiner Brust. Er beschloß bei sich selbst, sich nicht mehr von ihr zu trennen. Er fühlte sich in ihrer Schuld und glaubte sie nur bezahlen zu können, indem er ihr Zuneigung schenkte und dafür sorgte, daß sie für den Rest ihrer Tage ein gutes Leben hatte. Er wollte ein Unterkommen suchen, wo sie freundlich aufgenommen würde.
Aber Gregg machte seine Rechnung ohne Cat. Als das Schiff seinen Bestimmungshafen erreichte, war sie vor Abneigung gegen den luxuriösen Passagierdampfer todkrank. Es gab keinen einzigen Geruch an Bord, der ihr zusagte. Sie liebte das Meer und die Männer, die ihre Tage mit anstrengendem Tun auf See verbrachten. Sie haßte Frauen und gewisse Gerüche und vor allem alles Zimperliche. Sie war eben Cat und konnte sich nicht ändern.
In dem Wirrwarr der Ankunft sah niemand, wie sie von Bord ging. Sie verschwand wie ein Hauch von schwarzem Rauch. Es war ein so schöner Morgen wie jeder, den sie auf der Überfahrt erlebt hatte. Die Luft war balsamisch, der Himmel über dem Hafen blau wie Vergißmeinnicht. Als Cat die ihr altgewohnten Stätten wiederfand, schnurrte sie laut, strich beglückt an teergetränkten Hosenbeinen entlang, wölbte den Hals unter schwieligen Händen. Aber sie war scheu. Sie wollte sich nicht bloßstellen. Vierzehn Tage lang lebte sie auf den Docks und genoß die wunderbaren Düfte von frischem Holz, Stroh, Teer, Salzfisch, Hanf, Bier, Öl und Schweiß. Dann erneuerte sie ihre Bekanntschaft mit dem graufelligen Kavalier aus dem Schafstall, dies-

mal auf freundliche Art, obwohl es wieder nicht ohne lautes Kreischen abging. Zu guter Letzt wählte sie für die nächste Reise einen Viehtransporter, und alles, was sie in der Vergangenheit erlebt hatte, galt ihr nichts mehr!

PHYLLIS BRIGGS

Schnurrs Abenteuer

Fauchend vor Wut über die erlittene Demütigung stürmte der Kater durch den Wald. Er achtete nicht des Weges, noch wußte er, wohin er ging. Die Lust auf ein gutes Nachtmahl war ihm vollständig vergangen. Vergessen war auch die liebevolle Sorgfalt, mit der ihn sein Herr stets umgeben hatte, vergessen das gestrige Abenteuer mit Barry, dem Hund, und die nachträgliche Befreiung aus mißlicher Lage, die er einzig und allein dem Jungen verdankte. Peter hatte ihn geschlagen, und Prügel sind etwas, das eine Katze nicht so leicht vergißt. In des Katers Herz war nur Haß gegen den Jungen und Abscheu für alles, was mit dem Föhrenhaus und seinen Bewohnern zusammenhing.
Doch da auch der ärgste Zorn einmal verraucht, wurde das Tempo von Schnurrs wilder Jagd nach und nach gemäßigter. Plötzlich stand er vor einer Felsenspalte, und ohne lang zu überlegen, kroch er hinein. Unbeweglich und mit geschlossenen Augen lag dann der Kater den ganzen Nachmittag in seinem Versteck. Draußen kündigten lange Schatten den herannahenden Abend an. Langsam überkam auch Schnurr ein Gefühl der Ruhe, zugleich verspürte er Hunger. Jenseits der schmalen Öffnung war eine ihm unbekannte Welt, in der es nun galt, etwas Eßbares aufzutreiben. Der Gedanke, in das Föhrenhaus zurückzukehren, erfüllte Schnurr mit Widerwillen. Es war der Ort seiner Schande gewesen, wo Peter ihn bestraft hatte, als sei er ein ungezogenes Kätzchen. Sich behutsam aus der Höhle heraustastend, prägte Schnurr sich die Lage des Versteckes gut ein. Es war notwendig, einen sicheren Unterschlupf zu haben, wenn man nach den Mahlzeiten ruhen wollte. Vorderhand gab es allerdings noch nichts zu essen und es sah nicht aus, als würde bald etwas Jagdbares daherkommen. Überdies war Schnurr noch immer ein Fremdling in diesen unendlichen Wäldern. Bei jedem Geräusch fuhr er erschrok

ken zusammen. War es nicht viel wahrscheinlicher, daß er, anstatt Beute zu finden, von einem Stärkeren angefallen werden würde? Mit hängenden Ohren, den Körper so eng an den Boden drückend, daß die dürren Blätter aufrauschten, bewegte sich Schnurr vorwärts. Irgendwo knurrte eine Wölfin im Dickicht. Mit einem gewaltigen Sprung, als sei eine Granate unter ihm geplatzt, machte sich Schnurr davon. Die Wölfin verzog sich, ohne den Kater zu beachten. Schnurr faßte neuen Mut. Jedenfalls gab es hier Geschöpfe, die ihn ebenso fürchteten, wie er sie. Diese Erkenntnis erhöhte das Selbstvertrauen, wenn sie auch die Lage nicht wesentlich beeinflußte. Das Zusammenleben mit den Menschen hatte Schnurr vieler seiner natürlichen Fähigkeiten beraubt. Noch manches war zu lernen, ehe man den Hunger stillen konnte. Alle Tiere des Waldes jagten oder wurden gejagt. Das Unheimliche daran war nur, daß dies alles lautlos geschah, während der Wind in den Bäumen raunte oder Regen vom Himmel fiel.

Schnurr hatte jetzt den Wald verlassen und spazierte am Rande des Hochmoors entlang. Ein Wesen mit elastischen Hufen, einem ungeheuren Schädel, mächtigen Hörnern und wulstigen Lippen graste in einiger Entfernung. Es sah wie ein Pferd aus, hatte aber kein Geschirr, wie es der Kater von der Stadt her kannte. Der zehnjährige Elchbulle, dessen vollentwickeltes Geweih im August fast einen Meter im Durchmesser haben würde, nahm von Schnurr überhaupt keine Notiz. Seine Äsung waren die saftigen Wasserpflanzen des kleinen Flüßchens, das das Moor durchfloß. Ein andauerndes Plätschern und Schlurren verriet, daß der Elchbulle sich das Abendessen gut schmekken ließ.

Schnurr zog es vor, sich unauffällig zurückzuziehen. Langsam gewöhnte er sich jedoch daran, anderen Tieren zu begegnen. Ein Fuchs schnürte im Unterholz, witterte in der Richtung der großen Katze, entschloß sich aber, anderswo nach einer Mahlzeit Umschau zu halten. Ein gutmütiger alter brauner Bär, der seinen Hunger an einem Abfallhaufen gestillt hatte, kam dahergetrottet. In weiter Ferne bellte ein Wolf, der das Moor nach einem fliehenden Hasen absuchte.

Bei jedem Geräusch fauchte der Kater bösartig. Immer wieder floh er vor vermeintlichen oder wirklichen Feinden. Am liebsten hätte er das Jagen aufgegeben, aber der Hunger wurde immer größer. Trotzdem dachte das Tier keinen Augenblick daran, zu Peter zurückzukehren. Der Zauber der Wildnis hatte Schnurr ergriffen, hatte Gefühle wachgerufen, die nicht mehr zu unterdrücken waren. Nur zu essen sollte man haben!

Die längste Zeit trieb Schnurr sich nun schon ohne Erfolg umher. Da, am Rande einer Lichtung wehte ihm endlich eine wohlbekannte Witterung entgegen. Es roch nach Maus, aber süßer und sauberer als in der Stadt. Schnurr pirschte sich an die Wühlmaus heran, als hinge sein Leben davon ab. Regen fiel jetzt in warmen Schauern nieder, ein Umstand, der Schnurr in seinen Bewegungen hemmte. Daß er seine Beute doch erwischte, hatte er einzig und allein der Unvorsichtigkeit der Maus zu verdanken. Das Tierchen hatte nicht den Warnungsruf seiner Mutter abgewartet, ehe es sich bewegte, und rannte blindlings ins dichte Gras. Die Rispen der hohen Halme schwankten verräterisch und in der nächsten Sekunde hatte Schnurr sein Opfer gefaßt. Es war eine gute Beute, das Fleisch schmeckte vorzüglich, nicht ranzig, wie das der Stadtmäuse, die sich von Abfall nähren. Nichts als das Schwänzchen des Mäusekindes blieb schließlich übrig. Warum Schnurr dieses nicht verzehrte, bleibt ungewiß. Doch setzte er die Jagd auf Leckerbissen fort und erwischte noch zwei Mäuslein. Dann fühlte sich der Kater gesättigt. Seinen Durst löschte er an einer klaren Quelle, die aus einer Felswand hervorsprudelte. Er war nun restlos glücklich.

Diese kleinen Raubzüge waren so recht nach Schnurrs Geschmack. Sie bewiesen, daß er sich auch unter schwierigen Lebensbedingungen zurechtzufinden verstand. Jetzt sollte der Ruhe gepflogen werden, und zwar gleich an Ort und Stelle. Die bis an den Boden reichenden Zweige einer Tanne boten den gewünschten Schutz gegen Regen und Wind. Unter diese verkroch sich der Kater. Behaglich schnurrend lag er da, während um ihn das vielfältige Leben des Waldes pulsierte. Der Ruf des Tauchers klang vom offenen Marschland herüber, irgendwo brach ein Bär auf der Suche nach fetten Maden durch das Unterholz. Wärme und Müdigkeit ließen den Kater bald einschlafen. Der Wind strich sachte über das seidige Fell des ruhig atmenden Tieres.

Nach und nach kam eine seltsame Unruhe über Schnurr. So undeutlich war das Gefühl, daß sich der Kater nicht gleich zurechtfand. Sollte es das volle Bäuchlein sein, das ihn störte? Da, mit einemmal wußte er, was es war. Gefahr drohte ihm, unmittelbare Gefahr! Unter gleichen Umständen wäre ein Hase längst davongejagt, wissend, daß Zögern den Tod bedeutet. Aber der Kater rührte sich nicht, sondern spähte in das Unterholz. Kein Laut drang aus der Finsternis zu ihm und so ahnte er nicht, daß er sein Leben in einer Weise aufs Spiel setzte, wie man es kein zweites Mal in dieser Bergwelt wagen darf. Schnurr war eben noch zu sehr Neuling in der Wildnis, um alle jene merkwürdigen Empfindungen zu verstehen, die die Menschen beim Tier Instinkt nennen. So wußte er auch jetzt nicht, daß ihn ein hinterlistiger Feind verfolgte.

Zwei winzige Punkte, bald da, bald dort auftauchend, wie eben das Wiesel sich duckte oder hochging, leuchteten aus dem Dunklen. Der kleine Räuber war schon die längste Zeit dieser neuen, vielversprechenden Witterung nachgelaufen. Das würde eine leckere Mahlzeit abgeben! Da erkannte endlich auch Schnurr die Gefahr. Ein heftiges Zittern ergriff ihn, daß er sich kaum weiterbewegen konnte. Wie gebannt blickte er auf die unheimlichen roten Punkte, plötzlich verschwanden sie. – Das Wiesel verbarg sich im dichten Gras – und diesen Augenblick benützte Schnurr zur Flucht. In großen Sprüngen jagte er über das Moor dahin, verfolgt von einem Feind, der ihm nach dem Leben trachtete. Wie harmlos war Barry dagegen gewesen! Ein Hund läßt sich einschüchtern, indem man ihn zum offenen, ehrlichen Kampf stellt. Doch dieses Raubtier da kroch lautlos nach, heftete sich an die Spur, ließ sich weder einschüchtern noch vertreiben.

Nachdem Schnurr ungefähr hundert Meter zurückgelegt hatte, blieb er stehen. Sein Atem ging in kurzen Stößen, seine Flanken zitterten. Um ihn herum war tiefster Friede. Da ... da ... blitzten sie wieder, diese unheimlichen Lichter! Schnurr miaute jämmerlich, als diese Augen immer näher und näher kamen. Doch der erste Schreck war vorbei, der Kater rannte nicht mehr blindlings davon, sondern auf die Felsen zu, die ihm Deckung gewähren würden. Dort wartete er und das war sein Fehler. Ein Glück nur, daß ihn ein Wiesel jagte und nicht ein Wolf! Schnurr wäre verloren gewesen in seiner Sucht, mit dem Feind kämpfen zu wollen. Im Wald kommt es eben darauf an, seinen Gegner zu überlisten, eine Kunst, die der Kater noch nicht genügend beherrschte.

Die Hinterbeine fest an den Boden pressend, bereitete sich Schnurr zum Sprung vor. Sein Herz klopfte unregelmäßig, als die roten Punkte neuerlich auftauchten. Näher und näher kam das kleine Biest. Schon vernahm man leises Rascheln im dürren Laub ... Schnurr konnte nicht länger an sich halten, er sprang aus der Deckung und schlug mit der Pfote zu. Aber er hatte sich verrechnet. Der Gegner wich behend aus, indem er direkt an Schnurr vorbeisprang. Damit

war aber ein Angriff von der Flanke aus gegeben. In der nächsten Sekunde saß der Wildling dem Kater im Nacken und saugte sich an ihm fest wie ein Blutegel.
Das Wiesel hatte diese Art des Angriffs unzählige Male angewendet und dabei so manchen Hasen besiegt, der zumeist aus Angst wie toll dahinschoß, um endlich kraftlos zusammenzubrechen. Aber Schnurr blieb geistesgegenwärtig und es zeigte sich, daß nicht nur er Irrtümer beging. Diesmal war es das Wiesel, das daran glauben mußte. Der Kater wehrte sich verzweifelt. Obwohl er seinen Angreifer nicht beißen konnte, so hatte er doch die Pfoten frei und bearbeitete den kleinen Blutsauger mit den Krallen, daß dieser vor Schmerz schrie. Ein furchtbares Ringen begann zwischen den beiden Tieren. Sie kollerten ins Gras und, die sehnigen Körper fest aneinandergepreßt, kämpfte jedes um sein Leben. Aber Schnurr blieb Sieger. Bewegungslos lag das Wiesel endlich vor dem Kater, der einen Triumphgesang anstimmte. Kein Elch nach einer kampfdurchtobten Herbstnacht, wenn die Bullen um die Vorherrschaft im Revier kämpfen, hätte stolzer auf seinen Sieg sein können als Schnurr. Todmüde kroch er in eine Felsenhöhle zurück und träumte, auf der Erde liegend, von künftigen Heldentaten. Peter war vollkommen vergessen.

Der Wildkatze, Kater Schnurrs Schritt war nun weich und lautlos geworden wie der des Iltis. Er verstand es, sich vor dem Feind zu tarnen, daß dieser nicht einmal die grünen Augen wahrzunehmen vermochte; und wer behauptete, das Anspringen sei kein Hochgenuß, der verstand eben nichts von den Gefühlen eines wilden Katers.
Natürlich gab es immer wieder Rückfälle, wie damals, als der Wolf ihn verfolgte und er ins offene Land flüchtete, anstatt auf einen Baum zu klettern. Aber bei jedem Fehler, den Schnurr beging, lernte er zu. Schon lange fürchtete der Kater das blutgierige Wiesel nicht mehr; er kannte zumindest fünfzig verschiedene Arten, es zu jagen, so daß mancher dieser kleinen Räuber wünschte, er wäre dem Kater nie in die Quere gekommen.
Nur eines vermißte Schnurr: Bewunderung für seine neuen Fähigkeiten. Denn wenn der Kater auch wild tat, im Grunde war er doch eine Schmeichelkatze und brauchte jemanden, der ihn verwöhnte. Manchmal empfand Schnurr direkt Sehnsucht nach Peter und diese trieb ihn oft in die Nähe des Föhrenhauses. Der Junge ahnte ja nicht, daß sein Liebling ihm beim Holzfällen zusah, sich seelenruhig Pfoten und Fell

säuberte, während er sich plagte. Aber wenn Schnurr den Ruf seines Herrn auch vernommen hätte, gekommen wäre er nicht. Der Kater hätte höchstens mit der Säuberung einen Augenblick lang ausgesetzt.

Eines Tages im Frühsommer spürte Barry den Kater auf. Schnurr war ein wenig nachlässig gewesen, denn er hatte eben einen harten Kampf mit einer Eule ausgefochten, als er plötzlich dem Hund gegenüberstand, der ihn übrigens sofort verbellte, daß es in den Wäldern widerhallte. Ach, einmal sich so recht in diesen unausstehlichen Kater verbeißen zu können, das wäre nach Barrys Geschmack gewesen. Der Hund näherte sich einem Wacholderbusch, unter dessen Zweigen Schnurr gemächlich lag. Der Kater sah Barry völlig gleichgültig entgegen. Längst hatte er gelernt, daß man bei einem Feind, den man einschüchtern will, Gleichmut bewahren muß. Barry blieb stehen und machte ein dummes Gesicht. Die Vorderbeine flach auf den Boden gepreßt, die hinteren hochgestellt, erweckte der Hund eher den Eindruck, als mache er vor Schnurr eine Verbeugung. Doch auch ein neuerliches Verbellen ließ den Kater ungerührt. Barry wurde verlegen. Was macht man mit einem Feind, der keine Furcht zeigt, sondern einen immer nur anstarrt? Ein drittes Mal versuchte der Hund Schnurr durch heftiges Bellen zu beeindrucken. Der Kater gähnte gelangweilt, als wollte er sagen: Was soll der zwecklose Lärm? Willst du kämpfen, dann komm heran. Mir soll es recht sein. Eine Weile saßen sie einander gegenüber. Barry begann vor Ungeduld und Aufregung zu keuchen, wobei sein ganzer Körper zitterte. Der Kater grinste. Wozu verschwendete dieser Hund soviel Kraft? Ausgesprochen dumm von ihm. Bedächtig ließ Schnurr die Zunge über seinen Rükken gleiten. Man würde ja sehen, was dieses bellende Geschöpf vorhatte.

Mittlerweile war Barrys Haltung beinahe demütig geworden. Bewundernd sah er auf den Kater, dessen Fell wie poliertes Ebenholz glänzte. Und weil Hunde gern alles nachmachen, ließ Barry sich auf seine Hinterbeine nieder und leckte an einer kleinen Wunde, die er sich beim Durchkriechen eines Strauches wilder Rosen gerissen hatte Schnurrs Ohren zuckten. Ein Gefühl der Überlegenheit überkam ihn. Er hatte gewonnen, hatte Barry kampflos besiegt.

Wie ungeschickt der Hund doch seine Wunde behandelte! Die Zunge streifte dabei den Boden und brachte Sand in das offene Bein. Sand drang auch in Barrys Schnauze, zwischen die elfenbeinweißen Zähne

und dadurch neuerdings an die entzündete Stelle.
Der Kater streckte sich mit besonderer Sorgfalt, machte einige Schritte auf Barry zu, dessen Kampfgeist augenblicklich völlig erlahmt war. Nur das schmerzende Bein war wichtig. Immer näher kam Schnurr an den Hund heran. Was willst du? schien dieser zu fragen. Schnurrs Annäherung war Barry nicht ganz geheuer, er wußte nicht, was er davon halten sollte. Also wendete er sich wieder seiner Wunde zu. In die gutmütigen Hundeaugen kam ein Blick vollkommener Hilflosigkeit. Immer mehr näherte sich Schnurr und, wenn der Kater jetzt fauchte, geschah dies mehr aus Gewohnheit. Auch Barrys Knurren war nicht echt. Einige Minuten vergingen. Der wilde Kater besah sich die Zehen seines Gegners, als wollte er seine Stärke einschätzen, dann, als Barry neuerdings seine Wunde zu lecken begann, beteiligte sich auch der Kater an der Reinigung. Sein warmes, geübtes Zünglein glitt wohltuend über den schmerzenden Riß, um den schon die Fliegen surrten. Barry seufzte tief auf, dann legte er sich zurück und ließ den barmherzigen Helfer gewähren. Was die zwei miteinander sprachen, wird immer ein Geheimnis bleiben, weil wir Menschen nicht die Gabe besitzen, die Sprache der Tiere zu verstehen. Aber es muß wohl Freundliches gewesen sein, denn das weitere Verhalten bewies, daß Barry und Schnurr von nun an gesonnen waren, Frieden zu halten.
Als sich die neuen Freunde endlich trennten, befand sich Schnurr direkt in gehobener Stimmung. Dieser letzte, kampflose Sieg dünkte ihn der schönste. Wäre sein Schwänzchen länger gewesen, es hätte wie eine Lanze ausgesehen, so kerzengerade ragte es in die Höhe. Wenn jetzt selbst ein Elch dahergekommen wäre, Schnurr hätte es mit dem König des nordischen Waldes aufgenommen.
In überquellender Lebensfreude wanderte der Kater über die Grenze des Föhrenkammbesitzes hinaus. Nicht, daß große Entfernungen Schnurr etwas ausmachten. Im Gegenteil, er hatte gelernt weite Strekken zurückzulegen und lief munter dahin. Gegen Abend erreichte er die nächste Siedlung.
Der Kater umkreiste die Hütten und Miststätten und gelangte endlich zu einem Haus, in dessen Fenster eine zierliche weiße Kätzin, kaum den Kinderjahren entwachsen, saß. Sie hatte Schnurr bereits herankommen gesehen und beobachtete ihn nun voll Interesse. Der schöne schwarze Kerl gefiel ihr außerordentlich. Kein Schloßfräulein hätte an ihrem Ritter mehr Gefallen finden können als Kaja an Schnurr.

Der war aber wirklich ein stattlicher Bursche. Sein ebenholzschwarzes Fell glänzte in der Abendsonne. Er hatte Muskeln wie Stahl und den federnden Gang eines Raubtieres.
Jetzt ließ er seinen Ruf erschallen, was in der Katzensprache ungefähr »Guten Abend, mein schönes Fräulein, haben Sie Lust, zu plaudern?« bedeutet und die weiße Mieze gab allergnädigst ihre Zustimmung durch ein leichtes Miauen zu erkennen. Sie wollte schon ihren Rittersmann begrüßen, als eine wütende Stimme sich aus dem Innern der Hütte vernehmen ließ: »Mach, daß du fortkommst, du häßliches, altes Biest! (das galt Schnurr). Miaust da um die Hütte herum, daß es einem auf die Nerven geht! Und du bist still, Kaja! Du solltest dich schämen, so vorlaut zu sein!« Die alte Frau schlug energisch die Tür zu und eine Zeitlang mußte Schnurrs Werbung unterbleiben.
Doch das Schicksal meinte es auch jetzt wieder gut mit dem Kater, denn gerade kehrte Jans Daniels heim und stapfte in seinen Schlafraum. Für den Bruchteil einer Sekunde stand die Eingangstür offen und diese Zeitspanne benützte Kaja, um hinauszuschlüpfen.
Kaum wurde sie jedoch Schnurrs ansichtig, als sie sehr zurückhaltend tat. Dieser fremde Kater sollte nur nicht glauben, daß er der Herr dieser Wälder war, die sie als Königin beherrschte. Leichtfüßig stieg sie über die zahlreichen Unebenheiten des Bodens dahin, sah bald nach rechts, bald nach links. Nur Schnurr blickte sie nicht an. Das wäre gegen die Spielregeln gewesen.
Der wilde Kater lugte in stiller Bewunderung hinter einem Busch hervor. Kajas weißes Fell, ihre großen gelben Augen dünkten ihm wunderschön. Und erst der herrliche Schwanz! Was für ein armseliges Stümpfchen war der seinige dagegen. Schnurr näherte sich demütig seiner Angebeteten. Er sprach zu ihr in sanften Tönen und sie hörte ihm andächtig zu.
Dann, als hätte sie plötzlich genug, ließ sie Schnurr stehen und stolzierte um die Hütte herum. Doch der Kater folgte ihr. Wenn sie rastete, ließ er sich anbetend neben ihr nieder. Dieses Spiel machte beiden Spaß und sie setzten es solange fort, bis die alte Frau wieder vor der Tür erschien. Einen Pantoffel in der Hand zielte sie nach Schnurr. Doch der war geschwinder als sie. Mit einem Sprung verschwand er im Dickicht. Als es wieder still geworden war, kroch der Kater hervor und die beiden jungen Tiere spielten noch lange im milden Schein der nordischen Sommernacht.
Zwei Tage später trug sich dann das denkwürdige Ereignis zu, das

Kaja endgültig an Schnurr band. Das Katzenfräulein schlief in der Sonne, und wie es sich gehörte, bewachte der Kater ihren Schlummer. Mit einemmal strolchte ein riesiger Kerl heran. Sein gelbes Fell funkelte in der Sonne, die Ohren hatte er zurückgelegt, die Hinterbeine waren steif, als seien sie aus Holz. Je näher der andere Kater kam, um so steiler richteten sich Schnurrs Haare in die Höhe. Er streckte seine Beine und begann jenen merkwürdigen, aber für den Gegner höchst gefährlichen Tanz, der nichts anderes als ein Flankenangriff ist.

Kaja leckte ihr Mäulchen, hockte sich auf ihre winzigen Vorderpfoten und betrachtete voll Bewunderung die beiden Kämpfer. Der gelbe Kater hatte seine Schritte verlangsamt, dagegen begann er zu jaulen. Schnurr fühlte sich in bester Form und seinem Widersacher durchaus gewachsen, obschon es gewiß kein leichter Sieg werden würde, denn der Gelbe war von der Art, die sich eher in Stücke reißen läßt, bevor sie nachgibt. Das Jaulen verstärkte sich, wurde zum Geheul. Die Gegner kamen einander immer näher. Dann, mit einem durchdringenden Schrei, holte Schnurr zum ersten Schlag aus. Der gelbe Kater ging nun seinerseits los. Es waren nicht zahme Püffe, die die beiden austeilten. Die scharfen Krallen rissen das Fell stückweise heraus, bohrten sich in das Fleisch.

Der Kampf ging nach ganz bestimmten Regeln vor sich. Die beiden Raufer hockten einander gegenüber und hieben abwechselnd der eine auf den andern ein. War Schnurr an der Reihe, so schloß der gelbe Kater die Augen und erwartete scheinbar gleichgültig den Hieb, den er aber dann um so heftiger zurückgab. Das ging alles so schnell vonstatten, daß ein menschliches Auge dem Zweikampf kaum zu folgen imstande war. Die Schlacht ging der Entscheidung entgegen. Rund um den Kampfplatz lagen schwarze und gelbe Fellfetzchen verstreut oder klebten zwischen den Pfoten der Kämpfer. Schließlich mußte der gelbe Kater weichen. Er jaulte gottsjämmerlich und riß aus. Doch Schnurr war hinter ihm her, umklammerte seinen Gegner, warf ihn zu Boden. Jetzt kämpften sie wie toll, Körper an Körper gepreßt. Sie rollten gegen die Wand der Hütte, in der Daniels wohnte. Das furchtbare Schreien der Wütenden brachte die alte Frau zur Tür. Sie kam eben zurecht, um Schnurrs Endsieg beizuwohnen. Der Gelbe machte sich Schnurrs augenblickliche Ablenkung zunutze und schoß davon, so rasch ihn seine müden Beine tragen konnten. Doch auch für Schnurr war es an der Zeit, das Weite zu suchen, ehe die Alte zu einem mit Wasser gefülltem Eimer griff. Vorher sagte der wilde Kater aber noch rasch etwas zu Kaja. Es mußte ein Zauberwort gewesen sein, die Aufforderung, ihm zu folgen und sein Jägerleben zu teilen. Das weiße Kätzchen konnte gerade noch dem Zugriff der alten Frau entgehen, dann lief es Schnurr nach in den Wald. »Dieser verdammte schwarze Teufel«, zeterte die Alte hinter ihr her. »Jetzt wird der Fuchs Kaja erwischen, so wie es bei Minna, Gerda und Anna geschah. Aber das weiß ich, so ein Biest von einem Kater kommt mir nicht mehr in die Nähe.« Die Tür flog ins Schloß, daß die Balken krachten und der gelbe Staub des Hausschwammes durch die Oberschwelle rieselte.

Der Kater schlich unbemerkt an den arbeitenden Männern vorüber und hielt eifrig nach Eßbarem Umschau. Zu diesem Zweck kletterte er auf eine windgebeugte Föhre und lugte ins Land. Wirklich unerhört von Kaja, ihn allein zu lassen! Weit und breit zeigte sich kein jagdbares Wild. Es war noch zu hell. Erst bei schwindendem Tageslicht regt es sich im Wald.

Im Dämmerschein in der Ferne am Uferrand erspähte er Fischotter. Wie lauert dieser Mörder dort auf sein Opfer, solange der Fischotter etwas Lebendes im Wasser erblickt, greift er zu, seien es Fische, Frösche, Wasserratten oder Schwäne.

Schnurr schlummerte ein wenig. Mit einemmal schien es ihm, als sei die Luft durch einen seltsamen Ton erschüttert worden. Der Kater öffnete die Augen und blickte um sich. Auf einem tiefgelegenen Zweig hatte sich eine Krähe niedergelassen und sah schreckerstarrt ins Weite.

Das war wieder einmal ein fetter Bissen! Schnurr bereitete sich zum Sprung vor. Die Krähe aber sah unentwegt in das helle Blau des nordischen Sommerhimmels. Der Adler, der sie verfolgt hatte und vor dem sie sich nun in Sicherheit wähnte, zog seine Kreise über dem Moor. Heute würde es keinen Krähenbraten in seinem Horst geben.

Der Kater wußte nichts von der Anwesenheit eines Adlers, er war ganz in den Anblick der Krähe versunken. Jung war sie und unerfahren und daher leicht zu erwischen. »Krah«, rief das dumme Ding jetzt auch noch, damit man ja nicht auf sie vergesse. Ein Sprung, und Vogel und Katze fielen zu Boden. Schnurr spuckte ein paarmal aus, irgendwie war Erde in sein Mäulchen geraten. Dann stellte er mit Be-

friedigung fest, daß alle seine Glieder heil geblieben waren. Ein paar Schritte von ihm entfernt lag die Krähe. Sie hatte sich beim Sturz das Genick gebrochen.
Der Kater betastete und beroch seine Beute, dann nahm er das reglose Ding zwischen die Zähne und trabte fort. Die Krähe hatte ein ansehnliches Gewicht und erwies sich als unangenehme Bürde. Indem Schnurr den Kopf hoch hielt und fest auftrat, war es ihm möglich vorwärts zu kommen. Sein Hals schmerzte ihn und er atmete schwer.
Den schwarzen Punkt, der über den Wolken schwebte, konnte er nicht wahrnehmen. Aber er sah ihn auch dann nicht, als der Punkt sich rasch vergrößerte. Erst das Rauschen der mächtigen Schwingen ließ Schnurr die unmittelbare Gefahr erkennen, in der er sich befand. Sofort entledigte er sich seiner Beute und stellte sich dem unbekannten Gegner. Dieses riesige Gefieder da schien es auf ihn abgesehen zu haben. Schnurr, der gefürchtete Jäger der Waldvögel, hatte bisher keine Ahnung von diesem Raubvogel gehabt. Majestätisch schwebte der Adler über dem Moor. Trotz seines ungeheuren Umfanges, die Spannweite seiner Flügel mochte gut drei Meter messen, schien er vollkommen gewichtslos zu sein. Der Anblick des Königs der Lüfte wirkte so furchterregend auf Schnurr, daß er die Flucht ergriff. Unter dem Wurzelgewirr einer vom Wind gefällten Tanne fand der Kater Schutz. Doch noch immer sauste es in den Lüften, als würden tausend Decken entfaltet werden.
Von seinem Versteck aus beobachtete Schnurr scharf, was vorging. Sein Kinn zitterte, halb aus Furcht, halb aus Hunger, denn er hatte heute noch nichts gefressen. Plötzlich hatte der Adler seine verloren geglaubte Beute entdeckt. Ein kräftiges Flügelschlagen und er landete vor der toten Krähe. Da wurde Schnurr toll. Die Beute, das gute, fette Essen, das er Kaja zugedacht hatte, sollte ihm von dem andern weggeschnappt werden? Aus seinem Versteck hervorstürzend, fiel der Kater den Raubvogel an. Glaubte er, dem Adler die Krähe entreißen zu können, oder wollte er vielleicht Kaja mit einem Adler als Beute aufwarten?
Jedenfalls griff Schnurr in dem Augenblick nach der Krähe, als sich der Raubvogel erhob, und so wurde der Kater mit dieser zugleich in die Lüfte entführt. Das Gefühl des Aufsteigens war scheußlich. Die Bäume schrumpften ein, wurden seltsam flach, der Boden drehte sich mit schwindelerregender Schnelligkeit von Schnurr weg. Des Adlers

unfreiwilliger Passagier jaulte vor Entsetzen und krallte sich fester in seinen Entführer. Würde er je wieder zur Erde zurückkommen, seine Höhle und Kaja wiedersehen?
Wenn der Kater schon Qualen ausstand, so waren sie nichts gegen die, die der Adler fühlte. Der hatte die Krähe für tot gehalten, und nun krallte sich etwas in sein Fleisch, hängte sich an ihn, daß er kaum fliegen konnte. Der große Vogel versuchte verzweifelt, dieses schreckliche Ding loszuwerden, das unkrähenhafte Heultöne von sich gab. Schließlich gelang es ihm auch, die Last abzuwerfen. Dadurch verlor der Kater seinen Halt und stürzte mit ab. Pfeilschnell sauste er durch die Luft, sich dauernd überschlagend, direkt auf die Baumkronen des Waldes zu. Krachend brach er durch die Zweige einer mächtigen Föhre und – landete – welch Zufall – aufrecht auf dem Körper der Krähe, welchem Umstand Schnurr wahrscheinlich sein Leben verdankte. Doch seine Eigengeschwindigkeit war so groß, daß er vornüber fiel und mit dem Kopf im Sand aufschlug. Eine Wolke weißen Staubes wirbelte auf. Dann rührte sich eine Weile lang nichts.
Hoch oben in den Lüften segelte der Adler. Der starke Blutverlust, den der König der Vögel anfangs gar nicht spürte, hatte ihn derart geschwächt, daß er sich nicht lange würde mehr halten können. Schon begann der mächtige Vogel abzusinken, er zog immer engere Kreise, schließlich schlug er auf die Erde hin. Hilflos lag der kühne Räuber da, seine Augen glühten wie Feuerbälle. Trotz seiner schweren Verletzungen war er noch immer ein gefährlicher Feind.
Langsam kam Schnurr zu sich. Anfangs wunderte er sich, was mit seiner Nase geschehen war. Wie ein hoher Berg türmte es sich vor seinen Augen auf und behinderte die Sicht. Den Berg mit der Zunge zu lecken erwies sich als unmöglich. Wenn Schnurr seinen Kopf auch nur ein ganz wenig bewegte, war es ihm, als bohrten sich tausend Nadeln in sein Gehirn. Da bemerkte der Kater, daß auch sein Entführer nicht unweit zu Fall gekommen war. Der Adler drehte den Kopf hin und her, der furchtbare Schnabel schloß und öffnete sich wie im Krampf. Ein unbeschreibliches Glücksgefühl ergriff Schnurr. Er, ein Fremder in diesen Regionen, hatte mit diesem geflügelten Ungeheuer gekämpft und es besiegt. Diese Gewißheit versetzte den wilden Kater in einen Rauschzustand. Unter der schützenden Föhre hervorschießend, schlug er mit seinen Krallen grimmig auf den Vogel ein. Damit hätte Schnurr eine Drossel, aber niemals einen Adler erlegen können.

Trotz seiner schweren Verletzungen sandte dieser den Kater heulend ins Gebüsch. Schnurr hatte schon mancherlei Getier gejagt, aber noch nie hatte er sich an eine Beute von solchem Ausmaß herangewagt. Zweimal versuchte er noch dem großen Vogel beizukommen, und jedesmal warf ihn dieser zurück. Endlich beim viertenmal kam es zu einem furchtbaren Nahkampf, in dessen Verlauf Schnurr ganze Arbeit verrichtete. Der Beherrscher der Lüfte hatte zu atmen aufgehört.

Des Katers Stolz kannte keine Grenzen. Gern hätte er den großen Vogel nach seiner Höhle abgeschleppt, doch das Gewicht allein machte das Vorhaben zunichte. Aber jedes Tier, an dem Kadaver vorüberkommend, würde an der Witterung erkennen, wer Sieger über den Adler geblieben war.

Schnurr kehrte nun zu der Krähe zurück. Zusammenhanglos dachte er plötzlich an Peter und wie seltsam es wäre, würde der Junge jetzt zwischen den Bäumen erscheinen. Vielleicht würde Peter lieb zu ihm sein und ihn streicheln. Der Kater war schon lange nicht gestreichelt worden und sehnte sich nach einer Liebkosung. Doch die Anwandlung verging so rasch wie sie gekommen war. Der Kater hatte auch wirklich an andere Dinge zu denken. Es zeigte sich, daß selbst der Abtransport der Krähe keine leichte Sache war, wenn man eine geschwollene Nase hat. Nur mit Mühe gelang es Schnurr, die Beute zu fassen. Zwei volle Stunden vergingen, ehe er die Höhle erreicht hatte.

Angekommen, ließ Schnurr den Vogel beim Eingang fallen und guckte in das Versteck hinein. Zwei blasse Halbmonde leuchteten ihm entgegen. »Komm heraus und schau, was ich dir mitgebracht habe«, so ungefähr dürfte die Einladung gelautet haben, die Schnurr seiner Frau übermittelte. Doch Kaja schien nicht von ihr Gebrauch machen zu wollen. Sie rührte sich nicht. Schnurr fuhr fort, seine weiße Mieze zu locken, doch diese sah ihren Katzenmann gar nicht an. Warum blieb Kaja unentwegt in der Höhle, anstatt herauszukommen und die fette Krähe zu bewundern? Schließlich hatte Schnurr einen heldenhaften Kampf dafür gekämpft und verlangte zumindest Anerkennung seiner Leistung. Der Kater begann jämmerlich zu miauen. Als Antwort drang ein tiefer, zärtlicher Ton aus dem Innern der Behausung zu ihm. Kajas Stimme klang glückerfüllt, wenn auch ein wenig schläfrig. Und plötzlich vernahm Schnurr noch weitere Stimmchen, die viel eher ganz schwach einem Pfeifen glichen. Der

Kater horchte auf. Es war natürlich nicht das erstemal, daß Schnurr Vater geworden war, doch diesmal nahm er an seinen Kindern Anteil. Er mußte Kaja zeigen, wie lieb er sie hatte. Also schob er mit seiner schmerzenden Nase die Krähe in die Höhle und ließ dabei ein zufriedenes Schnurren hören. Doch Kaja, die keinen Hunger hatte, wendete sich von dem Kadaver ab. Schnurr, unglücklich über die Ablehnung, versuchte es neuerdings, indem er den Vogel noch näher an Kaja heranbrachte. Die junge Katzenmutter fühlte einen Stich in den Rippen, als eine der harten Kielfedern sie berührte. Schnurr bekam eine kräftige Ablehnung. Daraufhin zog sich der neugebackene Vater zurück und bezog seinen Posten beim Eingang der Höhle. Anscheinend wünschte Kaja nicht gestört zu werden. Der Kater streckte sich vor der Felsenspalte aus. Ein Versuch, das Gesicht zu waschen, mißlang vollkommen. Die Nase war und blieb eine schmerzliche Angelegenheit. Überdies war Schnurr ganz furchtbar müde.

Als die Nacht hereinbrach, schlief Schnurr noch immer. Im Innern der Höhle miauten dünne Stimmchen, als Kaja ihre vier winzigen Katzenkinder leckte und nährte.

In den nächsten Wochen unternahm Schnurr keine größeren Spaziergänge, sondern beschränkte seine Jagdgelüste auf die unmittelbare Umgebung. Dann und wann schlüpften auch die Kleinen aus dem sicheren Versteck und ergötzten sich an der wärmenden Sonne und dem weichen Boden des Waldes.

Schnurr gebärdete sich wie toll. Er spielte mit den Kätzchen, mimte den gefährlichen Feind, berührte aber die kleinen Dingerchen so zart, daß selbst Kaja es nicht hätte besser machen können. Anfangs hatte die fürsorgliche Katzenmutter dem Treiben ängstlich zugesehen, doch mit der Zeit lernte sie Schnurr zu vertrauen. Er wurde schließlich so geschickt im Heimtragen der Kleinen, daß sie ihm diese Arbeit allein überließ. In den ersten Wochen lehnten die jungen Katzen all die guten Fleischbissen ab, die Schnurr erjagte. Doch dauerte dieser Zustand nicht allzulange. Bald erlernten sie das Mäusefangen. Kaja lehrte die Kleinen, wie man das Fleisch von den Knochen reißt und wie man es richtig hinunterschlingt. So verbrachte die Katzenfamilie den Sommer. Ein Tag war wärmer und schöner als der folgende, und zu essen gab es mehr als genug.

Was Schnurr nicht wußte, war, daß der Sommer in diesen Breiten nur von kurzer Dauer ist, und die trüben, kalten Monate des nordischen Winters heranrückten. Solange der Kater in London gelebt hatte, be deutete der Winter nichts weiter als eine Zeit, während der es häufiger als sonst regnete. In der schwedischen Küstenstadt hatte Schnurr nie das Zimmer verlassen, war also auch dort mit Schnee und Eis nicht in Berührung gekommen. Auch jetzt noch, wenn die Abende empfindlich kühl wurden, rollte sich Schnurr in der Höhle nur enger zusammen, in der festen Überzeugung, morgen werde die Sonne wieder scheinen. Das schöne Herbstwetter bestärkte ihn in diesem Glauben. Doch mit jedem Tag ging die Sonne später auf und verschwand früher hinter dem Horizont.

Der Kater beachtete natürlich diese Vorgänge nicht. An sein früheres Leben erinnerte ihn nur die immer wiederkehrende Sehnsucht nach Peter. Der Junge war der erste gewesen, der ihm Gutes erwiesen hatte. Öfter als früher trieb es Schnurr in die Nähe des Hauses am Föhrenkamm, teils um mit Barry zu spielen, der nun zu seinen besten Freunden zählte, teils jedoch um zu sehen, wie es Peter ging.

Einer seltsamen Empfindung gehorchend, ließ der Kater seine Gefährtin Kaja unvermutet stehen und machte sich auf den Weg zum Föhrenkamm. Er wollte mit Barry spielen, fand aber den Hund nicht vor, sondern nur einen Knochen, den dieser von seinem Mittagmahl übriggelassen hatte. Der Kater wollte sich eben an diesem restlichen Mahl erfreuen, als Barry herantrottete. »Du kleiner Lump, du«, rief der Hund dem Dieb von weitem zu. Doch beide ließen sich in keiner Weise stören. Sie spielten eine Weile miteinander, dann trabten sie gemeinsam, wie so oft zuvor, in den Wald. Heute jedoch spürte Barry mit dem sicheren Gefühl, das Tiere für kommende Ereignisse haben, daß etwas geschehen werde. Zu wiederholten Malen hob der Hund prüfend den Kopf und witterte. Ja, irgendwo mußte sich ein Unglück zugetragen haben.

Auch Schnurr ergriff jetzt eine würgende Angst, die ihm die Kehle zuschnürte. Mit einemmal wurde der Himmel rauchgeschwärzt. Rauch stieg aus verkohltem Holz auf, lag in dünnen Schwaden über der verbrannten Heide. Schnurr und Barry hatten die Stelle erreicht, an der der Brand entstanden war. Gespenstisch nahmen sich die beiden Tiere in der zerstörten Landschaft aus. Eine halbe Meile von ihnen entfernt tobte eine furchtbare Feuersbrunst, und mitten drinnen in diesem Flammenmeer befanden sich die vier Kätzchen. Freilich würde die Höhle vorderhand die Kleinen vor dem Äußersten bewahren, doch wie lange konnte sie ihnen Schutz bieten gegen die brausende Flammenbrandung?

Mit einem Sprung war Schnurr in der düster glühenden Dämmerung verschwunden. Er raste über den glutheißen Waldboden dahin. Was machte es ihm aus, daß seine Pfoten schmerzten, daß die Hitze sein Fell versengte? Die Kraft, die schon manche Katzenmutter in ein brennendes Haus getrieben hatte, um ihre samtweichen Kinderchen zu retten, drängte jetzt Schnurr vorwärts.
Barry, durch das plötzliche Davonschießen seines Freundes närrisch geworden, rannte am Rande des brennenden Waldes hin und her und verbellte die Katastrophe, bis er heiser wurde. Doch als Antwort kam nur das Prasseln der Flammen und das Krachen der stürzenden Bäume.
Indessen setzte Schnurr seinen verzweifelten Wettlauf mit dem Feuer fort. Der Kater rannte bereits über brennenden Grund. Schwer legte sich der Rauch auf seine Lunge, sein Atem ging in unregelmäßigen Stößen. Kam denn der Felsen noch immer nicht in Sicht? Oder hatte Schnurr den Weg verfehlt? Alle Landmarken, die sonst als Wegweiser dienten, waren verschwunden.
Plötzlich tauchte inmitten dichter Rauchschwaden, nur einige Meter von Schnurr entfernt, die Höhle auf. Die Fichte, die am Eingang stand, war eine einzige Feuersäule geworden.
Blindlings stürzte der Kater in die Loderhölle hinein. Er mußte die Kleinen retten oder mit ihnen in den Flammen untergehen.
Die Rettung kam keine Minute zu früh. Wimmernd krochen die Kätzchen auf Schnurr zu. Das nächste ergreifend, rannte der Kater davon. Sein Herz pochte wie toll. Endlos erschien ihm der Weg in die Sicherheit zu sein.
Taumelnd vor Anstrengung und beinahe blind geworden von dem schwelenden Dunst des Brandes erreichte Schnurr endlich die Lichtung. Barry hatte seinen Freund schon von weitem gesehen. Jetzt begriff der Hund, warum der Kater die Gefahren des brennenden Waldes auf sich genommen hatte und lief ihm entgegen. »Gib mir das Kätzchen«, war wohl das, was er dem Vater sagte. »Ich hüte es dir, während du die anderen holst.«
Barry trug das zappelnde Wesen auf unversehrtes Gebiet und legte es ins kühle Gras. Um dem Kätzchen seine Liebe zu beweisen, leckte er es in seiner ungeschickten Art, unterbrach jedoch alle Augenblicke seine Betätigung, um ein jämmerliches Geheul loszulassen.
Schnurr kam ein zweites und ein drittes Mal. Jetzt ging er das vierte und letzte Kätzchen holen. Wieder gelangte der Kater zur Höhle,

schleppte das Kleine heraus. Doch diesmal wollte der Rückweg wirklich kein Ende nehmen. Kraftlos bewegte sich das Tier. Sein Fell war versengt, der Körper mit Brandwunden bedeckt, die Augen waren völlig erblindet. Schnurr glaubte sich rasch zu bewegen, während er doch kaum mehr vorwärts kam. Eine Schwäche überfiel ihn, er drohte umzusinken, da hörte er Barrys durchdringendes Gebell. Im nächsten Augenblick fühlte sich der Kater emporgehoben und mitsamt dem Kätzchen über eine Strecke von fünfzig Metern getragen.

Auf der Lichtung, im weichen Gras liegend, fand endlich Kaja ihre Familie. Ohne sich um die Anwesenheit des Hundes zu kümmern, überhäufte sie Schnurr und die Kleinen mit Liebesbezeigungen. Ihre Zunge wurde nicht müde, die Fellchen ihrer Kinderchen zu lecken und sie sah dauernd zu Schnurr hin, als wollte sie ihm sagen, daß auch er gleich darankommen würde. Nach und nach freundete sie sich auch mit Barry an, der wirklich das Seinige zur Errettung der Kätzchen beigetragen hatte.

Knapp vor Mitternacht fielen endlich die ersten Tropfen. Gleich darauf begann es in Strömen zu regnen. Die obdachlose Katzenfamilie drückte sich enger aneinander und der gute Barry versuchte, so gut es eben ging, die Kleinen zu wärmen, indem er sich fest an sie schmiegte.

Die ganze Nacht stürzten ungeheure Wassermassen vom Himmel. Sie machten der Feuersbrunst ein jähes Ende. Dort und da züngelte noch eine Flamme empor, dann war auch die letzte Glut gelöscht.

Unaufhörlich trommelte der Regen auf das Dach des Hauses am Föhrenkamm. Die Bergstraße wurde zum schäumenden Gießbach, das Marschland verwandelte sich in eine einzige schlammige Masse. Der heiße, aber kurze schwedische Sommer war für dieses Jahr dahin.

Es dauerte geraume Zeit, ehe Schnurr von seinen Verwundungen genas. Kaja und Schnurr hatten jetzt nur ein Junges mehr. War es der Rauch oder der ausgestandene Schrecken gewesen, die drei anderen Kätzchen hatten die Katastrophe nicht überlebt. Um so sorgfältiger wurde dieses einzige umhegt. Es bekam die fettesten Bissen und wurde von den Eltern so andauernd geleckt, daß es stets in unerhörter Sauberkeit erstrahlte.

Schnurr war ängstlich geworden. Das Leben, das ihn leicht und sicher gedünkt hatte, war mit einem Male schwierig und gefährlich geworden. Der Regen wollte nicht aufhören, drang selbst durch das dichteste Gebüsch. Um wieviel besser war der Aufenthalt in der trockenen, gegen jeden Zug geschützten Höhle gewesen! Doch um keinen Preis der Welt wäre Schnurr in diese zurückgegangen. Eine schreckliche Zeit, dachte er. Sind die goldenen Tage auf immer dahin?

Kaja nahm die neuen Lebensumstände mit Ruhe auf. Was sich nicht ändern ließ, mußte eben ertragen werden. Überdies hatte die Kätzin die Absicht, noch vor Einbruch der kalten Jahreszeit die Hütte der alten Frau aufzusuchen. Einmal wollte sie schon zu dem Winterquartier aufbrechen und gab Schnurr in ihrer anmutigen Weise zu verstehen, daß er sie begleiten solle. Doch dieser blinzelte als Antwort nur schwach mit den Augen und rührte sich nicht.

Dessenungeachtet wurden die Nächte immer kälter. Es hörte zu regnen auf, die Erde wurde trocken und hart, die Quecksilbersäule stieg nur wenig über den Nullpunkt. Scharfe Winde pfiffen über das Moor. Nur mit Mühe konnte Schnurr seinen kleinen Haushalt versorgen. Oft mußten die Eltern das Kätzchen zurücklassen und gemeinsam auf die Jagd gehen. Aber auch dann blieb die Ausbeute meist sehr gering. Und noch immer dachte der Kater nicht an die nächstliegende Lösung, die allen Schwierigkeiten ein Ende gemacht hätte!

Eines Nachts wurde es so kalt, daß das Katzenkind kläglich zu weinen begann. Schnurr preßte sich dicht an das Kleine, um es zu wärmen. Wenn er nur einen sicheren Unterschlupf für die Seinen finden könnte! Etwas kitzelte den Kater am rechten Ohr. Noch ehe er recht wußte was es war, berührte es ihn wieder. Erschrocken blickte Schnurr um sich und seine Augen wurden groß vor Erstaunen über das Ungewohnte, das sich ihm plötzlich bot. Kleine weiße Sternchen fielen vom Himmel. Erst da und dort eines, gleich darauf war die ganze Luft von ihnen erfüllt. Sie tanzten im Wind, trieben, drehten sich, legten sich dann sacht auf Baum und Strauch, auf Gras und Heide. Schnurr preßte sich noch fester an das Kätzchen. Die kleinen Sternchen sahen lustig aus, aber sie beunruhigten ihn. Er sah Kaja an. Ein feiner weißer Pulverstaub bedeckte ihr Fell. Nun fiel ein Sternchen Schnurr mitten auf die Nase, so daß er niesen mußte. Wie lange würden diese glitzernden Dinge fortfahren, vom Himmel herunterzufallen?

Der Wind nahm an Stärke zu, die feinen Sternchen wurden zu richtigen Flocken. Schon war die Sicht gering geworden, die Umrisse der

Bäume und Sträuche erschienen verwischt. Schnurr wagte es nicht mehr, sich zu rühren, denn nur das Fleckchen Erde, das er mit seinem Körper deckte, blieb warm und trocken. Auch sein Fell trug schon die unheimliche weiße Hülle. Der Kater hatte versucht, sie abzuschütteln, aber da war ihm noch kälter geworden. Schnurr war zumute wie einem Mann, dem es in den Nacken regnet, nur daß der Kater keinen Kragen zum Aufstellen hatte.
Ein heftiger Sturm setzte jetzt ein. Er leitete den Winter ein. Meterhohe Schneetriften, eiskalte Nächte würden in der Folge kommen. Eine schlimme Zeit für die Tiere des Waldes, aber noch schlimmer für Schnurr und seine Familie, denn Katzen können im Freien nicht überwintern.
All dies spürte Schnurr irgendwie, während er immer tiefer in die weiche, flaumige Masse versank. bald würde sie ihn völlig zugedeckt haben. Eine ungeheure Müdigkeit überkam ihn, er schloß die Augen und dann wußte er nichts mehr von sich.
Am nächsten Morgen jagte Barry in großen Sprüngen über die schneebedeckte Heide, geradewegs auf die Stelle zu, wo er Schnurr zu finden hoffte. Trotzdem die Schneedecke nur wenige Zentimeter betrug, kam der Hund schwerer als sonst vorwärts.
Atemlos erreichte er endlich den Busch, in dessen unmittelbarer Nähe Schnurr gelagert hatte. Doch von der Katzenfamilie war keine Spur vorhanden. Nichts als eine weiße Fläche, die in der Sonne glitzerte. Barry ließ ein schmerzliches Bellen ertönen. Wo waren seine kleinen Freunde hingeraten? Plötzlich bemerkte er unweit von sich ein Loch im Schnee. Ein anderer Hund hätte dies nicht gesehen, doch Barry kannte alle Zeichen des Winters.
In ein wütendes Gebell ausbrechend, begann er mit den Vorderpfoten zu graben. Kein Bernhardiner hätte seine Arbeit besser ausführen können als der gute Barry. Endlich kam die schlafende Katzenfamilie zum Vorschein. Schnurr hob als erster den Kopf. Wie seltsam alles um ihn herum aussah! Fragend blickte der Kater auf Barry. Woher war der Hund gekommen? Und dann wußte es Schnurr plötzlich: von Peter, Peter! Ja, das war es, was Schnurr seit Tagen irgendwie gefühlt hatte. Barry wohnte bei Peter und er, Schnurr, würde zu seinem früheren Herrn zurückkehren. Aber die Freiheit aufgeben, die er sich so schwer erkämpft hatte?
Da drang ein jämmerliches Weinen an Schnurrs Ohr. Das Kätzchen, das einzige, das am Leben geblieben war, fror nun, da Barry die wär-

mende Schneedecke entfernt hatte. Schnurr und Kaja würden vielleicht im Freien überwintern können, doch niemals das Kleine. Wie der Kater seine Ideen Barry und Kaja mitteilte, ist unerklärlich. Doch wurde der Heimweg in ganz bestimmter Reihenfolge angetreten. Barry ging als Wegbereiter voran, dann folgte das Katzenpaar. Es war eine lange und beschwerliche Reise. Kaja hatte schüchtern die Einwendung gewagt, daß es näher zur Hütte der alten Frau als zum Haus am Föhrenkamm sei, doch Schnurr wollte nichts davon hören. Der Kater hatte Sehnsucht nach Peters liebkosenden Händen, nach einem warmen Plätzchen beim Ofen.
Eine seltsame Prozession kam den Abhang herabgestiegen. Voran trabte ein Hund, der mit seinen Pfoten eine schmale Gasse durch den Schnee bahnte, dann laut bellend die Spur zurücklief, als ginge er jemanden holen.
Vor den erstaunten Männern erschien Schnurr, das Kätzchen im Maul. Einen Augenblick sah es aus, als sei der Kater am Ende seiner Kräfte. Die kostbare Bürde wurde für Sekunden in den Schnee gelegt, damit der Träger ein wenig verschnaufen könne. Nun näherte sich dem müden Vater die Katzenmutter und rieb sich zärtlich an ihrem Gatten. Wahrscheinlich sprach sie ihm Mut zu und tröstete ihn, da das Haus schon in Sicht sei und die beschwerliche Reise gleich ein Ende haben werde.
»Geht ins Haus hinein, wenn ihr wollt, daß die Katzenfamilie hierbleiben soll. Die Kätzin sieht ängstlich drein«, verkündete Turi. Diese Vorsichtsmaßregel war notwendig, denn Peter wäre, als er in dem fürsorglichen Kater seinen totgeglaubten Schnurr erkannte, diesem am liebsten entgegengestürzt. Aber der Finne blieb unerbittlich. Magnus und Peter mußten in die Stube zurückgehen, wo sie sich an den Kamin setzten. Die Tür wurde offengelassen, Turi hielt sich in der Nähe des Eingangs auf. Alle drei sahen sie wie gebannt auf das glitzernde weiße Rechteck, in das in der nächsten Minute Barry und seine Schützlinge treten mußten. Tapp, tapp, tapp. Kleine müde Füßchen steigen die Treppe hinauf. Barrys Kopf erscheint im Türrahmen. Stille. Dann schlägt der Hund an. Er steht am Eingang zur Stube, erblickt Magnus und springt schweifwedelnd an seinem Herrn empor. Hinter ihm kommt Schnurr hereingeschlichen und sieht sich vorsichtig um. »Guten Tag, Schnurr«, begrüßt Peter seinen Kater. Langsam geht dieser auf den Jungen zu, legt das Kätzchen vor ihn hin und setzt sich daneben. Schnurr kann einfach nicht mehr. Im nächsten

Augenblick ist er in Peters Armen. Der Junge drückt sein Gesicht in das schwarze Fell seines wiedergekehrten Lieblings und der Kater schnurrt, daß es in den Balken widerhallt.
Im weißen Rechteck des Eingangs steht noch eine kleine Gestalt. Scheu sieht sich Kaja um. Es ist nicht ihr Heim, fremde Männer sind da und Kaja hat bittere Erfahrungen mit Männern in Daniels Hütte gemacht. Aber hier sieht es wirklich gemütlich aus. Ihr Baby liegt auf dem Boden, ein Junge hat Schnurr im Arm. Ein anderer Mann schüttet Milch in einen Napf, ein zweiter holt einen lange unbenützt gewesenen Korb hervor, tat Decken hinein, die warm und weich sind.
»Komm herein, kleine Fremde«, ruft Turi. »Es geschieht dir nichts.«
Kaja horcht auf. Die Stimme ist gut, also wird auch der Mann gut sein, der die aufmunternden Worte sagt. Langsam schiebt sich Schnurrs kleine Frau in die Stube, während Magnus aufsteht und die Tür schließt. So sind alle wieder glücklich im Haus am Föhrenkamm vereint.

Mary E. Wilkins Freeman

Die Katze

Der Schnee fiel. Das Fell der Katze war hart und steif davon; aber sie blieb unbeeindruckt. Seit Stunden kauerte sie vor dem Loch im Boden, bereit zum todbringenden Sprung. Es war Nacht, doch diesem Umstand maß sie keine Bedeutung zu: Wenn sie auf eine Beute lauerte, war eine Tageszeit für sie so gut wie die andere. Sie lebte in diesem Winter allein, keinem menschlichen Willen untertan. Nirgends auf der Welt rief eine Stimme nach ihr, an keinem Herd wartete eine Mahlzeit auf sie. Wie war völlig frei, abgesehen natürlich von ihren eigenen Wünschen und Bedürfnissen, die sie beherrschten, wenn sie so unbefriedigt war wie jetzt – sie war nämlich sehr hungrig, um nicht zu sagen, völlig ausgehungert! Seit Tagen war es bitterkalt, so daß sich alle die kleineren wildlebenden Tiere, die normalerweise ihre Beute waren, in ihrem Bau oder im Nest aufhielten. So hatte die Katze, obwohl sie Tag für Tag lange unterwegs war, nichts fangen können. Hier wartete sie nun mit der über alle Begriffe zähen Ausdauer und Geduld ihrer Art; diesmal war sie ihrer Sache sicher. Sie war ein Geschöpf von großer Selbstsicherheit, und niemals war ihr Vertrauen getäuscht worden, wenn sie einmal von etwas überzeugt gewesen war.

Ein Kaninchen war an dieser Stelle in das Loch geschlüpft, zwischen den lose hängenden Fichtenzweigen hindurch. Inzwischen hatte dieser kleine Torweg einen dichten Schneevorhang bekommen, aber drinnen war es. Die Katze hatte es hineinhuschen sehen wie einen flüchtigen grauen Schatten, den nur ihre scharfen und geübten Augen als Lebewesen erkannt hatten; wie weggeweht war es verschwunden. So setzte sie sich nieder und wartete und wartete still in der weißen Nacht, ärgerlich nach dem Nordwind horchend, der sich in den oberen Höhen der Berge mit entferntem Heulen aufmachte, dann zu einem schrecklichen Crescendo der Wut anschwoll und herunterbrauste, dicke Schwaden von Schnee wie eine Wolke grimmiger Vögel in die Täler und Schluchten jagend. Die Katze befand sich an der Flanke eines Berges auf einem bewaldeten Plateau. Wenige Meter über ihr stieg die Felswand so jäh auf wie die Mauer einer Kathedrale. Die Katze hatte den Berg nie bestiegen – Bäume waren die Führer zu den Höhen ihres Lebens. Oft hatte sie die Felswand mit Verwunderung betrachtet und bitter und grollend miaut, wie man es tut gegenüber Dingen, die uns von der Vorsehung versagt sind. Zu ihrer Linken war der steile Abgrund. Hinter ihr war der gefrorene senkrechte Fall eines vom Berge kommenden Flusses, mit einem schmalen bewaldeten Streifen dazwischen. Vor ihr war der Weg zu ihrem Zuhause. Sobald das Kaninchen herauskam, sollte es gefangen werden; seine kleinen gespaltenen Füße konnten solche ungebrochenen Stufen nicht erklettern. Also wartete die Katze. Der Platz, an dem sie sich befand, sah aus, als wäre ein Malstrom darüber hinweggetobt. Verkrüppelte, ineinander verschlungene Bäume und Büsche krochen die Flanke des Berges empor, sich mühselig anklammernd. Krumm, abenteuerlich verrenkt, umarmten ihre Zweige krampfhaft alles, das einen Anhalt bot. Das Ganze wirkte seltsam und pittoresk, als wäre es vor Menschenaltern von einem Strom rasenden Wassers durcheinander gewirbelt worden. Nur daß es nicht Wasser, sondern der Sturm gewesen war, der alles zu diesem Wirrwarr verschlungen und verknotet hatte. Und jetzt breitete sich der Schnee über all dies Unentwirrbare, über Pflanzen, Gestein, abgestorbene Äste und Ranken. Wie Rauch wehte es herunter vom Kamm des Berges; es stand wie eine kreisende Säule, als erschiene etwas wie ein Geist im Totentanz der Natur über

der Ebene, dann stürzte es sich über den Rand des Abgrundes hinab. Die Katze kauerte vor diesem wilden Unentrinnbaren dicht am Boden und baute auf diesen Umstand. Es war, als ob Eisnadeln ihre Haut durchstächen, durch ihr wundervoll dichtes Fell hindurch; doch sie wich und wankte nicht und klagte nicht. Sie konnte durch Schreien nichts gewinnen, aber alles verlieren; denn das Kaninchen würde sie ja schreien hören und dann wissen, daß sie hier wartete.
Dunkler und dunkler wurde es, seltsamer weißer Qualm wogte auf, trotz der natürlichen Schwärze der Nacht, einer Nacht voll Sturm und Tod. Die Berge waren alle verborgen, eingehüllt, furchteinflößend, selbst überwältigt von dem Orkan. Jedoch mitten in dem Inferno wartete, völlig unbesiegt, diese verkörperte, unbeirrbare lebendige Geduld und Kraft unter einem dünnen Panzerhemd von grauem Fell.
Ein heftiger Windstoß fuhr über den Felsen, blies einen gewaltigen Wirbel über das Plateau, stürzte in den Abgrund.
Dann sah die Katze zwei Augen, leuchtend vor Schrecken, wie irr im Impuls zur Flucht. Sie sah einen winzige, zitternde, hervorschnuppernde Nase, sah zwei aufgestellte Ohren, und sie wartete noch, alle empfindlichen Nerven und Muskeln gespannt wie Drähte.
Jetzt kam das Kaninchen heraus – es war nur ein Hauch von Flucht und Angst –, und die Katze hatte es.
Hierauf lief die Katze nach Hause, die Beute durch den Schnee schleifend.
Die Katze lebte in dem Hause, das ihr Herr gebaut hatte, so roh wie das Blockhaus eines Kindes; aber es war zuverlässig. Der Schnee lag schwer auf der niedrigen Schräge seines Daches, konnte sich aber nicht darunter festsetzen. Die beiden Fenster und die Tür waren verriegelt; dessenungeachtet wußte die Katze, wie sie hineinkommen konnte. Sie kletterte auf eine Fichte hinter dem Haus, obwohl das schwierig war mit dem schweren Kaninchen, und schlüpfte durch ein kleines Loch unter der Dachrinne; dann glitt sie über eine Leiter in das Zimmer darunter und sprang mit einem lauten Triumphschrei auf ihres Herrn Bett. Aber ihr Herr war nicht da. Er war im frühen Herbst weggegangen, und jetzt war es Februar. Vor dem Frühjahr würde er nicht zurückkommen. Er war ein alter Mann; die grausame Kälte des Gebirges setzte ihm zu sehr zu. Daher hatte er den Winter über in einer Siedlung Zuflucht gesucht. Die Katze wußte seit langem, daß ihr Herr fort war; aber ihr Verstand folgerte immer, daß

Gewesenes wieder sein konnte. Obendrein hatte sie die wunderbare Kraft, warten zu können. So kam sie stets nach Hause in der Erwartung, ihren Herrn wiederzufinden.
Als sie sah, daß er noch nicht zurückgekehrt war, schleppte sie das Kaninchen auf das grob gezimmerte Lager, das das Bett darstellte, hielt mit einer Pfote den Kadaver fest und fing an zu fressen, den Kopf seitlich haltend, um ihre kräftigen Zähne zur Anwendung zu bringen.
Im Hause war es dunkler als im Walde draußen, und die Kälte war genau so tödlich, wenn auch nicht ganz so beißend. Hätte die Katze ihr dickes Fell nicht ohne besondere Bitte von der Vorsehung erhalten, so hätte sie Dankbarkeit gefühlt, es zu besitzen. Es war fleckig grau mit etwas Weiß an Brust und Füßen und so dick, wie ein Pelz nur sein kann.
Der Wind peitschte den Schnee mit solcher Gewalt gegen die Fenster, daß es knatterte wie Hagel. Das Haus erzitterte vom Sturm. Dann vernahm die Katze plötzlich ein Geräusch. Sie hörte auf, an dem Kaninchen zu fressen, und lauschte, die leuchtenden grünen Augen auf ein Fenster gerichtet. Sie vernahm einen heiseren Aufschrei, einen Laut voll Verzweiflung und Flehen; aber sie wußte, daß es nicht ihr Herr war, der heimkam, und sie wartete, eine Pfote noch auf dem Kaninchen. Als der Schrei sich wiederholte, antwortete die Katze. Sie sagte alles, was wesentlich war, ganz ehrlich nach ihren eigenen Begriffen. In ihrem Antwortruf war Frage, Auskunft, Warnung, Schrekken; und endlich das Angebot der Kameradschaft; jedoch der Mann draußen konnte es wegen des heulenden Sturmes nicht hören. Dann gab es einen lauten Stoß an der Tür, noch einen und noch einen. Die Katze zog ihr Kaninchen unter das Bett. Die Stöße folgten sich schneller und fester. Es war ein schwacher Arm, der sie tat; aber er wurde von Verzweiflung getrieben. Endlich gab das Schloß nach, und der Fremde kam herein. Die Katze blickte unter dem Bett hervor, blinzelte mit einem plötzlichen Aufleuchten, und ihre grünen Augen verengten sich. Der Fremde zündete ein Streichholz an und sah sich um. Die Katze erblickte ein Gesicht, das blau und verwüstet war vor Hunger und Kälte, und einen Mann, der ärmer und älter aussah als ihr armer alter Herr, einen Mann, den die Menschen verstoßen hatten wegen seiner Armut und wegen trüber Geheimnisse in seiner Vergangenheit. Sie hörte einen gemurmelten, unverständlichen schmerzlichen Laut aus der rauhen Kehle. Beides lag darin, Gottlosigkeit und

Gebet. Aber davon verstand die Katze nichts.

Der Fremde befestigte die Tür, die er aufgebrochen hatte, nahm etwas Holz vom Vorrat im Winkel und zündete ein Feuer an in dem alten Ofen, so schnell er es mit seinen halberfrorenen Händen zustande brachte. Er zitterte so bemitleidenswürdig, während er arbeitete, daß die Katze unter dem Bett die Erschütterung fühlte. Dann setzte sich der Mann in einen der alten Stühle und kauerte sich an das Feuer, als wäre es die einzige Liebe und der einzige Wunsch seiner Seele. Seine gelben Hände hielt er darüber wie gelbe Klauen. Er war klein und schwach und gezeichnet mit den Schrecken des Leidens, die er über sich gebracht hatte. Er stöhnte. Die Katze kam unter dem Bett hervor und sprang auf seinen Schoß mit dem Kaninchen im Maul. Der Mann schrie auf. Er war zutiefst erschrocken; er sprang auf, die Katze glitt auf den Boden, das Kaninchen hatte sie fallen lassen. Der Mann lehnte sich an die Wand, keuchend vor Angst, geisterhaft bleich. Die Katze packte das Kaninchen beim Nackenfell und legte es dem Mann vor die Füße. Dann stieß sie ihren schrillen Schrei aus und wölbte den Rücken; ihr Schwanz war wie eine prachtvoll wehende Feder. Sie strich an den Füßen des Mannes entlang, die aus den abgenutzten Schuhen hervorlugten.

Der Mann schob die Katze weg, ziemlich sanft, und durchsuchte die ganze Hütte. Er kletterte sogar die Leiter zum Speicher empor, riß ein Streichholz an und spähte angestrengt in die Dunkelheit. Er fürchtete, daß irgendwo ein Mensch verborgen wäre, weil eine Katze da war. Seine Erfahrung mit Menschen waren nicht angenehm gewesen, genau so wenig wie die Erfahrungen der Menschen mit ihm. Er war ein alter Wanderer, hatte das Glück gehabt, auf die Hütte eines Genossen zu stoßen, und war nun heilfroh, daß dieser Genosse nicht zu Hause war. Er ging zu der Katze zurück, bückte sich mit steifen Gliedern und streichelte ihren Buckel, den sie gewölbt hatte wie einen Bogen.

Dann nahm er das Kaninchen auf und betrachtete es im Licht des Feuers. Seine Kinnbacken arbeiteten, als hätte er es am liebsten roh verschlungen. Er suchte überall – die Katze folgte ihm auf Schritt und Tritt –, kramte auf einigen roh zubehauenen Regalen und einem Tisch und fand mit einem zufriedenen Grunzen eine mit Petroleum gefüllte Lampe. Er zündete sie an. Dann fand er auch ein Bratpfanne und ein Messer. Er streifte das Kaninchen und machte es zurecht. Die Katze strich unentwegt um seine Füße.

Als der Duft des Bratens durch die Hütte zog, sahen sie beide, der Mann und die Katze, geradezu wölfisch gierig aus. Der Mann wendete den Braten mit der einen Hand und bückte sich, um mit der anderen die Katze zu streicheln. Sie liebte ihn von ganzem Herzen, obwohl sie ihn erst so kurze Zeit kannte, und obwohl der Mann ein Gesicht hatte, mitleiderregend und verschlagen zugleich, im Widerspruch stehend mit dem Besten aller Dinge. Das mürrische Grau des Alters hatte es gezeichnet, die Wangen waren vom Fieber ausgehöhlt, in den trüben Augen stand die Erinnerung an böse Dinge; jedoch die Katze erkannte den Mann ohne Vorbehalt an und liebte ihn. Als das Kaninchen halb gar war, war weder der Mann noch die Katze imstande, länger zu warten. Der Mann nahm den Braten vom Feuer, teilte ihn genau in zwei gleich große Stücke, gab der Katze das eine und nahm selbst das andere. Dann aßen sie. Danach blies der Mann das Licht aus, rief die Katze zu sich, zog die zerlumpten Decken hoch und schlief ein mit der Katze an der Brust.

Während des ganzen restlichen Winters war der Mann der Gast der Katze, und der Winter im Gebirge ist lang. Der rechtmäßige Besitzer der kleinen Hütte kehrte nicht vor Mai zurück. In dieser ganzen Zeit mühte sich die Katze schwer ab und wurde selbst ziemlich mager; denn sie teilte alles mit ihrem Gast, ausgenommen die Mäuse, die sie fing. Zuweilen war die Ausbeute kärglich; und die Frucht der Geduld von Tagen reichte kaum für zwei. Der Mann war krank und schwach und nicht imstande, viel zu essen, was ein rechtes Glück war, da er nicht selbst auf die Jagd gehen konnte. Den ganzen Tag lag er auf dem Bett, oder er saß über das Feuer gebückt. Es war eine gute Sache, daß das Brennholz wegnahmebereit dalag, keinen Steinwurf weit vom Hause entfernt; er brauchte es lediglich heranzuholen.

Die Katze versorgte ihn unermüdlich. Manchmal blieb sie tagelang weg; anfangs war der Mann ängstlich, weil er fürchtete, sie würde überhaupt nicht zurückkehren; aber dann hörte er den gewohnten Schrei, stolperte auf die Füße und ließ sie herein. Dann aßen die beiden zusammen, teilten immer zu gleichen Teilen; die Katze blieb im Hause und schnurrte und schlief in den Armen des Mannes.

Als der Frühling nahte, wurde die Jagd ergiebiger. Mehr Kleinwild ließ sich verlocken, aus dem Versteck zu kommen, sowohl auf der Suche nach Liebe als auch nach Nahrung. Eines Tages hatte die Katze besonderes Glück: Sie fing ein Kaninchen, ein Rebhuhn und eine Maus. Sie konnte gar nicht alles zugleich tragen; aber endlich hatte sie doch alles beisammen vor der Haustür. Sie schrie wie gewöhnlich; aber niemand antwortete. Alle Bergflüsse waren jetzt vom Eis befreit, und die Luft war voll vom Brausen vieler Wasser, gelegentlich übertönt vom Vogelgezwitscher. Die Bäume rauschten mit einem ganz neuen Laut im Frühlingswind. Da war ein Blütenmeer von Rosa und Goldgrün an der Wand eines entfernten Berges, durch eine Waldlichtung hindurch konnte man es sehen. Die Spitzen der Sträucher waren geschwollen und glänzend rot, und hier und da leuchtete schon eine Blüte; jedoch die Katze hatte keinen Sinn für Blumen. Sie stand neben ihrer Beute vor der Haustür und schrie und schrie, mit ihrem beharrlichen Ausdruck von Triumph, Klage und Rechtfertigung. Niemand kam, um sie einzulassen. Da ließ sie ihre Schätze vor der Tür liegen, lief ums Haus herum nach hinten zu der Fichte, kletterte mit Hast die Zweige hinauf, stieg durch das kleine Loch im Haus hinein und rannte über die Leiter in das Zimmer hinunter – es war leer, der Mann war fort!

Die Katze schrie wieder, die Klage des Tieres nach menschlicher Gesellschaft, die einer der traurigsten Laute in der Welt ist. Sie suchte in allen Winkeln. Sie sprang auf den Stuhl am Fenster und blickte hinaus; aber niemand kam. Der Mann war weggegangen, er kam niemals wieder.

Die Katze fraß ihre Maus auf dem Rasen neben dem Haus. Das Kaninchen und das Rebhuhn schaffte sie mit großer Mühe hinein. Allein, der Mann kam nicht, ihre Beute mit ihr zu teilen. Endlich, im Verlauf von ein oder zwei Tagen, fraß sie die Tiere allein; dann schlief sie lange Zeit auf dem Bett, und als sie erwachte, war der Mann immer noch nicht da.

Hierauf ging die Katze wieder fort zu ihren Jagdgründen und kam abends mit einem Vogel nach Hause. In ihrer unerschütterlichen Zuversicht nahm sie an, daß der Mann jetzt da sein würde, und da war tatsächlich ein Licht im Fenster. Als sie schrie, öffnete ihr erster Herr und ließ sie herein. Dieser Mann hielt gute Kameradschaft mit ihr; aber er hatte keine Zärtlichkeit für sie. Er streichelte sie nie wie jener andere, so viel sanftere Ausgestoßene; aber er war stolz auf sie und trug, wenn er da war, Sorge für ihr Wohlergehen, obwohl er sie ohne Skrupel den ganzen Winter sich selbst überlassen hatte. Er hatte keine Angst, daß ihr ein Mißgeschick zugestoßen sein könnte, weil sie so groß und kräftig war und ein so mächtiger Jäger. Als er sie daher vor der Tür erblickte in der Pracht ihres herrlichen Felles, mit dem

Weiß an der Brust und im Gesicht, das strahlte wie Schnee in der Sonne, leuchtete sein Gesicht in freudigem Willkommensgruß auf, und die Katze umstrich seine Füße mit ihrem vor glücklichem Schnurren bebenden Körper.

Die Katze konnte ihren Vogel ganz allein für sich verspeisen; ihr Herr hatte sein eigenes Abendbrot, das schon auf dem Herd brutzelte. Nach dem Essen nahm der Besitzer der Katze seine Pfeife und suchte einen kleinen Tabakvorrat, den er wintersüber in seiner Hütte gelassen hatte. Er hatte oft daran gedacht; dies und die Katze waren gute Gründe gewesen, im Frühling nach Hause zu kommen. Jedoch der Tabak war fort, kein Stäubchen war übriggeblieben. Der Mann fluchte ein bißchen, grimmig, aber eintönig und nebensächlich, was der Gottlosigkeit einen Teil ihrer Wirkung nahm. Er war von jeher ein schwerer Trinker gewesen und war es noch; er hatte auf die Welt losgeschlagen, bis sich die Narben ihrer scharfen Ecken seiner ganzen Seele eingeprägt hatten. Er war dadurch hart geworden, sein ursprünglich sehr weiches Gefühl war abgestumpft. Er war ein sehr alter Mann. Er suchte nach dem Tabak mit stumpfer Beharrlichkeit. Dann blickte er mit einfältiger Verwunderung im Zimmer herum. Plötzlich fiel ihm Verschiedenes auf, das sich geändert hatte. Die zweite Ofentür war entzwei, ein alter Teppichfetzen war vor ein Fenster gehängt, um die Kälte abzuhalten; sein Feuerholz war fort. Er schaute hin – da war auch kein Petroleum mehr in seiner Lampe. Er blickte nach den Decken auf seinem Bett, hob sie auf, und wieder gab er den merkwürdigen, gedankenschweren Ton von sich.

Dann suchte er noch einmal nach seinem Tabak.

Endlich gab er es auf. Er setzte sich ans Feuer, denn der Mai ist im Gebirge noch kalt. Er hielt die leere Pfeife im Mund; seine rauhe Stirn faltete sich.

Er und die Katze sahen einander an durch die Mauer des Schweigens, die seit Erschaffung der Welt zwischen Mensch und Tier errichtet ist

Quellennachweis

Rudyard Kipling, DIE KATZE, DIE FÜR SICH ALLEIN GING, aus: „Das kommt davon", in „Gesammelte Werke". Mit freundlicher Genehmigung des Paul List Verlages, München. Aus dem Englischen von Hans Rothe.
Paul Gallico, ÜBERNAHME, aus: „Tyrann auf sanften Füßen". Copyright © 1964 by Paul W. Gallico und Suzanne Szasz. © Mathemata AG 1964. Mit freundlicher Genehmigung der Agentur Liepman, Zürich.
Cécile Lauber, NALA, aus: Gesamtwerk Cécile Lauber, Band I, Benteli Verlag 3011 Bern.
George Freedley, HERR KATZ. © Bookman – Copenhagen.
Louis J. Camuti & Lloyd Alexander, DIE NÄCHSTE KATZE, BITTE! From Camuti/Alexander DIE NAECHSTE KATZE BITTE published by Rainer Wunderlich Verlag. With permission of MOHRBOOKS Zürich. Aus dem Amerikanischen von Gerlinde Quenzer.
Karel Čapek, MEINE KATZEN, aus: „Meine Hunde – meine Katzen". © 1960 by Eduard Wancura Verlag, Wien/Stuttgart. Bearbeitung und Übersetzung aus dem Tschechischen von Walter Matos. Mit freundlicher Genehmigung der „Dilia", Agentur für Theater und Literatur, Prag.
Doreen Tovey, CÄSARS TOCHTER, aus: „Nichts gegen Katzen . . .". © by Engelhorn Verlag, GmbH, Stuttgart 1958. Aus dem Englischen von Grete Felten.
Rosemarie Hauff, VIER KATZENKINDER BLEIBEN AM LEBEN, aus: „Alle Tiere hab' ich gern". © 1970 by Südwest Verlag GmbH & Co. KG, München.
Compton Mackenzie, SILVIA DIE ZWEITE UND MICHEAL, aus: „Die Katzen und ich". © 1965 by Sanssouci-Verlag, Zürich. Aus dem Englischen von Ursula von Wiese.
Monica Edwards, CHEETAH, aus: „Alle meine Katzen". © Albert Müller Verlag, AG, Rüschlikon - Zürich 1967. Aus dem Englischen von Marga Ruperti.
Warren Chetham-Strode, AUSSER SICH VOR SEHNSUCHT, aus: „Katzen ganz privat". © by Süddeutscher Verlag, München 1959. Aus dem Englischen von Wilhelm Höck.
Ella Maillart, TI-PUSS, aus dem gleichnamigen Buch. © by Albert Müller Verlag, AG, Rüschlikon - Zürich. Aus dem Englischen von Ursula von Wiese.
Svend Fleuron, KATZENVOLK, aus dem gleichnamigen Buch. © by Eugen Diederichs Verlag, Düsseldorf - Köln. Aus dem Dänischen von Thyra Dohrenburg.
Mary Grigs, KATER PUCK FINDET EINEN FREUND, aus: „The Yellow Cat". By Permission of Oxford University Press. Aus dem Englischen von Karl Reishofer.
Ernest Thompson Seton, DIE KATZE AUS DEM HINTERHOF, aus: „Liebe zu Katzen", hrsg. von Era Zistel. © by Albert Müller Verlag, AG, Rüschlikon - Zürich. Aus dem Amerikanischen von Marga Ruperti.
Mazo de la Roche, CAT KREUZT DIE MEERE, aus: „Liebe zu Katzen", hrsg. von Era Zistel. © by Albert Müller Verlag, AG, Rüschlikon - Zürich. Aus dem Amerikanischen von Marga Ruperti.
Phyllis Briggs, SCHNURRS ABENTEUER, aus: „The Cat of Pine Ridge". By Permission of Hutchinson Publishing Group Ltd., London. Aus dem Englischen von Vini Gibson.
Mary E. Wilkins Freeman, DIE KATZE, aus: „Liebe zu Katzen", hrsg. von Era Zistel. © by Albert Müller Verlag, AG, Rüschlikon - Zürich. Aus dem Amerikanischen von Marga Ruperti.

Inhalt